中国居民平衡膳食宝塔（2016）

盐 小于6克
（旧版6克）
油 25～30克

奶及奶制品 300克
大豆及坚果 25～35克
（旧版30～50克）

畜禽肉 40～75克
（旧版50～75克）
水产品 40～75克
（旧版75～100克）
蛋 类 40～50克
（旧版25～50克）

蔬菜类 300～500克
水果类 200～350克
（旧版200～400克）

谷薯类 250～400克
水 1 500～1 700毫升
（旧版1 200毫升）

每天活动6 000步

2016版膳食宝塔（彩图1）

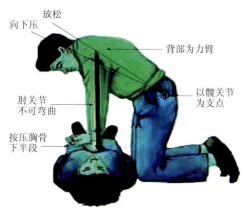

胸外心脏按压（彩图2）

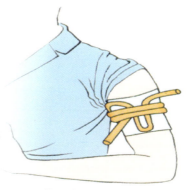

止血带上肢结扎于上臂上
1/3处（彩图3）

蛋奶豆(浆)（彩图4）

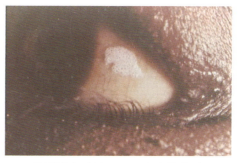

毕脱氏斑（Bitot spots）（彩图5）

高等职业教育公共基础课通用教材

大学生健康与疾病防治教程

陈善喜　主编

北京理工大学出版社
BEIJING INSTITUTE OF TECHNOLOGY PRESS

版权专有　侵权必究

图书在版编目（CIP）数据

大学生健康与疾病防治教程/陈善喜主编. —北京：北京理工大学出版社，2018.2（2022.1 重印）
ISBN 978 - 7 - 5682 - 5328 - 4

Ⅰ.①大… Ⅱ.①陈… Ⅲ.①大学生 - 健康教育 - 教材 Ⅳ.①G647.9

中国版本图书馆 CIP 数据核字（2018）第 034546 号

出版发行 / 北京理工大学出版社有限责任公司
社　　址 / 北京市海淀区中关村南大街 5 号
邮　　编 / 100081
电　　话 / （010）68914775（总编室）
　　　　　（010）82562903（教材售后服务热线）
　　　　　（010）68944723（其他图书服务热线）
网　　址 / http：//www.bitpress.com.cn
经　　销 / 全国各地新华书店
印　　刷 / 涿州市新华印刷有限公司
开　　本 / 787 毫米 × 1092 毫米　1/16
印　　张 / 15.75
彩　　插 / 1
字　　数 / 490 千字
版　　次 / 2018 年 2 月第 1 版　2022 年 1 月第 5 次印刷
定　　价 / 45.00 元

责任编辑 / 王晓莉
文案编辑 / 黄丽萍
责任校对 / 周瑞红
责任印制 / 李　洋

图书出现印装质量问题，请拨打售后服务热线，本社负责调换

《大学生健康与疾病防治教程》编写组

主　编　陈善喜

编　者　刘　鸿　成都纺织高等专科学校
　　　　朱若兰　四川广安市宏州医院
　　　　陈善喜　成都纺织高等专科学校
　　　　郑　超　成都纺织高等专科学校
　　　　郑成燚　重钢总医院
　　　　杨文婷　成都纺织高等专科学校
　　　　庞显伦　西南医科大学附属第二医院
　　　　殷燕平　四川仁寿县中医院
　　　　曾　文　成都纺织高等专科学校
　　　　蔡晓丽　成都纺织高等专科学校
　　　　吴　雪　四川省妇幼保健院

前 言
PREFACE

健康是人类生活永恒的主题、执着的追求、不懈向往的最高境界。

大学阶段是大学生长知识和长身体的重要时期，开展健康教育对维护大学生身体健康、提高健康素质具有重要意义。因此，我校认真贯彻执行原国家教委与卫生部联合发布的《学校卫生工作条例》，把健康教育列入大学生教学计划并开设健康教育选修课。我们根据长期从事高校医疗工作和多年的大学生健康教育教学经验，结合高职院校及大学生特点，组织编写了《大学生健康与疾病防治教程》。本书具有博采众长、与时俱进、知识性、科学性、专业性、可阅读性、易懂性、可接受性的特点。

本书共分为健康与健康教育、行为生活方式与健康、环境与健康、大学生性与健康、大学生营养与健康、大学生体育运动与健康、优生与健康、常见传染病的防治、急救、大学生常见急症的急救、大学生常见疾病防治、常见慢性疾病防治共十二章。全书内容简明扼要，针对性强，重点突出，通俗易懂，融科普性、实用性于一体。本书既可作为大学生健康教育课程的教材，也可作为大学生或居民的自学读物。

我们在本书酝酿、编写过程中，邀请部分同行专业人士的加盟，组建了《大学生健康与疾病防治教程》编写组。在此，特为他们对本书编写工作的支持和付出的辛勤劳动表示感谢！同时，本书也得到了学校领导和有关部门专家的支持和鼓励，在此表示衷心的感谢！

本书在编写过程中参阅并引用了一些作者的研究成果，在此表示诚挚的谢意。虽在参考文献中列出了作者、论著和出版社，但因篇幅所限，未能在正文中注明，特此致歉。

由于作者水平有限，时间仓促，书中难免会有不妥之处，真诚希望广大师生和读者批评指正。

编 者
2018 年 1 月
于成都纺织高等专科学校

目 录
CONTETS

第一章 健康与健康教育 ·· 1
第一节 健康 ·· 1
第二节 大学生健康教育 ·· 3

第二章 行为生活方式与健康 ·· 6
第一节 行为与健康 ·· 6
第二节 生活方式与健康 ·· 7
第三节 睡眠与健康 ·· 10
第四节 用眼与健康 ·· 12
第五节 用脑与健康 ·· 13
第六节 口腔卫生与健康 ·· 14
第七节 饮酒与健康 ·· 16
第八节 吸烟的危害 ·· 17
第九节 吸毒的危害 ·· 19

第三章 环境与健康 ·· 26
第一节 自然环境与健康 ·· 26
第二节 生物因素与健康 ·· 30
第三节 校园环境与健康 ·· 34
第四节 卫生服务与健康 ·· 36

第四章 大学生性与健康 ·· 40
第一节 青春期性生理发育 ··· 40
第二节 青春期性心理 ·· 41
第三节 性道德 ·· 42

第四节	性的法律规范	42
第五节	预防性伤害	43
第六节	性传播疾病	43

第五章　大学生营养与健康 47

第一节	营养学基础知识	48
第二节	能量概述	50
第三节	营养素	53
第四节	食物的营养价值	80
第五节	食品安全常识	94
第六节	合理营养、平衡膳食	97

第六章　大学生体育运动与健康 103

第一节	体育运动对健康的作用	103
第二节	体育运动的原则	104
第三节	体育运动的方法	105
第四节	合理选择运动项目	106
第五节	女大学生体育运动与卫生保健	107
第六节	体育运动的注意事项	107

第七章　优生与健康 109

第一节	遗传与优生	109
第二节	婚前保健与优生	110
第三节	孕前保健与优生	111
第四节	孕期保健与优生	112
第五节	避孕与人工流产	113

第八章　常见传染病的防治 115

第一节	传染病的概述	116
第二节	肺结核	119
第三节	病毒性肝炎	121
第四节	水痘和带状疱疹	125
第五节	细菌性痢疾	127
第六节	艾滋病	129
第七节	淋病	131
第八节	疥疮	133
第九节	手足癣	134

第十节　急性出血性结膜炎 ········ 134
　　第十一节　沙眼 ·················· 135
　　第十二节　新型冠状病毒肺炎 ······ 137

第九章　急　救 ···················· 139
　　第一节　急救概述 ················ 139
　　第二节　心肺复苏术 ·············· 141
　　第三节　外伤救护基本技术 ········ 145

第十章　大学生常见急症的急救 ······ 153
　　第一节　中暑 ···················· 154
　　第二节　猝死 ···················· 155
　　第三节　一氧化碳中毒 ············ 156
　　第四节　食物中毒 ················ 158
　　第五节　运动后综合征 ············ 160
　　第六节　急性酒精中毒 ············ 161
　　第七节　溺水 ···················· 162
　　第八节　电击伤 ·················· 164
　　第九节　烧伤 ···················· 165
　　第十节　扭伤 ···················· 167
　　第十一节　擦伤 ·················· 169
　　第十二节　咬伤 ·················· 169
　　第十三节　骨折 ·················· 171

第十一章　大学生常见疾病防治 ······ 175
　　第一节　大叶性肺炎 ·············· 176
　　第二节　支气管哮喘 ·············· 178
　　第三节　急性胃炎 ················ 182
　　第四节　慢性胃炎 ················ 183
　　第五节　消化性溃疡 ·············· 185
　　第六节　急性胆囊炎 ·············· 188
　　第七节　胆石病 ·················· 190
　　第八节　急性肾小球肾炎 ·········· 193
　　第九节　慢性肾小球肾炎 ·········· 195
　　第十节　肾病综合征 ·············· 198
　　第十一节　尿路感染 ·············· 199
　　第十二节　尿路结石 ·············· 202

第十三节　急性阑尾炎 …………………………………………………… 206

   第十四节　乳腺囊性增生 ………………………………………………… 208

   第十五节　乳腺纤维瘤 …………………………………………………… 209

   第十六节　痔疮与肛裂 …………………………………………………… 210

   第十七节　缺铁性贫血 …………………………………………………… 212

   第十八节　疝与痈 ………………………………………………………… 215

   第十九节　智齿冠周炎 …………………………………………………… 216

   第二十节　龋病 …………………………………………………………… 218

第十二章　常见慢性疾病防治 ………………………………………………… 220

   第一节　高脂血症 ………………………………………………………… 220

   第二节　高血压病 ………………………………………………………… 222

   第三节　冠心病 …………………………………………………………… 224

   第四节　糖尿病 …………………………………………………………… 228

   第五节　肥胖症 …………………………………………………………… 232

   第六节　骨质疏松症 ……………………………………………………… 234

参考文献 ………………………………………………………………………… 238

第一章

健康与健康教育

 学习目标

1. 掌握健康、健康教育的概念；
2. 了解健康观念的形成、健康教育的目的和作用。

健康是人类生命存在的正常状态，是社会进步、经济发展、民族兴旺的保证。健康是人类追求的美好目标，饮食营养无疑是最重要的条件，正是它提供了健康长寿的物质基础。实现"人人享有卫生保健"是全人类共同的理想和目标。随着人们生活水平的提高，一些与饮食营养有关的慢性疾病发生率呈上升趋势，人们对"健康"越来越关注。

第一节 健　康

一、健康的概念

健康是人类生活中永恒的主题，是每个人一生追求的目标。人们对健康的认识是一个渐进的过程，从"生物人"扩大到"社会人"的范围，从"无病即健康"到"整体的、现代的健康观"，强调人与环境的和谐相处。

1986年，世界卫生组织（WHO）在《渥太华宪章》中重申："应将健康看作日常生活的资源，而不是生活的目标。健康是一个积极的概念，不仅是个人身体素质的体现，也是社会和个人的资源；为达到身心健康和较好地适应社会的美好状态，每个人都必须有能力去认识和实现这一愿望，努力满足需求和改善环境。"

WHO《组织法》规定："健康是人类的一项基本权利，各国政府应对其人民的健康负责。"这就要求政府动员社会各部门积极参与实现"人人获得健康"的战略目标，实现社会公平。健康是社会进步的重要标志和潜在动力，是一个动态的概念，随着社会、经济、科学、技术及生活水平的变化，人们对健康内涵的认识不断深化，形成新的健康观。

从历史的发展过程来看，在远古时代，人们认为健康由鬼神主宰，即人的健康是由鬼神决定的。这种健康观既忽视了人的自然因素，也忽视了其社会因素。在近代社会，人们认为身体健康就像机器正常运转，保护健康就像维护机器。因此，人们认为健康就是人的肉体处于正常工作状态。这种观点忽视了人的社会性和生物的复杂性。19世纪末，人们认为健康就是保持病原微生物、人体、环境之间的生态平衡。这种观点忽视了疾病的多种原因，只涵盖

了自然因素。20世纪初，随着医学的进一步发展、心理学和社会生态学的提出和成熟，人们认为健康与社会、环境、心理、个人行为等因素有关，并认识到疾病病因的复杂性等，形成了健康观念的雏形。

1948年，WHO提出三维健康观并做出科学定义：健康就是指生理健康、精神健康（心理、情绪、道德）及社会适应完好。这种三维健康观是健康认识的一次飞跃性进步，把健康内涵拓展到一个新的认识境界，是迄今为止应用最普遍、认可度最高的健康概念。与以往的健康观相比，它具有以下显著特点：它的内涵扩大了，指向的是健康而不是疾病；它涉及人类生命的生物、心理、社会的三个基本侧面，突破了医学的界限；它所指的健康不仅仅是个体健康，还包括群体健康和人类生存空间的完美；它形成了健康的三维立体概念（三维健康观），即生物、心理和社会三个基本侧面。

现代三维健康观具有显著的特征：改变了健康定义的导向；健康的解释扩大到生物、心理、社会等领域，把人作为整体看待；健康是一个相对的、动态的、连续变化的过程；从重视个体健康发展到重视群体（社会）健康、人类健康。

二、健康的标准

我们常说的"没病""身体挺好"并不是真正意义上的健康标准。人的健康状态应以1977年WHO提出的健康10条标志为标准来判断：①有充沛的精力，能从容不迫地担负日常生活和繁重的工作，而且不感到过分紧张疲劳；②处事乐观，态度积极，乐于承担责任，事无大小，不挑剔；③善于休息，睡眠好；④应变能力强，能适应外界环境各种变化；⑤抗病能力强，能够抵抗一般性感冒和传染病；⑥身体结构协调，体重适当，身体匀称，站立时头、肩、臂位置协调；⑦眼睛有神且明亮，反应敏捷，眼睑不易发炎；⑧牙齿健康，牙齿清洁，无缺损，无龋齿，不疼痛，牙龈颜色正常，无出血现象；⑨头发有光泽，无头屑；⑩肌肤细滑，肌肉丰满，皮肤有弹性，走路轻松。

三、健康的影响因素

健康的影响因素，是指影响个体和人群健康状态的因素，对个体及群体健康起着重要作用。健康的影响因素可分为四类，即环境因素、行为与生活方式因素、生物遗传因素、医疗卫生服务因素；也可具体分为社会经济环境（个人收入和社会地位、文化背景和社会支持网络、教育、就业和生活条件）、物质环境（包括生活环境和职业环境中的物理、化学、生物因素等）、个人因素（健康的婴幼儿发育状态、个人的生活习惯、个人的能力和技能、人类生物学特征和遗传因素）和卫生服务。在四类因素中，行为与生活方式和环境因素是影响健康的重要因素，因其易变性较大而越来越受到人们重视。以改变个人、群体的行为与生活方式和环境改变为着眼点而开展健康教育与健康促进成为全球第二次卫生革命的核心策略。

2000年，WHO针对严重影响人们健康的不良行为与生活方式，提出了促进和维护健康的四大基石：合理膳食、适量运动、限烟酒、心理平衡。合理膳食列为四大基石之首，说明其对健康很重要，营养维系健康、维系生命。

四、健康与疾病

健康与疾病是人类生存过程中存在的普遍现象，健康出现了问题（称为健康问题）就有可能出现疾病，健康与疾病之间没有明确的界限。

健康问题是指个体所表现出的非健康状态，具体指疾病、伤害、亚健康状态或健康缺陷等。

疾病是指在一定的内外因素作用下，个体主观上感觉或他人观察或测量到的异常状态，也就是身体功能的不正常状态。以现代观点，疾病具有明显特征：疾病是在生命活动中与健康相对应的一种特殊征象，是机体动态平衡的失调与破坏；疾病是体内的一种对内外环境适应的失败；疾病包括躯体、精神、心理方面的异常；疾病的发展会经历缓解、痊愈、伤残或死亡的全过程。

对待疾病应坚持"预防为主"的方针，提倡健康体检，做到早发现、早诊断、早治疗。疾病与健康的关系是相对的，机体在内外因素作用下可在健康与疾病或健康、亚健康、疾病间转变，亚健康属于其中间状态。

疾病的"冰山现象"（iceberg phenomenon）是指在人群中能发现的某种疾病或健康问题的典型患者仅占该疾病或健康问题所有形式的很少一部分的现象，如海水中的冰山，大部分淹没在水面以下。认识和了解疾病的"冰山现象"，有利于认识疾病的发生、发展过程，对于防治疾病、促进健康有非常重要的意义。

亚健康是一种由于学习、工作和生活等方面压力引起的介于健康与疾病之间的中间状态，是一个既非疾病又非健康的状态，故称为机体的"第三状态"。WHO将机体无器质性病变，但是有一些功能改变的状态称为"第三状态"，我国称之为"亚健康状态"。

亚健康的主要表现为：功能性改变，而不是器质性病变；体征改变，但现有医学技术不能发现病理改变；生命质量差，长期处于低健康水平；慢性疾病伴随的病变部位之外的不健康体征。

导致亚健康的常见因素有：

（1）饮食不合理。机体摄入热量过多或营养贫乏，均可能导致机体失调。过量吸烟、酗酒、睡眠不足、缺少运动、情绪低落、心理障碍、大气污染，以及长期接触有毒物品，也可出现这种状态。

（2）休息不足，特别是睡眠不足。起居无规律、作息不正常已经成为常见现象。对于青少年，影视、网络、游戏、跳舞、打牌、麻将等娱乐，以及备考"开夜车"等常打乱生活规律，是导致亚健康的常见因素。

（3）过度紧张，压力太大。特别是IT精英或白领人士，身体运动不足，体力透支。

（4）长期的不良情绪影响。目前还没有明确的医学标准来诊断亚健康。一般认为，处在高度紧张工作、学习状态，长时间处于失眠、乏力、无食欲、易疲劳、心悸、抵抗力差、易激怒、经常性感冒或口腔溃疡、便秘等状态中，又没有什么明显的病症，应考虑可能为亚健康。

对待亚健康可采取"平心"（平衡心理、平静心态、平稳情绪）、"减压"（适时缓解过度紧张和压力）、"顺钟"（顺应好生物钟，调整好休息与睡眠）、"增免"（坚持有氧代谢运动等，增强自身免疫力）和"改良"（改变不良生活方式和习惯，从源头上堵住亚健康状态的发生）的"十字"方针加以预防。

第二节　大学生健康教育

"人人为健康，健康为人人"是WHO的全球战略目标。健康是基本人权之一，是社会和经济发展的基础，是人类发展的中心。发达国家的政府和卫生部门普遍认识到健康教育和健康促进是当今社会防治因不良的行为和生活方式所引起的慢性非传染性疾病的最有力手段，是一项投资少、效益高的活动。我国卫生部也明确指出"要努力推动以社区为基础，以健康教育和健康促进为主要手段的慢性非传染性疾病的综合防治，提高社区居民的健康水平和生活质量"。

一、健康教育的含义

随着生物医学模式向着生物—心理—社会医学模式的转变，学校健康教育对人的生活方式和行为的影响越来越大，它对于人类健康的作用已日益得到世界各国的普遍重视。

大学生处于青春发育后期，他们的行为方式、生活习惯和道德情操将在这一阶段成型。根据大学生在这一时期可塑性较大的特点，对他们进行健康教育，帮助他们树立现代的健康意识，普及和提高卫生知识，提高自我保健能力，纠正不良的生活方式和不健康的行为，加强维护自身健康的责任感和自觉性，促进其健康，关系到全社会公众的健康和国家的未来。因此，1990年，国家教育部和卫生部联合颁布的《学校卫生工作条例》规定，普通高校应开设健康教育选修课或讲座。1997年，中共中央、国务院在《中共中央、国务院关于卫生改革与发展的决定》中指出："健康教育是公民素质教育的重要内容，要十分重视健康教育。"

健康教育旨在帮助对象人群或个体改善健康相关行为的系统的社会活动，是在调查研究的基础上通过信息传播和行为干预，帮助个体和群体掌握卫生保健知识，树立健康观念，自觉采纳有利于健康的行为和生活方式，其目的是消除或减轻影响健康的危险因素，预防疾病，促进健康，提高生活质量。

二、大学生健康教育的意义和作用

（一）大学生健康教育的意义

大学生健康教育的目的是提高健康知识水平，改善对待个人和公共卫生的态度，增强自我保健能力和对社会健康的责任感，预防心理疾病，促进心理健康，形成有益于个人、集体和社会的健康行为和生活习惯，降低常见病的发病率。其意义在于强化学生思想品德和道德观念，促进大学生树立大卫生观念，促进学校社会主义精神文明建设。

健康教育是以传授健康知识、建立卫生行为、改善环境为核心内容的教育。高等学校的健康教育，以处于青春发育后期的大学生为主要对象，有计划、有目的、有评价地进行。

（二）大学生健康教育的作用

健康教育在大学生成长过程中起着重要作用：

（1）健康教育是实现初级卫生保健的先导。《阿拉木图宣言》把健康教育列为初级卫生保健八项任务之首，并指出健康教育是所有卫生问题、预防方法和控制措施中最重要的。所以，健康教育是实现初级卫生保健任务的关键。

（2）健康教育能有效地预防慢性非传染性疾病。当今，冠心病、高血压、中风等慢性非传染性疾病在许多国家已成为主要死亡原因，它们与人类不健康的生活方式有直接或间接的关系，而解决行为和生活方式问题不能只依靠医药。因此，要预防、控制慢性非传染性疾病，降低慢性病对人类健康的损害程度，只能靠健康教育，靠社会性措施的突破。

（3）健康教育引导人们自觉放弃不健康的行为和生活方式，追求健康的行为和生活方式，达到获得健康的目的。从成本—效益的角度看，健康教育是一项投入少、产出高、效益大的保健措施。

（4）健康教育是提高广大群众自我保健意识的重要渠道。自我保健就是指人们为维护和增进健康、预防和发现及治疗疾病，所采取的健康行为及做出的与健康有关的决定。健康教育能提高人们的自我保健意识和能力，增强主动性和自觉性，促使其采取躯体上的自我保护、心理上的自我调节、行为生活方式上的自我控制、人际关系上的自我调整，提高健康素质。

（5）健康教育能适应人民群众对卫生保健服务的需求。随着经济的发展、社会的进步、人们生活水平和教育水平的提高，人们对医疗保健服务的需求也越来越高。所以，提高健康教育服务将是适应人民群众卫生保健服务需求的重要方面。健康教育也是预防和减少慢性疾病发生的有效手段。

（陈善喜）

 思考题

1. 健康、健康教育的概念是什么？
2. 健康教育的作用是什么？

第二章

行为生活方式与健康

学习目标

1. 掌握健康相关行为、促进健康行为、危害健康行为的概念；
2. 掌握促进健康行为和危害健康行为的特点及对健康的影响；
3. 掌握生活方式的概念和改变不良生活方式的措施与方法，以及不良生活方式对健康的影响；
4. 熟悉健康生活方式、常见不良生活方式对健康的影响；
5. 掌握充足睡眠的益处、保证充足睡眠的措施；
6. 熟悉睡眠不足的危害；
7. 掌握促进大学生用眼健康的措施；
8. 熟悉注意用眼卫生与科学用眼的方法；
9. 掌握科学合理用脑的措施与方法；
10. 熟悉不科学合理用脑对健康的危害；
11. 了解口腔卫生的概念和重要性；
12. 掌握正确的刷牙方法，保持口腔卫生；
13. 掌握饮酒对人体的影响；
14. 熟悉如何健康饮酒，减少和避免饮酒；
15. 熟悉吸烟对健康的危害；
16. 掌握烟及烟雾的有害成分和控烟的干预措施；
17. 掌握吸毒的危害、禁毒与防毒的策略与措施；
18. 熟悉毒品的特性及种类，了解吸毒的原因。

第一节 行为与健康

人人都希望健康，但未必人人都知道如何维护自己的健康。人人都有行为，但未必人人都知道什么是健康行为。大学生应珍视健康、珍惜生命，养成健康行为。

人类的行为是一种复杂的生物和社会现象，它是人对客观刺激所产生的生理、心理反应，受遗传、社会、环境、学习等因素的影响。健康相关行为是指个体或团体的与健康或疾病有关的行为。按行为对行为者自身和他人的健康状况的影响，可将健康相关行为分为促进健康的行为和危害健康的行为。

促进健康的行为（又称为健康行为）是指人们为了增强体质和维持身心健康而进行的各种活动，它对自身和他人健康有促进作用。充足睡眠、合理营养、限制饮酒、不吸烟、每天吃早餐、控制体重、经常进行体育锻炼等属于健康行为。健康行为可帮助人们养成健康的习惯、保证身心健康、预防疾病。人们可通过改变不良行为、不良生活习惯，养成健康的行为习惯来预防疾病的发生。

健康行为的主要特点：①有利性。行为表现有益于自身、他人和整个社会的健康，如不抽烟。②规律性。行为表现规律有恒，不是偶然行为，如定时、定量进餐。③和谐性。个体行为表现出个性，如选择自己喜欢的运动项目，但又能根据环境调整自身行为，使之与其所处的环境相和谐。④一致性。个体外显行为与其内在的心理情绪一致，无矛盾。⑤适宜性。行为的强度和频度适宜。具备前述特点的行为称为健康行为。

危害健康的行为（又称不良健康行为）是指个人或群体偏离个人或他人及社会的健康期望方向所表现出来的一系列不利于健康的行为，它对自身和他人健康有破坏作用。吸烟、酗酒、吸毒、性生活紊乱、缺乏运动、饮食不当（饮食过度、偏食、挑食、吃过多零食等）、滥用药物等属危害健康的行为。

危害健康行为的主要特点：①危害性。行为对己、对他人、对社会健康有直接或间接的、明显或潜在的危害作用，例如吸烟行为。②明显性和稳定性。行为并非偶然发生的，而是有一定的作用强度和持续时间。③习得性（后天形成的）。危害健康的行为都是个体在后天的生活经历中学会的，故又称"自我制造的危险因素"。具备前述特点的行为称为危害健康行为。

（蔡晓丽）

第二节 生活方式与健康

随着社会、经济的发展，生活水平的提高，健康观的转变，生活方式对健康的影响越来越受到人们的重视。合理的、健康的行为和生活方式有利于维护和促进人类的健康，而酗酒、赌博、吸毒和滥用药物等不良的行为和生活方式则严重威胁人类的健康。

一、生活方式

生活方式是指人们采取的生活模式或式样。它是在长期的家庭、民族习俗和规范影响下形成的相对模式化的行为，也是由人们的衣、食、住、行、劳动、工作、休息、娱乐、社会交往、待人接物等物质生活和精神生活的价值观、道德观、审美观以及与这些方式相关的由个人情趣、爱好和价值取向决定的生活行为的独特表现形式。

生活方式是人"社会化"的一项重要内容，决定了个体社会化的性质、水平和方向，具有鲜明的时代性和民族性。

生活方式从健康的角度可分为良好（健康）和不良的生活方式两种。良好的生活方式可促使人精力充沛、延年益寿，是需要培养的，而培养的主动性在于人们自己。不良的生活方式是指对人类存在显性或潜在的损害，且这种损害是由个人的生活方式不适宜造成的。它可导致各种疾病的发生，严重损害人体健康。

WHO认为：人们的健康状况主要由自己决定，影响健康的因素 = 60% 生活方式 + 15%

遗传因素+10%社会因素+8%医疗因素+7%气候因素。健康的生活方式需要通过教育（传递知识，确立态度，改变行为）、激励（通过正面强化、反面强化、反馈促进、惩罚等措施的行为矫正）、训练（通过一系列的参与式训练与体验，培训个体掌握行为矫正的技术）和营销（利用社会营销的技术推广健康行为，营造健康的大环境，促进个体改变不健康的行为）等手段培养形成。

随着社会的发展和进步，人们为了保持身心健康，应养成良好的生活方式，改变和克服不良的生活方式。

二、健康的生活方式

何谓健康的生活方式？国家中医药管理局和国家卫计委联合发布的《中国公民中医养生保健素养》明确指出12种健康的生活方式：

①保持心态平和，适应社会状态，积极乐观地生活与工作。

②起居有常，顺应晨昏昼夜和春夏秋冬的自然变化规律，并持之以恒。

③四季起居，春季、夏季宜晚睡早起，秋季宜早睡早起，冬季宜早睡晚起。一般成人所需睡眠为6~8 h，老人可减少1~2 h。糖尿病患者最好22点前睡，保持8 h睡眠。

④饮食要注意谷类、蔬菜、水果、禽肉等营养要素的均衡搭配，不要偏食。提倡荤素搭配遵循"4∶3∶3"原则，即每日吃的谷、豆、薯、芋等占4成；蔬果占3成；肉、蛋、奶、油脂等占3成。

⑤饮食宜细嚼慢咽，勿暴饮暴食；用餐时应专心，并保持心情愉快。老年人吃饭可用"羊吃草"法（一天4~6顿，每次少量）。

⑥早餐要好，午餐要饱，晚餐要少。

⑦饭前洗手，饭后漱口。饭前洗手可减少幽门螺旋杆菌的感染概率，对预防胃炎和胃溃疡有帮助。漱口能减少牙隙间残渣。

⑧妇女有月经期、妊娠期、哺乳期和更年期等生理周期，期间的养生保健各有特点。女性50岁后应重视更年期，出现失眠、抑郁等须及时就医。60岁后建议每两年查一次眼科，心血管病人应每半年查一次血管弹性。

⑨不抽烟，慎饮酒，可减少相关疾病的发生。长年沾烟酒的老人不宜立即戒断，以免出现副作用。如戒酒，可慢慢减少饮酒量和次数，直到戒除。

⑩人老脚先老。足浴有较好的养生保健功效，泡脚一年四季都要坚持，水温以40℃为宜，每次泡20~30 min。

⑪节制房事，欲不可禁，亦不可纵。

⑫体质虚弱者可在冬季适当进补。体质偏寒者可进补羊肉或鹿茸，体质偏热者则可吃甲鱼或西洋参。一支参分7 d吃，晚上始炖，早上空腹吃掉。

三、不良生活方式对健康的影响

对人类健康危害最大的不良生活方式有酗酒、吸烟、吸毒、性生活紊乱、赌博、不良饮食习惯、滥用药物和缺乏体育锻炼等。本节主要讲述酗酒、吸烟、吸毒、性生活紊乱对健康的影响。

（一）酗酒

酗酒所致健康损害和社会问题可分急性、慢性两大类。急性的包括急性酒精中毒、车祸、犯罪、斗殴、家庭不和等。慢性的有酒瘾综合征、酒精性肝硬化、心脑血管疾病、性功能减退、免疫力下降、营养不良、影响生育及后代健康等。

（二）吸烟

吸烟易导致患恶性肿瘤、慢性阻塞性肺病、冠心病等疾病，是导致心脑血管疾病、慢性呼吸系统疾病等多种疾病和死亡的重要危险因子。同时，烟雾中含有一氧化碳、尼古丁、焦油和氰化物等有害物质，不但污染环境，而且对被动吸烟者的健康造成危害。为反对吸烟，WHO 将 1988 年 4 月 7 日的世界卫生日定为无烟草日（戒烟日），1989 年起把每年的 5 月 31 日定为无烟日。

（三）吸毒

吸毒损害吸毒者自身的身心健康，并导致一系列社会问题：染上吸毒恶癖者往往难以自拔，为获得毒品而不择手段，从事卖淫、盗窃、凶杀等各种犯罪行为，严重影响社会安定，败坏社会风气；使用静脉注射毒品，还可增加艾滋病传播机会。

（四）性生活紊乱

性生活紊乱可造成性病的传播。性传播性疾病具有特定的传染源和传播途径、特殊的临床特征和流行病学规律。它是一个严重的社会问题，危害极大。尤其是艾滋病，患病后破坏机体免疫功能，死亡率极高，目前尚无特效治疗药物。

四、改变不良生活方式的措施与方法

为了大学生的健康，应遵循全社会参与、内外因结合、重视健康人、重视青少年、重视行为方式的原则，从预防的角度为"人人健康"创造条件，采取健康教育、法规制度干预、行政干预、专业干预等改变不良生活方式的措施与方法。

（一）开展和加强大学生健康教育

（1）结合大学生文化水平较高、可塑性强、接受力较强、愿意参与的特点，把健康教育以必修或选修课的形式纳入大学生教育计划中。

（2）明确目标和重点是关键，优化内容是核心，科学的方式或方法是桥梁，有效的组织措施是保证。

（3）强化课程建设和管理，采用课堂讲授、讨论、头脑风暴法、角色扮演、示教、案例分析、同伴教育等各种方法和技巧。

（4）充分利用互联网的地域无限性、覆盖面广、信息量大、时效性强等特点及媒体（报纸、杂志、广告、宣传单、电影、电视、广播等）效应，广泛传授和宣传健康知识及保健技能，改变生活无规律、饮食起居不定时等不良生活方式，提高大学生健康水平。

（二）强化政策支持，提供法规、行政干预

领导和决策层应转变"大学生是最健康的人群"的观念，关心和重视大学生健康。应制定如"全面禁烟、禁毒"等法律、法规，改变吸烟、吸毒、饮酒等不良生活方式，减少对健康的危害。

（三）强化环境支持，营造良好氛围

人类与其生存的环境密不可分。我们在采取健康策略方面应更重视人类的环境。一方面，张贴健康知识、健康行为等宣传广告，改善和美化学生的学习、生活、饮食环境；另一方面，大力开展讲座、知识竞赛、演讲比赛、体育、健身等活动，通过宣传栏、校园网络和健康调查，拓宽学生获得健康和改变不良生活方式知识的渠道和途径，营造"禁烟"的健康氛围，建立健康、有益、文明的生活方式。

（四）开展健康服务，提高专业干预

高校医院（所）应充分利用专业性、权威性的资源，开展和加强讲座、咨询、指导和服

务，促进学生健康。

（五）倡导全员、全社会参与

高校是实施素质教育的阵地，应倡导全体师生员工参与传授、宣传改变不良生活方式、养成良好生活方式的知识，养成健康的生活方式，提高全社会的健康素质。

（六）心理疏导

心理健康是维持人体健康的重要因素。心理教师和医生应对有心理问题的大学生进行心理分析、指导和行为疗法，鼓励其树立信心，保持良好的心理状态、乐观开朗和心理平衡。

总之，大学生缺乏运动、饮食不当等不良生活方式问题令人担忧。应坚持"以人为本、以健康为中心"的原则，采取在政策和环境支持下的健康教育，营造改变不良生活方式的良好氛围，帮助大学生建立和养成合理膳食、适量运动、戒烟限酒、心理平衡、生活规律、劳逸结合的健康生活方式，促进大学生健康。

（蔡晓丽）

第三节　睡眠与健康

在人类生活中，"健康来自睡眠"，人的一生中约有1/3的时间在睡眠中度过。因此，每天应睡 6~8 h。充足的睡眠不仅可以消除疲劳，而且对精神、情感、身体健康、免疫力的提高和人体细胞生长、修复起着重要的作用。

睡眠分为漫波睡眠和快波睡眠。漫波睡眠表现为血压下降、心率减慢、尿量减少、体温减低、瞳孔缩小、呼吸减慢、胃液分泌增加、生长素分泌增加等，有利于促进生长和体力恢复；快波睡眠表现为血压升高、心率加快、呼吸不规律、生长素分泌减少等，有利于幼儿神经系统发育成熟和促进精力恢复，但易致心绞痛、哮喘、脑血管病发作等。近年来，专家认为充足的睡眠、均衡的饮食和适当的运动是健康生活的三个鼎足。因此，当代大学生应选择健康的生活方式，保证充足的睡眠。

一、充足睡眠的益处

充足睡眠具有以下益处。

（1）消除疲劳，恢复体力。充足睡眠是消除机体疲劳的主要方式。充足睡眠有利于胃肠道及相关脏器合成人体能量物质供活动时用；同时体温、心率、血压下降，呼吸变慢，基础代谢率降低，促使体力恢复。

（2）保护大脑，恢复精力。睡眠充足者，因脑内合成蛋白质增加并且大脑耗氧减少而精力充沛、思维敏捷、办事效率高、记忆力增强等。

（3）增强免疫力，康复机体。人体在正常情况下，能对侵入的各种抗原物质产生抗体，并通过免疫反应而将其清除，保护人体健康。充足睡眠能促进机体产生抗体，从而增强机体的抵抗力；同时，充足睡眠还可促使各组织器官自我康复加快，从而增强机体的免疫能力，促进机体康复。

（4）促进生长发育。睡眠与青少年，尤其是儿童的生长发育密切相关。他们处于慢波睡眠时，生长素分泌增加，促进生长发育；处于快波睡眠时，生长素分泌减少而脑内合成蛋白质增加，有利于促进神经系统和大脑发育。

（5）延缓衰老，促进长寿。据许多调查研究表明，健康长寿的老人都有一个良好的睡眠习惯。充足睡眠有利于成年人的新陈代谢，有利于减缓机体功能的衰退，延缓衰老，保证生命的长久。

（6）保护人的心理健康。充足睡眠可保护人的心理健康并维护其正常心理活动。

（7）有利于美容。充足睡眠可使皮肤毛细血管循环增加，使其分泌和清除过程加强，加快皮肤的再生，有利于皮肤美容。

二、睡眠不足的危害

（1）可导致抑郁症。长期睡眠不足可影响大脑生长发育或引起其功能减退，从而导致或使抑郁症加重。

（2）加速皮肤衰老。长期睡眠不足可引起体内释放的应激激素皮质醇减少，使皮肤的胶原蛋白减少、血液循环减慢而使皮肤营养减少，从而导致皮肤黯淡、出现皱纹、皮肤衰老等。

（3）导致严重的疾病和死亡风险。睡眠不足可引起血液循环减慢，机体器官获得的营养减少并出现功能降低，导致心律不齐、冠心病、心脏衰竭、高血压、糖尿病等疾病甚至衰竭死亡。

（4）记忆力减退或健忘。睡眠不足可引起脑内蛋白质合成减少而使大脑生长发育缓慢或停止，导致注意力、记忆力、思维能力等降低或健忘，从而使学习、工作效率降低。

（5）可增重或肥胖。睡眠不足可引起饥饿感而使食欲增强。据相关数据显示，每天睡眠少于6 h者，比每天睡7~9 h者更有可能增重或肥胖。

（6）易引发事故。睡眠不足可引起体力和精力恢复不足，导致工作效率降低而出现工作失误、交通事故等。

三、保证充足睡眠

大学生正处于身体和心理发育、发展的关键时期，充足的睡眠可使人身体和心理正常生长发育而精力充沛、情绪高涨、思维敏捷、记忆力和认知能力增强，有利于提高大学生的生活和学习能力，提高其健康素质。因此，大学生应保证充足睡眠。

（一）生活应有规律

有规律的作息生活有利于大脑建立对生活中的各种条件反射，养成按时睡眠、每天睡7~9 h、按时起床的良好习惯，有助于脑力和体力活动高效率地进行，并圆满完成工作任务。

（二）营造良好的睡眠环境氛围

（1）营造良好的睡眠环境。保持寝室通风、换气、适量阳光、整洁、卫生，有助于入睡眠和醒后头脑清醒。

（2）卧具应舒适。睡床应软硬适度，以3 000 g的重物放在床垫上，床垫被压下而凹陷深度在1 cm左右即可。长期睡软床可引起脊椎异常弯曲，甚至影响心脏等器官的功能。最有利于睡眠又符合生理要求的睡床为木板床，藤床和棕床次之，沙发床最差。枕头高度以6~9 cm为宜，有利于保持头部良好的血液循环和呼吸通畅，不会引起颈动脉受压迫、血液循环不畅，导致脑缺氧；有利于维持颈部正常的自然弯曲，不会导致颈椎异常。

（3）睡姿应正确。一般宜采用右侧卧位，四肢自然弯曲。因为右侧卧可使心脏受压减少，有利于血液循环而避免心绞痛、冠心病等发生；有利于胃内容物向右侧十二指肠蠕动；有利于肝脏对食物的消化和吸收营养物质，并利于体内代谢及药物解毒等，因为肝脏位于右上腹，可获得较多血液。因此，右卧是健心睡姿。

（4）养成睡前放松自己的习惯。上床前1 h适当做一些体操、洗温水澡、用热水泡脚、阅读数分钟、听一会儿音乐等。

（三）睡前或睡时应避免不良刺激

睡前不宜进行剧烈的体育活动或锻炼，睡前6 h内不宜饮咖啡或含咖啡因的饮料及浓茶；不宜食过多的食物，以七分饱为宜；睡前1～2 h避免喝酒精类饮料和吸烟；避免过度的脑力劳动，避免紧张气氛；睡眠时避免强光、噪声等刺激。

（四）养成午休习惯

午休可消除上午学习的疲倦、放松心情和恢复体力及精力，以便下午更好地学习、工作，提高学习、工作效率。因此，大学生应养成午休15～30 min的习惯。但午休息时间不宜超过30 min，否则可进入深睡状态，使大脑的抑制过程加深，引起脑血流量相对减少，导致醒来时大脑暂时供血不足，出现"越睡越困"状态，达不到午休减压的目的。

（蔡晓丽）

第四节　用眼与健康

眼睛是人体重要的感觉器官，它具有接受外界物体光线刺激的作用，可观察到日常生活、工作中的一切事物及其变化、发展和自然现象等。为缓解眼睛疲劳，预防和减少眼疾病，保护眼睛，促进眼睛健康，应采取的主要措施有：

（一）注意用眼卫生、科学用眼

（1）应严格限制用眼时间。看书、电脑、电视等最好控制在45～60 min，随后应适当到室外走动或望远处风景，让眼睛休息10 min，以放松眼睛、缓解眼睛疲劳。

（2）保持适当的用眼距离。看书或电脑时，眼睛应离书或电脑30 cm；看电视时眼睛离电视的距离应保持在电视画面对角线距离的6～8倍；过远或过近均对眼睛健康有不良影响。

（3）保持适度的用眼光线。看书时在自然室内光线下比较合适，若到了晚上应用40 W光线柔和的白炽灯作为光源且距离桌面高度1.4 m。电视、电脑尽量用环保的液晶显示器，且显示器的亮度要适中，不可过亮也不能过暗。应注意避免反光，降低反光对眼睛的伤害。

（4）注意眼睛卫生。不用碰过其他东西的手去揉眼睛；要勤眨眼，保持眼睛湿润，避免干燥；可热敷或冷敷眼部以消除眼疲劳。

（5）注意用眼姿势。保持坐姿端正，不可弯腰、驼背、近距离和趴着看书或写作等，这样易引起眼睫状肌紧张过度，导致眼睛疲劳，发生近视。走路、乘车和躺着时不宜看书、电脑、电视等，这样会引起视神经受压迫而导致某一侧视力的急剧下降，甚至患散光。

（二）坚持做眼保健操

大学生应坚持做好眼保健操。眼保健操有利于缓解眼睛疲劳，对恢复眼睛的调节机能、保护视力、预防近视具有一定的作用。眼保健操应选择在学习中间的休息时间做，每天可做数次；应采取坐位或仰卧位，将两眼自然闭合，然后依次按摩眼睛周围的穴位；注意应取穴准确、手法轻缓，以局部有酸胀感为度。

（三）加强体育锻炼

大学生应经常到室外运动或锻炼，不要总待在教室或寝室里，这样有利于促进血液循环，促进生长发育，增强免疫力，增强体质，促进身体及眼健康。同时，应坚持每天清晨眺望远处的建筑物或树木、夜晚辨认天空的星斗、日常休息时辨认远处定物等望远训练，这样有助于预防近视的发生或阻止其发展。

（四）保证充足的睡眠

保证充足的睡眠时间是消除疲劳、恢复工作能力的重要因素。因为眼睛在睡眠状态下，肌肉放松得最充分，疲劳最易消除。同时，在睡眠时内分泌激素增多，这对青少年的生长发育也很重要。所以，家长和教师都应当重视学生的睡眠，保证学生有充足的休息时间。

（五）合理营养、平衡膳食

合理营养、平衡膳食，应做到：①膳食应能量和营养素充足、种类齐全、比例适当；②多吃颜色深的水果、蔬菜及豆类（尤其是大豆），确保微量元素和水溶性维生素充足；③适当摄入粗粮、杂粮、蔬菜、水果、豆类等含膳食纤维丰富的食物，有利于体内有害、有毒物质的排泄，促进身体及眼睛健康；④少吃甜食和辛辣、刺激性食物，因为这些食物易引起钙的缺失，影响眼球功能，促使眼轴伸长，导致近视眼的发生与发展；⑤少吃零食、油炸食品、膨化食品；⑥应避免偏食、挑食等不良饮食行为，否则会导致宏量元素、微量元素、维生素、植物化学物质等摄取不足而影响健康。

（六）定期眼睛体检

大学生应根据自己的情况定期到医院眼科进行眼睛检查，或到专业眼镜公司检查视力，若发现视力减退或有眼疾，应及时矫正，防止近视加深并及时治疗。

（蔡晓丽）

第五节　用脑与健康

学习是脑力劳动，如何科学用脑是大学生特别关心和重视的问题。脑不可不用，但也不可过度使用。要保持用脑健康，应做到科学、合理用脑，既使大脑高效率工作，又使大脑得到充分休息。人的大脑分为左脑和右脑，左脑主管抽象思维，右脑主管形象思维。人们在使用大脑时，若既想增强大脑机能，又想提高其效率，就应保持用脑健康。为了大脑正常工作和发挥更高效率，科学、合理用脑，保持和促进用脑健康，应根据大脑的生理特点、自身状况采取措施与方法。

（一）适度用脑

不用脑会使大脑懒惰甚至老化，但用脑过多，又会"伤脑"而不利于人的身体健康。因此，应适度使用大脑。一般成年人的大脑连续紧张工作的时间以 $1\sim2\ h$ 为宜，此后应短暂地休息或适当活动，让大脑休息，这对大脑正常运转和发挥高效率有积极而重要的意义。

（二）保证睡眠、起居有规律

睡眠让大脑充分休息，对大脑颇有益处。大学生一般每天睡 $7\sim9\ h$ 为宜；若晚上睡眠不足，则无法完全恢复精力和体力，影响第二天的学习和生活，这种情况下可以通过午休或小睡约 $1\ h$ 来补充缺失的睡眠。

起居有规律指的是有基本固定的作息时间。在某些特殊情况，如复习迎考间或周末，晚上可以多花一些时间学习或娱乐，短时期一般不会对大脑造成影响；但若长时间或经常如此，则可产生不良影响，表现出记忆力减退、思维迟钝、脑萎缩等。当然，睡眠过多会使人意志消沉、懒散，也对健康不利。

规律的作息生活习惯，可减少脑细胞的机能损耗，从而提高学习效率，预防过度疲劳。

脑力劳动者可采用看书、听音乐、活动（如散步、慢跑、打球等非剧烈运动）、体力劳动等方式，让负责抽象思维的左脑休息，这就是常说的"换脑筋"。若这样坚持下去，便形成自己的作息生活习惯。如果让左脑得到规律的休息，大脑定能正常工作、发挥高效率。

（三）保证充足、均衡的营养

营养对大脑是十分重要的。脑细胞的活动需要丰富的营养，而脑细胞本身又缺乏储备营养物的能力。因此，每天应供给大脑细胞全面、充足、均衡的营养，这样有利于大脑的健康。应在条件许可的情况下，注意摄入尽可能多的营养食物，并力求营养的平衡。

脑力消耗较多的大学生，应多摄入富含蛋白质、碳水化合物、维生素、矿物质的食物，如蛋、奶、鱼类、畜禽肉、大豆、新鲜的蔬菜、水果等。养成每天吃早餐、按时就餐、定量就餐、不偏食、不挑食的习惯，确保每天的能量、营养元素充足，以使大脑获得充足的能量和营养而能高效率地工作。

（四）不吸烟、不喝酒

大脑细胞对酒精和尼古丁类毒性物质非常敏感。喝酒和吸烟不仅会严重损害大学生正常的生长发育，而且会阻碍思维的发展，使思维活动过早衰退。因此，大学生最好杜绝抽烟和喝酒的不良行为。

（五）积极参加体育锻炼

体育锻炼可以使神经系统更灵敏。可根据自己的身体状况、爱好及其他条件等具体情况，因地制宜地参加乒乓球、羽毛球、篮球、排球、跳绳、踢毽等体育锻炼。尤其应选择球类运动，因为球类运动既需要充沛的体力，又需要敏捷的反应、准确的判断和丰富的想象力，有利于提高大脑的敏锐能力、反应能力、思维能力等。

（六）适宜的学习环境

适宜的学习环境可延缓脑细胞的疲劳，对大脑工作效率有重要的促进作用。因此，应适当开窗通气、通风、通阳光，避免喧闹、噪声，保持良好坐姿等，营造一个空气新鲜、阳光柔和、清静适宜的学习环境，保持充足的氧气，有利于大脑健康，提高学生的健康素质和学习效率。

总之，人的大脑就像机器一样，只有正确使用和保养它，它才能创造和实现最大的价值。愿同学们都有一个健康聪明的大脑。

（蔡晓丽）

第六节　口腔卫生与健康

"民以食为天，食以齿为先"。口腔健康状态是反映生命健康质量的一面镜子。牙齿的保健目前尚未引起人们的足够重视。民间尚有"牙痛不是病"的说法，且存在许多认识上的误区。

保持口腔卫生指的是通过物理或化学的方法去除口腔内异物，维持口腔健康。口腔卫生的重点在于控制菌斑，消除污垢和食物残渣，增强生理刺激，使口腔和牙颌系统有一个清洁健康的良好环境，从而发挥其生理功能，维护口腔健康。

1981年，WHO制定的口腔健康标准为"牙齿清洁，无龋洞，无疼痛感，牙龈颜色正常，无出血现象"。除此之外，口腔健康还包括具有良好口腔卫生、健全口腔功能以及没有口腔疾病。1994年，WHO提出"口腔健康促进生命健康"，这表明口腔健康是人体健康不可缺少的一部分。因此，应去除影响口腔卫生的不良因素，维护口腔健康。

一、影响口腔卫生的因素

（一）吸烟

吸烟对人体的危害是众所周知的，吸烟同时也是造成牙周炎的危险因素。吸烟时，含有大量有害化学产物的烟雾通过口腔吸入肺内，高温和化学产物的长期刺激可促使菌斑的形成、牙石的堆积，并在牙面上形成棕色柏油样沉积物，造成牙龈红肿、牙周袋形成、口臭、牙根暴露、牙齿松动等慢性炎症。吸烟还可抑制免疫功能，使口腔的局部抵抗力大大降低，促使牙周炎发生，并加重牙周病。吸烟对口腔内组织造成的损害是不可逆的，而且吸烟的时间越长，数量越大，危害也就越严重。

（二）酗酒

酗酒的人群常常会忽略口腔的日常保健，造成口腔卫生状况差，从而加快牙石的产生，降低牙龈抵抗感染的能力，易患牙周病。

酒精的刺激与恶性肿瘤的关系，主要表现在口腔癌、咽喉癌和食道癌上，而酒中的酒精含量越高，致癌的危险性也就越高。

既吸烟又酗酒者比单独吸烟或酗酒者患各种疾病的危险性大大增加。孕妇吸烟或酗酒，可使胎儿发生畸形。

（三）刷牙方法不当

刷牙方法不当，如横向刷牙，可致牙齿颈部的楔状缺损；刷牙过度、用力过大、牙刷刷毛过硬、牙膏颗粒过粗等可导致牙龈萎缩、牙体硬组织过度磨损、口腔软组织创伤等。

二、如何保持口腔卫生

（一）正确刷牙

正确的刷牙方法（又称刷牙指导，TBI）是用牙刷和牙膏去除牙菌斑、软垢和食物残渣，保持口腔清洁的自我口腔保健方法，也是自我预防牙周病的主要手段。

刷牙方法为：①刷毛硬度：普通；②刷法：水平颤动；③握法：持笔式；④刷毛的贴合方式：牙刷的刷毛和牙面呈90°角贴合，牙刷的刷毛可不覆盖在磨牙咬𬌗面上，牙刷的刷毛下缘部分应贴合牙龈缘且刷毛伸入牙龈沟内，在舌侧牙刷的刷毛前端部分和牙轴呈45°角贴合并来回刷动10~20次。

（二）专业化机械牙齿清洁技术（PMTC）

PMTC指的是由受过训练的牙科保健员、牙科护士或牙科医生用专业的器械对牙齿各个面进行清洁，去除牙菌斑，再辅以氟化物的涂布，达到预防或减少龋病、保持口腔卫生的目的。

PMTC操作流程：①牙菌斑染色；②抛光剂的涂布；③牙齿颊、舌、合面的清洁；④牙齿邻面的清洁；⑤牙周袋的冲洗；⑥氟化物的涂布。

人们对口腔卫生越来越重视，追求口腔无龋齿，牙龈颜色正常，不出血，口气清新。刷牙指导及专业化机械牙齿清洁技术可帮助人们解决口腔问题，而拥有良好的生活方式、提高口腔卫生意识是预防龋齿、牙周病发生的有效手段。

（郑成燚）

第七节 饮酒与健康

一、酒的成分

酒的主要成分有酒精（又称乙醇）、水，并含有甲醇、铅、氰化物及杂醇油、亚硝酸胺等。其中甲醇（毒性很大）、铅、氰化物及杂醇油（有中毒作用）和亚硝酸胺（有强致癌作用）是对人体健康有害的物质。

二、酒对人体的影响

（一）有益作用

适量饮酒可促进血液循环，促进器官功能正常运行，有利于心血管疾病的预防、废物的代谢和排出、疲乏及疼痛的缓解等，对人体健康有益。但湿热或痰湿蕴结、失血、阴虚、痔疮病人忌饮酒。神经病、精神病、高血压、动脉硬化、肝炎、肝硬变，以及肺结核等疾病患者也忌饮酒。

（二）有害作用

适量饮酒对身体健康有益，但饮酒过量或醉酒对身体有害。酒对健康的主要危害有：

（1）对消化系统的危害。饮酒可引起恶心、呕吐、消化吸收功能减退、食管炎、胆囊炎、胃炎、胃溃疡、胃癌、胰腺癌、酒精性脂肪肝、酒精性肝炎、酒精性肝硬化、肝癌等。

（2）对神经系统的危害。饮酒可引起兴奋、狂躁、抑郁、昏睡、昏迷、视神经萎缩及视力下降、大脑皮质萎缩及大脑活动迟缓、记忆力和认知功能减退等。

（3）对胎儿的危害。酒精通过孕妇的身体进入胎儿体内，在胎儿体内代谢和排泄速率较慢，不利于其发育，易导致心脏缺陷、手足畸形和智力低下等酒精性胎儿症候群。

（4）对心血管系统的危害。饮酒可引起心率加快、心律失常、冠心病、高脂血症、肥胖、酒精性心肌病、心脏收缩功能减低、心功能衰竭等。

（5）对骨骼的危害。饮酒可加速体内钙质的流失而导致骨质疏松和骨折。

（6）对呼吸系统的危害。饮酒可抑制饮酒者大脑的呼吸中枢，造成其呼吸停止而死亡。

（7）对家庭生活的危害。①饮酒者易情绪激动、乱发脾气、与家人发生冲突等，影响家庭和谐氛围；②易对配偶及子女实施暴力行为；③易导致亲友疏离，使酗酒者心理产生更大的挫折及压力，产生自暴自弃的恶性循环现象。

（8）对社会的危害。①饮酒者是交通事故的罪魁祸首，破坏自身和（或）他人家庭；②导致自杀、自残、犯罪率增高。

（9）对生殖系统危害。饮酒可引起男女性功能降低、精子或卵子的活力减弱，影响受精卵和胚胎的发育。

三、健康饮酒，减少和避免危害

（一）选择适当的酒

酒的种类很多，常见的有葡萄酒、白酒、啤酒、黄酒、鸡尾酒等。其中红葡萄酒对人的健康最为有利。研究发现，红葡萄酒含有单宁（具有防晒、保湿、美白、抗皱、预防心血管疾病等作用）和番茄红素（具有抗氧化、抗肿瘤、抗心血管疾病等作用）等植物化学物质。因此，适量饮用红葡萄酒对人体健康有益。

（二）选择最佳时间

饮酒的最佳时间一般是每天的14：00以后，尤其是在15：00—17：00饮酒对人体比较安全。因为人在午餐时进食了大量的食物，血液中所含的糖分增加，因此人体对酒精的耐受力较强，同时胃分泌的分解酒精的酒精脱氢酶浓度较高，被人体吸收入血液的酒精浓度较低而对人的肝脏、脑等器官造成的危害较小。上午，尤其是早晨，胃分泌的酒精脱氢酶浓度最低，此时饮酒，被人体吸收入血液的酒精浓度较高而对人的肝脏、脑等器官造成较大伤害。空腹、睡觉前、感冒时饮酒，对人体的危害更大。

（三）控制饮酒量

饮酒量若控制在适量范围，则对人体健康有益；若超过适量范围，则对健康有害。控制饮酒量的原则是人体肝脏每天能代谢的酒精量约为 1 g/kg。若体重为 60 kg，每天允许摄入的酒精量应控制在 60 g 以下；若体重低于 60 kg，最好控制在 45 g 左右。

四、饮酒注意事项

饮酒时应注意"六宜""七不宜"。

（1）饮酒的"六宜"：①宜以高蛋白（鲜鱼、瘦肉、蛋类）和含维生素丰富的食物（新鲜蔬菜）为佐菜；②宜酒后吃水果（解口渴）；③饮酒次日清晨宜饮一杯淡盐水；④宜在饮酒的同时吃饭（补充足量的碳水化合物，可以减少酒精性脂肪肝的发生）；⑤中年人宜限制或减少饮酒量；⑥节假日或亲朋相会时宜饮低度酒或葡萄酒。

（2）饮酒的"七不宜"：①不宜用咸鱼、熏肠、腊肉等食品作佐菜；②患胃十二指肠溃疡、胃炎、肝炎、胰腺炎、脉管炎、心血管病等疾病者不宜饮酒；③不宜在大汗淋漓时饮酒；④不宜饮冰镇啤酒；⑤性交前不宜饮酒；⑥酒后不宜服镇静、安眠等药；⑦儿童及青少年不宜饮酒。

（蔡晓丽）

第八节　吸烟的危害

一、吸烟的现状

世界卫生组织的调查显示，全世界因吸烟死亡的人数每年高达 600 万，超过因艾滋病、结核、疟疾引起死亡的人数之和。2012 年 5 月，我国卫生部发布的《中国吸烟危害健康报告》表明：我国吸烟人数众多，成年吸烟人数超过 3.0 亿（男性 2.9 亿，女性 0.1 亿），居世界前列。2010 年，我国成年男性吸烟率为 52.9%、女性为 2.4%。青少年吸烟状况不容乐观，现有 13～18 岁青少年吸烟者约 1 500 万人，吸烟率达 11.5%。公共场所、工作场所吸烟现象严重，有 7.4 亿非吸烟者被迫吸二手烟。我国每年死于吸烟相关疾病的人数超过 100 万。若不对吸烟流行状况加以控制，到 2050 年每年因吸烟死亡的人数将突破 300 万。我国烟民的戒烟率不高，戒烟的人还不到 20%。烟草危害后果严重，控烟任务形势严峻。

二、烟及烟雾的有害成分

烟及烟雾的有害成分主要有：

（1）尼古丁（又称烟碱）。尼古丁是一种无色、透明、呈苦味、油状的挥发性液体，具有刺激的烟臭味。它可使吸烟者产生轻柔愉快的感觉，可使中枢神经系统先兴奋后抑制。当体内尼古丁含量低于一定水平时，吸烟者会感到烦躁、不适、恶心、头痛，并渴望吸烟以补充尼古丁，因此尼古丁具有成瘾性；可引起口腔、咽喉、食道、胃黏膜等损害；可损害心血管、脑细胞，具有促癌作用等；可造成血压升高、心跳加快，甚至心律不齐，并诱发心脏病。

（2）一氧化碳。一氧化碳是一种无色、无味的气体，易与血液中的血红蛋白结合形成碳氧血红蛋白，导致吸烟者血液中的碳氧血红蛋白浓度升高，降低血红蛋白运输氧功能，导致组织缺氧，并导致大脑、心脏等多种器官损伤，促使胆固醇增高，间接促使某些肿瘤的形成。

（3）烟焦油。烟焦油俗称"烟油子"，是一种棕黄色具有黏性的树脂，由尼古丁、多环芳香羟、苯并芘和β-萘胺等构成，而且可附着于吸烟者的气管、支气管和肺泡表面，产生物理、化学性的刺激；可诱发细胞异常增生，导致人体的呼吸道损害，并已被证实有致癌作用。

（4）苯并芘。苯并芘是烟燃烧时产生的化学物质，具有强致癌作用，可导致肺癌。

（5）放射性物质。烟及烟雾中含有铝、钋放射性同位素，可被吸收入肺并沉积体内，它们可不断放出射线，长期损伤肺组织而引起肺损害。

（6）刺激性化合物。烟及烟雾中含有多种刺激性化合物，包括氰化氢、甲醛、丙烯醛等。它们可破坏支气管黏膜，并减弱肺泡巨噬细胞的功能，增加肺和支气管发生感染的概率。

（7）有害金属。烟含有砷、汞、镉、镍等有害金属。以镉为例，它对人体损害较大，可蓄积于体内而引起哮喘及肺气肿；可杀灭精子，进而影响生育；可进入骨组织并引起骨骼脱钙，进而导致骨折等。

（8）其他有害物质。烟还含有亚硝胺、联氨、氯乙烯、尿烷等致癌物质和脂肪酸等促癌物质，具有致癌作用。

三、吸烟的危害

吸烟可以说是百病之源，有百害而无一利。无论是主动吸烟，还是被动吸烟，都可对人体的心血管系统、呼吸系统、消化系统、神经系统、泌尿生殖系统、内分泌系统等造成危害，导致多种疾病、癌症、致畸等的发生。

吸烟的主要危害有：

（1）致癌作用。吸烟可导致口腔和鼻咽部恶性肿瘤、肺癌、结肠及直肠癌、乳腺癌和急性白血病等。

（2）成瘾作用。当尼古丁浓度低于一定水平时吸烟者会出现烦躁、不适、恶心、头痛、渴望吸烟等症状（称为成瘾性）。

（3）对心血管系统的危害。吸烟会损伤血管内皮功能，引起血管痉挛性收缩，使心肌缺血，导致动脉粥样硬化的发生，引起心律失常、高血压、冠心病和心肌梗死等心血管疾病。

（4）对呼吸系统的危害。吸烟对呼吸道上皮、肺部结构、肺功能和免疫功能等均会产生不良影响，引起慢性支气管炎、肺气肿、支气管哮喘、肺炎和支气管及肺癌等疾病。

（5）对消化系统的危害。吸烟可引起胃溃疡、十二指肠溃疡、胃炎、结肠病变、食道癌、胰腺癌、胃癌、结肠癌等疾病。

（6）对内分泌系统的危害。吸烟可增加患糖尿病及其微血管并发症和甲状腺疾病等的风险。

（7）对口腔的危害。吸烟可引起口腔异味、口腔黏膜色素沉着、口腔白斑、白色念珠菌感染、咽炎、唇癌、口腔癌、喉癌等疾病。

（8）对眼睛的危害。吸烟可引起视神经病变等疾病。

（9）对生殖系统的危害。吸烟可引起孕妇的黄体酮分泌减少，使子宫内膜发生脱膜反应，可影响受精卵着床或可导致流产；烟的氰化物与体内的含硫氨基酸结合可使胎儿发生体重减轻、免疫功能降低、发育障碍，可引起胎盘早剥、早产、死胎及先天缺陷如先天性心脏病等疾病；吸烟可影响男性精子发育，导致精子畸形、数量减少，进而引起生育障碍并发生不育等；吸烟或被动吸烟可增加女性患子宫颈癌或恶性肿瘤的风险。

（10）对神经系统的危害。吸烟可损伤脑细胞，导致记忆力下降，影响思维并引起精神紊乱等；可增加脑出血、脑梗死、蛛网膜下腔出血等病的发生风险。

（11）对青少年的危害。吸烟对青少年的危害性更大。吸烟损伤大脑细胞，导致思维迟钝、记忆力减退、注意力分散、失眠、多梦，并影响学习和工作。青少年正处在生长发育时期，器官和生理功能均尚未成熟，对烟及其烟雾的抵抗力弱，更易受到吸烟或"二手烟"的伤害。吸烟年龄越早，肺癌发生率越高，其死亡率也越高。因此，为了维护自身健康、青少年的成长、国民的身体素质，建议青少年、大学生最好不要吸烟。

四、控烟的干预措施

控烟的干预措施主要有：

（1）进行行政干预。WHO称吸烟为"20世纪的瘟疫"。WHO《烟草控制框架公约》明确提出"全球禁烟"。中国烟草控制规划提出制定全国性公共场所禁烟法律规定，全面推行公共场所禁烟。《中华人民共和国烟草专卖法》规定：国家和社会加强吸烟危害健康的宣传教育，禁止或者限制在公共交通工具和公共场所吸烟，劝阻青少年吸烟，禁止中小学生吸烟。

（2）全面推行公共场所禁烟。健全公共场所禁烟法律法规，加大公共场所禁烟执法力度，鼓励民间组织、舆论媒体和社会公众积极参与，创建医疗卫生系统、学校、办公楼、机关、企业、单位等无烟环境，全面推行公共场所禁烟。

（3）大力开展控烟宣传教育。开展烟草知识和吸烟危害的宣传教育，积极开展烟草控制大众传播活动，提高学生及公众对烟草危害的正确认识。在学校及全社会营造不吸烟、不敬烟、不送烟的良好风尚和支持控烟的良好氛围，倡导学校领导干部、教师在办公楼、会议室等公共场所不吸烟。充分利用电视、广播、报纸、期刊、杂志、网络等各种媒体，以控烟、警示烟草危害、转变吸烟习俗为目标，有效提高学生对吸烟危害健康的认识，引导学生自觉远离烟草。加强对潜在的学生吸烟人群进行宣传，有针对性地开展"预防青年学生吸烟""女性远离烟草""转变吸烟习俗"等专项宣传教育活动。

（4）发挥无烟医疗卫生系统的模范带头作用。率先将医疗机构全部纳入无烟环境创建的实施方案。医疗机构工作人员不得在禁止吸烟的室内外场所吸烟。在医疗机构内不得销售和提供烟草制品，在明显位置张贴禁止吸烟标识。发挥医疗卫生系统工作人员控烟的带头示范作用，主动接受社会监督和舆论监督。

（5）倡导不吸烟。不吸烟者应不学吸烟，不受吸烟者影响，不尝试，不凑趣，不向往；避开烟雾，免受其危害；宣传烟草的危害，动员他人不学吸烟，说服吸烟者戒烟。

（6）提倡戒烟和不制造危害。吸烟者应认清吸烟对自身、他人及后代的危害，改变将香烟作为社交黏合剂的做法，注意吸烟的场合及时间，不危害他人，克服依赖吸烟的心理因素，减少吸烟，争取用戒烟茶、戒烟糖等办法逐渐消除烟瘾，甚至戒除吸烟。

（蔡晓丽）

第九节 吸毒的危害

随着毒品，尤其是冰毒、摇头丸、K粉等新型化学合成毒品的滥用，吸毒人员不断增加，青少年、大学生吸毒人群的比例也在增长，应引起社会的重视。

大学生应学习毒品的相关知识，了解毒品对健康的危害和预防、控制毒品的策略及措施与方法，远离毒品并积极参加预防与控制毒品的禁毒斗争。

毒品是指鸦片、吗啡、大麻、海洛因、冰毒、可卡因以及国家规定管制的其他能够使人形成瘾癖的麻醉药品和精神药品（如杜冷丁），在日常生活口语中可以特指被人类当作嗜好品所滥用的功能性药物，多为精神药品或麻醉药品。制毒物品是指用于制造麻醉药品和精神药品的物品。制毒物品既是医药或化工原料，又是制造毒品的配剂。

一、毒品的分类和常见毒品

（一）毒品的分类

根据毒品的来源，将毒品分为天然毒品、半合成毒品和合成毒品三大类。天然毒品是指直接从毒品原植物中提取的毒品，如鸦片、大麻等。半合成毒品由天然毒品与化学物质合成而得，如海洛因、可卡因。合成毒品完全用有机合成的方法制造，如苯丙胺类（冰毒、摇头丸）、镇静催眠药、致幻剂。

（二）常见毒品

（1）鸦片（又称阿片、大烟、烟膏）。鸦片由罂粟果实中流出的乳液经干燥凝结而成。吸食者初期可感觉头晕目眩、恶心或头痛，多次吸食就会上瘾。其最大危害是成瘾性，且极易中毒。

（2）吗啡。吗啡是从鸦片中分离出来的一种生物碱，为无色或白色结晶粉末状，有镇痛、催眠、止咳、止泻等作用，吸食后会产生欣快感，比鸦片容易成瘾；有呼吸中枢抑制作用，用量过大可致呼吸缓慢，甚至可导致呼吸中枢麻痹，这是吗啡中毒死亡的直接原因。

（3）海洛因（俗称白粉）。海洛因是从吗啡中提炼出来的一种白色粉末，镇痛作用较强，成瘾快而且极难戒除，可导致免疫功能降低和对心、肝、肾等主要脏器的损害。目前海洛因被称为"世界毒品之王"，仅一次吸用就可产生心理依赖性并极难戒断。

（4）大麻。大麻的主要活性成分为四氢大麻酚，可被制成大麻烟、饮料或掺入食品中食用，对中枢神经系统有抑制、麻醉作用，导致学习能力和记忆力减退、意志消沉而形成"堕落综合征"，出现行为失去自控的现象，产生暴力进攻的欲望，并会出现暴力犯罪行为。

（5）可卡因。可卡因是从南美灌木古柯叶中提取出来的生物碱，呈白色晶体状，可刺激大脑皮层并兴奋中枢神经，导致心律增快、呼吸急促、呕吐、震颤、痉挛、惊厥、心律减缓，甚至死亡等危害。可卡因是最强的兴奋剂。

（6）冰毒。冰毒又称去氧麻黄素（甲基苯丙胺），是属于苯丙胺类衍生物的一种，有兴奋大脑、增强活力、消除疲劳的功能；可导致失眠、兴奋依赖、中毒性精神病、妄想、幻听、幻视、焦虑、恐怖、自杀、意识障碍、暴力行为及犯罪等。

（7）摇头丸。摇头丸是冰毒新的衍生物亚甲基二氧甲基苯丙胺（MDMA）和亚甲基二氧基苯丙胺（MDA）的俗称，具有兴奋和致幻双重作用，可导致头晕、手心出汗、摇头、妄想、乏力、幻觉、行为失控、意识障碍、暴力行为及犯罪、肌肉萎缩、全身水肿等。

（8）K粉。K粉是静脉全麻药，通常在娱乐场所被滥用。服用后遇快节奏音乐身体便会强烈扭动，会导致神经中毒反应、精神分裂症状、出现幻听、幻觉、幻视等，对记忆和思维造成严重的损害。

二、毒品的基本特性

鸦片、大麻、海洛因、可卡因、冰毒、摇头丸、K粉等毒品有三个共同的基本特性。

（1）成瘾性。主要表现为身体依赖性和心理依赖性。

身体依赖性（又称生理依赖性）是指人体中枢神经系统使身体对长期使用的药物产生的一种适应状态。例如：吸毒者在体内毒物浓度下降而低于一定维持量后，会出现不安、焦虑、忽冷忽热、起鸡皮疙瘩、流泪、流涕、出汗、恶心、呕吐、腹痛、腹泻等不适反应，一旦给予该毒品，不适反应即可消失，这就是身体依赖性。

心理依赖性（又称精神依赖性）是指反复多次使用毒品而使人产生愉快、满足的欣快感，导致吸毒者对所使用的毒品产生强烈渴求，希望连续不断地使用该毒品，从而导致强迫用药行为并获得不断满足的心理活动。

（2）危害性。主要表现为对个人、家庭和社会直接及间接危害，其危害常简单概括为"吸毒一口，掉入虎口""一吸兴奋，二吸上瘾，三吸丢命"。

（3）非法性。毒品的吸食、种植、制作、贩卖等相关行为都是法律法规所不允许的，属违法行为，应被追究法律责任。

三、吸毒的原因

吸毒的原因主要有个人、家庭、学校、社会等原因。

（1）个人原因。主要有：①对毒品的相关知识缺乏。②受好奇心和冒险心的驱使而尝试毒品，逐渐发展成瘾。③思想空虚，贪图享乐，寻求刺激。④不相信吸毒会上瘾而后戒不了，结果不能自拔。⑤受到挫折后心理承受能力差而寻求吸毒解脱。⑥因不知情被欺骗、引诱而吸毒。⑦亲友、朋友、同学间的相互影响。⑧精神苦闷，情绪低落，以吸毒麻醉自己，解脱苦恼。⑨因疾病治疗而长期服用某种有依赖性的药物而成瘾。

（2）家庭原因。主要有：①家庭破裂而成单亲或组合家庭引起子女吸毒。②父母对子女关心、爱护、沟通交流、保护不够，导致子女吸毒。③家庭教育不当、严重使用暴力行为引起子女逆反心理而吸毒或受家庭成员不良影响而吸毒。

（3）学校原因。主要有：①学校领导、教师对学生重视不够，对学生的思想教育不够，学校的校纪、校规不细致、不严格。②学生受其他学生的不良影响和其他的挫折、困难、失恋等因素影响而吸毒。

（4）社会原因。主要有：①不良和不健康的社会环境的影响。②不文明和不良的娱乐场所的影响。③贩毒和吸毒者的引诱、教唆。④交友不慎，在不知情的情况下被欺骗、引诱吸毒。

四、吸毒的危害

吸毒不仅给吸毒者带来危害，而且给家庭、社会等带来危害。

（1）毒性作用。毒性作用是指用药时间过长或用药剂量过大导致的对身体的一种有害作用，主要表现为嗜睡、感觉迟钝、运动失调、幻觉、妄想、定向障碍等。

（2）成瘾性与戒断反应。吸毒的成瘾性可参见前述毒品的成瘾性内容。戒断反应是指长期吸毒后，突然停止用药或用药剂量减少所引起的一种严重且具有潜在致命危险的身心损害，甚至出现各种并发症、自杀等。

（3）对机体神经系统的危害。毒品均可引起中枢神经系统和周围神经系统的损害，导致其产生异常的兴奋、抑制等作用，出现失眠、烦躁、震颤、麻痹、记忆力下降、智力减退、性格孤僻、意志消沉、周围神经炎等神经、精神症状，甚至出现精神障碍或丧失人性等危害。可卡因还可导致癫痫、颅内出血、抽搐等危害。大麻还可导致判断错误、记忆力下降、学习能力下降、震颤、肌肉强直、肌肉痉挛等危害。摇头丸还可导致幻觉、不安、激动、精神运动增多、失眠等危害。

（4）对机体心血管系统的危害。毒品可对心血管系统产生直接毒性损害，导致心律失常、心肌缺血、传导阻滞、冠心病、心肌梗死、高血压，甚至心搏骤停、猝死等危害。海洛因还可导致细菌性心内膜炎。

（5）对机体呼吸系统的危害。吸毒可通过直接刺激呼吸道、毒品沉积于肺和引起营养不良及感染而导致支气管炎、肺炎、咽炎、鼻炎、肺水肿、肺癌、咯血、哮喘等危害。可卡因还可引起呼吸中枢抑制而致死亡。

（6）对机体消化系统的危害。毒品可引起摄食中枢抑制、胃肠蠕动减慢、胃肠蠕动异常等，导致食欲降低、营养不良综合征、缺铁性贫血、便秘、腹痛、腹泻、肠梗阻、肠坏死等危害。

（7）对机体生殖系统的危害。毒品可引起精子、卵子的发育障碍，导致不孕、不育和胎儿生长、发育异常及畸形等危害。

（8）感染性疾病。毒品可经静脉入体内，引起病原体也入人体血循环，导致乙型肝炎、丙型肝炎、艾滋病、梅毒、破伤风、感染性心内膜炎、败血症、横断性脊髓炎等危害。

（9）对社会的危害。毒品可引起吸毒者中枢神经系统异常兴奋和抑制，导致幻觉、妄想、烦躁、行为失控、自杀、暴力行为及犯罪活动等危害，严重扰乱社会治安，给他人的安全和社会的和谐带来严重威胁。吸毒对社会的危害主要有：①对家庭的危害。在家庭中一旦有了吸毒者，家庭可出现毁灭；同时因毒品需要大量经济支持而使家庭陷入经济崩溃并导致家庭被破坏、亲属离散，甚至家破人亡的困难境地。②对社会生产力的巨大危害。吸毒者可因机体患疾病而影响工作，造成社会财富的巨大浪费和损失、人类的环境恶化，进而使人类的生存空间缩小等。③扰乱社会治安。毒品活动的泛滥和加剧可导致暴力行为、自杀、抢劫等违法犯罪活动，扰乱了社会治安及经济秩序，破坏了社会的和谐与安宁，给人民生活带来巨大的威胁。

五、禁毒、防毒的策略与措施

毒品严重危害吸毒者及其家庭、社会，是一个严重的社会问题。应对大学生进行禁毒、防毒教育，促使其有效地防范并积极参与反毒、禁毒的活动斗争，使贩毒、吸毒的活动失去滋生、存在的场所和条件。

（一）全球禁毒

联合国的统计表明，全世界吸食各种毒品的人数超过 2 亿。毒品的泛滥直接危害人们的身心健康，贩毒、吸毒诱发的各种犯罪更是严重危害许多国家和地区的治安秩序，给经济发展和社会进步带来巨大的威胁。毒品是人类公害，这已经成为世界共识。吸毒是世界许多国家存在的一个严重社会问题。吸毒造成了超越国界的社会犯罪增加和个人人格沦丧等严重后果，引起了国际社会的重视。遏制毒品生产、打击毒品走私、禁毒、戒毒是国际社会的共同任务。因此，从《海牙禁烟公约》和《日内瓦禁烟公约》的签订，到第二次世界大战后的 20 世纪七八十年代，戒毒和反毒品走私斗争在国际范围内全面展开。国际上中国、老挝、缅甸、泰国、新加坡、马来西亚、摩洛哥、俄罗斯、美国等国家和地区，采取了颁布更加严厉的反毒法律、建立专门反毒机构、扩大缉毒力量、有计划开展扫毒行动、加强武装缉毒和扫毒国际合作等措施来遏制毒品的蔓延。中国从 20 世纪 80 年代开始就积极进行禁毒斗争和参与国际禁毒合作，颁布《关于戒毒的决定》《中国的禁毒》白皮书，并在全国范围内围绕国际禁毒开展了广泛的禁毒专项斗争和群众宣传，遏制毒品的蔓延。

（二）国家制定与颁发的法律、法规、制度

我国高度重视禁毒法制建设，坚持依法禁毒。针对不断蔓延的毒品问题，制定颁布了

《关于禁毒的决定》《麻醉药品管理办法》《精神药品管理办法》《强制戒毒办法》《戒毒药品管理办法》等法律、法规和制度，对制造、贩卖、运输毒品罪及其处罚，对吸毒者的处罚和强制戒毒，对走私、贩卖、运输、制造毒品犯罪的普遍管辖权，对麻醉药品和精神药品的生产、供应、运输、使用、进出口的管理，对非法买卖、走私、制毒化学品、麻黄素等用于制造毒品的原料和配剂的犯罪行为的处罚条款，对强制戒毒等做了明确规定，禁毒法制建设取得重大进展。

（三）强化政策支持

领导和决策层要加强对学生远离毒品、预防毒品、禁毒宣传教育的组织建设、经济和物资支持，制定学生预防毒品的政策，形成全员参与远离毒品、禁毒，促进健康的良好氛围。

（四）开展和加强健康教育

根据 KAP（知、信、行）理论，普及预防和远离毒品的健康知识是基础。结合大学生文化水平较高、可塑性大、接受力较强的特点，学校应把预防和远离毒品的健康教育以必修或选修课的形式纳入大学生教育计划中。要把握几点：明确目标和重点是关键，优化内容是核心，科学的方法是桥梁，有效的组织措施是保证；强化课程建设和管理，采用课堂讲授、讨论、头脑风暴法、角色扮演、示教、案例分析、同伴教育等方法和技巧，充分利用互联网的地域无限性、覆盖面广、信息量大、时效性等特点及媒体（报纸、杂志、广告、宣传单、电影、电视、广播等）效应，广泛宣传预防毒品相关知识和国家禁毒、防毒的法律、法规、制度等，提升学生的防毒意识，提高学生健康水平。

（五）倡导全民、全员参与

高校是实施素质教育的阵地，社会、家庭是培养学生健康素质的环境或场所，应倡导全体师生员工、学生家庭参与传授和宣传预防毒品的相关知识及技能。

1. 个人预防

毒品的预防关键在于自己，只有从自己做起，自律自爱，珍惜生命，远离毒品，才能切实保护自己不被毒品危害。

（1）加强相关知识的学习。要加强对文化科学知识、法律知识、预防毒品相关知识及技能（毒品的概念、毒品的危害、毒品违法犯罪行为等）的学习，不断提高自身的综合素质及防毒、远离毒品的能力，树立正确的人生观和价值观。

（2）养成良好的行为习惯。①不吸烟、不喝酒。吸烟、饮酒对青少年、大学生的健康成长不利，吸烟、喝酒的不良行为常常是沾染毒品的第一步。因此，远离毒品，首先应远离烟酒。②不涉足大学生不宜进入的场所。一些歌厅、舞厅、迪厅、酒吧、游艺厅等娱乐场所常是毒品违法犯罪活动的地点或场所，若大学生涉足这些场所，就有可能沾上不良习惯，甚至可能会染上毒品。③慎重交友。常言道："近朱者赤，近墨者黑"。若大学生交友时良莠不分，讲哥们义气，在吸毒者的引诱下就很容易沾染毒品，因此，大学生交友一定要慎重。

（3）树立正确观念，坚定意志。要树立远离毒品的正确观念，对没有体验或尝试的东西，尤其毒品，一定做到不好奇、不侥幸、不轻信、不辩论、不赌气、不沾光和不盲目赶"时髦"。

（4）珍爱生命，追求健康。一个人的生命只有一次。生命既属于你自己，也属于家庭、父母、亲人，还属于社会。但是，一旦沾染上毒品，你将成为毒品的奴隶，失去健康，失去生命。大学生在成长的过程中遇到挫折和困难是在所难免的，但这些都是暂时的，绝不要因此而灰心丧气，绝不要用毒品来麻醉自己，逃避现实、回避困难。应正确对待成长过程的挫折和困难，保持乐观的态度，以自爱之心、自知之明来面对挫折和困难，珍爱生命，追求健康。

（5）树立责任感，做有用的人。吸毒不仅危害个人，而且危害家庭，危害社会。大学生应树立预防毒品人人有责的责任心，从我做起、从现在做起，积极参加学校、社区开展的禁毒宣传教育活动，远离毒品并同一切涉毒违法犯罪行为做斗争。拒绝毒品就是爱国，就是为国家、为社会做贡献。

2. 学校预防

学校是学生预防毒品的重要阵地，是控制大学生参与涉毒、吸毒的场所。因此，学校应大力开展预防毒品的健康教育及预防毒品相关知识的活动，培养学生抵抗毒品的心理素质，提高学生识别毒品、拒绝毒品的能力，促使学生自觉地加强防范。学校还应建立良好的校风校纪，让学生在良好、优美的教育环境中健康成长。

3. 家庭预防

大学生是家庭成员中的一员。父母应关心其子女的学习、生活，并培养孩子树立整体意识、关爱意识。父母还应经常与子女沟通交流，并在和谐、温馨、民主的家庭环境中对其进行禁毒、防毒的健康教育，让其远离毒品，同时动员其积极参与禁毒活动。为了让大学生远离毒品，应倡导全社会、全员参与形式多样的宣传教育活动，构筑禁毒、防毒的社会防线、家庭防线、学校防线、个人防线，并做到各司其职、密切配合、协调作战，达到战胜毒品、肃清毒瘤，确保学校成为文明、洁净、健康的校园。

（六）营造良好氛围

人类与其生存的环境密不可分。为保障学校优美健康的学习生活环境，一方面，要张贴禁毒、防毒知识和技能等宣传广告；另一方面，要大力开展讲座、知识竞赛、演讲比赛等禁毒、防毒的宣传教育活动，拓宽学生获得禁毒、防毒知识的渠道和途径，营造良好的禁毒、防毒氛围，形成健康文明的高校校园。

（七）加强心理疏导

心理教师和医生应对受挫折、有困难的学生进行心理分析、指导及行为疗法，鼓励其树立信心，积极接受正确的治疗，避免其因沾上毒品而受到严重危害，促进其健康成长。

（八）开展禁毒、防毒的健康服务

高校医院（卫生所）应充分利用专业性、权威性的资源对大学生开展禁毒、防毒健康讲座，咨询、指导和行为服务，普及和提高学生禁毒、防毒的相关知识与技能，提升学生远离毒品和预防毒品的能力，促进学生健康成长。

（九）强制戒毒

强制戒毒是吸毒者成瘾后，自己不能戒断毒瘾所采取的方法。目前常用的戒毒方法有自然戒断法、药物戒断法和非药物戒断法三种。

（1）自然戒断法。自然戒断法就是指在不给吸毒者任何替代药物的情况下，强制性地对其停止毒品供应，只给予对症的身体、心理支持治疗，从而让戒断症状自然发展、缓解、消退。一般3 d后缓解，7~10 d后大部分戒断症状消退。该法对有毅力、勇气、意志而坚持戒毒的青年人适合；对毒瘾深重、年老体弱、多药滥用且有严重并发症者不适合，因其常承受不了戒断反应期带来的痛苦而可能发生自残、自杀等行为。

（2）药物戒断法。药物戒断法是医院对吸毒者采取强制戒毒的有效治疗方法。药物戒断法是指应用功能基本相似的一种药物代替毒品并逐渐减量，直到替代药物完全停用为止，但替代药物副作用的依赖性较弱或基本没有。常用的替代药物有美沙酮（具有作用时间长、口服效果好、治疗期戒毒痛苦轻的特点）、丁丙诺啡等。

（3）非药物戒断法。非药物戒断法是指应用针灸、理疗仪等辅助手段和"心理暗示"来减轻吸毒者的戒断症状反应，从而达到脱毒目的的一种戒毒方法。这种方法具有时间长、不彻底的缺点。

（蔡晓丽）

 思考题

1. 不良健康行为的概念是什么？对健康有什么影响？
2. 生活方式、口腔卫生的概念是什么？
3. 健康的生活方式、充足睡眠的益处、控烟的干预措施、毒品的分类有哪些？
4. 如何保证充足睡眠、保持口腔卫生、做到用脑健康和健康饮酒？
5. 促进大学生用眼健康的措施有哪些？
6. 为了眼健康，看书、电脑的时间应控制在多少分钟？
7. 饮酒、吸烟及烟雾、毒品对健康有哪些危害？

第三章

环境与健康

 学习目标

1. 掌握常见物理因素、环境污染对健康的危害和环境保护的基本措施;
2. 熟悉环境污染物的种类;
3. 掌握细菌、病毒、寄生虫等的致病性、特点和对人类健康的影响;
4. 熟悉生物因素中的细菌、病毒、寄生虫等对人体健康的危害;
5. 掌握营造校园健康环境的措施;
6. 熟悉如何维护寝室、教室环境卫生以促进健康;
7. 掌握卫生服务的概念、社区卫生服务的基本功能、三级预防策略;
8. 熟悉初级卫生保健的内容。

环境是指以人为主体的外部世界,是地球表面的物质、现象与人类发生相互作用的各种自然及社会要素构成的统一体,是人类生存发展的物质基础,也是与人类健康密切相关的重要条件。人类生命始终处于一定的自然环境、社会环境和人为环境中。人类为了生存发展,提高生活质量,维护和促进健康,应充分开发利用环境中的各种资源。人类社会的行为也会使环境遭受破坏,反过来影响人体健康。因此,人类应提高对环境与健康的认识,规范防止环境污染、保持生态平衡、促进环境生态向良性循环发展等相关社会行为,建立保护环境的法规和标准,避免环境退化和失衡。这就是正确处理人类与环境关系的重要准则。

环境主要包括自然环境和社会环境。人们认为影响健康的主要因素有环境因素、生物因素、行为和生活方式因素、卫生服务因素四种。其中环境因素和生物因素属于自然环境因素,行为和生活方式因素以及卫生服务因素属于环境因素中的社会环境因素。本章主要讲述自然环境、生物因素、校园环境和卫生服务与健康等内容。

第一节 自然环境与健康

人和自然环境是既相互对立,又相互联系,还可相互转化的不可分割的统一体。人类是地球物质发展的产物。人类在自然界中生存,一方面机体从环境中摄取水、空气、食物等生命必需的物质,以维持和促进机体正常生长、发育;另一方面机体又在代谢过程中不断产生废物并通过多种途径将废物排入环境中,同时又在环境中进一步转化为其他生物的营养物质。这表明人类和自然环境在物质构成方面有密切的联系。

人们将自然环境分为天然形成的未受人类活动影响的自然环境与人为活动影响下的自然环境。前者包括阳光、气候等物理因素和空气、水、土壤等化学因素及细菌、病毒、寄生虫等生物因素，后者（即人为活动影响下的自然环境）包括噪声、工业"三废"等因素。

环境危害因素分为物理性、化学性、生物性及社会心理性四大类型，本节将重点讨论对人体健康有危害性的物理因素和化学因素（环境污染）。

一、常见物理因素对健康的危害

在日常生活和生产环境中，人们接触到气温、气湿、气压、声波、振动、辐射（电离辐射与非电离辐射）等很多物理因素。在自然状态下，物理因素一般对人体无害；而某些因素在一定条件下对人体健康有益，但当超过一定强度和（或）接触时间过长时，可对人体的不同器官和（或）系统功能产生危害。

随着科技进步和工业发展，在生活环境和生产环境中，人们接触有害物理因素的机会越来越多，人体受到的健康危害也随之增多，应给予足够的关注和重视。

（一）紫外线

太阳光由红外线、可见光、紫外线组成。适宜的太阳光照射到人体，可使机体的新陈代谢能力、造血功能、皮肤分泌和防御能力、免疫力机能等增强；但当阳光照射过强时，其紫外线可对机体产生头痛、头晕、食欲减退、体温升高、精神萎靡、中暑、日照性皮炎、皮肤癌等不良影响，给人的健康带来严重危害。因此，太阳光强时，应尽量避免外出或以打遮阳伞、戴遮阳帽、戴遮阳镜和涂防晒霜等方式防紫外线。

（二）激光

激光是电磁辐射中特定的波段，在工业、国防、交通、测绘、医学等方面有着广泛的应用。但激光对人体健康也有危害，可导致角膜烧伤、视网膜灼伤、晶体浑浊、皮肤灼伤等危害，其中对眼睛的危害最大。因此，工作人员在上岗前应接受安全教育，严格遵守规章制度和操作规程，采取设置不透明的光罩、戴好防护镜等防护措施，减少和预防激光对人体健康的危害。

（三）高温、高湿气候

一般情况下，人体健康的最佳适应温度为21℃左右，适宜的相对湿度为40%。气温过高和持续时间过长可使体温升高，高湿可使水分蒸发减少，引起体温调节中枢功能紊乱，致使神经系统、呼吸系统、循环系统、免疫系统等功能降低，出现闷热难忍、疲倦无力、焦躁不安、情绪忧郁和工作效率低下等状况，严重时还会发生中暑、咽炎、心律失常等疾病，甚至死亡。因此，应根据气象变化做好预防措施。炎热天气应注意多饮水、补充营养、适当休息、适当减少外出，新生军训时应尽量在树荫下进行，以维护其健康。

（四）噪声

噪声是指使人不喜欢或不需要的声音。在某种情况下音乐也可能属于噪声。噪声主要有生产噪声、生活噪声和交通噪声等，它存在于人们的工作、生活中，可导致人体听力下降、噪声性耳聋、心律加快或减慢、高血压、心功能降低、头痛、头晕、耳鸣、睡眠障碍、胃肠功能紊乱、苦恼、烦躁不安、胚胎发育异常等严重危害。因此，应采取封闭声源、配备无声装置、戴耳塞、戴防声棉、戴耳罩、戴帽盔等消除和降低噪声的措施，控制并消除噪声源，维护人们的健康。

二、环境污染与健康

环境污染是指由于人为或自然的因素，环境的组成成分或状态发生变化，扰乱和破坏了生态系统的平衡及人类生活、生产环境，对人类和其他生物造成直接的、间接的或潜在的有害影响。严重的环境污染叫环境破坏或公害。而由于严重环境污染引起的地区性疾病称为公害病。

环境污染的原因是多方面的，但最根本的原因是自然污染和人为污染。

当今世界，在由环境污染造成的环境问题中，危害最大的主要有温室效应、臭氧层破坏和酸雨三大问题。温室效应是指由于人类活动（含碳燃料燃烧和森林面积减少）造成大气中二氧化碳等气体含量增加，吸收红外线等长波辐射，直接妨碍地面热量向大气中释放，而使地球表面气温升高的现象。在大气层的平流层中，有一厚度约 20 km 的臭氧层，它是太阳的紫外线作用使空气中的氧分子分解成氧原子，再合成臭氧而形成的。人类制造了大量会破坏臭氧层的物质，使臭氧层受到破坏。酸雨是指硫酸雾与降水结合的产物，其 $pH < 5.6$，呈酸性。

（一）环境污染物的来源和种类

（1）环境污染物的来源。环境污染物主要来源于生产性污染（工业生产污染和农业生产污染）、生活性污染（生活垃圾、粪尿、污水）和交通性污染（碳氢化物、氮氧化物、四乙基铅、噪声和石油等）。

（2）环境污染物的种类。环境污染物根据属性可分为化学性污染物（二氧化硫、氯气、氮氧化物、一氧化碳、硫化氢、铅、汞、镉、农药等）、物理性污染物（噪声、振动、电离辐射、非电离辐射以及热污染等）和生物性污染物（病原微生物、寄生虫和各种有害动植物等）三大类。

（二）环境污染对健康影响的特点

（1）广泛性。环境污染物可使大气、水、食物、土壤受污染，并且波及范围大，不分地界或国界。

（2）长期性。由于环境污染区的居民长年累月地呼吸被污染了的空气，饮用污染的水或吃带有残留毒物的食物，因此环境污染物对这一污染区的人群健康影响持续时间长。

（3）复杂性。环境污染物可经呼吸道、皮肤、胃肠道等途径进入人体。

（4）多样性。环境污染物的组成很复杂，产生的生物学作用也是多样的，既有局部刺激作用，也有全身性危害；既有特异作用，也有非特异性作用。

（三）环境污染对健康的危害

环境污染可导致机体急性中毒或慢性中毒，还有致突变作用、致癌作用、致畸作用。

（1）急性中毒。急性中毒是指由于环境污染物在短期内大量侵入人体造成的危害。其来势凶猛，病情发展迅速，后果严重。如英国伦敦烟雾事件、洛杉矶光化学烟雾事件、日本森永奶粉中毒事件、印度博帕尔毒气泄漏事件。

（2）慢性中毒。慢性中毒是指由于环境污染物长期、少量、反复侵入人体造成的危害。其潜伏期长，病情进展不明显，容易被忽视。如水俣病（指人长期食用日本熊本县水俣湾汞污染河水的鱼贝类而出现肢端感觉麻木、中心视野缩小、运动失调、语言和听力障碍等表现）、疼痛病（又称骨痛病，指日本富山县神通川流域的人食入受镉污染的河水和镉含量增加的水稻、大豆等食物出现全身非常疼痛的症状）等。

（3）致突变作用。机体的遗传物质在一定条件下，在化学、生物和物理诱变原的作用下发生突然的变异称为突变，它主要表现在染色体畸变（指染色体数目和结构的异常）和基因突变（指 DNA 分子上的损伤）两方面。

（4）致癌作用。对于肿瘤的病因学问题，至今虽尚未完全阐明，但有些学者认为人类癌症的病因70%~80%与环境因素的化学、物理和生物致癌因素有关，其中80%~90%为化学因素，5%为病毒等生物因素，5%为放射性等物理因素。

（5）致畸作用。致畸作用是指遗传因素和环境因素（包括化学、物理和生物性致畸物）引起胎儿形态结构上的异常，表现为四肢畸形和内脏器官缺陷。

三、环境保护的基本措施

（一）环境保护的概念和内容

（1）环境保护的概念。环境保护是指人类为解决现实的或潜在的环境问题，协调人类与环境的关系，保障经济社会的持续发展而采取的各种行动的总称。

人们通过采取行政、法律、经济、宣传教育和科学技术等多方面的措施与方法，保护人类环境免受污染和破坏，控制和消除污染，改善环境质量，使环境更加适合于人类劳动和生活及自然界中生物的生存。环境保护已成为当今世界各国政府和人民的共同行动和主要任务之一。

（2）环境保护的内容。环境保护的主要内容是保护和改善环境质量、保护人类的身心健康，防止机体在环境影响下变异和退化；合理利用自然资源，减少或消除有害物质进入环境，保护自然资源（包括生物资源），以利于人类的生命活动。

（二）环境保护的基本措施

（1）加强宣传教育。利用电视、报纸杂志、讲座、墙报、网络等一切宣传手段进行环保知识的宣传教育。教育大学生合理利用自然环境及资源，防止破坏生态环境，增强环境保护意识。在生活中，应常开启门窗、湿法扫地、禁止在室内吸烟、不随地吐痰、及时离开噪声较强的环境和不燃烧落叶等，注意自身防护，创建和营造舒适、温馨的生活、校园和社会环境。

（2）建立法律法规体系。要在制定和完善环境保护法律法规的基础上，形成全社会共同严格遵守有关环境保护法律规定的良好局面。

（3）治理工业"三废"。工业"三废"是环境污染的主要来源，因此治理"三废"是防止环境污染的主要措施。工业企业应采取合理布局、改革工艺、净化处理、综合利用、化害为利等措施，达到减少或禁止工业生产废水、废气、废渣的"三废"排放现象。这是治理"三废"的根本性措施。

（4）预防农业污染。合理使用农药，减少农药残留，禁止使用致癌性农药，加强灌溉农田的卫生管理，达到保护农业环境不被污染的目的。

（5）预防生活性污染。为预防生活性污染，人们应从现在做起，保护环境，植树造林，不使用一次性物品，不乱扔垃圾，垃圾分类回收，绿色出行，节约资源，使用清洁能源，循环使用资源，减少污染物排放，防止环境污染。

（6）防止噪声污染。为防止噪声污染，应采取以下措施：

①严格控制新污染源，加强现有污染源治理和监管等，防治工业噪声污染；②运用降低噪声污染方法，将建筑噪声控制纳入环评和排污申报内容，加强中、高考期间噪声污染的管理，防治建筑施工噪声污染；③扩大城区机动车禁鸣区域，严格控制机动车鸣笛噪声，严格执行道路干线噪声的"4a"类标准（昼间≤70 dB，夜间≤55 dB）和加强交通管理等，防治交通噪声污染；④加强对营业性文化娱乐场所噪声污染防治、商业经营和小型加工企业等噪声污染监管、社区复合型噪声污染监管及指导，对营业性文化娱乐场所和商业经营活动中产

生环境噪声污染的设备、设施严格执行社会生活噪声控制标准等方法，防治社会生活噪声污染。

（殷燕平）

第二节 生物因素与健康

自然环境（又称物质环境）是指人类周围的客观物质世界，如水、空气、土壤及其他生物等。自然环境是人类生存的必要条件。在自然环境中，影响人类健康的因素主要有生物因素、物理因素和化学因素。

生物因素是指影响生物生长、形态、发育和分布的任何其他动物、植物或微生物的活动。影响人类健康的生物因素主要有遗传、微生物（细菌、病毒、真菌、支原体、衣原体、立克次体、螺旋体等）和寄生虫，其中微生物和寄生虫对人体健康的影响是较常见的，因此，本节主要讲述微生物和寄生虫因素。

一、细菌

细菌为原核微生物的一类，是一类形状细短，结构简单，多以二分裂方式进行繁殖的原核生物。细菌的个体非常小，主要由细胞膜、细胞质、核糖体等部分构成，有的细菌还有荚膜、鞭毛、菌毛等特殊结构。细菌是个体数量最多，广泛分布于自然界的土壤和水中，或与其他生物共生存的有机体，是大自然物质循环的主要参与者。

细菌也对人类活动有很大的影响。人类时常利用细菌，例如乳酪及酸奶的制作、部分抗生素的制造、废水的处理等，都与细菌有关。在生物科技领域中，细菌也有着广泛的应用前景。然而，细菌是许多疾病的病原体，包括肺结核、淋病、炭疽病、鼠疫等疾病都由细菌所引发。

（一）细菌的致病性

1. 细菌的毒力

细菌的毒力是指病原菌致病性的强弱程度。构成毒力的物质主要有侵袭力和毒素。

（1）侵袭力。侵袭力是指病原菌突破机体的防御，侵入机体并在体内生长繁殖、蔓延扩散的能力。侵袭力主要包括菌体表面结构和侵袭性酶类。

①菌体表面结构主要有荚膜及其他表面物质和菌毛。荚膜具有抵抗吞噬细胞的吞噬和体液中杀菌物质的作用。有些细菌表面有微荚膜、Vi抗原、K抗原等类似荚膜的物质，具有抗吞噬、抵抗抗体和补体的作用。多数革兰阴性菌有菌毛，通过其与宿主细胞表面的相应受体结合，黏附并定居在黏膜表面，有助于细菌侵入。

②侵袭性酶是某些细菌代谢过程中产生的与致病性有关的胞外酶，分泌到菌体周围，具有协助细菌抗吞噬或利于细菌在体内扩散的作用。

（2）毒素。细菌的毒素是病原菌的主要致病物质。按其来源、化学性质和毒性作用等不同，可分为外毒素和内毒素两种。

①外毒素是指细菌生长繁殖过程中合成并分泌到菌体外的毒性物质。外毒素主要由革兰阳性菌产生，大多为多肽蛋白质，性质不稳定，不耐热，易被酸和消化酶灭活，毒性较强，具有特异的组织亲和性，可选择性作用于靶组织，具有良好的抗原性，可刺激机体产生具有中和外毒素作用的抗毒素，同时也可在甲醛作用下而脱毒并保留外毒素的免疫原性（称类毒

素)。

②内毒素是指许多革兰阴性菌的细胞壁结构成分（脂多糖），只有当细菌死亡、破裂、菌体自溶，或用人工方法裂解细菌才释放出来。内毒素是由脂质 A、非特异核心多糖和菌体特异性多糖（O 特异性多糖）三部分组成，其中脂质 A 是内毒素的主要毒性成分。

内毒素的性质稳定，耐热，在强酸、强碱、强氧化剂中煮沸 30 min 才被灭活。内毒素抗原性弱，不能用甲醛脱毒制成类毒素。内毒素 LPS 可刺激巨噬细胞、血管内皮细胞等产生 IL-1、IL-6、TNF-α 等，少量内毒素可诱发这些细胞因子而导致发热、微血管扩张、炎症反应等免疫保护性应答，大量内毒素可导致高热、低血压休克、弥散性血管内凝血（DIC）等。内毒素的毒性作用较弱，可引起发热、白细胞增多、感染性休克、弥漫性血管内凝血等危害。

2. 细菌的数量

细菌引起疾病，除需有一定的毒力外，尚需要有一定的数量。毒力愈强，致病所需菌量愈少；毒力愈低，其菌量愈多。

3. 细菌感染途径

具有一定的毒力和足够数量的病原菌，也不一定能导致疾病，还要有适当的侵入门户，到达一定的器官和组织细胞才能致病。根据病原菌侵入门户的不同，其感染途径可分为呼吸道感染、消化道感染、皮肤黏膜创伤感染、接触感染、虫媒感染等。

（二）细菌对人体健康的影响

细菌广泛存在于自然界，在土壤、水、空气、食物、用具、人体体表及跟外界相通的腔道中均有细菌存在。细菌对环境、人类和动物既有利又有害。例如：在醋的传统制造过程中，利用空气中的醋酸菌使酒精转变成醋。其他利用细菌制造的食品还有奶酪、泡菜、酱油、酒等。细菌和链霉菌可分泌链霉素、多种抗生素等，都是有利的。但细菌可通过接触、空气传播、食物、水和带菌微生物等途径，导致肺结核、淋病、炭疽病、鼠疫、破伤风、伤寒、肺炎、霍乱等疾病，严重威胁人们的健康。

二、病毒

病毒是一类不具有细胞结构，具有遗传、复制等生命特征的微生物。病毒是介于生物与非生物之间的一种原始的生命体。病毒是一种体积非常微小，结构极其简单的生命形式；具有高度的寄生性，完全依赖宿主细胞的能量和代谢系统获取生命活动所需的物质和能量；同所有的生物一样，有遗传、变异、进化的能力。但是病毒离开宿主细胞，便停止活动。

目前已知 80% 的传染病是由病毒引起的，如艾滋病、肝炎、流感、脑炎以及非典型肺炎（SARS）等。病毒性疾病具有传染性强、传播广且死亡率较高的特点。某些传染病目前还缺乏确切有效的防治药物。

（一）病毒的致病性

（1）亲嗜性和损伤性。病毒性感染具有宿主种属特异性和组织亲嗜性，而这种特性由细胞膜上的病毒受体的特异性决定。病毒的细胞、组织和器官亲嗜性造成了病毒对特异组织器官的损伤，形成临床上不同系统的疾病。

（2）免疫病理损伤。病毒抗原以及细胞感染后产生的自身抗原会导致机体的变态反应和炎症反应。

①体液免疫病理作用。许多病毒能诱发细胞表面出现新抗原，当特异性抗体与这些抗原结合后，在补体参与下引起细胞破坏。有的病毒抗原与相应抗体结合形成免疫复合物，可长

期存在于血液中。当这种免疫复合物沉积在某些器官组织的膜表面时,激活补体引起Ⅲ型变态反应,造成局部损伤和炎症。

②细胞免疫病理作用。细胞免疫在其发挥抗病毒感染的同时,特异性细胞毒性T细胞液对病毒感染细胞造成损伤。病毒蛋白因与宿主细胞蛋白之间存在共同抗原性而导致自身免疫应答(即自体免疫疾病)。

(3) 病毒对免疫系统的致病性。

①病毒感染引起免疫抑制。许多病毒感染可引起机体免疫应答降低或暂时性免疫抑制。这种免疫抑制使病毒性疾病加重、持续,并可能使疾病进程复杂化。原因可能为病毒直接侵犯免疫细胞。

②病毒对免疫活性细胞的杀伤。目前只发现人类免疫缺陷病毒侵犯并杀伤巨噬细胞和T辅助细胞后,使其数量大减,导致细胞免疫功能低下。

③病毒感染引起自身免疫疾病。病毒感染免疫系统后可导致免疫应答功能紊乱,主要表现为失去自身与非自身抗原的识别功能。病毒感染细胞后,除了前述病毒新抗原与细胞抗原结合,改变细胞膜表面结构成为"非己物质"外,也有可能使正常情况下隐蔽的抗原暴露或释放出来,导致机体对这些细胞产生免疫应答,免疫细胞核免疫因子对这些靶细胞发挥作用,从而发生自身免疫疾病。

(二) 病毒对人体健康的影响

病毒感染常常是病毒通过黏膜或破损皮肤等途径侵入机体,在局部或全身的易感细胞内复制增殖,造成机体不同程度的损害而导致疾病。

病毒感染导致疾病的途径常见的有以下两种。

(1) 水平传播。水平传播是指病毒在人群不同个体之间的传播方式。例如:流感病毒、麻疹病毒等可经呼吸道传播,导致流感、麻疹;甲肝病毒等可经消化道传播,导致甲型肝炎;乙脑病毒等可经媒介昆虫叮咬传播,导致流行性乙型脑炎;人类免疫缺陷病毒(HIV病毒)可经性接触传播导致艾滋病;乙肝病毒可经手术、输血、注射等传播,导致乙型肝炎。

(2) 垂直传播。垂直传播是指病毒通过胎盘或产道,由亲代直接传给子代的方式。垂直传播是病毒感染的特点之一。例如乙肝病毒、风疹病毒、巨细胞病毒、人类免疫缺陷病毒经胎盘由母亲传播给子代,可导致子代与母亲相同的疾病或死胎、早产、先天畸形。

三、寄生虫

寄生虫是指一种生物将其一生的大多数时间居住在另外一种动物(人、家畜、鸟类和鱼类等),即宿主或寄主上,同时对被寄生动物造成损害。

寄生虫的特征是寄生。寄生就是两种生物生活在一起,其中有一种不能独立生活,而长期或暂时生活于另一方生物的体内或体表,以另一生物的组织、体液或营养物质生存,同时给被寄生的生物带来危害,甚至造成死亡。

寄生的特点是一方获利,另一方受害。被寄生的生物称为宿主,宿主可以是人、家畜、各种鸟类和鱼类等。

(一) 寄生虫的分类

寄生虫的分类方法很多,这里介绍按寄生环境的分类。按寄生环境可将寄生虫分为两类。

(1) 体内寄生生物。体内寄生生物是指一切寄生在寄主体内的寄生生物。例如消化道内寄生的蛔虫、钩虫、绦虫等,阴道内寄生的阴道毛滴虫,肝内寄生的肝吸虫、棘球蚴(包虫）等，肺内寄生的卫氏并殖吸虫，脑组织寄生的猪囊虫、弓形虫等，血管内寄生的血吸虫，淋巴管内寄生的丝虫，肌肉组织寄生的旋毛虫幼虫，细胞内寄生的疟原虫、利什曼原虫，骨组织寄生的包虫，皮肤寄生的疥螨、毛囊螨，眼内寄生的吸吮线虫、猪囊虫等。

（2）体外寄生生物。体外寄生生物是指一切寄生在寄主体外的寄生生物。例如人体表寄生虫在人类纺织物和皮肤之间寄生，甚至寄生在人的皮肤下，鼻孔、阴茎等腔道；畜禽体表寄生虫寄生在畜禽体表被毛下，例如经常寄生在种鸡、蛋鸡羽毛下的虱子、螨虫，严重地影响寄主的生长、发育。

（二）寄生虫的致病性

寄生虫广泛存在于水、土壤、食物、植物等自然界中，它侵入宿主体内之后，经过一段时间的移行，最终到达其特定的寄生部位，发育成熟。

（1）夺取宿主的营养。寄生虫在生长、发育和繁殖过程中，需要从宿主体内获取糖类、蛋白质、维生素、无机盐等各种营养物质。

寄生虫从宿主体内夺取营养的方式有：①直接摄取宿主肠道中的营养物质。如绦虫的成虫寄生在宿主肠道中，透过皮层直接吸收各种营养物质。②吸取宿主的血液。如钩虫、蜱等直接吸取宿主的血液作为食物。③消化、吞食宿主的组织细胞。如绵羊夏柏特线虫将宿主的大肠黏膜纳入口囊中并吞食宿主的组织。宿主体内大量营养物质被夺走，导致宿主抵抗力下降，表现出营养不良、贫血、消瘦、生长发育迟缓等。

（2）机械性损伤。具体包括：①损伤宿主的组织器官。某些寄生虫的幼虫在钻入宿主时，引起侵入处的皮肤、黏膜的损伤。如钩虫的幼虫侵入宿主皮肤时引起的皮炎，蛔虫的幼虫侵入肠壁时引起的黏膜损伤和出血。②堵塞宿主的腔道。如猪严重感染蛔虫时，大量蛔虫虫体积聚在小肠，引起肠道阻塞，可导致肠扭转和肠套叠甚至肠破裂。③压迫组织器官。一些寄生虫在宿主体内不断增大，对周围组织产生压迫，使之萎缩、变性、坏死，导致相应的功能障碍。如脑多头蚴压迫脑组织而导致各种神经症状。

（3）毒性和抗原物质的作用。寄生虫的分泌物、排泄物和死亡虫体的分解物等，可对宿主有毒性作用，这是寄生虫危害宿主最重要的方式。例如溶解组织内阿米巴侵入肠黏膜和肝时，分泌溶组织酶，溶解组织细胞，引起宿主肠壁溃疡和肝脓肿。阔节裂头绦虫的分泌排泄物可影响宿主的造血功能而引起贫血。

另外，寄生虫的代谢产物和死亡虫体的分解物又都具有抗原性，可使宿主致敏，引起局部或全身变态反应。例如血吸虫卵内毛蚴分泌物引起周围组织发生免疫病理变化——虫卵肉芽肿，这是血吸虫病最基本的病变和主要致病因素。疟原虫的抗原物质与相应抗体形成免疫复合物，沉积于肾小球毛细血管基底膜，在补体参与下，引起肾小球肾炎和刺球蚴囊壁破裂，囊液进入腹腔，可引起宿主发生过敏性休克，甚至死亡。

（4）超敏反应。寄生虫在宿主体内常会诱导宿主产生超敏反应，造成组织的损伤。这是寄生虫致病作用之一。超敏反应一般分为四型，即Ⅰ型（速发型超敏反应）、Ⅱ型（细胞毒性超敏反应）、Ⅲ型（免疫复合物性超敏反应）、Ⅳ型（迟发型超敏反应）。前三型为抗体介导的超敏反应，Ⅳ型主要是T细胞和巨噬细胞所介导的超敏反应。

（5）免疫反应。寄生虫及其产物对宿主而言均为异物，能影响宿主的防御功能，即免疫。宿主对寄生虫的免疫表现为免疫系统识别和清除寄生虫的反应，其中有些是防御性反应。例如宿主的胃酸可杀灭某些进入胃内的寄生虫。有的反应表现是将组织内的虫体局限、包围以至消灭。免疫反应是宿主对寄生虫作用的主要表现，包括非特异性免疫和特异性免疫。

总之，寄生虫与宿主之间的相互作用的结果，可出现宿主把体内寄生虫清除了，防御再感染；也可出现宿主清除了大部分或者未能清除体内寄生虫而对再感染具有一定的抵抗力，使它们之间可维持相当长时间的寄生关系，如见于大多数寄生虫感染或带虫者；还可出现宿主不能控制寄生虫的生长、繁殖，产生明显的临床表现，导致寄生虫病。

（三）寄生虫对人体健康的危害

寄生虫对人体健康的危害，主要表现在病原引起寄生虫病和作为疾病的传播媒介两方面。寄生虫病对人体健康危害十分严重，甚至可危及生命。寄生虫病的危害是普遍存在的公共卫生问题。寄生虫导致的寄生虫病常见的有疟疾、血吸虫病、丝虫病、利什曼病、锥虫病、蓝氏贾第鞭毛虫病、蛔虫病、鞭虫病、钩虫病、蛲虫病、弓形虫病、隐孢子病、肺孢子虫病、小龙虾肺吸虫病、生鱼片肝吸虫病、螺广州管圆线虫病、菱角姜片虫、阿米巴病等。

寄生虫病的预防：应做到饭前便后要洗手，注意个人卫生并勤洗澡，彻底煮熟肉类、海产食物，消灭蚊子等昆虫，感染寄生虫后要及时就医。

四、其他病原微生物

（一）立克次体

立克次体（Rickettsia）为革兰阴性菌，是一类专性寄生于真核细胞内的革兰染色阴性原核生物，是介于细菌与病毒之间，而且接近于细菌的一类原核生物。主要寄生于节肢动物，可通过蚤、虱、蜱、螨传入人体，在血管内皮细胞及单核吞噬细胞系统中繁殖引起细胞肿胀、增生、坏死，微循环障碍，可导致皮疹、肝大、脾大、斑疹伤寒、战壕热等。

（二）衣原体

衣原体为革兰阴性病原体，是在细胞内寄生、有独特发育周期的原核细胞性微生物。衣原体广泛寄生于人类、鸟类及哺乳动物。常见的可引起人类疾病的衣原体有沙眼衣原体、肺炎衣原体、鹦鹉热肺炎衣原体等，可通过直接或间接接触、呼吸道等传播，导致沙眼、急性化脓性结膜炎、泌尿生殖道感染、性病、淋巴肉芽肿、呼吸道感染及衣原体肺炎等疾病。

（三）真菌

真菌是具有细胞核和细胞壁的异养生物。大多数真菌的细胞壁中有最具特征性的甲壳质及纤维素。真菌的细胞器常见的有线粒体、微体、核糖体、液泡、溶酶体、泡囊、内质网、微管、鞭毛等。真菌在自然界分布广。某些真菌常寄生于人体内，当人体受某些因素影响而免疫力下降时，常常可引起严重危害发生，导致皮肤真菌感染（手足癣、体癣等）、泌尿生殖系感染等。

（四）支原体

支原体（又称霉形体）是细胞中唯一可见的核糖体细胞器，是目前发现的最小、最简单的原核生物。支原体黏附于呼吸道或泌尿生殖道上皮细胞并定居后，通过不同机制引起细胞损伤。例如，可通过获取细胞膜上的脂质及胆固醇引起膜损伤，并释放神经外毒素、磷酸酶及过氧化氢等进一步引起损害，可导致呼吸道感染及支原体肺炎（又称原发性非典型肺炎）、泌尿生殖系统感染等疾病。

（曾文）

第三节 校园环境与健康

校园环境是大学生学习、生活的重要场所。绿草遍地、百花盛开、林荫大道的优美校园，能给人一种心旷神怡、轻松愉快的感觉；可提高学生的学习效率，消除大脑疲劳，提高健康素质。因此，应重视校园的环境建设，营造良好的校园氛围，促进师生身心健康。

一、教室、寝室环境与健康

教室、寝室是学生学习、生活的主要场所。良好的教室、寝室环境有助于学生成长发育和防治疾病，促进学生身体健康。

（一）保持寝室环境卫生

应保持寝室通风、无异味、采光充足明亮、桌面干净、摆设整齐；无乱拉电线、安装电炉和照明，无废纸、果皮、杂物，无喧闹、嬉笑、打闹等杂音。合理布置寝室以达到协调、美观、温馨的效果，充分调动全室同学积极性，共同维护寝室卫生，营造良好、温馨的起居环境。

（二）保持教室环境卫生

应保持教室良好的通风、采光照明充足；无噪声、废纸、果皮、杂物等；桌面及室内干净、摆设整齐；每天定期打扫并爱护教室卫生，不随地丢垃圾、不随地吐痰；合理布置教室，营造美观、良好的学习氛围。

二、营造校园健康环境

（一）校园绿化

校园绿化是指以人工的方法在校园里栽种树木花草，使校园环境有利于教学、科研和师生员工的生活、学习、工作，更有利于高校物质文明和精神文明建设。校园绿化对学生健康起着重要作用。

（1）净化空气。校园环境的绿化可使绿化植物从空气中吸收二氧化碳、放出氧气的光合作用增强，使空气清新，达到换气的作用；也可使绿色植物从空气中吸收二氧化碳、氟化氢等有毒气体和致癌物质等，降低致毒、致癌因素；还可因某些植物能分泌杀细菌、真菌、病毒等病原微生物的物质而使空气中病原微生物减少，从而净化校园空气。

（2）减少污染。校园环境的绿化可对灰尘、粉尘等污染物有明显的阻挡、过滤和吸收作用，减少空气污染；可对放射性物质有辐射阻隔、过滤和吸收作用，减少放射性污染；可对噪声有吸收和反射作用，减少噪声污染，从而使校园污染减少，有利于学生健康。

（3）减少物理因素等的危害。校园环境的绿化可降低紫外线、光辐射、风沙等对人体的刺激和对人体健康的危害。

（4）营造小气候。校园环境的绿化可吸收紫外线，使林荫处的气温比空旷处低3~5℃而调节气温；也可吸收水分，使林荫处的湿度比空旷处高7%~14%而调节湿度；还可阻挡风，使防风范围增大、风速减小而调节风速，从而营造一个适宜生活、学习，有益健康的校园小气候。

（二）营造和谐人际环境

在校园文化环境方面，校园人际环境对学生健康成长影响最大。在校园里，班级是学生成长的摇篮，班级中学生间的人际关系会影响每一位学生的成长。要开展丰富多彩的知识讲座、辩论赛、讲演赛、各种征文比赛、读书工程、体育节等校园活动，为学生搭建起发挥、展现学生创造才能的舞台，激发学生热爱自然、热爱祖国、热爱生活、奋发向上的思想情感，建立友爱、信赖、关心、负责、和谐的校园人际关系，营造和谐的校园环境氛围，促进学生身心健康。

总之，学校应以人为本、以健康为中心，加强学生的德育建设，使其自觉树立社会公德，养成良好的卫生习惯，增加自我保健意识和能力，积极参加营造校园健康环境建设，提高健康素质。

（殷燕平）

第四节 卫生服务与健康

卫生服务是指卫生系统借助一定的卫生资源，向居民（学生）提供的医疗、预防、保健、康复等各种活动的总称。卫生服务是针对个人和群体进行的有益于健康的、医学行为的、全方位的、人性化的管理和看护。

党的卫生工作目标是"推进健康中国建设"。为适应新形势与任务，习近平主席提出了新时期我国卫生与健康工作新方针："要坚持正确的卫生与健康工作方针，以基层为重点，以改革创新为动力，预防为主，中西医并重，将健康融入所有政策，人民共建共享。要坚定不移贯彻预防为主方针，坚持防治结合、联防联控、群防群控，努力为人民群众提供全生命周期的卫生与健康服务。"新时期我国卫生与健康工作新方针的重点在基层社区卫生服务中心，其重心在预防。

一、社区卫生服务

社区卫生服务是指在政府领导、社区参与、上级卫生机构的指导下，以基层卫生机构为主体，全科医师为骨干，合理使用社区资源和适宜技术，以人的健康为中心、家庭为单位、社区为范围、需求为导向，以妇女儿童、老弱病残、贫困居民等为服务重点，以解决社区主要卫生问题、满足基本卫生服务需求为目的，融预防、医疗、保健、康复、健康教育、计划生育技术服务功能等为一体的有效、经济、方便、综合、连续的卫生服务。

（一）社区卫生服务的基本原则

社区卫生服务的基本原则为：①坚持为人民服务的宗旨，依据社区人群的需求，正确处理社会效益和经济效益的关系，把社会效益放在首位。②坚持政府领导、共同参与，坚持政府领导，部门协同，社会参与，多方筹资，公有制为主导，坚持预防为主，综合服务，健康促进。③坚持以区域卫生规划为指导，引进竞争机制，合理配置和充分利用现有卫生资源，提高卫生服务的可行性，做到低成本、广覆盖、高效益，方便群众。④坚持社区卫生服务与社区发展相结合，保证社区卫生服务可持续发展。⑤坚持实事求是，积极稳妥，循序渐进，因地制宜，分类指导，以点带面，逐步完善。

（二）社区卫生服务的基本功能

社区卫生服务具有的基本功能有：①开展社区卫生状况调查，进行社区诊断，向社区管理部门提出改进社区公共卫生的建议及规划，对社区爱国卫生工作予以技术指导。②有针对性地开展慢性非传染性疾病、地方病与寄生虫病的健康指导、行为干预和筛查，以及高危人群监测和规范管理工作。③负责辖区内免疫接种和传染病预防与控制工作。④运用适宜的中西医药及技术，开展一般常见病、多发病的诊疗。⑤提供急救服务。⑥提供家庭出诊、家庭护理、家庭病床等家庭卫生保健服务。⑦提供会诊、转诊服务。⑧提供临终关怀服务。⑨提供精神卫生服务和心理卫生咨询服务。⑩提供妇女、儿童、老年人、慢性病人、残疾人等重点人群的保健服务。⑪提供康复服务。⑫开展健康教育与健康促进工作。⑬开展计划生育咨询、宣传并提供适宜技术服务。⑭提供个人与家庭连续性的健康管理服务。⑮负责辖区内社区卫生服务信息资料的收集、整理、统计、分析与上报。⑯在社区建设中，协助社区管理部门不断拓展社区服务，繁荣社区文化，美化社区环境，共同营造健康向上、文明和谐的社区氛围。⑰根据社区卫生服务功能和社区居民需求，提供其他适宜的基层卫生服务。

因此，社区卫生服务的基本功能为采取预防保健、医疗和康复等综合服务来实现、推进和达到"人人享有卫生保健"的全球卫生战略目标。

二、疾病的预防

党的卫生工作方针以预防为主。在社区卫生的预防、保健、医疗和康复等综合服务中，预防列在其首位。这说明在疾病控制中，预防起着关键性、决定性作用，对疾病控制具有重要意义。在疾病预防工作中，实施疾病的三级预防策略。

（一）疾病的三级预防

1. 一级预防

一级预防又称病因预防，是在疾病尚未发生时针对病因所采取的措施，主要针对机体、环境、社会的预防措施，是预防、控制和消灭疾病的最积极、最有效的根本措施。加强对病因的研究，减少对危险因素的接触，是一级预防的根本。因此，一级预防应采取增强机体抵抗力、戒除不良嗜好、进行系统的预防接种、做好婚前检查等针对机体的预防；加强优生优育，围绕产期保健工作，防止近亲或不恰当婚配；消除可导致高血压、冠心病、癌症、哮喘、溃疡病等心理和社会致病因素，从而达到减少或消除导致疾病发生的原因，维护机体健康。

对于传染病而言，防疫措施包括对传染源的控制措施、切断传播途径及各种预防性措施，目的都是控制不发生新的传染和流行，也属一级预防。

开展一级预防时常采取双向策略，即健康促进和健康保护。前者是指对整个人群的普遍预防，后者则是对高危人群的重点预防。将二者结合起来，可相互补充，提高效率。例如，对于艾滋病的一级预防，一方面通过宣传教育使整个人群了解艾滋病如何传播以及怎样预防；另一方面促进高危人群的安全行为，例如使用避孕套或一次性注射器等。对于高血压，可通过体育锻炼、合理饮食等健康促进措施加以预防，还可通过控制食盐的摄入量等健康保护措施预防。通过控制吸烟预防肺癌，食盐中加碘预防地方性甲状腺肿，进行免疫接种预防麻疹、乙型肝炎、脊髓灰质炎等均为一级预防。

2. 二级预防

二级预防又称临床预防，是在疾病的潜伏期为了阻止或减缓疾病的发展而采取的措施。其主要措施是早期发现、早期诊断和早期治疗，所以二级预防又称为"三早"预防。"三早"预防是在疾病初期采取的预防措施。对于传染病，"三早"预防就是加强管理，严格疫情报告。除了及时发现传染病人外，还要密切注意病原携带者。对于慢性病，"三早"预防的根本办法是做好宣传和提高医务人员的诊断、治疗水平。通过普查、筛检、定期健康检查以及群众的自我监护，及早发现疾病初期（亚临床型）患者，并使之得到及时合理的治疗。由于慢性病常是经过致病因素长期作用后引起的，因此给"三早"预防带来一定困难。

3. 三级预防

三级预防又称康复治疗，是对疾病进入后期阶段的预防措施，此时机体对疾病已失去调节代偿能力，将出现伤残或死亡的结局。此时应采取对症治疗和康复治疗，减少痛苦、延长生命，力求病而不残，残而不废，促进康复，提高生存质量，延长寿命，降低病死率。对症治疗可以改善症状，减轻病痛，提高生存质量；防止病情恶化，减少并发症、后遗症、复发、转移等；防止伤残，争取病而不残，保护劳动力。康复治疗可以促进功能恢复，争取残而不废，保护生活能力。康复治疗的措施包括功能、心理、社会和职业康复。

（二）初级卫生保健

"人人享有卫生保健"是全球卫生战略目标，实现此战略目标的基本途径和基本策略是初级卫生保健。初级卫生保健是指依靠切实可行，学术上可靠又受社会欢迎的方法和技术，通过个人和家庭的积极参与，并本着自力更生的精神，群众及国家能够负担得起的一种基本的卫生保健。

初级卫生保健体现了四层含义：①从居民的需要和利益来看，既是居民最基本的、必不可少的，又是居民团体、家庭、个人均能获得的，也是费用低廉、群众乐于接受的卫生保健。②从卫生工作的地位和作用来看，是切实可行、学术可靠的方法和技术；是基层第一线的卫生保健工作；是国家卫生体制的一个重要组成部分；是以大卫生观念为基础，工作领域更宽、内容更广泛的阵地。③从政府职责和任务来看，是各级政府及有关部门的共同职责；是各级人民政府全心全意为人民服务、关心群众疾苦的重要体现；是各级政府组织和社会各界参与卫生保健活动的有效形式。④从社会和经济发展来看，是社会经济总体布局的成果组成部分；是社会主义精神文明建设的重要标志和具体表现；是农村社会保障体系的重要组成部分。

初级卫生保健是一种基本的卫生保健，是国家卫生系统和社会经济发展的组成部分；是国家卫生系统的中心职能；是个人、家庭和社区与国家卫生系统接触的第一环；是卫生保健持续进程的起始一级。

1. 初级卫生保健的内容

初级卫生保健的内容主要有：①健康促进，主要包括健康教育、保护环境、合理营养、饮用安全卫生水、改善卫生设施、开展体育锻炼、促进心理卫生、养成良好生活方式等。②预防保健，即在研究社会人群健康和疾病的客观规律及它们和人群所处的内外环境、人类社会活动的相互关系的基础上，采取有效措施，预防各种疾病的发生、发展和流行。③合理治疗。及早发现疾病，及时提供医疗服务和有效药品，用以避免疾病的发展与恶化，促使早日好转痊愈，防止带菌（虫）和向慢性发展。药物应用以"节约、有效"为原则。那些药物应用"愈多愈有效""愈多愈好"的观念是错误的。用过量药物不仅造成药物浪费，增加病人家庭的经济负担，也增加了药物不良反应发生的可能性。④社区康复。对丧失了正常功能或功能上有缺陷的残疾者，通过医学的、教育的、职业的和社会的综合措施，尽量恢复其功能，使他们重新获得生活、学习和参加社会活动的能力。

2. 初级卫生保健的任务

初级卫生保健的任务主要有：①对当前主要卫生问题及其预防、控制方法的健康教育。②改善食品供应和合理营养。③供应足够的安全卫生水和基本的环境卫生设施。④妇幼保健和计划生育。⑤主要传染病的预防接种。⑥预防并控制地方病。⑦常见病和外伤的合理治疗。⑧提供基本药物。

（殷燕平）

 思考题

1. 什么是环境污染？
2. 环境保护的基本措施有哪些？

3. 细菌的致病性是什么？细菌感染的途径有哪些？
4. 病毒的致病性与哪些因素有关？
5. 病毒的传播途径有哪些？寄生虫的致病性是什么？
6. 校园环境对学生健康起什么作用？
7. 卫生服务的概念和疾病的三级预防是什么？

第四章

大学生性与健康

 学习目标

1. 掌握梅毒、尖锐湿疣、非淋菌性尿道炎的传播途径;
2. 熟悉青春期性生理、性心理的变化特征,性道德规范,防范性伤害的措施,梅毒、尖锐湿疣、非淋菌性尿道炎的临床表现;
3. 了解梅毒、尖锐湿疣、非淋菌性尿道炎的治疗方法。

第一节 青春期性生理发育

青春期是儿童向成人过渡的重要时期,以性发育为突出表现。青春期个体的生殖器官系统从幼稚走向成熟、性机能启动并得以发展,同时性意识形成。青春期的性成熟具有明显的个体差异,性别之间的性成熟进程也不同,女性比男性早1~2年进入青春期,男性比女性晚2~3年结束青春期。

一、男性性生理发育

(一) 男性生殖器官系统的发育

男性生殖器官系统的发育成熟受睾丸激素(睾丸酮)的控制。进入青春期后,男性阴囊皮肤颜色变红,睾丸体积开始增大,前列腺开始分泌前列腺液,阴茎开始变粗,曲细精管管壁上的精原细胞开始分裂增殖,次级精母细胞出现。到青春期末,外生殖器官的形状和大小均表现为成人型,精液中出现精子,附属腺(附睾、精囊、前列腺等)生长发育,功能逐渐完善。

(二) 男性第二性征的发育

男性第二性征主要是指阴毛、腋毛及胡须等的出现,喉结突起,声音变粗沉。男性身体形态的发育特点表现为骨骼和肌肉发达而皮下脂肪较少,肩膀和胸部变宽,皮肤变厚变粗,身体长高,面部可能有青春痘。

(三) 遗精

生殖器官系统发育成熟后,睾丸产生的精子与附属腺体的分泌物混合形成精液。男性进入青春期后,在无性交状态下于睡梦中自然出现射精的生理现象叫遗精。这是由于精子在体内储存了一定时间和数量之后,没被体内吸收而排出体外,即"精满自溢"的正常生理现象。青少年在首次遗精后,每隔一定的时间(一周、半月或更久)再次发生。遗精是正常现

象，不会影响身体健康。

二、女性性生理发育

（一）女性生殖器官系统的发育

女性生殖器官系统在青春期前一直维持幼稚状态，到青春期时才显著改变：卵巢功能启动，卵泡开始发育，到 18 岁卵巢才完全发育成熟，周期性分泌性激素，维持正常的月经，定期排卵，具有生育功能；子宫体积增大，长度增加；阴道增长增宽，颜色呈灰色，黏膜增厚，阴道分泌物从偏中性转为酸性（pH 值为 4~5）；阴阜脂肪隆起并生长出阴毛，大阴唇由平薄变为肥厚，小阴唇由小变大，逐渐发育为成人型。

（二）女性第二性征的发育

女性第二性征中最早出现的是乳房增大和隆起。在乳房发育后不久，开始长出阴毛和腋毛。同时，女孩的盆骨增大变宽，身体长高，皮肤细嫩、柔软光滑，臀部开始变圆、丰满，大腿和背部的脂肪增多，呈现女性特有的体形。

（三）月经初潮

月经初潮是女性性生理开始发育的标志。第一次月经称为月经初潮，发生年龄大概在 13~15 岁，但在 10~17 岁仍属正常。初潮不一定伴随卵巢排卵。第一次正常排卵常发生在初潮后第 1~3 年，在初潮后至第一次正常排卵之前称为"正常生理不孕期"。

第二节　青春期性心理

青春期的少男少女们，除了身体的快速成长，心理也在发生剧烈变化。生殖器官系统的发育成熟，性激素的大量分泌和刺激，不仅会引起强烈的性冲动和性体验，还促进了性意识的觉醒，使个体的性心理得以进一步发展。

一、性心理的含义

性心理是指男女两性对性的认知、情绪、意志以及怎样决定性行为和性态度的心理现象。世界卫生组织对性心理健康是这样阐述的："通过丰富和完善的人格、人际交往和爱情方式，达到性行为在肉体、感情、理智和社会诸方面的圆满和协调。"

二、两性性心理差异

（一）性意识差异

性意识是指个体对自身的性别、性别角色的认识和态度，是人类性行为区别于动物的主要特征。

男女大学生随着性生理发育和性社会化的过程，对身体变化和异性秘密的意向产生了渴望，男孩期盼自己身材高大，女孩希望自己成为美丽的白天鹅。他（她）们的性意识也逐渐形成，但存在一定差异。其性意识的差异为：青春期男生比女生的自我意识更强，他们想尽早摆脱父母的束缚，而通过性行为建立一份亲密关系来证明自己独立强大显得尤为迫切。因此，男生比女生对性的需求更强烈，对性的态度更主动更开放。由于女生对于性行为的后果将承担更多的风险，如怀孕、社会舆论等，所以女生对性行为的态度更为慎重。

大学生应化吸引为动力，把异性所具有的魅力作为自己积极向上并努力奋斗的动机；化倾慕为尊重，把倾慕对象的优秀品质作为自己的学习榜样并尊重；化独处为广交；化压抑为转移；正确调控其性意识，维持并促进性心理健康水平。

（二）性情感的差异

男生更多的是在性激素的作用下，或出于对性的好奇而进行性的尝试，或者出于亲密同伴的吸引力而发生性行为；女孩更多的是出于爱，出于表达对男生的忠诚，为了满足对方的需要才发生性行为。

（三）性行为差异

自慰是青春期男女的主要性行为方式。有研究表明，男性发生自慰的比例比女性高。在性行为中，女生比男生更倾向于坚持采取避孕措施，减少怀孕和感染性病的风险。

第三节　性道德

道德是调整人们之间以及个人与社会之间关系的行为规范的总和，是行为善恶的判断标准，是靠人们自觉自愿遵守的。性道德是指调节人类性行为的道德规范，它用特定的伦理道德原则去指导、规范个体的性行为，是人类区别于其他动物的一个重要标志。性道德是道德的重要组成部分，大学生应该遵守符合当下社会约定的性道德原则，建立良好的两性关系。

在性道德方面，除了应遵守男女平等原则外，还有：

（1）禁规原则。包括禁止近亲结婚和禁止结婚的疾病。我国《婚姻法》除禁止直系血亲结婚的规定外，也明确规定禁止三代以内的旁系血亲结婚。关于禁止结婚的疾病有两类：第一类是精神方面的疾病，如精神病等；第二类是身体方面的疾病、危害较大的遗传性疾病或严重危害对方的疾病，如麻风病。

（2）生育原则。婚内有计划地生育，提倡少生优生，生男生女都一样。

（3）婚姻性爱原则。婚姻是两性关系的合法前提，现代性爱是一对男女之间具有对等性、专一性、排他性和强烈持久性的爱情关系和性关系，是权利与义务相统一的双向过程，男女双方既有享受性爱的权利，也有对对方履行性爱的义务。

（4）私事原则。男女双方均有自由自主地选择配偶、结婚、离婚的权利，两性的性爱行为不应与他人分享，不能公开展示，个体的性行为应自尊、自重、自负责任并对性欲望进行合理节制。

（5）无伤原则。两人之间的性行为不伤害对方或他人的幸福，并不给社会带来不良影响。

第四节　性的法律规范

社会对人类行为的规范除了道德约束外，还有法律约束。性法律是调整人们在性活动过程中权利义务关系的行为规范的总称。我国的《宪法》《刑法》《民法通则》《婚姻法》《治安管理处罚法》《妇女权益保障法》对性权利、性行为的保护和禁止都做出了相应的规定。

一、常见的性违规行为

（1）卖淫嫖娼行为。根据《治安管理处罚法》规定，处以拘留并（或）罚款。

（2）性侮辱。性侮辱是指尚不构成犯罪的性行为。对情节轻微的性侮辱行为，要受到社会道德的谴责；情节较重的，要受到行政处分或治安管理处罚。

（3）其他违法行为，主要包括制作、贩卖、传播淫秽物品的行为，非法性服务行为。根据《治安管理处罚法》规定，处以拘留并（或）罚款。

二、常见的性犯罪行为

(1) 强奸罪。强奸罪是指违背妇女意志，使用暴力、胁迫或者其他手段，强行与妇女发生性交行为。根据我国《刑法》规定，强奸罪处以有期徒刑、无期徒刑或者死刑。

(2) 强制猥亵、侮辱妇女罪。强制猥亵、侮辱妇女罪是指以暴力、胁迫或者其他方法强制猥亵妇女或者侮辱妇女的行为。根据我国《刑法》规定，强制猥亵、侮辱妇女罪处有期徒刑或者拘役。

(3) 制作、复制、出版、贩卖、传播淫秽物品牟利罪。此罪是指以牟利为目的，制作、复制、出版、贩卖、传播色情的淫秽书刊、影片、录像带、录音带、图片及其他淫秽物品的行为。在我国《刑法》中有相关处罚规定。

第五节 预防性伤害

性伤害，是指加害者违反当事人意愿，给当事人带来身心伤害的性行为的总称。近年来，性伤害事件时有发生。遭遇性伤害的人，没有男女之分，从幼儿到成年人均有可能遭遇。研究数据显示，熟人作案的比例较陌生人高。

一、性伤害类型

性伤害常见的类型有：①性接触。包括身体性接触（如令人感到不舒服的亲吻、抚摸身体等）和非身体性接触（如言语挑逗、裸露、强迫拍裸照等）。②性骚扰。可分为语言性和非语言性性骚扰。非语言性性骚扰指带有性暗示的身体和手的动作。③强奸。可对受害者产生巨大的心理创伤。

二、积极预防性伤害

性伤害行为在不同时代、不同社会中均有存在，它对受害者的身心造成直接伤害。因此，每个人都应该具有自我保护的意识，学会保护自己，防范性伤害。

(1) 留意容易遭受性伤害的时间和场所。夜晚是容易遭受性伤害的时间。夏天是容易遭受性伤害的季节。公共场所和僻静的地方是女性容易遭受性伤害的地方。

(2) 防范性伤害。应注意穿着打扮适当，言行举止得体；不贪便宜，礼貌待人；谨慎结交朋友；注意所处环境，尽量避免到僻静的地方。

(3) 提高应对性伤害的能力，应做到：①遇到性伤害时，首先要保持冷静的头脑，大义凛然、临危不惧的态度可以对施害者起到威慑作用。②遇到性伤害时要有坚持反抗到底的信心，根据周围的环境选择摆脱、反抗、求救、寻求适当机会等方式逃脱。③采取积极的防卫措施。④遭受陌生人性伤害时，要努力记住施害者的体貌特征，保护好现场及证物，及时报案。⑤保全性侵害证物。

第六节 性传播疾病

性传播疾病（简称STD）是指主要通过性接触、类似性行为及间接接触传播的一种传染性疾病。其病原体已发现21种，包括：病毒、衣原体、支原体、真菌、寄生虫等。STD不仅可引起泌尿生殖器官病变，还可侵犯全身各重要组织和器官，危害患者身心健康。同时，它败坏社会风气，阻碍经济发展，引起社会动荡和危及人类繁衍，已成为全世界共同的严重公共卫生问题。

我国列为重点防治的性传播疾病有 8 种：淋病、梅毒、艾滋病、非淋菌性尿道炎（或宫颈炎）、生殖器疱疹、尖锐湿疣、软下疳和性病性淋巴肉芽肿。其中淋病、梅毒和艾滋病列为《中华人民共和国传染病防治法》乙类传染病。本节主要讲述梅毒、尖锐湿疣和非淋菌性尿道炎。

一、梅毒

梅毒是由梅毒螺旋体引起的一种慢性传染病。梅毒的唯一传染源是梅毒患者，患者的血液、精液、乳汁和唾液中均含有梅毒螺旋体。

梅毒约 95% 患者经性接触由皮肤黏膜微小破损而传染；可经输入被梅毒螺旋体污染的血液而发生感染；可通过胎盘及脐静脉由母体传染给胎儿而导致新生儿梅毒；还可经接触患者污染的物品或与之接吻、握手等被感染。

【临床表现】

梅毒螺旋体几乎可以侵犯人体所有器官，临床上一般将梅毒分为三期。

（1）一期梅毒。主要表现为硬下疳和硬化性淋巴结炎，一般无全身症状。硬下疳好发于外生殖器（90%），男性多见于阴茎冠状沟、龟头、包皮及系带，女性多见于大小阴唇、阴唇系带、会阴及宫颈。硬下疳初为单个暗红色的斑疹或丘疹，随后逐渐形成无疼痛及触痛，直径 1~2 cm，呈圆形或卵圆形，质如软骨样的硬结，很快破溃、糜烂或成浅溃疡，基底清洁呈细颗粒状，其表面呈肉色糜烂面、清洁，有少量含大量梅毒螺旋体的浆液性分泌物（有强传染性）。随后可见腹股沟淋巴结肿大，无红、肿、热、痛，质较硬，无压痛，不融合，表面无化脓，3~8 周可自行痊愈，遗留轻度萎缩性瘢痕或无瘢痕。

（2）二期梅毒。主要表现为皮肤黏膜损害，传染性强。皮肤黏膜损害主要表现为皮疹。皮疹可为斑疹、丘疹、脓疱疮、扁平湿疣、梅毒性脱发和梅毒性甲病等，共同特征为好发于掌跖、不痛不痒、形态多样、广泛、对称、疏散、不融合、色呈铜红色或褐红色而压之会褪色。梅毒疹表面有大量梅毒螺旋体。也可出现梅毒性咽炎和黏膜斑。此期梅毒血清反应为阳性。

（3）三期梅毒。皮损数目较少，一般无传染，主要的特征性表现是梅毒性树胶肿。梅毒性树胶肿可发生于任何器官，皮损初为单发的无痛性皮下结节，后逐渐形成直径 2~10 cm 的穿凿状溃疡，呈肾形或马蹄形，边界清楚，可有黏稠树胶状分泌物渗出，愈后形成萎缩性瘢痕。也可有结节性梅毒疹，皮损直径约 0.21 cm，呈簇集排列的铜红色的浸润性结节，中央吸收消退，外缘向外见新发疹之情形。

早期梅毒未经治疗或治疗不及时，经过 3~4 年（最长可 20 年），40% 患者可发展为三期梅毒。胎传梅毒，胎儿不出现硬下疳，婴儿一出生便进入二期感染阶段，以心血管系统和眼、耳、鼻等感官系统受侵犯多见，身体发育也受到影响，其骨骼损害也较受累及。

【辅助检查】

（1）梅毒螺旋体检查。可见梅毒螺旋体，可作为梅毒的确诊依据。

（2）螺旋体抗原血清反应。灵敏度和特异度都高。结果为阳性者，可确诊。

【诊断】

依据患者有不安全的性接触史、孕产妇梅毒感染史、输注血液史等和典型临床表现可诊断；梅毒螺旋体检查阳性（+）和（或）螺旋体抗原血清反应阳性（+）可确诊。

【治疗】

治疗原则为：早诊断，早治疗，疗程规范，剂量足够；治疗后定期进行随访；性伙伴要同查同治。

抗梅毒螺旋体的治疗，可选择青霉素类作为首选药物，疗程维持 10~15 d，可彻底清除体内的梅毒螺旋体。也可用头孢曲松钠、四环素类和红霉素类等治疗。在治疗后 3~6 个月，RPR 定量试验（快速血浆反应素试验）的滴度为治疗前的 1/4，说明治疗有效。滴度可持续下降乃至转为阴性。如果连续三四次检测的结果都是阴性，则认为梅毒已临床治愈。

【预防】

预防梅毒的措施为：①及早发现梅毒患者，隔离治疗，对患者使用过的物品严格消毒；②杜绝卖淫嫖娼行为；③推广婚前检查和产前检查，坚持做梅毒血清试验；④在梅毒未治愈前，绝对禁止性交行为；⑤加强对梅毒防治知识的宣传。

二、尖锐湿疣

尖锐湿疣，又称生殖器疣，是由乳头瘤病毒感染所致。人是人类乳头瘤病毒的唯一宿主，也就是传染源。本病主要通过性接触传播，部分还可经间接接触传播及母婴传播。

【临床表现】

本病的潜伏期一般为 2 周~8 个月，平均 3 个月。好发于性活跃的中青年。以外生殖器部及肛门附近的皮肤、黏膜湿润区域常见，呈乳头样或菜花样突起，湿润柔软，污灰色，常有蒂，易出血。病程不定，可于几个月内自然消退，易复发。但在阴道、阴茎或肛周部位的生殖器疣，可转化为鳞状细胞癌，应注意观察。

【辅助检查】

（1）醋酸蛋白试验。若为阳性，对诊断有价值。

（2）组织病理学检查。若为（+），对本病的诊断具有重要价值。

【诊断】

依据病史（性接触史）、典型临床表现、醋酸蛋白试验阳性可诊断；病理检查（+）可确诊。

【治疗】

主要采取局部治疗，可用 0.5% 足叶草毒素酊、50% 三氯醋酸或二氯醋酸等外擦药。也可用激光、冷冻、手术等治疗。若全身治疗可配合使用干扰素。

三、非淋菌性尿道炎

非淋菌性尿道炎是指由淋球菌以外的沙眼衣原体、解脲支原体等引起的尿道炎，属性传播性疾病之一。在我国仅次于淋病、尖锐湿疣，位居第三。非淋菌性尿道炎的病原体常见的有沙眼衣原体，占 40%~50%；解脲支原体，占 20%~30%；其他如滴虫、白色假丝酵母菌、疱疹病毒、人乳头瘤病毒等，占 10%~20%。目前非淋菌性尿道炎在英美等西方国家发病率已超过淋病，居性传播疾病的首位。

非淋菌性尿道炎患者是本病的传染源。非淋菌性尿道炎主要通过性交感染，也可在分娩时通过产道传给新生儿。

【临床表现】

好发于性活跃的年轻人，潜伏期为 1~3 周，男性主要表现为尿道瘙痒、痛、烧灼感，尿急，尿道口发红、肿胀，晨起尿道外口有浆液性分泌物，稀薄、量少。女性多以宫颈为中心向周围扩散到其他部位，主要表现为阴道及外阴瘙痒，下腹不适，白带增多，尿道烧灼感，尿道口发红、肿胀、尿频、尿急、轻度排尿困难，宫颈水肿或糜烂。

若治疗不彻底或未经治疗，男性患者可引起急性附睾炎（多为单侧）、前列腺炎等并发症；女性患者可引起急性输卵管炎、子宫内膜炎、盆腔炎、宫颈糜烂、前庭大腺炎、阴道炎及不孕症和宫外孕等并发症；男性同性恋患者可发生直肠炎或咽炎等。

【辅助检查】

（1）直接镜检。直接镜检可见沙眼衣原体或解脲支原体等，对确诊有价值。

（2）病原体培养。病原体培养可见沙眼衣原体或解脲支原体等，对确诊有价值。

（3）血清学检查。此检查若为阳性，对诊断有参考价值。

（4）聚合酶链反应（PCR）。此反应若为阳性，对诊断有参考价值。

【诊断】

主要依据性接触史和辅助检查，结果见沙眼衣原体或解脲支原体可确诊。

【治疗】

该病确诊后，应采用广谱抗生素规则、定量、彻底治疗。可用四环素、盐酸多烯四环素、红霉素、诺氟沙星、环丙沙星等。经 10~20 d 抗感染治疗后，临床症状消失，复查结果均为阴性，则为治愈。

（杨文婷）

 思考题

1. 男性性成熟的标志是什么？女性性成熟的标志是什么？
2. 两性交往中要遵循哪些性道德规范？
3. 日常生活中应如何防止性伤害的发生？
4. 运用性道德、性法律阐述"性是我的权利"。
5. 梅毒、尖锐湿疣、非淋菌性尿道炎的病原体和传染源是什么？

第五章

大学生营养与健康

学习目标

1. 掌握相关营养学名词的概念：营养素、膳食营养素、参考摄入量、平均需要量、适宜摄入量、推荐摄入量、可耐受最高摄入量等；
2. 了解营养学、营养、营养生理需要量、膳食营养素供给量的概念和人体消化器官及其主要功能；
3. 掌握能量单位、能量系数、产能营养素的能量值、基础代谢、食物特殊动力作用（SDA）、能量推荐摄入量及食物来源等；
4. 了解能量单位换算关系、人体的能量消耗、基础代谢的意义；
5. 掌握蛋白质的生理功能及必需氨基酸的概念和种类、蛋白质的膳食参考摄入量与主要食物来源、脂类的生理功能以及脂肪酸的分类、必需脂肪酸的概念及其生理功能、多不饱和脂肪酸的功能、碳水化合物的生理功能和推荐摄入量及食物来源、常量元素和微量元素的概念；
6. 掌握钙、铁、碘、锌、硒的生理功能、缺乏症和食物来源；
7. 掌握维生素 A、D、E、B_1、B_2、C 和烟酸、叶酸的生理功能及其食物来源；
8. 熟悉脂类的适宜摄入量与食物来源；
9. 了解各种矿物质的功能、推荐摄入量和食物来源；
10. 掌握食物营养价值的评定及意义，同时掌握谷类食物、豆类及其制品、蔬菜、水果、畜禽肉及鱼类、乳及乳制品、蛋及蛋制品、油脂和坚果的营养价值及合理应用；
11. 了解绿色食品、有机食品、无公害食品和食品安全的概念；
12. 掌握膳食指南、合理营养、平衡膳食的概念和大学生膳食指南、膳食宝塔的内容；
13. 熟悉一般居民膳食指南、健康饮食行为的内容。

多年来，我国民众在营养健康方面的知识比较薄弱。有人说，中国的营养盲多于文盲。因此，有必要为大学生普及营养健康知识，让大学生懂得合理营养、平衡膳食，树立科学、合理、平衡、健康的饮食营养观，养成良好的健康饮食习惯，并向周围人群潜移，从而加强大学生以及全民的营养健康观念，提高健康素质，促进全民健康，促进国家强盛。

第一节 营养学基础知识

一、营养学名词术语

常见的营养学名词术语有:

(1) 营养学(nutriology)。营养学是研究食物中的营养素及其他生物活性物质对人体健康的生理作用和有益影响的科学。广义的营养学还涉及社会、经济、文化、生活习惯和膳食心理学等多个领域和学科。营养学的形成、发展与国民经济、科学技术水平紧密相关,是研究人体营养规律及改善措施的科学。营养学的研究内容包括:营养学基础、各类食物或食品的营养价值、不同人群的营养、营养与有关疾病、社区营养等。

(2) 营养(nutrition)。营养是指人体摄取、消化、吸收和利用食物中营养物质以满足机体生理需要的生物学过程。

(3) 营养素(nutrient)。营养素是食物中能为机体消化和吸收利用的、能维持机体正常生长发育的成分,是食物中可给人体提供能量、机体构成成分和组织修复以及生理调节功能的化学成分。营养素分为宏量营养素和微量营养素,宏量营养素包括蛋白质、脂肪、碳水化合物,微量营养素包括矿物质和维生素。

(4) 营养生理需要量(nutritional requirement)。营养生理需要量指能保持人体健康,达到应有的发育水平和能充分发挥效率地完成各项体力和脑力活动的、人体所需要的能量和各种营养素的必需量,而低于这个量将对健康产生不利影响。

(5) 膳食营养素供给量(recommended dietary allowance,RDA)。膳食营养素供给量是在生理需要量的基础上考虑了人群的安全率而制定的。安全率包括人群中的个体差异、在应激等状况下需要量的波动、食物的消化率、烹调损失、各种食物因素和营养素之间的相互影响等,并兼顾社会条件和经济条件等实际问题,而提出的膳食中实际应该含有的能量和各种营养素的量。膳食营养素供给量略高于营养生理需要量。

(6) 膳食营养素参考摄入量(dietary reference intakes,DRIs)。DRIs 是在 RDA 基础上发展起来的一组每日平均膳食营养素摄入量的参考值,包括 4 项指标,即平均需要量(EAR)、推荐摄入量(RNI)、适宜摄入量(AI)、可耐受最高摄入量(UL)。EAR、RNI、AI、UL 之间的数值关系为:UL > AI ≥ RNI > EAR。

①平均需要量(estimated average requirement,EAR)。EAR 是根据个体需要量的研究资料制定的,是根据某些指标判断可以满足某一特定性别、年龄及生理状况群体中 50% 个体需要量的摄入水平平均值。这一摄入水平不能满足群体中另外 50% 个体对该营养素的需要。EAR 是制定 RNI 的基础。如果已知 EAR 的标准差(SD),则:RNI = EAR + 2SD;如果资料不足,不能计算 SD 时,一般可设 EAR 的变异系数为 10%,则:RNI = 1.2 × EAR。EAR 主要用于计划和评价群体的膳食。

②适宜摄入量(adequate intake,AI)。AI 是通过观察或实验获得的健康人群某种营养素的摄入量。在个体需要量的研究资料不足而不能计算 EAR,因而不能求得 RNI 时,可设定 AI 来代替 RNI。AI 应能满足目标人群中几乎所有个体的需要。AI 的主要用途是作为个体营养素摄入量的目标,同时用作限制过多摄入的标准。当健康个体摄入量达到 AI 时,出现营养缺乏的危险性很小。

③推荐摄入量(recommended nutrient intake,RNI)。RNI 是可以满足某一特定性别、年

龄及生理状况群体中绝大多数（97%~98%）个体需要量的摄入水平。长期摄入 RNI 水平，可以满足身体对该营养素的需要，保持健康和维持组织中有适当的储备。RNI 是健康个体膳食营养素摄入量的目标值。

④可耐受最高摄入量（tolerable upper intake level，UL）。UL 是平均每日摄入营养素的最高限量。这个量对一般人群中的几乎所有个体不至于引起不利健康的作用，可避免发生中毒。当摄入量超过 UL 并进一步增加时，损害健康的危险性随之增大。UL 并不是一个建议的摄入水平，主要用途是针对营养素强化食品和膳食补充剂的日渐发展，指导安全消费。

二、人体消化器官及其主要功能

人类维持生命和繁衍后代的物质基础是食物，人体摄入的食物必须经过消化道处理而分解成小分子物质才能被人体吸收和利用，这个过程就称为食物的消化。消化是由消化道的消化器官来完成的，人体的消化道是由消化器官相延续而构成的。食物经消化后，其中的营养素及能被人体利用的非营养素所形成的小分子物质通过消化道进入血液或淋巴液的过程称为吸收。食物残渣通过消化道的时间约为 24 h。

（一）人体消化器官

人体消化器官构成人体消化系统（见图 5-1-1），人体消化器官主要由口腔、食管、胃、胰、肝脏和胆囊、十二指肠和小肠、大肠、直肠和肛门组成。

消化器官还有分泌功能的消化腺，人体消化腺主要有唾液腺（三对，即腮腺、舌下腺、颌下腺）、胃腺（在胃壁黏膜内陷处，可产生盐酸、黏液、胃蛋白酶）、肝腺（是最大的腺体，分泌胆汁，储于胆囊，胆汁呈碱性，无消化酶，有乳化脂肪的作用）、胰腺（分泌胰液，胰液呈碱性，含消化蛋白质、淀粉和脂肪的酶）和肠腺（位于小肠黏膜中的微小腺体，分泌肠液，肠液呈碱性，起中和胃酸、消化食物的作用）。

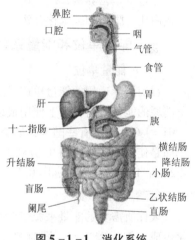

图 5-1-1 消化系统

（二）人体消化器官的功能

人体消化器官的功能包括：

（1）口腔。口腔包括牙齿、舌、唾液腺。主要功能为磨碎、湿润、溶解食物。唾液腺有腮腺、颌下腺、舌下腺，分泌唾液淀粉酶、溶菌酶等。唾液具有湿润和溶解食物并可产生味觉，清洁和维护口腔卫生，有利于食物吞咽，对淀粉简单分解等作用。

（2）食管。通过食管机械蠕动，运送食物。

（3）胃。胃位于左上腹，是消化道最膨大的部分，其上端经贲门与食道连接，下端经幽门与十二指肠相连。胃分为贲门、胃底、胃体和胃窦四部分。胃的主要功能是容纳和消化食物，通过胃的容受性舒张、紧张性收缩、蠕动来储存、搅拌、粉碎食物，通过胃液分泌的盐酸（由胃黏膜的壁细胞分泌，具有激活胃蛋白酶原而消化蛋白质、维持胃内酸性环境而有利于钙和铁等元素吸收、杀灭胃内微生物、促使蛋白质变性等作用）、胃蛋白酶（由胃黏膜主细胞分泌，具有消化蛋白质的作用）、黏液（由胃的黏液细胞分泌，具有湿润胃黏膜、保护黏膜、中和胃酸等作用）、内因子（由胃黏膜壁细胞分泌，具有促进维生素 B_{12} 吸收的作用）等来完成对食物的消化。

（4）胰。胰腺的外分泌腺分泌胰液。胰液包括无机物和有机物，无机物主要有水和碳酸氢盐，具有中和胃酸并提供小肠适宜的 pH 值的作用；有机物主要有胰淀粉酶、胰脂肪酶、胰蛋白酶、糜蛋白酶等各种消化酶，具有消化蛋白质和脂肪的作用。

（5）肝脏和胆囊。肝脏和胆囊分泌和储存胆汁，对脂肪进行消化并促进脂肪吸收。

（6）十二指肠和小肠。十二指肠和小肠分泌肠液，主要包括水、无机盐、消化酶。消化酶主要有淀粉酶、肽酶、脂肪酶、蔗糖酶、麦芽糖酶、乳糖酶等，具有消化和吸收蛋白质、脂肪、碳水化合物、矿物质、维生素和水的作用。

（7）大肠。大肠分泌黏液、储存粪便、合成维生素 B 和 K。

（8）直肠和肛门。直肠和肛门排出粪便。

第二节　能量概述

人体每时每刻都在为心脏跳动、血液循环、呼吸、腺体分泌、新陈代谢等生命活动及体力活动提供能量。人体所需的能量是由植物间接将太阳能储存在自身组织中的化学能转变成可供人体利用的能量形式，动物性食物中的化学能也来自太阳能。

能量不是营养素，但一切生物都需要能量来维持生命活动。食物中能产生能量的营养素为蛋白质、脂肪和碳水化合物。它们在体内经过氧化产生能量供给机体利用。

一、能量单位和能量系数

（一）能量单位

目前国际通用的能量单位是焦耳（Joule, J）。1 J 相当于 1 N 的力使 1 kg 的物质移动 1 m 所消耗的能量；营养学上使用最多的是千焦耳（kilojoule, kJ）或兆焦耳（mega Joule, MJ），1 MJ = 1 000 kJ。有些国家，如美国、加拿大、中国等仍继续使用卡（cal）和千卡（kcal）。1 cal 是使 1 g 纯水由 15°C 升到 16°C 所需要的能量。能量单位换算关系：1 kcal = 4.184 kJ ≈ 4.2 kJ；1 kJ = 0.239 kcal ≈ 0.24 kcal。

（二）能量系数

人体所需要的能量来源于食物中的蛋白质、脂肪和碳水化合物。这三种营养素在体内氧化生成二氧化碳和水，同时释放出大量的能量供机体利用，故称为产热营养素或产能营养素。

1 g 产能营养素（蛋白质、脂肪和碳水化合物）氧化时所产生的能量值称为产热系数或热价。

1 g 产热营养素在体内氧化所产生的能量则称为生理热价，在体外燃烧所释放的能量称为物理热价。

1 g 蛋白质、脂肪和碳水化合物在体外完全燃烧时平均产生的能量分别为 23.64 kJ（5.65 kcal）、39.54 kJ（9.45 kcal）和 17.15 kJ（4.10 kcal）。

碳水化合物和脂肪在体内氧化时的最终产物均为二氧化碳和水，与体外燃烧相同，产生的能量也相同。

蛋白质在体外燃烧时的最终产物为二氧化碳、水、氨和氮气等，而在体内氧化时，其最终产物为二氧化碳、水、尿素、肌酸及其他含氮有机物，即在体内氧化不如在体外燃烧充分。

若将 1 g 蛋白质在体内氧化产生的尿素等有机含氮物收集起来，在体外继续燃烧，还可产生 5.44 kJ（1.30 kcal）的能量。由此，可推算 1 g 蛋白质在体内氧化产生的能量为：23.64 -

5.44 = 18.20 kJ（4.35 kcal）。

然而，食物中的营养素在消化道内并非100%被吸收。正常人吃普通混合膳食时，其中的碳水化合物的平均吸收率为98%，脂肪为95%，蛋白质为92%。因此计算膳食的能量时，还应考虑吸收率因素。

通常将1 g产热营养素在体内氧化时实际为人的机体提供的能量称为营养学热价，即能量系数。蛋白质、碳水化合物和脂肪的能量系数为4、4和9，其含义为每1 g蛋白质、碳水化合物和脂肪在人体内氧化时所产生的能量为4 kcal、4 kcal和9 kcal。1 g酒精在体内氧化产能7 kcal。三种营养素产热系数见表5-2-1。

表5-2-1 三种营养素产热系数

营养素	物理热价 kJ（kcal）/g	生理热价 kJ（kcal）/g	吸收率/%	营养学热价 kJ（kcal）/g
蛋白质	23.6（5.65）	18.2（4.35）	92	16.70（4.00）
脂肪	39.5（9.45）	39.5（9.45）	95	37.60（9.00）
碳水化合物	17.2（4.10）	17.2（4.10）	98	16.70（4.00）

二、能量消耗

（一）人体的能量消耗

人体摄入食物所获取的能量主要用于维持基础代谢、满足体力活动及食物特殊动力作用消耗的能量需要；婴幼儿、儿童、青少年生长发育需额外增加能量；孕妇子宫、胎盘、胎儿、乳房和体脂储备需增加能量；乳母合成分泌乳汁需增加能量。

1. 基础代谢（basal metabolism，BM）

（1）基础代谢的概念。基础代谢是指维持人体最基本生命活动，如维持体温、呼吸、血液循环、肌肉紧张、细胞内外液中电解质浓度差及蛋白质等大分子合成所必需的能量消耗，占每日总能量消耗量的60%~75%。

（2）测定方法。在环境温度为18~25℃时，睡醒静卧、全身肌肉松弛，无任何体力活动及紧张思维活动，清晨空腹12~14 h测定最低的能量消耗。

基础代谢率（basal metabolic rate，BMR）是指单位时间内人体基础代谢所消耗的能量。计算基础代谢的方法有：采用体表面积计算（太复杂而略），或采用Harris和Benedict公式计算。24 h的基础代谢能量消耗为：

男：BMR = 66.4730 + 13.75 × 体重（kg）+ 5.0033 × 身高（cm）- 6.7550 × 年龄

女：BMR = 65.0955 + 9.463 × 体重（kg）+ 1.8496 × 身高（cm）- 4.6756 × 年龄

采用WHO（1985年）推荐的Schofield公式按体重计算BMR：

$$BMR = 15.3 \times 体重（kg）+ 679$$

例如：男性，20岁，体重60 kg。其BMR为：BMR = 15.3 × 60 + 679 = 1 597（kcal/d）。注意该结果应用于我国人群时应减5%，即：BMR = 1 597 × 0.95 = 1 517（kcal/d）。

（3）意义。维持体温、心跳、呼吸、各组织器官和细胞的基本功能。

（4）影响因素。影响基础代谢的因素主要包括体格、生理或病理状况、环境条件等。

2. 体力活动消耗的能量

体力活动能量消耗是人体总能量消耗的主要部分。通常情况下，占人体总能量消耗的

15%~30%。体力活动主要包括生活活动和劳动,其能量的消耗与劳动强度、劳动持续时间呈正相关关系。劳动强度越大、持续时间越长,能量消耗越多。其中劳动强度为主要影响因素。中等强度劳动时每日消耗的能量占总能量的15%~30%。

中国营养学会2001年将我国居民的劳动强度分为三级,即轻、中、重。成人能量的推荐摄入量用BMR乘以不同的体力活动水平(PAL)系数进行计算。中国成人活动水平分级及PAL系数为:轻(男1.56,女1.55)、中(男1.78,女1.64)、重(男2.10,女1.82)。

3. 食物特殊动力作用

食物特殊动力作用(SDA)又称食物热效应(TEF),是指人体摄食过程中引起的额外的能量消耗。现认为是由人的机体对食物中的营养素进行消化吸收、食物中的营养素氧化产能以及产热营养素在人体内进行合成代谢等,需要额外消耗能量所致。

不同营养素所引起的SDA值不同,占本身产能的值分别为:蛋白质30%左右,碳水化合物5%~6%,脂类4%~5%;成人摄入一般的混合膳食时,由SDA所引起的能量消耗为每日600 kJ(150 kcal)左右,相当于基础代谢的10%。

(二)总能量消耗量的计算

目前应用较多的为"要因加算法",即:

$$总能量消耗量 = 0.95\ BMR \times PAL$$

在实际应用中PAL常给出,中国成人PAL的范围为1.55~2.10。

例如:某大学生,男性,20岁,体重60 kg,大学生的劳动为学习,按中等活动水平计算,试计算总能量消耗量。

①计算BMR。BMR = 15.3×60+679 = 1 597(kcal/d)(前已计算)。

②PAL系数。1.78(大学生为中活动水平,男性)。

③总能量消耗量。总能量消耗量 = BMR×95%×PAL = (15.3×60+679)×0.95×1.78 = 2 700(kcal/d)。

三、能量推荐摄入量及食物来源

(一)能量推荐摄入量(RNI)

能量的摄入多少对人体健康影响很大。RNI等于人体能量参考摄入量(DRIs),就是人体总能量消耗量。各个国家都制定了DRIs,包括三大产热营养素合理的摄入比。根据我国居民的膳食结构、饮食习惯及营养状况,中国营养学会建议RNI为:成年轻体力活动男性2 400 kcal/d,女性2 100 kcal/d;50岁以上者,随年龄增长,其能量摄入递减;孕妇增加200 kcal/d,乳母增加500 kcal/d。

(二)蛋白质、脂肪和碳水化合物供给比例

三大产热营养素供能比例占机体总能量的值分别为:蛋白质10%~15%,脂肪20%~30%,碳水化合物55%~65%。脂肪提供的能量不宜超过总能量的30%,摄入过多将不利于健康。但是,随着经济发展和生活水平的提高,我国部分城市居民的脂肪摄入量远远超过30%,这对健康不利。

(三)能量的食物来源

人体能量主要来源于广泛存在于各种食物中的蛋白质、脂肪和碳水化合物,其中蛋白质主要存在于动物类和豆类食物,脂肪主要存在于各种植物油与肉类中,碳水化合物主要存在于谷类、薯类、根茎类植物中,蔬菜和水果一般供能较少。酒精从营养角度仅提供机体能量,但无其他作用,只能适量摄入,否则对健康有害。

（四）能量参考摄入量

能量参考摄入量（DRIs）见表 5-2-2。

表 5-2-2　能量参考摄入量 DRIs（RNI = EAR）

年龄/岁	活动水平	能量			
		男 MJ/d	男 kcal/d	女 MJ/d	女 kcal/d
18～	轻体力活动	10.03	2 400	8.80	2 100
	中体力活动	11.29	2 700	9.62	2 300
	重体力活动	13.38	3 200	11.30	2 700
50～	轻体力活动	9.62	2 300	8.00	1 900
	中体力活动	10.87	2 600	8.36	2 000
	重体力活动	13.00	3 100	9.20	2 200
60～	轻体力活动	7.94	1 900	7.53	1 800
	中体力活动	9.20	2 200	8.36	2 000
70～	轻体力活动	7.94	1 900	7.10	1 800
	中体力活动	8.80	2 100	8.00	1 900
80～	—	7.74	1 900	7.10	1 700

孕妇和乳母每天相应增加 0.84 MJ（200 kcal）和 2.09 MJ（500 kcal）。

* 根据中国营养学会 2001 年公布的《中国居民膳食营养素参考摄入量（DRIs）》数据编制。

第三节　营养素

人类为了维持生命和健康，保证生长发育、从事活动和工作，每天必须从外界环境摄取食物，以满足身体需要，补充和维持健康所需的营养素和其他有益膳食成分，主要包括宏量营养素（蛋白质、脂类、碳水化合物）、微量营养素（矿物质、维生素）和其他有益膳食成分（水、其他生物活性物质等）。

一、蛋白质

蛋白质是构成人体的重要成分之一，分布于人体的每个细胞、组织、器官中，在人体内含量占体重的 16%～19%。

蛋白质是由 20 多种 AA（氨基酸）通过肽键构成的具有稳定的构象和生物学功能的一类复杂高分子含氮化合物。

蛋白质主要由碳、氢、氧、氮四种元素构成，有些还含有硫、磷、铁、铜、锰、锌、钴、钼等元素，其中含碳 50%～56%、氢 6%～8%、氧 19%～24%、氮 13%～19%、硫 0%～4% 等。大多数蛋白质中的氮元素的含量相当接近且比较固定，平均约为 16%。

蛋白质因数（折算系数）就是指含 1 g 氮的蛋白质的质量（其值为 16% 的倒数），即相当于 6.25 g，故大多数蛋白质因数（折算系数）为 6.25。因此，可通过测定食物样品中氮的含量，再乘以 6.25 得出样品中的蛋白质含量。但不同蛋白质的含氮量有微小差别，各种食物所含蛋白质的种类不同，故折算系数也不尽相同，几种常用食物的蛋白质折算系数见表 5-3-1。

表5-3-1　几种常用食物的蛋白质折算系数

食物名称	折算系数	食物名称	折算系数	食物名称	折算系数
蛋类	6.25	玉米	6.25	全小麦	5.83
肉类	6.25	芝麻	5.30	花生	5.46
乳类	6.38	大米	5.95	大豆	5.71

(一) 蛋白质的分类

蛋白质种类繁多，功能广泛且结构异常复杂。营养学上常按氨基酸组成（蛋白质营养价值）将蛋白质分为：

(1) 完全蛋白质。完全蛋白质是指所含必需氨基酸（EAA）种类齐全、数量充足、比例适当的蛋白质。此类蛋白质包括乳类中的酪蛋白、乳白蛋白，蛋类中的卵白蛋白，肉类中的白蛋白和肌蛋白，大豆中的大豆蛋白，小麦和玉米中的谷蛋白等，作为膳食蛋白质唯一来源时，不但能维持成人的生命与健康，而且能促进儿童生长发育。

(2) 半完全蛋白质。半完全蛋白质是指所含 EAA 种类齐全但比例不合适的蛋白质。用此类蛋白质（包括小麦、大麦中的麦胶蛋白等）作为人体蛋白质的唯一来源时，能维持生命，但不能促进生长发育，因其中含各项氨基酸较少。

(3) 不完全蛋白质。不完全蛋白质所含 EAA 种类不全。用此类蛋白质作为膳食唯一蛋白质来源时易缺乏某些 EAA，导致人体蛋白质合成障碍。它既不能维持身体健康，又不能促进其正常生长发育。动物肉皮、骨和结缔组织中的胶原蛋白或角蛋白，豌豆中的豆球蛋白等均属不完全蛋白质。

(二) 氨基酸

氨基酸（amino acid, AA）是组成蛋白质的基本单位。构成人体蛋白质的氨基酸有20多种，大部分为 L 型氨基酸。多个不同氨基酸组成肽（peptide），含10个以上氨基酸称多肽（polypeptide）；10个以下氨基酸称寡肽（oligopeptide）；3个或2个氨基酸分别称为三肽（tripeptide）或二肽（dipeptide）。

1. 必需氨基酸与非必需氨基酸

构成人体的氨基酸可分为必需氨基酸（EAA）和非必需氨基酸（NEAA）。必需氨基酸是指人体需要且在体内不能合成或合成量很少，不能满足需要而必须由食物供给的氨基酸。成人必需氨基酸有8种（亮氨酸、异亮氨酸、赖氨酸、蛋氨酸、苯丙氨酸、苏氨酸、色氨酸、缬氨酸），儿童有9种（成人8种加上组氨酸）。另有一部分氨基酸可以在体内合成，并非体内不需要，称为非必需氨基酸。人体合成蛋白质时必需氨基酸与非必需氨基酸同样重要。

2. 半必需氨基酸

半必需氨基酸有胱氨酸和酪氨酸两种，它们在体内分别由蛋氨酸和苯丙氨酸代谢生成。在计算膳食必需氨基酸时常将酪氨酸和苯丙氨酸、蛋氨酸和胱氨酸分别合并计算。

3. 氨基酸模式与限制氨基酸

氨基酸模式（amino acid pattern）是指某种蛋白质中各种必需氨基酸的构成比例，即根据蛋白质中必需氨基酸含量，以含量最少的色氨酸含量为1，分别计算出其他必需氨基酸的相应比值。人体和几种食物中的蛋白质氨基酸模式见表5-3-2。

食物蛋白质的氨基酸模式越接近人体蛋白质的氨基酸模式，必需氨基酸被机体利用的程度就越高，食物蛋白质的营养价值也越高。这类蛋白质有鸡蛋、乳、肉、鱼等动物性蛋白质和大豆蛋白质，被称为优质蛋白质。其中氨基酸模式与人体蛋白质氨基酸模式最接近的某种蛋白质常被作为参考蛋白（reference protein），通常为鸡蛋蛋白质。

食物蛋白质中一种或几种必需氨基酸含量相对较低，导致其他必需氨基酸在体内不能被充分利用，造成食物蛋白质营养价值降低，这些含量较低的氨基酸被称为限制氨基酸（limiting amino acid，LAA）。其中含量最低的称为第一限制氨基酸。植物性蛋白质中的限制性氨基酸多为赖氨酸、蛋氨酸、苏氨酸、色氨酸，营养价值相对较低。

表5-3-2 人体和几种食物的蛋白质氨基酸模式

氨基酸	人体	全鸡蛋	牛乳	牛肉	大豆	面粉	大米
亮氨酸	7	5.1	6.8	6.8	5.7	6.4	6.3
赖氨酸	5.5	4.1	5.6	7.2	4.9	1.8	2.3
蛋氨酸+半胱氨酸	3.5	3.4	2.4	3.2	1.2	2.8	2.3
苯丙氨酸+酪氨酸	6	5.5	7.3	6.2	3.2	7.2	3.8
苏氨酸	4.5	2.8	3.1	3.6	2.8	2.5	2.9
缬氨酸	5	3.9	4.6	4.6	3.2	3.6	4.8
色氨酸	1	1	1	1	1	1	1

引自：吴坤主编《营养与食品卫生学》，2003年。

为了提高食物蛋白质的营养价值，常将两种或两种以上的食物混合食用，通过不同食物蛋白质中氨基酸的相互补充，提高混合食物蛋白质的营养价值。

几种营养价值较低的蛋白质混合摄入时，其中的限制氨基酸得到了互相补充，从而使混合蛋白质中的必需氨基酸比例更接近人体蛋白质的氨基酸模式，提高了膳食蛋白质的营养价值，这称为蛋白质互补作用。其本质就是各种蛋白质在EAA的种类、数量及比例方面的相互补充。如大豆和米或面混合食用时，大豆蛋白富含的赖氨酸与米、面蛋白质中的蛋氨酸互相补充，可明显提高米、面蛋白质的营养价值。

（三）蛋白质的生理功能

蛋白质具有重要的生理功能，在人体生理活动中起着重要的作用。

（1）构成人体成分和修复组织。构成人体各种组织、器官的成分，如肌肉和心、肝、肾等器官，是蛋白质最重要的生理功能。人体的基本结构和功能单位是细胞，而细胞膜、细胞浆和细胞核中均含有大量蛋白质。人体内蛋白质占体重的16%~19%，约为干重的45%。人体的生长发育可视为蛋白质不断积累的过程。儿童、青少年、孕妇、乳母体格及组织、器官的生长发育，各种损伤的修复、消耗性疾病的恢复需要由食物提供充足的蛋白质来合成。人体中每天约有3%的蛋白质被更新。

（2）构成体内多种具有重要生理功能的物质。蛋白质构成各种生理活性物质，如酶、激素、抗体、载体、多种介质等，参与调节生理功能。如血红蛋白有携带、运送氧的功能，肌纤蛋白、肌钙蛋白参与维持肌肉的收缩，抗体有重要的免疫作用等。

（3）供给能量。蛋白质能为机体提供能量，1 g食物蛋白质在体内被代谢分解，可释放出16.70 kJ（4.00 kcal）的能量，不过这是蛋白质的次要功能。当碳水化合物、脂肪供给能量不足时，机体将增加蛋白质的分解来提供能量，但它伴有肌酐、尿素等含氮化合物的产生，其在体内积聚可能对身体有害。

（4）参与调节和维持体内酸碱平衡及胶体渗透压。蛋白质可电离出阳离子或阴离子，具备调节和维持体内酸碱平衡、血浆胶体渗透压、水在体内正常分布等生理功能，如人体内蛋白质缺乏可引起水肿。

（5）参与神经冲动的传导、思维活动及遗传信息的传递。在人体内，5-羟色胺等是重要的神经递质，参与神经冲动的传导、信息传递及思维活动，而含有脱氧核糖核酸的核蛋白是遗传信息传递的重要物质。

（四）蛋白质的代谢

人体内蛋白质处在不断分解与合成的动态平衡之中。人体摄入食物蛋白质，胃酸的作用使蛋白质变性并激活胃蛋白酶分解蛋白质，在小肠内经胰蛋白酶、糜蛋白酶将蛋白质分解为氨基酸、二肽、三肽而被小肠黏膜细胞吸收，并将二肽、三肽在肽酶作用下分解为氨基酸，入肝门静脉至肝脏。与此同时，机体在重建过程中也不断地分解体内组织蛋白质，释放出氨基酸。

食物蛋白质经消化而吸收的氨基酸（外源性氨基酸）和体内蛋白质分解产生的氨基酸（内源性氨基酸）混合在一起分布于体内参与代谢，称为氨基酸代谢库。氨基酸在体内的分布是不均匀的，肝、肾中游离氨基酸浓度最高，这是由氨基酸不能自由透过细胞膜，代谢旺盛所致。

人体代谢库中游离氨基酸的主要代谢途径：①主要用于合成新的蛋白质和多肽，如组织结构蛋白、酶、激素等；②在细胞内脱氨基，生成酮酸，后者可进一步氧化分解供能，或转变为糖原和脂肪储存在体内，或合成非必需氨基酸；③合成嘌呤、嘧啶、肌酸和肾上腺素等非蛋白含氮化合物。

氮平衡（nitrogen balance）反映机体摄入氮和排出氮的关系。氮平衡试验常用于研究蛋白质代谢和蛋白质需要量以及评价机体蛋白质营养状况。测定一段时间内从尿液、粪便、皮肤等途径排出的氮量，将摄入的氮量与排出的氮量相比较，其结果有：

零氮平衡：摄入氮 = 排出氮（正常人）

正氮平衡：摄入氮 > 排出氮（儿童、青少年、孕妇、疾病恢复期的病人等）

负氮平衡：摄入氮 < 排出氮（饥饿状态的人群、疾病患者、老年人）

在完全不摄入蛋白质的情况下，机体蛋白质仍然在分解、合成，处于负氮平衡状态，几天之后氮的排出将维持在一个较恒定的低水平。此时机体每天由于皮肤、毛发、黏膜脱落、经期失血，及肠道菌体死亡排出，通过粪、尿、皮肤等途径所损失的氮是不可避免的，称为必要的氮损失。必要氮损失的蛋白质量就是人体最低生理需要量。

（五）食物蛋白质的营养学评价

评定食物蛋白质的营养价值，对于鉴定食物品质、研究与开发新资源食品、指导人群膳食等具有十分重要的意义。营养学上食物蛋白质营养价值的优劣主要从三方面进行评价，即：蛋白质含量、蛋白质消化率、蛋白质利用率。

1. 蛋白质含量

食物的蛋白质含量是评价食物蛋白质营养价值的基本指标，蛋白质含量越高，其营养价值越高。通常用凯氏定氮法测定食物中氮的含量，将其值乘以蛋白质换算系数（6.25），得出食物蛋白质的含量。常用食物的蛋白质含量见表5-3-3。

表 5-3-3 不同食物的蛋白质含量

食物名称	含量/%	食物名称	含量/%	食物名称	含量/%
畜、禽、鱼	10~20	大豆及豆类	20~40	蔬菜水果类	±1
蛋类	12~14	鲜乳	1.5~4.0	乳粉	25~28
硬果类	15~25	谷类	6~10	薯类	2~7

2. 蛋白质消化率

蛋白质消化率（digestibility）是指在消化道内被吸收的蛋白质占摄入蛋白质的百分比，反映蛋白质在消化道内被分解的程度及消化后的氨基酸和肽被吸收的程度。计算公式：

$$蛋白质消化率（\%）= \frac{氮吸收量}{摄入氮量} \times 100\% = \frac{摄入氮-（粪氮-粪代谢氮）}{摄入氮} \times 100\%$$

粪氮包括未消化吸收的食物氮和粪代谢氮。粪代谢氮是指非食物来源的随粪便排出的氮，主要包括消化道脱落的肠黏膜细胞、消化液和肠道微生物的氮。该计算结果也称真消化率（true digestibility）。蛋白质消化率愈高，被机体吸收的数量愈多，其营养价值愈高。

食物的蛋白质消化率受到蛋白质性质、膳食纤维、多酚类物质和酶反应等多种因素的影响。按一般方法烹调食物时，常见食物的蛋白质消化率分别为：乳类97%~98%、肉类92%~94%、蛋类98%、米饭82%、面包79%、马铃薯74%、玉米面窝头66%。

3. 蛋白质利用率

蛋白质利用率是指食物蛋白质消化吸收后在体内被利用的程度。测定蛋白质利用率的方法或指标很多，最常用的方法有：

①蛋白质生物学价值（biological value，BV）。蛋白质生物学价值是指蛋白质被吸收后的储留氮量与吸收氮量的比值。蛋白质生物学价值对指导肝、肾疾病患者的膳食有重要意义。BV越高，说明蛋白质的机体利用越高，表明食物蛋白质中氨基酸主要用于合成人体蛋白质，经肝、肾代谢，由尿排出的氮少，有利于减轻肝、肾负担。

蛋白质生物学价值的计算公式如下：

$$生物学价值 = \frac{储留氮量}{吸收氮量} \times 100 = \frac{吸收氮量-（尿氮-尿内源氮）}{摄入氮-（粪氮-粪代谢氮）} \times 100$$

尿内源氮为机体不摄入蛋白质时尿中所排出的氮，主要来自脱落的泌尿道黏膜细胞。常用食物蛋白质的生物学价值见表 5-3-4。

表 5-3-4 常用食物蛋白质的生物学价值

食物名称	BV	食物名称	BV	食物名称	BV	食物名称	BV
鸡蛋蛋白质	94	玉米	60	全小麦	67	鸡蛋黄	96
鸡蛋白	83	猪肉	74	花生	59	牛肉	76
脱脂牛乳	85	大米	77	熟大豆	64	鱼	83
白面粉	52	蚕豆	58	生大豆	57	马铃薯	67

②蛋白质功效比值（protein efficiency ratio，PER）。蛋白质功效比值是指摄入单位质量蛋白质动物体重所增加的克数，是用动物实验评价食物蛋白质营养价值的主要方法之一。其计算公式为：

$$蛋白质功效比值 = \frac{动物体重增加克数（g）}{摄入食物蛋白质克数（g）}$$

其意义为：PER 越高，表明蛋白质的营养价值越高。几种常见食物蛋白质 PER 为：鸡蛋 3.92、牛乳 3.09、鱼 4.55、牛肉 2.30、大豆 2.32、精面粉 0.60、大米 2.16。

③氨基酸评分（amino acid score，AAS）。AAS 是用化学分析方法测定食物蛋白质的必需氨基酸组成和含量，再与推荐的理想蛋白质的氨基酸模式进行比较，其分值为被测蛋白质中的必需氨基酸与理想模式（或参考蛋白）中相应的必需氨基酸的比值，又称为蛋白质化学分析法。参考蛋白质中必需氨基酸常用赖氨酸、含硫氨基酸、苏氨酸、色氨酸等限制氨基酸。计算公式如下：

$$氨基酸评分 = \frac{被测蛋白质每克氮（或蛋白质）中氨基酸量（mg）}{理想模式或参考蛋白质每克氮（或蛋白质）中氨基酸量（mg）} \times 100$$

其意义为：反映被测食物蛋白质中必需氨基酸组成和利用率的指标，是评价食物蛋白质营养价值的一种方法，营养价值与 AAS 呈正相关关系。

此法的缺点是未考虑食物蛋白质的消化率，而近年来美国食品药品管理局（FDA）将食物蛋白质消化率纳入氨基酸评分，提出蛋白质消化率校正评分法（protein digestibility corrected amino acid score，PDCAAS），就是经消化率修正的氨基酸评分。其计算公式为：

$$PDCAAS = AAS \times 真消化率$$

④蛋白质净利用率（net protein utilization，NPU）。NPU 是指蛋白质被吸收后的储留氮量占摄入氮量的百分比。NPU 考虑了被测食物蛋白质消化和利用两个方面，能更全面地反映被测食物蛋白质的实际利用程度。其计算公式为：

$$NPU = 生物价 \times 消化率 = 储留氮/摄入氮 \times 100\%$$

几种常见食物蛋白质利用率见表 5-3-5。

表 5-3-5　几种常见食物蛋白质利用率

食物名称	BV	PER	AAS	NPU/%	食物名称	BV	PER	AAS	NPU/%
鸡蛋	94.0	3.9	1.1	84.0	大米	77.0	2.2	0.6	63.0
牛肉	76.0	2.3	1.0	73.0	土豆	67.0	0.0	0.5	60.0
鱼	83.0	4.6	1.0	81.0	大豆	73.0	2.3	0.6	66.0
面粉	52.0	0.6	0.3	51.0	牛乳	87.0	3.1	1.0	82.0

（六）人体蛋白质营养状况评价

1. 人体蛋白质营养状况评价指标

人体蛋白质营养状况可从三方面评价，即生化指标、氮平衡、人体测量。

（1）生化指标：①血清白蛋白；②血清运铁蛋白；③血清甲状腺素结合前蛋白；④视黄醇结合蛋白；⑤血清氨基酸；⑥尿素/肌酐比值；⑦尿中羟脯氨酸排出量；⑧尿中 3-甲基组氨酸排出量。

（2）氮平衡。关系式为：I = U + F + S（I：摄入氮，U：尿氮，F：粪氮，S：皮肤等氮损失）。

（3）人体测量。人体测量是测量人体生长发育的指标，是评价人体蛋白质营养状况的重要依据，其内容主要包括体重、身高、皮褶厚度、上臂围等。

2. 蛋白质营养失调

（1）蛋白质缺乏。若膳食蛋白质长期供给不足，可发生蛋白质缺乏症，临床表现为消化不良、腹泻、血浆白蛋白下降、水肿、肌肉萎缩、体重减轻、贫血、女性月经障碍、乳汁分泌减少、生殖功能障碍等。若蛋白质摄入严重不足，可导致蛋白质恶性营养不良症，主要表现为水肿。若蛋白质和热能同时严重缺乏，可导致干瘦型营养不良，主要表现为消瘦。

（2）蛋白质摄入过多。蛋白质摄入过多可引起肾脏负担加重，因蛋白质分解为氨由尿排出时，需要大量水分，从而增加肾脏负担。若摄入过多含硫氨基酸蛋白，可加速骨钙丢失，易致骨质疏松。蛋白质营养过剩易转变为脂肪而导致肥胖。

（七）蛋白质的膳食参考摄入量（DRIs）及食物来源

1. 蛋白质的膳食参考摄入量

成人蛋白质的膳食推荐摄入量见表 5-3-6。

表 5-3-6 成人蛋白质的膳食推荐摄入量（g/d）

成人（18~60 岁）*	轻体力活动	中体力活动	重体力活动
男性	75	80	90
女性	65	70	80

*按 1.16 g 蛋白质/（kg·d）计算。

若按能量计算，蛋白质摄入量占摄入总能量为：成人 10%~15%，儿童、青少年 12%~14%。例如：某轻体力活动成年男性，能量摄入为 2 400 kcal/d，则蛋白质摄入量为：2 400×12%÷4＝72（g/d）。所以，该男性蛋白质摄入量应为每天 72 g。

2. 蛋白质的食物来源

蛋白质的食物来源主要为动物性食物（畜、禽、鱼、蛋）和植物性食物（豆类、谷类）。动物性食物的蛋白质质量好，在人体内利用率高，生物学价值高，是人体蛋白质的主要来源。但畜禽富含脂肪酸和胆固醇，应适量摄入。乳及乳制品也是蛋白质的良好来源，如牛乳的氨基酸模式与人体十分接近，易消化、吸收，生物学价值高，为食物蛋白质中的佼佼者。植物性蛋白质如谷类赖氨酸、蛋氨酸不足，利用率较低。但我国谷类普遍，膳食以谷类蛋白质为主。豆类及豆制品，尤其大豆蛋白质含量高（为 35%~38%）、各种必需氨基酸全面并富含赖氨酸且利用率高。因此，蛋白质的良好来源为蛋、乳、大豆（见封面彩图4），应注意膳食中蛋白质的互补。

二、脂类

脂类是脂肪和类脂的总称。脂类的共同特点是由碳、氢、氧三种元素组成，是人体必需营养素，难溶于水，易溶于有机溶剂，具有脂溶性。通常说的脂肪是指脂和油，如牛、羊等畜类的脂肪。

脂肪即三酰甘油，由 1 分子甘油和 3 分子脂肪酸构成；类脂包括磷脂、糖脂、固醇及其酯，由 1 分子甘油、2 分子脂肪酸和 1 分子磷酸及含氮化合物结合而成的为甘油磷脂。

营养学上重要的类脂有磷脂（磷酸甘油酯、神经鞘磷脂）和固醇（胆固醇、胆固醇酯、植物固醇）。脂肪是人体重要能量来源之一。

（一）脂类的功能

（1）提供能量。人体内及食物中的三酰甘油、磷脂都可以分解供能。人在休息状态时

60%的能量来源于体内脂肪,而在运动或长时间饥饿时,脂肪提供的能量更多。1 g 食物脂肪在体内可产生 39.54 kJ(9.45 kcal)的能量。

(2)构成人体成分。脂肪的中性脂肪占体重的 10%~20%,构成人体脂肪组织,其含量可因体力活动和营养状况而变化,被称为动脂。类脂占总脂肪量的 1%~5%,是构成细胞膜的基本成分,其含量稳定,不受机体活动和营养状况的影响,被称为定脂。脂肪酸、磷脂和胆固醇是生物膜的构成成分,对维持细胞和细胞器的结构及功能有重要作用。

(3)合成有重要生理功能的物质。胆固醇是人体内许多重要活性物质的合成材料,如胆汁酸、性激素、肾上腺素、维生素 D_3 等。

(4)提供必需脂肪酸。脂肪可以提供必需脂肪酸,如亚油酸、α-亚麻酸。

(5)提供脂溶性维生素和促进脂溶性维生素吸收。脂肪可提供维生素 A、D、E、K 并使吸收增强。

(6)维持体温正常。皮下脂肪组织具有隔热保温作用。

(7)具有保护脏器的作用。脂肪对脏器有支撑和衬垫作用,保护内部器官免受外力伤害。

(8)增加饱腹感。脂肪进入十二指肠时,可刺激产生肠胃抑制素,使胃肠蠕动受到抑制而增加饱腹感。

(9)改善食物感官性状。改变食物的色、香、味、形,促进食欲。

(10)内分泌作用。脂肪组织分泌瘦素、肿瘤坏死因子、白细胞介素、血管紧张素原、雌激素等,参与机体的代谢、免疫、生长发育等生理过程。

(二)脂肪酸

脂肪酸(fatty acid,FA)分子是由 4~24 个碳原子的链烃和羧基(—COOH)组成的脂肪族羧酸,是组成脂肪的基本单位。脂肪酸的分类:根据脂肪酸的碳链长短分为长链脂肪酸(碳链在 14 个碳原子以上)、中链脂肪酸(8~12 个碳原子)、短链脂肪酸(4~6 个碳原子);根据脂肪酸碳链中有无双键分为饱和脂肪酸(SF,碳链中无双键)、不饱和脂肪酸(含有双键);根据碳链中含双键的多少又分为单不饱和脂肪酸(MUFA,碳链中只含一个双键)、多不饱和脂肪酸〔PUFA,碳链中含两个以上双键,如 EPA(二十碳五烯酸)和 DHA(二十二碳六烯酸)〕;根据空间结构不同分为顺式脂肪酸和反式脂肪酸(TFA)。反式脂肪酸属饱和脂肪酸,空间构象呈线型,对人体有害性大。

1. 必需脂肪酸(essential fatty acid,EFA)

(1)必需脂肪酸的概念。必需脂肪酸是指人体不可缺少而自身不能合成,或合成的量少而不能满足人体需要,必须由食物供给的脂肪酸。常见的有 $n-6$ 系亚油酸和 $n-3$ 系 α-亚麻酸。

(2)必需脂肪酸的生理功能。除脂类的功能外还有:①维持细胞膜的结构和功能,参与磷脂的合成。磷脂是生物膜的重要组成成分,故必需脂肪酸与生物膜的结构和功能直接相关。②合成重要衍生物。20C 烯酸是合成前列腺素(PG)、白三烯(LTs)、血栓素(TXA_2)等重要活性物质的前体,因亚油酸可合成花生四烯酸,再由花生四烯酸合成前列腺素,在体内参与细胞代谢,并与炎症、免疫、心血管疾病、血小板凝聚过程有关。③参与脂质代谢,有利于胆固醇分解代谢,使血中胆固醇和甘油三酯降低,同时降低血液黏稠度,改善血液微循环。必需脂肪酸缺乏,可引起生长迟缓,生殖障碍,皮肤损伤(出现皮疹等),以及肾、肝、神经和视觉等方面的多种疾病。

2. 脂肪酸与人体健康

(1) 饱和脂肪酸（SFA）。饱和脂肪酸的胆固醇含量高，如棕榈酸、硬脂酸等。畜类的脂肪以饱和脂肪酸为主。畜类食物摄入过多对健康不利，会增加肥胖、高血压、糖尿病、高脂血症等疾病的危险。因此，建议适量摄入。

(2) 单不饱和脂肪酸（MUFA），如油酸、棕榈油等，具有抗氧化、降血脂、预防心血管疾病的作用。除棕榈油外，植物脂肪中均含有比较丰富的单不饱和脂肪酸，如橄榄油中80%为油酸。

(3) 多不饱和脂肪酸（PUFA）。多不饱和脂肪酸有 $n-3$ 系和 $n-6$ 系。

$n-3$ 主要为 α-亚麻酸，具有代表性的目前有 EPA 和 DHA。EPA 和 DHA 为脑黄金的主要成分。EPA 和 DHA 均为人体需要的多不饱和脂肪酸。$n-3$ 多存在于大豆油、鱼、海产品（如深海鱼）中。人体可利用亚油酸和 α-亚麻酸合成 EPA 和 DHA。

$n-6$ 系主要为亚油酸、花生四烯酸等，主要食物来源为大豆油、花生油、芝麻油、玉米油等。

多不饱和脂肪酸具有重要的生理功能：①与心血管疾病有关。能降低血浆甘油三酯和胆固醇，抑制血小板凝聚，防止动脉粥样硬化和血栓形成，预防心血管疾病。②与脑及视功能发育有关。DHA 具有维持视觉功能，增强视力；EPA 具有促进大脑（尤其婴儿）发育的功能，提高脑细胞的活性，增强记忆力和思维能力，可预防健忘及阿尔茨海默病（老年痴呆症）等。③与机体免疫有关。能合成炎症介质参与机体免疫反应。

(4) 反式脂肪酸（TFA）。反式脂肪酸是含有反式双键的不饱和脂肪酸的总称，特点为其双键上两个碳原子结合的两个氢原子分别在碳链的两侧，空间构象呈线形（而顺式脂肪酸的双键上两个碳原子结合的两个氢原子在碳链的同侧，其空间构象呈弯曲状），主要来源为部分氢化处理的植物油，具有耐高温、不易变质、存放久等优点，在蛋糕、饼干、速冻披萨饼、薯条、爆米花等食品中使用比较普遍。反刍动物的脂肪、乳及乳制品和氢化油脂加工产品（人造黄油、豆油、色拉油、起酥油）等的油脂及快餐食品含反式脂肪酸较高，植物油中含反式脂肪酸少，固化油脂含反式脂肪酸较多。反式脂肪酸可升高血胆固醇，增加心血管疾病的发生，对健康有害。

(三) 脂类的代谢

1. 脂类的消化吸收

食物中的脂肪主要在小肠上段被消化吸收。脂类不溶于水，必须在小肠经胆汁酸盐的乳化，而分散成细小的微团后，才能被消化酶消化。三酰甘油、胆固醇酯、磷脂分别在胰脂酶、辅脂肪酶、胆固醇酯酶、磷脂酶 A_2 作用下水解成脂肪酸、甘油一酯、游离胆固醇、溶血磷脂，再与胆汁酸盐乳化成更小的混合微团，穿过肠黏膜上皮细胞直接进入血循环或与载脂蛋白、胆固醇和磷脂等结合成乳胶微粒（CM），经淋巴进入血液循环。

2. 脂类的合成

人体内的三酰甘油、磷脂和胆固醇等脂类物质，可由食物提供和体内合成。合成三酰甘油的主要场所有肝、小肠的内质网和脂肪组织。肝细胞能合成脂肪，再生成极低密度脂蛋白（VLDL），经血运出肝，但不能储存脂肪。当营养不良、中毒、必需脂肪酸或胆碱等缺乏时，不能形成极低密度脂蛋白，则三酰甘油在肝细胞中聚集而形成脂肪肝。小肠黏膜细胞主要利用脂肪消化产物再合成脂肪，以乳胶微粒形式进入血液循环。脂肪细胞是机体合成及储存脂肪的另一重要场所，它可利用乳胶微粒或极低密度脂蛋白中的脂肪酸合成脂肪，更主要的是以葡萄糖为原料合成脂肪。脂肪细胞可以大量储存脂肪。当机体需要能量时，储存的脂肪转变为甘油和游离脂肪酸（FFA），为机体组织器官提供能量，因此，脂肪又称为固定脂（基本脂）。

3. 脂类的分解

人体内的脂肪经脂肪酶水解为甘油和脂肪酸，释放入血以供其他组织细胞利用（脂肪的动员）。当人体摄入的能量小于消耗时，机体会动员体内储存的脂肪氧化供能。脂肪酸分解的场所主要在线粒体中，经氧化成乙酰辅酶A，再经三羧酸循环彻底氧化而为细胞供能。同时，乙酰辅酶A又是肝合成酮体的原料，酮体又可被心、肾、骨骼肌、脑等利用，尤其在长期饥饿或血糖不足时，替代葡萄糖成为主要能量来源。但如果酮体生成过多，超过肝外组织利用的能力，则可引起酮血症，导致酮症酸中毒。所以，应避免长期极低能量膳食，防止酮症酸中毒。

（四）脂肪的膳食参考摄入量及食物来源

1. 脂肪的膳食参考摄入量

（1）膳食脂类营养价值的评定。主要包括脂肪的消化率（脂肪酸碳链较短、双键较多、脂肪熔点较低，消化率较高，易被吸收利用，营养价值高）、必需脂肪酸含量（必需脂肪酸较多，如亚油酸、EPA和DHA较多，营养价值较高）和脂溶性维生素含量等。母乳是婴儿脂肪营养需要的黄金标准。

（2）脂肪适宜摄入量（AI）。成人摄入的脂肪应占总能量的20%~30%，其中S∶M∶P=1∶1∶1，必需脂肪酸应占总能量的3%，$n-6∶n-3=(15\sim20)∶1$，DHA∶EPA=$(4\sim6)∶1$；胆固醇摄入量每天<300 mg。

2. 食物来源

脂类的主要膳食来源有：含脂类丰富的食物有动物性食物和坚果，如核桃仁15 g、花生米15 g、葵瓜子25 g、西瓜子25 g等坚果约等于猪油10 g，可供给90 kcal的能量。动物性食物含饱和脂肪酸、单不饱和脂肪酸丰富；植物种子含不饱和脂肪酸丰富；植物油如玉米油、大豆油含亚油酸丰富；豆油、菜籽油含亚麻酸丰富；鱼、海产品、深海鱼油含EPA、DHA丰富；蛋黄、肝脏、大豆、花生含磷脂丰富；脑、肝、肾、蛋黄、鱿鱼等含胆固醇丰富。

三、碳水化合物

碳水化合物（carbohydrate，CHO）是指由碳、氢、氧三种元素组成的，大多数为多羟基醛或多羟基酮的一大类化合物，是自然界最丰富的有机物，也称糖类。碳水化合物是人体不可缺少的宏量营养素，也是人体能量的主要来源。

（一）碳水化合物的分类

碳水化合物按化学结构分为单糖、双糖、寡糖和多糖。从营养学角度，碳水化合物主要分为三大类，即糖、寡糖和多糖。

1. 糖

糖是由1~2个糖单位构成，易消化、吸收、利用，具有甜味的化合物，包括单糖、双糖和糖醇。

单糖主要是含6个碳原子的己糖，其中最重要的是葡萄糖、果糖、半乳糖等。葡萄糖是具有还原性和右旋性的醛糖，是构成食物中碳水化合物的基本单位之一。

双糖是由两分子单糖单位构成的碳水化合物。食物中常见的双糖主要有蔗糖、麦芽糖、乳糖。蔗糖由一分子葡萄糖和一分子果糖构成；麦芽糖由两分子葡萄糖构成；乳糖由一分子葡萄糖和一分子半乳糖构成，主要存在于乳和乳制品中。

糖醇是单糖的还原产物，广泛存在于生物体内，如山梨醇、甘露醇、木糖醇、麦芽糖醇等。山梨醇是葡萄糖的还原产物，亲水性强，临床上常用作脱水剂，消除脑水肿，降低颅内压。木糖醇存在于多种水果、蔬菜中，在人体内代谢时不需要胰岛素，故常作为甜味剂用于糖尿病人的食品和药品中。

2. 寡糖

寡糖（又叫低聚糖）是由 3～10 个单糖组成的多糖，如棉籽糖、水苏糖等。

3. 多糖

多糖是由 10 个以上单糖组成的，一般不溶于水，无甜味，不形成结晶，无还原性。营养学将多糖分为淀粉、糖原、非淀粉多糖与膳食纤维。

淀粉是由葡萄糖构成的化合物，能被人体消化吸收，是人类最重要的、可利用的碳水化合物，也是最丰富、最廉价的能量营养素。淀粉在淀粉酶和麦芽糖酶作用下可分解为葡萄糖。

糖原是由许多葡萄糖分子构成的多糖，在人体内分解为葡萄糖而供能。

非淀粉多糖是指食物中不能被消化吸收的多糖，包括纤维素、半纤维素、果胶等。

（二）碳水化合物的生理功能

碳水化合物的生理功能主要有：

（1）提供能量。碳水化合物是人体最重要的能量来源。每克碳水化合物在体内氧化可释放 16.70 kJ（4.00 kcal）能量。碳水化合物在体内氧化迅速，供能快，是神经系统和心肌供能的主要能源，尤其脑、视网膜、肠黏膜、骨骼肌（剧烈运动时）等只能来源于碳水化合物供能。因此，人体内每天至少摄入 50～100 g 碳水化合物才能保证只能来源于碳水化合物供能的组织、器官的能量供应。摄入糖过少会导致血糖过低，出现耐力不足甚至低血糖休克等。我国居民以米、面为主食，60% 以上的能量来自碳水化合物。

（2）构成机体组织细胞的成分。碳水化合物是机体组织细胞的重要构成成分之一。例如脱氧核糖核酸和核糖核酸是 DNA 和 RNA 的主要成分；糖与蛋白质结合形成的糖蛋白是体内具有重要功能的物质，是抗体、酶、激素、肝素等的组成成分；糖脂和糖蛋白是神经髓鞘和细胞膜的成分等。

（3）节约蛋白质作用。摄入充足的碳水化合物，可预防人体内或膳食中的蛋白质进入糖异生旁路而转变为葡萄糖分解供能的作用。

（4）抗生酮的作用。摄入充足的碳水化合物，可预防体内酮体生成过多。摄入充足的碳水化合物就可提供充足的草酰乙酸，与脂肪分解产生的乙酰基结合，进入三羧酸循环被彻底氧化供能，从而避免了由于脂肪酸氧化不全而产生过量的酮体（乙酰乙酸、β-羟丁酸、丙酮）所导致的酮血症。因此，每天摄入碳水化合物的量不能太少，每天至少摄入 50～100 g 碳水化合物才有利于机体健康。

（5）解毒和保肝作用。肝脏中的糖原能抵抗和经葡萄糖醛酸途径结合某些外来化学物（如细菌毒素、酒精、砷等），将其排出体外，从而起到解毒和保肝作用。肝糖原还有助肝细胞再生，促进肝脏的代谢和解毒作用，即护肝作用。

（6）提供膳食纤维。碳水化合物能提供丰富的膳食纤维。绝大部分膳食纤维不被人体消化吸收，却有重要的生理功能和保健作用，对人体健康有利。

（7）改善食物的感官性状。碳水化合物可以加工出色、香、味、形俱全的食品，从而增强食欲。

（三）血糖生成指数及其意义

1. 血糖生成指数

血糖生成指数（glucose index，GI，简称血糖指数）就是指摄入 50 g 碳水化合物的食物与等量葡萄糖后 2 h 血浆葡萄糖耐量曲线下面积的比值。即：

$$GI = \frac{\text{进食某种含 50 g 碳水化合物的食物 2 h 内血糖反应曲线下的面积}}{\text{进食 50 g 葡萄糖 2 h 内血糖反应曲线下的面积}} \times 100$$

2. 血糖生成指数的意义

（1）衡量食物升高血糖的程度。血糖指数越低的食物升高血糖的程度越小。一般把 GI < 55 的食物称为低血糖指数食物，如豆类、乳类和许多蔬菜；把 GI > 70 的食物称为高血糖指数食物，如多数谷薯类、某些水果和果汁、葡萄糖等；把 55 ≤ GI ≤ 70 的食物称为中等血糖指数食物，如米饭、薯片等。

（2）指导糖尿病病人的食物选择。糖尿病病人应选择血糖生成指数较低的食物，如 GI < 55 的食物，以帮助有效控制食欲，达到控制血糖的目的。

（3）对控制食欲和体重有积极意义。摄入低血糖指数的食物可延缓饥饿的发生，延缓和减少进食，达到控制食欲和体重的目的。

（四）碳水化合物的参考摄入量及食物来源

1. 碳水化合物的参考摄入量

中国营养学会推荐我国成人碳水化合物的适宜摄入量应占膳食总能量的 55% ~ 65%（2 岁以下婴幼儿除外），相当于每天摄入 300 ~ 400 g 碳水化合物；精制糖不应超过总能量的 10%，防止精制糖摄入过多。

2. 碳水化合物的食物来源

碳水化合物广泛存在于自然界的动植物中，碳水化合物最好来源于多种食物。人类碳水化合物主要来源于粮谷类、豆类和根茎类食物，如大米、面粉、玉米、小米和薯类等；还可以来自各种精制糖，如蔗糖和麦芽糖；蔬菜和水果除含有少量单糖外，还含有大量纤维素、果胶；乳糖只存在于乳及乳制品，是婴儿主要的能量来源。

四、矿物质

人体内的元素除碳、氢、氧、氮以及有机化合物外，其余的统称为矿物质（无机盐）。

（一）矿物质的分类

矿物质分为常量元素和微量元素。常量元素含量占体重 0.01% 以上，且每日膳食需要量在 100 mg 以上。常见常量元素包括钙、镁、钾、钠等。本节仅讲述钙。微量元素含量占体重 0.01% 以下，且具有一定的生理功能。常见微量元素包括碘、锌、硒、铜、铁、钼、铬、钴、氟、锰、镍、钒、锡、硅、钴等。

（二）矿物质的代谢特点

人体内矿物质的分布是不均匀的，如钙、磷主要存在于骨骼和牙齿，铁主要存在于红细胞，碘主要存在于甲状腺等。矿物质在机体内不能自行生成，必须经膳食补充。矿物质的量随年龄增加而增加，但元素间比例变动不大。矿物质在人体内存在吸收、储存平衡调节关系。矿物质在吸收和利用上存在拮抗 - 协同作用。因此，矿物质在人体内能自动调节，保持动态平衡。

（三）矿物质的重要生理功能

矿物质在机体内具有重要的生理功能，主要有：

(1) 构成机体组织的重要原料。如钙、磷是构成骨骼和牙齿的主要成分，硫、磷是构成某些蛋白质的成分。

(2) 维持机体酸碱平衡。如钾、钠、钙、镁等碱性离子与硫、磷、氯等酸性离子相互配合，构成血液缓冲体系，调节体内酸碱平衡。

(3) 维持组织细胞的正常渗透压。矿物质如钠、钾、氯与蛋白质等存在于细胞内外液中，共同维持组织细胞的渗透压，在体液的移动和潴留过程中起着重要的作用。

(4) 维持神经、肌肉的正常兴奋性，如钙、钾、钠、氯等。

(5) 构成机体生理活性物质。如甲状腺中的碘、氯离子、谷胱甘肽过氧化物酶中的硒等在机体中起着重要作用。

食物中的矿物质一般含量较为丰富，能满足机体需要。但在膳食调配不当，偏食或患某些疾病时，容易造成矿物质缺乏。我国居民较易缺乏钙、铁、锌等矿物质，生活在某些特殊地区的人群可出现某些矿物质（如硒）缺乏。同时也要注意防止矿物质摄入过量而发生中毒。

（四）常量元素

钙（calcium, Ca）

钙在机体内是含量最多的一种矿物质，占体重的 1.5%～2%，成人体内钙含量为 850～1 200 g，分布极不均匀，随年龄增长而逐渐减少。99% 的钙存在于骨骼和牙齿中，主要以羟磷灰石结晶形式存在，其余 1% 以游离或结合形式（与柠檬酸螯合或与蛋白质结合）存在于软组织、血液、细胞外液中，称为混溶钙池。混溶钙池的钙与骨骼的钙在机体的保留钙和维持细胞外液钙浓度的机制调节下保持着动态平衡。当膳食钙严重缺乏或机体发生钙异常丢失时，可通过这些机制纠正或消除轻微的低钙血症，从而保持血钙的稳定以维持机体细胞正常生理功能。

(1) 钙的生理功能。

钙在人体内具有多种生理功能，主要有：构成骨骼和牙齿的主要成分；维持神经与肌肉活动（血液中钙含量不足，可使神经肌肉兴奋性增高，引起抽搐；血清钙含量过高，则可抑制神经、肌肉的兴奋性）；促进人体内某些酶的活性；参与凝血过程、激素分泌；维持体液酸碱平衡、细胞内胶体渗透压、毛细血管渗透压等。

(2) 影响钙吸收的因素。

钙吸收主要在小肠上段，在维生素 D 参与的情况下主动吸收。谷物的植酸、蔬菜的草酸、碱性磷酸盐、葡萄糖醛酸残基、脂肪酸、抗酸药、四环素、肝素等可抑制钙吸收，如主要存在于一些蔬菜和水果中的草酸，可与钙形成不被人体分解的螯合物而使钙吸收降低。

机体状况良好时，大部分钙随肠黏膜上皮细胞的脱落、消化液的分泌排入肠道，其中一部分被重吸收，其余随粪排出（内源性粪钙）；一部分钙经肾从尿中排出，排出量为摄入量的 20% 左右；一部分钙经汗液途径排泄，但个体差异较大；钙还可经乳汁排出，经胎盘转运给胎儿。

成人钙的肠吸收量与排泄量相当，但一些如补液、酸中毒、高蛋白或高镁膳食，甲状腺素、肾上腺皮质激素、甲状旁腺素、维生素 D 过多，卧床等情况均可使钙排出增多。

(3) 钙的潴留。

钙在体内的潴留与膳食供给有关，膳食钙含量增高，机体钙潴留量也增加；机体对钙需要量增加则钙潴留量也增加。高磷膳食对钙潴留的影响不大，高钠摄入可降低钙在骨骼中的潴留而减低骨密度。氟骨症、糖尿病对钙代谢有不利影响。

(4) 钙的参考摄入量。

钙的参考摄入量：婴儿 0～6 月为 300 mg/d，6 月～1 岁为 400 mg/d，1～4 岁为 600 mg/d，4 岁以上为 800 mg/d，青春期为 1 000 mg/d，18 岁以上为 800 mg/d，40 岁以上为 1 000 mg/d，但孕妇、乳母不增加钙摄入量（因自然增加吸收量）；UL 为 2 g/d。

(5) 钙缺乏病及过量。

钙主要影响骨骼结构和发育。钙缺乏主要表现为：儿童佝偻病、成人骨质软化症、老年人骨质疏松症、骨质增生等。钙的生化常用指标为血清总钙浓度、血清离子钙浓度，其值低于相应正常值即为钙缺乏。钙过量易增加肾结石发病率和出现乳碱综合征（MAS），其典型症候群为高钙血症、碱中毒和肾功能障碍等。

(6) 食物来源。

钙的主要来源有乳及乳制品、豆及豆制品、虾皮、海带、芝麻酱和各种瓜子等。其良好食物来源是乳及乳制品、大豆和虾皮等。

（五）微量元素

1. 铁（iron, Fe）

铁是人体内必需微量元素中含量最多的，总量为 4～5 g。人体中的铁分为功能铁和储备铁，分布极不均匀。其中功能铁占体内总铁的 60%～75%，主要存在于血红蛋白中，3%～5% 存在于肌红蛋白中，1% 存在于各种含铁酶类（如细胞色素氧化酶等）中。储备铁约占体内总铁的 25%，主要是以铁蛋白和含铁血黄素形式存在于肝、脾和骨髓中。

(1) 生理功能。

①铁是血红蛋白、肌红蛋白、细胞色素的主要成分，参与氧、二氧化碳的转运、交换和细胞呼吸过程，对呼吸和能量代谢起重要作用。②铁在骨髓造血组织中进入幼红细胞内，与卟啉化合形成正铁血红素，后者再与珠蛋白合成血红蛋白，促进 DNA 的合成和幼红细胞的分裂增殖。③催化促进 β-胡萝卜素转化为维生素 A，促进嘌呤与胶原的合成，促进机体抗体生成，增加抵抗力，促进脂类在血液中的转运，促进药物在肝脏的解毒。④铁对行为智力有促进作用。

(2) 吸收代谢。

铁在食物中的主要存在形式为血红素铁和非血红素铁。

血红素铁是血红蛋白和肌红蛋白与卟啉结合的铁，血红素铁的吸收不受植酸、维生素 C 等因素的影响。

非血红素铁主要以 $Fe(OH)_3$ 络合物形式存在于食物中，并与蛋白质和氨基酸等有机分子结合，在吸收时铁必须先与有机分子分离，并还原成为亚铁离子后吸收，其吸收率易受影响。膳食中铁的吸收率平均为 10%。

影响非血红素铁在体内吸收的因素有：①人体生理状况及体内铁的储备量。生长期、女性月经期或妊娠期对铁的需要量增加，铁的吸收也较平时增多；另外，体内铁的储备增加，则吸收减少，反之则吸收增加。②维生素 C。维生素 C 可将三价铁还原为二价铁，促进其吸收。③畜禽类中的肉类因子、核黄素、葡萄糖和柠檬酸等，也有促进铁吸收的作用。④食物的植酸、植酸盐、草酸盐等。它们可与铁结合形成不溶性铁盐，抑制铁的吸收。⑤胃酸。胃中胃酸缺乏或服用抗酸性药物时，不利于铁的释放，同时也阻碍铁的吸收。

(3) 铁的供给量。

中国营养学会 2000 年的铁供给建议量为成年男性 15 mg/d，成年女性 20 mg/d，孕妇（早、中、末期）分别为 15 mg/d、25 mg/d、35 mg/d，乳母为 25～35 mg/d，婴幼儿、儿童、青少年按年龄不同分别为 10~25 mg/d，可耐受最高摄入量（UL）男女均为 50 mg/d。

(4) 铁缺乏。

铁缺乏是一种常见的营养缺乏病，以婴幼儿、孕妇和乳母更易发生。对机体铁营养状况的评价，主要通过血清铁蛋白（SF）、运铁蛋白饱和度、血清铁（SI）、红细胞游离原卟啉（RBC）、血红蛋白（Hb）等指标进行。机体铁缺乏由轻到重可分为三个阶段：①铁减少期（ID），表现为储存铁耗竭，铁储存减少，血清铁蛋白浓度下降。②红细胞生成缺铁期（IDE），表现为血清铁蛋白、血清铁和运铁蛋白饱和度均下降，红细胞游离原卟啉上升。③缺铁性贫血期（IDA），除血清铁比 IDE 低，其他与 IDE 相同，还有血红蛋白和红细胞压积下降。

贫血的程度取决于血红蛋白减少的程度，根据血红蛋白指标判断缺铁性贫血的标准见表 5-3-7。

表 5-3-7　判断缺铁性贫血的血红蛋白标准

人群	正常	ID	IDE	IDA
7 岁	≥110	≥110	≥110	<110
7~14 岁	≥120	≥120	≥120	<120
成年女性	≥120	≥120	≥120	<120
成年男性	≥130	≥130	≥130	<130
孕妇	≥110	≥110	≥110	<110

人体摄入的可利用的铁若长期不足，可导致机体缺铁，出现智力和行为改变，工作能力、抗感染力、耐寒能力、食欲等降低。严重时可出现缺铁性贫血（iron deficiency anemia, IDA）。临床主要表现为食欲不振、烦躁、乏力、面色苍白、头晕、眼花、指甲脆薄、反甲、免疫功能低下等。

(5) 铁的食物来源。

膳食中铁的良好来源为动物肝、血液、肉类、鱼类、禽类，其次是某些绿叶蔬菜（白菜、油菜、苋菜、韭菜等）和豆类。少数食物如黑木耳、海带、芝麻酱等含铁也较丰富。一般来说，动物性食物铁的吸收率较高，如鱼为 11%、肝为 22% 等；植物性食物铁的吸收率较低，如大米 1%、玉米 3%、大豆 7% 等。牛乳中铁的含量很低，吸收率也不高，以牛乳喂养的婴儿应注意补充铁。100 g 食物中含铁量由高到低为：木耳＞海带＞虾＞桂圆＞猪肝＞猪血。

(6) 缺铁性贫血的治疗。

缺铁性贫血的治疗方法主要有：①缺铁性贫血的治疗原则。首先，尽可能去除缺铁性贫血的病因。其次，补充铁剂至血红蛋白恢复正常后，再补足体内正常的铁储量。②补充铁剂。常用药物有硫酸亚铁、枸橼酸铁、碳酸亚铁等，其中疗效高、价格廉价、药源广的制剂仍为硫酸亚铁，为最常用铁剂。还有葡萄糖酸亚铁、富马铁、琥珀酸亚铁（速力菲）、福乃得（为硫酸亚铁与维生素 C 和维生素 B 之复合物控释片）等。③营养治疗。多摄入含铁丰富的食物，如动物肝、血、肉类、鱼类、禽类、绿叶蔬菜（白菜、油菜、苋菜、韭菜等）和豆类等。

2. 锌（zinc, Zn）

锌在成人体内的正常含量为 1.4~2.3 g，是人体必需的微量元素之一，主要存在于骨骼，其次在肌肉和皮肤中。按单位质量计算，在人体中以视网膜、脉络膜和前列腺最高，大脑海马中很高，血液中锌75%~88%在红细胞内。

食物中的锌经小肠被吸收后入血液循环到达骨骼、肌肉、大脑、皮肤等组织、细胞、器官中，经肠道、尿、汗液排出。维生素D、柠檬酸盐促进锌的吸收，而膳食纤维、植酸、过多的钙、亚铁离子、铜、镉等抑制锌的吸收。锌在体内常以正二价氧化态进行化合，在人体内构成许多酶的成分，广泛参与各种代谢活动。

（1）锌的主要功能。

①锌是酶的组成成分。锌参与200多种金属酶的构成，在金属酶中主要有催化、结构和调节作用，参与组织呼吸、能量代谢、抗氧化过程。如果缺乏锌，这些酶就失去活性。②锌可促进生长发育和组织更新。锌参与蛋白质、胶原蛋白、DNA和RNA的合成。锌是蛋白质和核酸的合成及细胞生长、分裂和分化的各个过程必需的。因此，锌对婴幼儿、儿童、青少年的生长发育及伤口愈合具有重要意义。③锌可促进性器官和维持性功能的发育。正常的锌摄入可保证男性第二性征和女性生殖器官在各期的发育。动物实验表明，锌缺乏可使精子萎缩、睾丸发育减缓（睾丸、前列腺）。在精子成熟期体内有大量锌既保证了精子的生成，又维持了精原上皮的正常，从而维持男性生殖功能。④锌可促进维生素A的代谢和生理作用。在维生素A的代谢中，锌能促进视黄醛的合成和变构、维生素A在肝中的动员以维持血中的浓度，防止出现维生素A缺乏等现象。⑤参与免疫功能。锌与免疫功能关系密切。锌缺乏可导致胸腺萎缩、分泌减少、T细胞减少、抗体下降、免疫功能减退。⑥促进食欲。锌对味觉有影响，锌缺乏导致味觉迟钝，食欲下降。这是因为含有锌的唾液蛋白酶对味觉及食欲起促进作用。

（2）锌缺乏及过量。

机体急性缺锌时会出现味觉、嗅觉功能不全，食欲减退，中枢神经功能异常等现象。慢性缺锌会出现生长发育迟缓、睾丸萎缩、性成熟推迟、第二性征发育不全、性功能低下、创伤愈合延迟、免疫功能降低等，还可导致胎儿畸形。

在正常锌摄入量时，一般不易发生锌过量或中毒。但过量摄入锌会产生中毒而出现恶心、呕吐、腹痛、腹泻、发热等症状。

（3）膳食参考摄入量和食物来源。

大学生锌的膳食参考摄入量（mg/d）为男性EAR 13.2、RNI 15.0、UL 45，女性EAR 8.3、RNI 11.5、UL 37。

锌的食物来源广泛。动物性食物是锌的主要来源，贝壳类海产品、红色肉类和动物内脏是良好来源，植物性食品如豆类、谷类、蔬菜、水果含锌量很低。常见食物锌含量见表5-3-8。

表5-3-8 常见食物锌含量（mg/100 g）

名称	含锌量	名称	含锌量	名称	含锌量	名称	含锌量
生蚝	71.20	海蛎肉	47.09	乌梅	7.65	香菇	8.57
牡蛎	9.39	鲜赤贝	11.58	芝麻	6.13	乳酪	6.97
猪肝	11.25	山核桃	12.59	鸭子	26.70	马肉	12.26

3. 硒（selenium, Se）

硒是人体必需微量元素。我国于20世纪70年代发现硒是谷胱甘肽过氧化物酶的组成成分，提示了硒的第一个生物活性形式。1979年我国发现处于低硒状态地区（如黑龙江省克山县）的人群易患克山病，补充硒后能有效预防克山病，从而进一步肯定了硒是人体必需微量元素。

硒具有多种化合态形式（-2、0、+4、+6），构成各种化合物和有机物存在于自然界中。硒在人体内总量为 14～20 mg，主要分布于指甲、肝、肾和牙釉质中，以肝和肾浓度最高，其次为肌肉、骨骼和血液。硒主要在十二指肠吸收，代谢后的硒主要由尿液排出，少量由肠道和汗液排出。动物性食品以硒半胱氨酸和硒蛋氨酸为主，植物性食物以硒蛋氨酸为主，常用补硒制剂为硒酸盐和亚硒酸盐。

（1）硒的生理功能。

①抗氧化作用。硒是谷胱甘肽过氧化物酶的重要组成成分，该酶的作用是催化过氧化氢还原为水，消除脂质过氧化物，阻断活性氧和自由基的致病作用，保护细胞膜和维持细胞正常的功能。②促进生长发育和保护视觉器官。研究表明，硒是生长和繁衍必需的微量元素。补硒可减少视网膜的氧化损伤，提高视力。③保护心血管和维护心肌作用。研究表明，高硒地区人群心血管疾病发病率低，低硒地区人群心血管疾病发病率高。硒对多种动物的心肌纤维、血管的结构及功能有重要作用。④解除重金属的毒性作用。硒与重金属有很强的亲和力，是一种天然的重金属解毒剂。⑤免疫作用。硒与机体的免疫系统有密切关系，能增强吞噬细胞的杀菌能力，使人的机体产生免疫力等。⑥抗肿瘤作用。研究表明，低硒可使机体对致癌物质的敏感度增加，患肿瘤的概率增大，硒缺乏地区肿瘤的发生率较高。

（2）缺乏与过量。

人体摄入硒不足易出现硒缺乏症，如克山病和大骨节病等。我国黑龙江省克山县（低硒地区）的人群易患心血管疾病，常表现为心肌壁增厚、心脏增大、心肌无力、心律失常、功能不全、衰竭等扩张性心肌病（称克山病）。克山病的病理检查发现心肌坏死，表现为原纤维型的心肌细胞坏死和线粒体型的心肌细胞坏死。研究证明，硒缺乏是引起克山病的重要原因，口服亚硫酸钠对减少克山病的发病具有明显效果。若硒摄入过多可致中毒，主要表现为头发变干、变脆、断裂，眉毛、胡须、腋毛、阴毛脱落，甚至肢端麻木、抽搐、偏瘫。

（3）食物参考摄入量和食物来源。

大学生硒的参考摄入量（DRIs）：RNI 为 50 μg/d，UL 为 400 μg/d。硒在海产品、动物内脏、肉类中含量高；在粮谷类含量差别很大，如低硒地区每千克大米硒含量小于 20 μg，而高硒地区可达 20 μg；蔬菜、水果中含量较低。

4. 碘（iodine, I）

碘是人体必需微量元素之一，易溶于乙醇、乙醚、甘油等有机溶剂中，可与大多数元素化合，以化合物形式存在于自然界中。健康成人体内含碘量为 20～50 mg，50% 在肌肉中，20% 在甲状腺中（含量最高，其中甲状腺素占 16.2%、三碘甲状腺原氨酸占 7.6%），10% 在皮肤、骨骼中。

食物中的无机碘离子在绝大多数情况下极易从肠道被吸收，有机碘可直接或在肠道内降解为碘化物被吸收，食物中的甲状腺素 80% 可直接吸收。吸收的大部分被甲状腺摄取并合成甲状腺素。甲状腺素在分解代谢后，部分被重新利用，部分经肾脏和胆汁排出体外，部分经乳汁排出。评价群体碘营养状况的指标有甲状腺肿大率、促甲状腺激素（TSH）和尿碘等。

（1）碘的生理功能。

碘的生理功能主要通过甲状腺素来完成，在人体内参与甲状腺素的合成。①促进能量代谢。促进三羧酸循环中蛋白质、脂肪、碳水化合物的生物氧化，调节能量的转换，促进物质的分解代谢，增加耗氧，产生能量。促进蛋白质合成，调节蛋白质合成与分解，促进糖和脂肪代谢，维持人体基本生命活动。②调节人体组织中的水盐代谢。甲状腺素可促进人体组织间隙中黏液蛋白减少,使其水盐减少而不会出现水肿。③促进人体生长发育。甲状腺素能促进人体蛋白质的合成,对生长发育有积极意义。④促进维生素的吸收和利用。促进尼克酸的吸收和利用,促进 β-胡萝卜素转变为维生素 A,促进核黄素合成黄素腺嘌呤二核苷酸(FAD)。⑤活化酶。甲状腺素可活化包括细胞色素酶系、琥珀酸氧化酶系等一百多种酶,促进生物氧化和代谢,协调氧化磷酸化过程,调节能量转化。

(2) 碘缺乏症和过量。

碘摄入不足或缺乏会使甲状腺素合成、分泌不足,使生物氧化抑制,基础代谢降低而导致碘缺乏症。碘缺乏症在青春期、孕妇和乳母主要表现为甲状腺肿大(又称单纯性甲状腺肿大),在胎儿期和新生儿期主要表现为生长停滞、发育不全、智力低下,形似侏儒而称为呆小症(又称克汀病)。大量摄入碘而使碘过量,可导致高碘性甲状腺肿。我国为预防碘缺乏采取在食盐中加碘,每天摄入 6 g 加碘盐即可。

(3) 食物参考摄入量和食物来源。

我国推荐大学生参考摄入量 RNI 为 150 $\mu g/d$,UL 为 1 000 $\mu g/d$。含碘丰富的食物为海产品,但海盐中极少,蔬菜、水果中含量最低。常见食物的碘含量见表 5 – 3 – 9。

表 5 – 3 – 9 常见食物的碘含量($\mu g/100\ g$)

名称	含碘量	名称	含碘量	名称	含碘量	名称	含碘量
干海带	24 000	淡菜	1 000	牛乳	2.8	菠菜	8.8
干紫菜	1 800	干海参	600	龙虾	60	白菜	9.8
干发菜	1 180	带鱼	8.0	鸡蛋	9.7	大豆	1.5~2.1

五、维生素

维生素是广泛存在于天然食物中,维持着人体正常生命活动,人体不能自身合成或者合成的量很少而不足以维持人体功能,必须从食物中摄取的营养素。尽管人体对维生素的需求很少,但长期供给不足,将会出现缺乏症而对健康造成不利影响。

维生素是参与细胞内特异代谢反应以维持机体正常生理功能所必需的一类化学结构不同、生理功能各异的低分子有机化合物。它不构成机体组织结构的成分,也不为机体提供能量,但维持着人体细胞正常生理功能与代谢活动,对生命活动起着十分重要的作用。

(一) 维生素的分类

维生素种类很多,营养学上按溶解性质的不同将其分为脂溶性和水溶性维生素两大类。

1. 脂溶性维生素

脂溶性维生素包括维生素 A、D、E、K 等,仅含碳、氢、氧元素,有前体和维生素原,它们只溶于脂肪和脂溶剂中。脂溶性维生素随脂肪经淋巴系吸收并随胆汁缓慢排出,它的吸收易受脂性环境和胆盐影响。脂溶性维生素进入机体主要储存在脂肪组织和肝中,不需要每日供给,但摄入过多而超量蓄积可引起中毒,摄入过少会出现缺乏症,可通过血和尿进行营养状况评价。

1) 维生素 A(视黄醇、抗干眼维生素)

维生素 A 是含 β-白芷酮环的多烯基结构,具有视黄醇生物活性的一大类物质。动物性食物含有维生素 A(指已具视黄醇生物活性的),主要以视黄酰酯的形式存在于高等动物和鱼类(海鱼、淡水鱼)中;植物性食物不含维生素 A,但含有维生素 A 原。

维生素 A 原是指在黄、红、深绿色植物中含有的，可在体内转变为维生素 A（视黄醇）的部分类胡萝卜素。类胡萝卜素主要有 α-、β-和 γ-胡萝卜素等，其中 β-胡萝卜素含量最高（常与叶绿素并存），其次是 α-、γ-胡萝卜素、隐黄素，这些维生素 A 原类胡萝卜素称为胡萝卜素。其他的玉米黄质、辣椒红素、叶黄素、番茄红素等不能分解形成维生素 A 的类胡萝卜素称为植物化学物质。

维生素 A 和胡萝卜素均耐热、酸、碱，一般烹调加工不易破坏，但易被氧化，被紫外线、脂肪酸等破坏。在食物中有磷脂、维生素 E、维生素 C 和其他抗氧化物质时，维生素 A 和胡萝卜素均较稳定。

动物性食物中维生素 A 主要以视黄酰酯形式存在，植物性食物以类胡萝卜素形式存在，二者经胃肠吸收入血循环，主要储存在肝脏并经胆汁随粪便和经肾随尿排出。

维生素 A 的储存量在摄入量、膳食蛋白高、锌营养素增加、年龄增大时有所增加。

维生素 A 的主要活性形式是视黄醇、视黄醛、视黄酸。

(1) 生理功能。

①组成视觉细胞感光物质，维持视觉功能。视网膜的视觉杆状细胞含有视紫红质，由 11 - 顺视黄醛和视蛋白构成，对暗光敏感。当光照射时，11 - 顺视黄醛变成 11 - 反视黄醛，同时与视蛋白分离，视杆细胞发生超级化并产生电信号传递到视神经，引起神经冲动而产生视觉。11 - 反视黄醛又在机体酶的作用下变为 11 - 顺视黄醛，在暗光下与视蛋白结合成视紫红质而为下次用作准备。人从亮处到暗处，在暗处从看不清物体到看见物体的过程称为暗适应。若视网膜维生素 A 不足，合成的视紫红质也不足，引起暗适应延长，严重者可导致夜盲症。所以，维生素 A 充足，就能维持人体正常视觉功能。②维持上皮细胞的正常功能，维持生殖功能。维生素 A 对维持上皮细胞的结构、生长、发育起着重要作用。维生素 A 不足时，角膜、结膜上皮组织的生长发育受影响，呈现迟行性病变、泪腺分泌障碍等，出现角膜干、发炎、鳞状角化，导致各种眼病。它还能维持消化道、泌尿道、皮肤等上皮的生长发育和分化，保持细胞的完整性。严重缺乏维生素 A 可导致男女不育、胎儿畸形等。③促进生长发育。维生素 A 可参与软骨内的成骨，促进生长发育。④维持和提高免疫。维生素 A 能维持和提高免疫细胞的功能，增强免疫细胞产生抗体和细胞免疫功能。维生素 A 不足会导致机体免疫功能减退。⑤促进造血功能。维生素 A 和胡萝卜素能与铁结合而呈溶解状态，促进铁的吸收、利用，促进造血。⑥抗肿瘤作用。研究证明维生素 A 及其衍生物具有抑制肿瘤生长、分化的功能，维持组织、细胞的正常功能。维生素 A 充足能预防胃癌、膀胱癌、宫颈癌、皮肤癌等。

(2) 缺乏症。

维生素 A 缺乏病比较多见，表现为暗适应能力下降、夜盲症、干眼病等。最典型的是干眼病，出现结膜、角膜角化，结膜、角膜上皮组织变性，泪腺受损分泌减少，结膜出现皱纹，失去正常光泽的病变。表现为眼睛干燥、怕光、流泪、发炎、疼痛，典型的儿童眼结膜颞侧的 1/4 处见毕脱斑（Bitot spots，由于正常的结膜上皮细胞和杯状细胞被角化细胞取代而在结膜上形成的白色泡沫状集聚物，见封面彩图 5）。这是儿童维生素 A 缺乏的典型体征。

(3) 食物来源。

可来源于动物性食物的鱼肝油、肝脏、乳、蛋等，高等动物和海鱼体内含维生素 A_1（反式视黄醇），淡水鱼体内含维生素 A_2（3，4 - 二脱氢视黄醇）。植物性食物不含维生素 A，但含类胡萝卜素。黄、红、深绿色植物中含有较高的类胡萝卜素，尤其深绿色植物中丰富，它们（类胡萝卜素）在人体内可转变为维生素 A。

2）维生素 D（又称抗佝偻病维生素）

维生素 D 是具有钙化醇生物活性的一类物质，是钙、磷代谢的重要调节物质，以维生素 D_2、D_3 最常见。维生素 D 易溶于脂肪及脂溶剂中，不易溶于水。维生素 D 的化学性质比较稳定，在中性和碱性溶液中耐热，不易被氧化。一般烹调加工不易破坏，但在酸性环境下尤其脂肪酸腐败会逐渐破坏，而添加抗氧化剂后可保持其稳定。

维生素 D 可从植物性食物中摄入麦角固醇而转化为麦角固化醇（维生素 D_2）或经人体皮肤的表皮和真皮在紫外线照射下变成 7-脱氢胆固醇，转化为胆钙化醇（维生素 D_3）。人体通过食物摄入和皮肤合成两个途径获得的维生素 D 经血循环入肝，在肝的 D_3-25-羟化酶作用下转化为 25-（OH）D_3 释放入血，在肝、脂肪组织、骨骼肌、大脑、肺、脾、骨和皮肤中储存，以脂肪组织含量高。

评价维生素 D 营养状况最有价值的指标是血浆中 25-（OH）D_3 的浓度。

维生素 D 经肝代谢，代谢物大部分经胆汁随粪便排出，少部分随尿排出。

（1）生理功能。

维生素 D 实际上是以激素的作用提高血浆钙、磷水平，以此起重要功能。

①维持钙的内稳态、促进骨骼和牙齿的正常生长。维生素 D 是调节人体内钙的重要因子，能促进小肠钙和磷的吸收，促进钙、磷在肾小管重吸收，提高血液中钙、磷浓度，促进钙的转运，促进人体成骨作用。同时，在人体降钙素及甲状旁腺激素的调节作用下，促进骨骼钙的动员和骨组织的钙化，溶骨作用增强。维生素 D 的调节及人体的成骨与溶骨作用，维持着人体内钙的平衡，维持着钙的内稳态，促进骨骼和牙齿的正常生长。

②增强人体免疫力和提高运动能力。维生素 D 能提高钙离子浓度，增强神经和肌肉的兴奋性，促进肌肉收缩，提高运动能力；同时钙浓度增加，使机体免疫力增强，提高机体抗感染能力。

（2）缺乏症。

维生素 D 缺乏症常由摄入不足、阳光照射不足使人体内维生素 D 含量降低所致。它导致钙浓度降低而引起钙缺乏。维生素 D 缺乏症和钙缺乏症基本相似，出现钙缺乏症的表现。因此，若缺乏维生素 D，婴幼儿、儿童易患佝偻病（如典型特征 X 或 O 型腿），大学生易患骨质软化症，老年人易患骨质疏松症。

（3）食物来源。

维生素 D，无论是 D_2 还是 D_3，在天然食物中并不广泛存在。在蘑菇、菌类等植物性食物中含丰富 D_2；D_3 在鱼肝油和鱼油等动物性食物中含量最丰富，在黄油、鸡蛋、乳、牛肉和咸水鱼（鲱鱼、沙丁鱼、鲑鱼）含量较高，乳中含量低，在蔬菜、水果及谷类中含量几乎为零。

3）维生素 E（又名生育酚）

维生素 E 是指含苯并二氢吡喃结构，具有 α-生育酚活性的一类物质，包括 α、β、γ、δ 生育酚和 α-、β-、γ-、δ-生育三烯酚 8 种，但以 α-生育酚的活性最高，常以 α-生育酚为代表。

维生素 E 是呈黄色或淡黄色的油状液体，溶于酒精或脂肪中，对热和酸稳定，对碱、紫外线、氧等不稳定，且油脂酸还会加速其破坏。一般烹调时维生素 E 损失不大，但油炸时维生素 E 活性明显减低。

维生素 E 经肠道吸收，主要储存在肝、肌肉和脂肪组织中，大部分随粪便排出，少部分随尿排出。

（1）生理功能。

维生素 E 的功能主要通过 α-生育酚来发挥作用。

①抗氧化作用。维生素 E 是高效抗氧化剂，在体内与氧自由基反应，捕获自由基而自己变为生育酚自由基，阻止链反应发生，可保护细胞免受自由基损害。②促进蛋白质更新合成。维生素 E 参与 DNA 的生物合成过程，能促进蛋白质更新合成，维持心血管系统、中枢神经系统及视网膜的正常结构和功能。③预防和延缓衰老。维生素 E 能减缓人体脂褐素形成，改善皮肤弹性，保持人体正常功能，预防和延缓衰老。④影响血小板凝聚集。维生素 E 具有抑制血小板的聚集作用及维持红细胞的完整性。缺乏时易出现心肌梗死和中风的危险。⑤维持生殖器官的功能。维生素 E 可维持人体生殖道上皮的功能和精子的形成，缺乏时可出现睾丸变性，孕育异常。临床上常用维生素 E 治疗不孕症、先兆和习惯性流产。⑥增强机体免疫力和抗肿瘤作用。维生素 E 对淋巴细胞的增殖、单核细胞的细胞因子分泌具有积极作用，增强机体免疫力。同时可抑制机体细胞异常增生，对降低前列腺癌、乳腺癌、结肠癌的发生有积极作用。

（2）缺乏症。

维生素 E 缺乏症少见，因食物中维生素 E 存在广泛，人体一般不会出现缺乏现象。长期缺乏者可出现红细胞受损，表现为溶血性贫血。正常偏低的维生素 E 营养状况可能增加动脉粥样硬化、癌症（如肺癌、乳腺癌）、白内障以及其他退行性疾病的危险。过量出现毒性也很少发生。因此，鼓励适当多摄入植物油，多摄入维生素 E，预防心血管疾病发生。

（3）食物来源。

维生素 E 的食物来源广泛，主要存在于植物油中，其良好食物来源为麦胚油、玉米油、花生油、芝麻油等植物油。谷的胚芽、硬果、豆类、蛋类、乳类、鸡（鸭）肝、绿叶蔬菜是维生素 E 的较好来源，水果及其他蔬菜中含量很少。

4）维生素 K（又称抗出血维生素）

维生素 K 是 2-甲基-1,4-萘醌衍生物的统称，包括来源于植物的叶绿醌（V-K_1）、肠道合成的甲基萘醌（V-K_2）、人工合成的亚硫酸氢钠甲萘醌（V-K_3）、二乙酰甲萘醌（V-K_4）等。

维生素 K 的溶解性具有"两性"，即 V-K_1 和 V-K_2 易溶于脂肪中，V-K_3 和 V-K_4 易溶于水中；天然维生素 K 对热稳定，不溶于水，在常规烹调时损失较少。维生素 K 对还原剂稳定，对酸、碱、氧化剂、光（紫外线）、醇、辐射敏感而破坏。

（1）生理功能。

维生素 K 的功能主要是作为羧化酶的辅酶而发挥作用。①参与凝血过程。维生素 K 参与凝血因子，如凝血 II、VII、IX、X 等在肝脏合成而调节凝血，起止血作用。②维持骨组织功能。人体骨组织中有三种需要维生素 K 的蛋白质，如骨钙素、基质 Gla 蛋白质和蛋白质 S，它们参与骨组织的生长发育和代谢，防止软组织钙化及骨组织软化等。

（2）缺乏症。

人体一般很少出现维生素 K 缺乏现象，严重时会出现出血现象及骨折等。

（3）食物来源。

绿叶蔬菜是维生素 K 的最好来源，如菠菜、卷心菜、芦笋、鲜豆、大豆油、菜籽油等中的维生素 K 含量也丰富，乳及乳制品、肉类、蛋类、谷类、水果含量较少。

2. 水溶性维生素

水溶性维生素包括 B 族维生素（维生素 B_1、B_2、PP、B_6、B_{12}、烟酸、泛酸、叶酸、生物素、肉碱、胆碱）和维生素 C。元素组成除碳、氢、氧元素外，还有氮、硫、钴等元素。一般无前体，只溶于水而不溶于脂肪及脂溶剂中。经血吸收并随尿排出。几乎不能储备，多余部分随尿很快排出，一般不会蓄积中毒，但易出现缺乏症，可通过血和尿进行营养状况评价。维生素 B_1、B_2、烟酸是三大产能营养素代谢所必需的，它们的需要量与能量的总摄入量呈正相关关系。B族维生素是辅酶的重要组成成分,见表5-3-10。

表5-3-10　含B族维生素的辅酶

维生素	辅酶	转移因子	维生素	辅酶	转移因子
烟酰胺	辅酶Ⅰ（NAD）	氢原子	维生素B_1	TPP	醛类
烟酰胺	辅酶Ⅱ（NADP）	氢原子	泛酸	辅酶A	酰基
维生素B_{12}	钴胺素辅酶	烷基	维生素B_2	FMN	氢原子
维生素B_6	磷酸吡哆醛	氨基	生物素	生物胞素	二氧化碳
叶酸	四氢叶酸辅酶类	一碳化合物	维生素B_2	FAD	氢原子

1）维生素C

维生素C又名抗坏血酸（能预防和治疗坏血病），是含6个碳的α-酮基内酯的弱酸性多羟基化合物，在自然界有L-型和D-型两种同分异构体，但D-型无活性。维生素C在体内有还原型和氧化型两种且均具有活性，既可失去电子被氧化，又可获得电子被还原，是体内重要的氧化-还原体系。其水溶液在酸性环境中较稳定，而在碱性环境、加热或与氧等共同存在时易被氧化破坏。人体自身不能合成维生素C，必须由膳食供给。维生素C在回肠吸收进入血循环而在垂体最高，其次为肾上腺、脾、肝、白细胞等。维生素C主要经尿液排出，汗液和粪便也排出少量，尿中维生素C排出量受体内储存量、摄入量、肾功能等的影响。当摄入量大时，其代谢产物草酸在尿中排泄增多，可导致泌尿系统结石。

（1）生理功能。

①参与人体许多物质的羟化反应。A. 促进机体合成结缔组织蛋白和胶原蛋白。它可使酶复合体（脯氨酰-4-羟化酶、脯氨酰-3-羟化酶、赖氨酰-3-羟化酶）中的Fe^{3+}还原为Fe^{2+}而保持活性，使胶原蛋白肽链中的脯氨酸和赖氨酸羟化；参与结缔组织蛋白和胶原蛋白的合成，促进组织生长、创伤愈合等。当维生素C摄入不足时，会影响胶原蛋白合成，导致创伤愈合延缓、血管壁脆性增大，而出现程度不同的坏血病症状。B. 参与胆固醇的代谢，促使类固醇羟化为胆汁酸、皮质激素、性激素。C. 参与神经递质和去甲肾上腺素的合成。维生素C能催化神经递质的活化和羟化多巴胺为去甲肾上腺素，促进神经递质和去甲肾上腺素的释放。D. 解毒作用。维生素C能促进有机物或重金属经羟化而解毒。

②抗氧化作用。维生素C作为体内重要的还原剂，与维生素E协调作用提高机体抗氧化能力，使体内双硫键（—S—S—）还原为巯基而提高巯基水平，巯基又与其他抗氧化剂如谷胱甘肽共同清除活性自由基，阻止脂质巯基（—SH）、过氧化物及某些化学物质的危害，保护DNA、蛋白质等不被氧化损伤，防止心血管疾病的发生。

③其他作用。维生素C可以增强免疫力，促进铁的吸收，防治缺铁性贫血等。

（2）缺乏症。

维生素C摄入不足，早期表现为轻度疲劳；后期出现为典型的牙龈肿胀、出血、萎缩、皮下瘀斑、贫血等症状。

（3）参考摄入量及食物来源。

大学生维生素C参考摄入量为100 mg/d，UL为1 000 mg/d。食物中维生素C的主要来源为蔬菜和水果，颜色越绿，含维生素C越丰富。大豆不含维生素C，但豆芽含大量维生素C。维生素C在食物烹调过程中易遭破坏，如西红柿、黄瓜等洗净后尽量生吃。

2）维生素 B_1（又名硫胺素、抗癞皮维生素）

维生素 B_1 在体内可被磷酸化而产生具有辅酶功能的硫胺素磷酸盐。维生素 B_1 是最不稳定的维生素，对碱、紫外线敏感而被氧化失活；对亚硫酸盐极敏感，故不宜用亚硫酸盐作防腐剂。维生素 B_1 在人体内主要以硫胺素单磷酸酯（TMP）、焦磷酸硫胺素（TPP）和硫胺素三磷酸酯（TTP）等磷酸盐形式存在，以 TPP 含量最高（占 80%）。肌肉（占 50%）含量高，其次是心、肝、肾等。

（1）生理功能。

维生素 B_1 在人体内主要以辅酶形式参与细胞代谢，主要活性形式为 TPP。

①辅酶功能。A. 参与机体物质和能量代谢。机体内的葡萄糖、脂肪、一些支链氨基酸（亮氨酸、异亮氨酸和缬氨酸）衍生而来的丙酮酸和 α-酮戊二酸在 TPP 参与下经氧化脱羧反应生成乙酰辅酶 A 和琥珀酸辅酶 A，再进入三羧酸循环氧化生成 ATP 而供能。B. 参与转酮醇作用。TPP 在碳水化合物的磷酸戊糖代谢途径中作为转酮醇酶的辅酶参与转酮醇作用，提供核酸合成所需的戊糖及脂肪酸、胆固醇、类固醇合成所需 NADPH 的重要原料。

②非辅酶功能。A. 神经生理功能。目前认为维生素 B_1 主要以 TPP 形式通过调节神经细胞膜上的某些离子通道或影响某些递质的合成和利用而发挥作用。在维持消化道、肌肉组织、神经组织等的正常功能方面起着重要作用。B. 维持心脏功能。维生素 B_1 促进心脏能量代谢或促进心脏血液供应而减轻心脏负担，从而维持心脏正常功能。

（2）缺乏症。

维生素 B_1 缺乏症，又称脚气病，主要是由于摄入不足、机体需要量增加、吸收利用减少等引起，多发于以大米为主食的地区。主要表现为神经和血管系统受损害。早期表现为疲乏、淡漠、失眠、忧郁、易怒、健忘、恶心、食欲差、腿麻木和心电图异常等。后期表现为：神经系统方面，多发性神经炎、肌肉酸痛、共济失调、记忆丧失等；消化系统方面，消化不良、体重下降等；心血管系统方面，心悸、心动过速、水肿、心力衰竭等。

根据典型症状临床上分为：①干性脚气病。以神经系统症状为主，出现对称性上行性周围神经炎，表现为指或趾麻木、肌肉酸痛、压痛，以腓肠肌为甚。在发病初期膝跳反射亢进，后期减弱甚至消失，可出现垂足、垂腕症状。消化系统表现为胃肠蠕动减弱、便秘，消化液分泌减少，消化功能降低等。②湿性脚气病。以心脏症状为主，出现心悸、气促、心动过速、水肿、心电图可见低电压及右心室肥大等，甚至心力衰竭。③爆发型脚气病。以急性心血管症状为主，进展快，表现为心力衰竭。④脑型脚气病。以脑症状为主，表现为眼肌麻痹、共济失调、记忆丧失，甚至昏迷等。⑤混合型脚气病。以神经系统和心血管症状为主。⑥婴儿脚气病。以心血管症状为主。多发生于乳母缺乏维生素 B_1 所喂养的婴儿，常见于出生数月（2~5 月）的婴儿，早期表现为食欲不振、腹泻、便秘等，后期表现为心跳快、呼吸急促、烦躁、水肿、心脏扩大、心力衰竭、昏迷等。

（3）参考摄入量及食物来源。

①大学生参考摄入量。维生素 B_1 供给量与机体总能量摄入量呈正相关关系，每摄入 1 000 kcal 能量，需要 0.5 mg 维生素 B_1。2000 年，中国营养学会建议其 RNI 为男性 1.4 mg/d，女性 1.3 mg/d。

②食物来源。维生素 B_1 广泛存在于各类食物中，谷类（大米）食物是维生素 B_1 的良好来源，杂粮、豆类、坚果、瘦肉、动物内脏等含量较高。

3）维生素 B_2（又名核黄素）

维生素 B_2 是由核糖醇基和异咯嗪基构成的核苷类物质，在中性、酸性条件下对热稳定，对碱、光敏感而分解破坏，水溶性低。维生素 B_2 在动物（人体）体内不能合成，只能由食物供给。

维生素 B_2 大部分以黄素单核苷酸（FMN）和黄素腺嘌呤二核苷酸（FAD）形式与蛋白质结合存在于食物中，经消化吸收进入血循环而到达组织细胞，再经组织细胞转化为 FMN 和 FAD 参与机体代谢和调节，主要经肾脏随尿液排泄，乳汁和汗液也排泄少量。抑制维生素 B_2 消化、吸收和利用的物质有乙醇、咖啡因、茶碱、维生素 C、维生素 PP、色氨酸、锌等；促进维生素 B_2 消化、吸收和利用的物质主要有胃酸和胆盐。维生素 B_2 的主要活性形式为 FMN 和 FAD。

（1）生理功能。

①参与人体能量代谢。维生素 B_2 分子中异咯嗪上 1、5 位 N 存在的活泼共轭双键既可作供体氢，又可作递体氢，FMN 和 FAD 是黄素酶的辅基，维生素 B_2 通过黄素酶和呼吸链参与体内氧化还原反应和能量代谢，同时在氨基酸、脂肪酸和碳水化合物的代谢，蛋白质与某些激素的合成，嘌呤碱转化成尿酸等过程中起重要作用。②参与维生素 B_6 和烟酸的代谢。FMN 和 FAD 作为辅酶参与维生素 B_6→磷酸吡哆醛和色氨酸→烟酸（尼克酸）的过程。③促进铁的吸收和利用。维生素 B_2 有促进铁的吸收、储存和利用的功能，对防止缺铁性贫血有重要意义。④参与抗氧化防御系统。以 FMN、FAD 形式作为多种黄素酶类的辅酶而催化氧化－还原反应。⑤参与药物的代谢。FAD 可与细胞色素结合而参与药物代谢。

（2）缺乏症。

维生素 B_2 是我国人群易缺乏的营养素之一。维生素 B_2 缺乏症不具有特异症状，常表现为面部和皮肤炎症，早期口腔和舌疼痛、口角炎、舌炎、皮炎、阴囊皮炎等，后期出现典型的全舌呈紫红色或红紫相间、中央红斑、缘界线清楚的如地图样变化，常称为口腔生殖综合征。由于维生素 B_2 缺乏常干扰铁在人体内的吸收、储存和利用而导致人体内铁减少，出现继发缺铁性贫血。

（3）参考摄入量及食物来源。

①大学生参考摄入量。维生素 B_2 供给量与人的机体能量总摄入量呈正相关关系，每摄入 1 000 kcal 能量需要 0.5 mg 维生素 B_2。2000 年，中国营养学会建议其 RNI 为男性 1.4 mg/d，女性 1.2 mg/d。

②食物来源。维生素 B_2 广泛存在于各类食物中，植物性食物如豆类、蔬菜（绿叶蔬菜如菠菜、韭菜、油菜）含量较高，水果含量不等，谷类（大米）含量较少。

4）烟酸（又称尼克酸、抗癞皮病因子、维生素 PP、维生素 B_5）

烟酸是吡啶 3-羧酸及其衍生物的总称，包括烟酸和烟酰胺。烟酸、烟酰胺均溶于水和乙醇，对酸、碱、光、热均稳定，一般烹调损失小，是最稳定的维生素之一。

烟酸主要以辅酶Ⅰ（NAD）和辅酶Ⅱ（NADP）的形式存在于食物中，经胃肠消化吸收，在肠黏膜细胞和肝细胞内转化为辅酶Ⅰ和辅酶Ⅱ，在血液中主要以烟酰胺形式转运，机体其他组织细胞又可摄取烟酸或烟酰胺而合成辅酶Ⅰ或辅酶Ⅱ，也可利用色氨酸合成少量烟酸，是唯一能在体内合成的维生素。烟酸主要以辅酶形式广泛存在于机体各组织中而以肝含量最高。过量的烟酸大部分经机体转化，其代谢产物一起随尿液排出。烟酸的主要活性形式是 NAD 和 NADP。

（1）生理功能。

烟酸是一系列以 NAD、NADP 为辅基的不需氧脱氢酶类的必要成分，在体内发挥重要功能。

①参与氧化还原反应。NAD、NADP 作为许多重要脱氢酶的组成,在生物氧化还原反应中发挥电子受体和供氢体的作用。为三大产能营养素中间代谢所必需,参与脂肪酸和类固醇的合成,参与磷酸戊糖途径的葡萄糖-6-磷酸的氧化反应。②具有调节血脂的作用。烟酸能促进甘油三酯、胆固醇代谢,使血脂降低,改善心血管功能,但烟酰胺无此作用。③构成葡萄糖耐量因子。具有增强胰岛素效能作用。④参与蛋白质核糖基化。NAD 在 DNA 复制、修复、细胞分裂中起着重要作用。⑤烟酸还在维持皮肤、神经、消化系统功能正常中起着重要作用。

(2) 缺乏症。

烟酸缺乏症又称癞皮病,主要影响皮肤、口、舌、胃肠道、神经系统等,典型症状是皮炎(dermatitis)(对称性晒斑样皮疹,皮肤变厚、粗糙、色素沉着,多见于机体皮肤暴露或折叠部位)、腹泻(diarrhea)、神经性痴呆(depression)(失眠、神经衰弱),简称"三 D"症状。常见于以玉米为主食而副食较少的地区人群,因为玉米中含的结合型烟酸,人体不能吸收,出现膳食烟酸摄入不足而发生缺乏症。

(3) 参考摄入量及食物来源。

①大学生参考摄入量。烟酸的摄入量与能量的供给呈正相关关系。②食物来源。烟酸广泛存在于动、植物性食物中。良好食物来源为酵母、肉类、动物内脏、豆类、全谷、种子、乳类、蛋类、绿叶蔬菜等。以玉米为主食地区的居民易出现癞皮病,可在玉米中加碱将其中的烟酸变成可吸收的游离型烟酸而预防缺乏。

5) 维生素 B_6(吡哆素)

维生素 B_6 的基本结构为 3-甲基-羟基-5-甲基吡啶,包括吡哆醇(PN)、吡哆醛(PL)、吡哆胺(PM)三种,且均具有活性。维生素 B_6 在动物组织中主要以 PL 及其磷酸化形式 PLP 和 PMP 存在,在植物性食物中主要以 PN 和 PM 及其磷酸化形式存在,多以 5'-磷酸盐的形式。维生素 B_6 易溶于水、酒精,在酸性溶液中对热稳定,在碱性溶液中则容易分解破坏,对光、氧、碱敏感而破坏。维生素 B_6 经空肠吸收,随尿、粪便排出。维生素 B_6 的主要活性形式为 PLP(磷酸吡哆醛)。

(1) 生理功能

维生素 B_6 主要以磷酸吡哆醛(PLP)形式参与近百种酶反应,多数与氨基酸代谢(包括转氨基、脱羧、侧链裂解、脱水及转硫化作用)有关。

①参与氨基酸代谢。参与色氨酸转变为烟酸、同型半胱氨酸转变为蛋氨酸等过程。②参与糖原代谢。PLP 是磷酸化酶的辅酶,参与肌肉和肝中糖原转化,促进糖异生。③参与脂肪酸代谢。PLP 参与神经鞘磷脂的合成、花生四烯酸和胆固醇的合成和转运。④参与一碳单位代谢。PLP 是丝氨酸羟甲基转移酶的辅酶,参与一碳单位代谢,影响核酸的合成。⑤参与某些神经递合成。可参与 5-羟色胺、牛磺酸、多巴胺、去甲肾上腺素和 γ-氨基丁酸的合成。

(2) 缺乏症。

单纯维生素 B_6 缺乏很少见。

(3) 参考摄入量及食物来源。

①大学生参考摄入量。维生素 B_6 的 AI 值为 1.2 mg/d。②食物来源。维生素 B_6 广泛存在于动、植物性食物中,含量最高的为鸡肉、鱼肉等白色肉类,其次为肝脏、坚果、豆类、蔬菜、水果含量也高。

6) 叶酸

叶酸是含有蝶酰谷氨酸结构的一类化合物的通称。叶酸在食物中主要以蝶酰谷氨酸的形式存在,因主要存在于绿叶蔬菜中而称为叶酸。叶酸微溶于热水,不溶于乙醇,但其钠盐易溶于水;在酸性溶液中对光、氧、热不稳定,但在中性和碱性环境中十分稳定。维生素 C、锌等有利于叶酸吸收,酒精和抗癫痫、抗惊厥、避孕等药物抑制叶酸吸收。叶酸在人体内主要以 5-甲基-THF 存在,主要活性形式为四氢叶酸(THF)。

(1)生理功能。

叶酸主要以 THF 形式发挥作用。①一碳单位转移酶的辅酶。在同型半胱氨酸转化为蛋氨酸的过程中,叶酸作为一碳单位的供体,在甘氨酸和丝氨酸的可逆互变中可作为供体和(或)受体,参与机体的生理功能。②影响遗传物质 DNA 和 RNA 的合成。叶酸经腺嘌呤、胸苷酸影响 DNA 和 RNA 合成及氨基酸的代谢,影响组织生长、细胞增殖、机体发育。③影响磷脂、肌酸、神经介质的合成。叶酸通过蛋氨酸代谢影响磷脂、肌酸、神经介质的合成。

(2)缺乏症。

叶酸参与多种重要生物合成反应,其缺乏的危害广泛而深远。

①巨幼红细胞贫血。缺乏时,DNA 合成受阻而细胞周期停止在 S 期,细胞核变形增大,使造血系统常首先出现异常(因更新速率快),出现巨幼红细胞贫血(严重缺乏的典型表现)。②胎儿神经管畸形和其他出生缺陷。③同型半胱氨酸血症。同型半胱氨酸转化为蛋氨酸出现障碍,引起同型半胱氨酸血症,对血管内皮有毒害作用,导致动脉粥样硬化及心血管疾病;同时同型半胱氨酸还导致胚胎毒性(婴儿神经管畸形)。

(3)食物来源。

主要来源于绿叶蔬菜、肝、肾、豆类、马铃薯等。

(二)维生素的特点

维生素虽然化学结构不同,生理功能各异,但有其共同特点:①以其本体或前体形式存在于天然食物中。②多数维生素不能在体内合成,即使某些维生素(如维生素 K、B_6)可由肠道微生物合成一部分,但也不能满足机体的需要,必须由食物提供。③不提供能量,不构成人体成分。④一些维生素有几种结构相近、生物活性相同的化合物,如维生素 A_1 和维生素 A_2,维生素 D_2 和维生素 D_3,吡哆醇、吡哆醛和吡哆胺等,通常以辅酶或辅基的形式参与酶的作用。⑤除脂溶性维生素外,也不能在组织中大量储存。⑥每日需要量较少(仅以 mg 或 μg 计),但具有调节物质代谢的作用。

(三)维生素缺乏的原因

人体维生素不足或缺乏的原因主要有:①食物品种单调,食物中维生素含量低,膳食结构不合理,不良饮食行为等引起摄入不足。②食物中存在着维生素的拮抗物质,如抗生物素蛋白可与生物素紧密结合而使之失活。③疾病原因(反复腹泻、消化道梗阻、胃酸分泌减少等)等造成人体吸收利用降低。④机体(如孕妇、乳母等)对维生素的生理需要量增加,而没有及时补充。⑤食物加工、烹调、储藏等不当。⑥食物的某些因素影响,如双香豆素对维生素 K 具有抑制作用;蔬菜的维生素氧化酶及鱼类的硫胺素酶可使维生素 C 和维生素 B_1 失活等。

六、其他有益膳食成分

食物除具有蛋白质、碳水化合物、脂肪、矿物质、维生素营养素外,还含有水、膳食纤维、植物化学物质等其他膳食成分。植物化学物质常见的主要有类胡萝卜素的番茄红素(类胡萝卜素在番茄、草莓、木瓜、葡萄等深色蔬菜和水果中含量丰富)、黄酮类化合物的大豆异黄酮(如在大豆中)、茶多酚(如在茶叶等中,具有抗辐射等作用)、多糖(如在菌藻类的香菇、蘑菇、银耳等中）、有机硫化合物的蒜素（如在大蒜、洋葱、大葱等中，具有良好的抗菌消炎作用）等。

植物化学物质具有抗氧化、抗肿瘤、降血脂、增强免疫力、预防心血管疾病等重要功能，对维护人体健康具有重要而积极的意义。以下主要讲述膳食纤维、番茄红素、大豆异黄酮等。

（一）膳食纤维

膳食纤维（DF），按其主要成分，目前较为一致的定义为非淀粉多糖。膳食纤维是指食物中不能被人体消化的，且不被人体吸收利用的多糖和木质素。膳食纤维是人体健康的守护神。

1. 膳食纤维的分类

膳食纤维可分为可溶性纤维和不可溶性纤维两类。可溶性纤维包括果胶、树胶、部分半纤维素，它们对小肠内的葡萄糖和脂质吸收有抑制作用。不可溶性纤维包括纤维素、不溶性半纤维素、木质素，还包括抗性淀粉、不可消化的低聚糖等，它们可在大肠发酵而影响大肠的功能。

2. 膳食纤维的功能

（1）改善肠道功能、预防便秘。膳食纤维及其发酵产物可促进肠道有益菌群生长繁殖、维持肠道正常菌群平衡，有益于增强肠道功能作用。同时，膳食纤维在肠道内虽然不能被消化吸收，但它多能吸收水分而膨胀，促进肠道蠕动，有利于粪便排出而预防便秘；减少废物、毒物吸收，有利于健康。

（2）降低血糖。膳食纤维能改善肠道功能、促进肠道蠕动加快，促使糖吸收减少，血糖高的人摄入充足的膳食纤维有助于减少碳水化合物的吸收而降低血糖，更有利于健康。

（3）降低血脂和预防冠心病。膳食纤维可促进肠道蠕动加快，使脂肪和胆固醇吸收减少；膳食纤维中的树胶、果胶等可吸附胆汁酸，减少胆汁酸的再吸收，从而促进胆固醇转化为胆汁酸排出，降低胆固醇水平；其中树胶、果胶等还能阻碍脂肪和胆固醇的吸收，从而降低血脂及胆固醇，预防冠心病。

（4）控制体重及减肥。膳食纤维具有改善肠道功能、促进肠道蠕动加快，促使糖、脂肪和蛋白质吸收减少，机体能量摄入减少；还可增加饱腹感，使食物摄入减少，起到控制体重和减肥的作用。

（5）促进牙齿发育。膳食纤维可使口腔咀嚼延长，增强牙齿的咀嚼功能，促进牙齿发育健全。

（6）预防结肠癌（有争论）。膳食纤维可稀释粪便中有害及致癌物质，减少其与肠壁的接触，减少有害及致癌物质的吸收，可预防结肠癌的发生。

3. 食物来源

一般健康成人膳食纤维的参考摄入量为每天 30 g。食物含膳食纤维的量不等，以谷薯类、豆类（尤其大豆）、蔬菜和水果、玉米等丰富。如 100 g 食物可食部分所含的膳食纤维分别为谷类 4.5 g、淀粉类 22.2 g、干豆类 20.2 g、鲜豆类 4.3 g、瓜果类 2.7 g、叶菜类 2.7 g。建议健康成人每天摄入蔬菜 500 g、水果 200~400 g、粗粮及杂粮 50 g 等，基本能供给足量的 30 g 膳食纤维。

（二）番茄红素

番茄红素是植物中所含的一种天然色素，主要存在于茄科植物西红柿的成熟果实中，具有 11 个共轭双键和 2 个非共轭双键组成的直链型、异戊二烯类碳氢化合物，是迄今为止自然界中被发现的最强抗氧化剂之一。番茄红素不溶于水和乙醇，易溶于脂肪中；对氧、光、金属离子（如 Fe^{3+}、Cu^{2+}）、酸等稳定，在碱性溶液中稳定。

番茄红素能通过物理与化学方式猝灭单线态氧，捕捉过氧化自由基，通过与其他形式的活性氧的化学反应等消除过氧化自由基（如过氧化氢、亚硝酸根等），保护细胞膜，保护细胞 DNA 免受自由基损害，保持细胞正常代谢，促使细胞的生长和再生，促进腺体分泌激素，使人体保持旺盛的精力，增强免疫力，防止细胞病变、突变、癌变，从而具有抗氧化、抗肿瘤（尤其前列腺疾病、前列腺癌、肺癌、胃癌、乳癌等）、抗衰老、抗心血管疾病（降低血管内膜中的脂蛋白氧化）、抗男性不育（可促使男子精子数量增加、活力增强）等重要功能（简称"五抗"）。番茄红素能有效抑制癌细胞的扩散和复制，被西方国家称为"植物黄金"。

番茄红素最适合于前列腺疾病、肿瘤患者；适合生活在环境污染严重地区者和免疫力较低的中老年人群；适合抗氧化，需延缓衰老者。

番茄红素在人体内不能合成，只能由食物供给。番茄红素主要来源于番茄、西瓜、南瓜、葡萄、葡萄柚、红莓、木瓜、芒果等深色（红、紫、黄）蔬菜、水果等植物性食物中。

（三）大豆异黄酮

大豆异黄酮是黄酮类化合物，是大豆生长中形成的一类次级代谢产物，与雌激素结构相似，故又称植物雌激素。大豆异黄酮是纯天然的植物雌激素，不溶于水，易溶于乙醚、三氯甲烷、苯等非极性溶剂中，容易被人体吸收，能迅速补充营养。

大豆异黄酮的雌激素作用表现为：对于高雌激素水平者，表现为抗激素活性，可防治乳腺、子宫内膜、结肠、前列腺、肺、皮肤等癌细胞的生长和白血病；对低雌激素水平者，起替代和弥补其不足的作用。同时还是一种有效的抗氧化剂，阻止氧自由基的作用，影响激素分泌、代谢生物学活性、蛋白质合成、生长因子活性，从而具有抗氧化、抗肿瘤（因其抗氧化性和防止细胞增生的功效而抗前列腺癌、乳腺癌作用明显）、抗心血管疾病（降低血脂）、抗骨质疏松（与骨细胞上的雌激素受体结合而减少骨质流失，增加机体对钙的吸收而增加骨密度）、防妇女更年期综合征等生物学功能，简称"四抗一防"。

大豆是人类获得异黄酮的唯一有效来源，每 100 g 大豆样品含异黄酮 128 mg。大豆异黄酮是女性健康的守护神。应把大豆异黄酮摄入量控制在一定范围内，建议人体每天摄入 50 g 大豆食品。

第四节　食物的营养价值

食物是人类生存的重要物质基础，是人体维持基本生理活动所需的能量和各种营养素基本的、重要的来源。食物在自然界普遍存在，种类繁多。按照其来源可分为两大类，即动物性食物、植物性食物及其食品的制品（糖、酒、油、罐头、糕点等）。动物性食物（如肉类、鱼类、蛋类、乳类等）的营养价值主要提供蛋白质、脂肪、脂溶性维生素、矿物质；植物性食物（如谷类、豆类、蔬菜水果类等）的营养价值主要提供能量、蛋白质、碳水化合物、水溶性维生素、矿物质和膳食纤维。

食物营养价值就是指食物中所含能量和营养素满足人体营养需要所达到的程度，主要由食物的营养素种类、数量、相互比例和人体对食物的消化、吸收、利用的程度所决定。谷类食物的蛋白质含量低，赖氨酸含量少，其蛋白质的营养价值低。肉类食物的蛋白质、脂肪及脂溶性维生素丰富，营养价值较高，但其所含的饱和脂肪酸较高，对人体不利，易患心血管疾病，应适当摄入；奶类和蛋类所含蛋白质丰富，蛋白质营养价值较高，所含脂肪较少，是人体蛋白质食物的理想食品，鼓励人们适当常吃。大豆属植物性食物中的优质蛋白质，并含丰富膳食纤维及大豆异黄酮，对人体尤其女性健康有益。

通过化学分析法、仪器分析法、微生物法、酶分析法及查阅食物成分表等方法来评定食物营养素种类及含量和营养质量指数（INQ），判断食物营养价值的高低、优良及其是否具有保健作用。营养质量指数是指营养数密度（一定量某营养数占供给量的比）与能量密度（该食物所含能量占供给量的比）的比值。

营养质量指数的意义：

①INQ = 1，表示该营养素与能量的供给能力平衡，提示食物营养价值高，为"营养质量合格食物"。

②INQ > 1，表示该食物营养素供给能力高于能量供给能力，提示食物营养价值高，为"营养质量合格食物"，适合超重和肥胖者。

③INQ < 1，表示该食物营养素供给能力低于能量供给能力，提示食物营养价值低，为"营养质量不合格食物"，长期食用会发生营养素不足或能量过剩。

对食物营养价值进行评定有重要意义，有利于对食物营养价值进行全面了解，找出食物营养不足和（或）缺陷，充分利用有限的食物资源，提出对其改造或创新的方向；了解在储存、加工、烹调过程中食物营养素的变化和损失，并提出相应的有效措施，最大限度使营养素保存或减少损失；对人们合理选购食物和配制平衡膳食进行科学指导，促进健康，预防疾病。

一、谷类食物的营养价值

谷类是人类的主要食物之一，且种类很多，主要包括细粮和粗粮。细粮是主要的主食，如水稻（大米）、小麦、大麦、荞麦、燕麦等；粗粮（杂粮）如玉米、小米、高粱、薯类（马铃薯、红薯、木薯等）等。谷类每天提供人体的能量占总能量的55%~65%。

各种谷类种子结构基本相似，形态大小不一，主要由谷皮、胚乳、胚芽三个部分构成。谷皮主要由纤维素、半纤维素等组成，含较高灰分和一定量的脂肪及蛋白质，占粒重的13%~15%；糊粉层介于谷皮与胚乳之间，含丰富的B族维生素及无机盐，如磷较多；胚乳是谷类的主要部分，含大量淀粉和一定量的蛋白质，占粒重的83%~87%；胚芽位于谷粒的一端，富含脂肪、蛋白质、无机盐、B族维生素和维生素E，占粒重的2%~3%，胚芽在加工时易与胚乳分离而损失。

（一）营养价值

谷类食物的营养素种类比较齐全，主要有碳水化合物、蛋白质、脂肪、维生素和矿物质等。其中，碳水化合物占70%以上，主要为淀粉，以胚乳含量最高。蛋白质占8%~12%，主要为谷蛋白、清蛋白、球蛋白、醇溶谷蛋白。蛋白质品种及产地有差别，以燕麦最高。谷类蛋白质中含赖氨酸较低，尤其是小米和小麦中赖氨酸最少，但小米中色氨酸较多。玉米蛋白质中缺乏赖氨酸、苏氨酸、异亮氨酸和色氨酸。脂肪占2%~4%，主要为不饱和脂肪酸，以糊粉层和胚芽含量最高。小麦和玉米油中不饱和脂肪酸占80%，其中亚油酸占80%，具有降低胆固醇、防止动脉硬化的作用。

谷类食物中的维生素主要为B族维生素，如硫胺素、核黄素、泛酸、烟酸和吡哆醇等，但不含维生素C，主要分布于糊粉层和胚芽部分。玉米含烟酸较多但为结合型而不被吸收，所以在以玉米为主食的地区易发生烟酸缺乏症（癞皮病），同时，谷类加工越精，胚芽、糊粉层损失越多，维生素损失也越多。谷类矿物质含量丰富，占1.5%～3%，主要为不溶性植酸盐形式存在的钙、磷，分布于谷皮和糊粉层。

（二）合理利用

谷类食物在加工时，应注意保持其良好感官性状及有利于消化、吸收和利用，并使各种营养素保留最多。谷类食物经过加工，可改善谷类的感官性状，使淀粉易于被消化吸收。而谷类食物含的维生素、矿物质、蛋白质、脂肪等营养素多分布于谷粒周围和胚芽中，加工越精，其营养素损失越大。

谷类食品应合理储存，储存在通风、阴凉、干燥、避光的环境中，注意食物本身的数量、储存时间、含水量、温度、湿度、微生物、昆虫的品种等，避免营养损失和变质。

谷类食物在烹调时，应注意烹调方法，如大米不要过于淘洗、浸泡时间不宜过长、水温不宜过高；米、面不宜加碱蒸煮、油炸，面食不宜过度焙烤，否则会使其还原糖与含氨基化合物发生美拉德反应，产生褐变物质而不能被消化道分解吸收等。

同时，应通过合理搭配食物提高谷类的营养价值，如常采用蛋白质互补的方法，把谷类与豆类、谷类与肉类等混合食用，弥补营养素的不足，提高谷类蛋白质的生物价值。

（三）常见谷类食物的营养价值

1. 稻谷（大米）的营养价值

稻谷的营养价值与其品种、产地、种植条件有关。一般情况下，大米含蛋白质4.5%～19.8%，赖氨酸和苏氨酸含量低，且分别为第一和第二限制氨基酸；含碳水化合物70%，主要存在于胚乳中；含脂类2.6%～3.9%，主要为糖脂和磷脂，主要存在于谷胚，其次存在于谷皮和糊粉层；主要含B族维生素，以维生素B_1最多，大多存在于谷皮和米胚中；所含矿物质主要为钾、磷、硫、镁等，大多存在于谷皮和米胚中。糙米优于精米，因其B族维生素和矿物质损失少。

2. 小麦的营养价值

小麦中蛋白质占30%～33%，主要为清蛋白、球蛋白、麦醇溶蛋白、麦谷蛋白，而留存在面粉中的蛋白质主要为麦醇溶蛋白和麦谷蛋白。清蛋白和球蛋白主要分布于小麦的皮层和胚部，氨基酸构成平衡而以赖氨酸和蛋氨酸含量高；小麦中碳水化合物占70%，主要为淀粉，主要分布于胚乳中；小麦脂肪含量低，以谷胚最高；小麦中维生素和矿物质主要为B族维生素及维生素E和钙、镁、锌、铜等矿物质，主要分布在胚乳和糊粉层。

3. 玉米的营养价值

从产量来看，玉米在我国粮食中仅次于稻谷和小麦，其营养成分与品质有差异。一般来说，玉米的碳水化合物含量为66.9%；蛋白质含量为8%，生物价低，为60，其中赖氨酸低且蛋氨酸也不高；脂肪的亚油酸含量高于稻谷和小麦，达54%，人体吸收率高，达97%以上；不饱和脂肪酸占85%，其中油酸为36.5%，亚油酸为47.8%，亚麻酸为0.5%，故玉米油为优质油，对降低人体胆固醇有利，可预防心血管疾病；玉米中烟酸含量高，属结合型而不利于吸收，以玉米为主食的地区居民易出现烟酸缺乏症，但若在玉米食品中加碱，使结合型变为游离型而吸收，则可预防；玉米中含丰富维生素E和磷、钙、铁、硒、锌等矿物质。

4. 小米（又称粟）的营养价值

小米的营养价值优于大米，主要表现在含B族维生素、维生素E、矿物质（如磷、钙、铁、硒等）丰富。小米在机体内消化吸收率较高，其中蛋白质为83.4%、脂肪为90.8%、碳水化合物为99.4%。

5. 大麦的营养价值

大麦含蛋白质约为13.12%，赖氨酸比其他谷类食物高，但是第一限制氨基酸，苏氨酸为第二限制氨基酸。大麦含脂类约为30%，主要为非极性脂、糖脂、磷脂。

6. 燕麦（又称莜麦）的营养价值

燕麦的营养价值很高，含碳水化合物67.8%、蛋白质12.2%，含人体所需的全部必需氨基酸且赖氨酸高，含脂类7.2%，亚油酸丰富，具有降脂和预防心血管疾病的作用。

7. 荞麦的营养价值

荞麦的营养价值很高，仅次于燕麦。荞麦所含蛋白质高于大米、小麦、玉米，含赖氨酸较高，生物价较高，是完全蛋白质。荞麦含脂肪比玉米低，但高于大米和小麦。荞麦含碳水化合物低，膳食纤维丰富，常用于糖尿病的营养治疗。荞麦等谷类食物营养素成分见表5-4-1。

表5-4-1 荞麦等谷类食物营养素成分（每100 g）

食物名称	白玉米	高粱	小麦	大麦	燕麦	荞麦
蛋白质（g）	8.0	10.4	9	10.4	12.2	9.3
脂肪（g）	4.5	3.1	3.1	1.1	7.2	2.3
糖（g）	66.9	70.4	73.5	74.3	67.8	66.5
膳食纤维（g）	6.2	4.3	1.6	1.6	4.6	6.5
硫胺素（mg）	0.34	0.29	0.33	0.15	0.39	0.28
核黄素（mg）	0.06	0.1	0.1	0.11	0.04	0.16
烟酸（mg）	3.0	1.6	1.5	2.0	3.9	2.2
维生素E（mg）	6.89	1.88	3.63	1.25	7.96	4.4
钙（mg）	12.0	22.0	41.0	30.0	27.0	47.0
铁（mg）	1.3	6.3	5.1	3.0	13.6	6.2
锌（mg）	1.22	1.64	1.87	0.96	2.21	3.62
磷（mg）	187.0	329.0	229.0	120.0	35.0	297.0
硒（μg）	1.58	2.83	4.74	6.01	0.5	2.45

资料来自：杨月欣. 中国食物成分表［M］. 北京：北京大学医学出版社，2002.

二、大豆的营养价值

豆类是我国居民膳食的主要食物之一，分为大豆类和其他豆类。大豆类有黄豆、黑豆、青豆等。其他豆类有豌豆、蚕豆、绿豆、豇豆等。豆类提供的营养素主要有蛋白质、脂肪、矿物质、B族维生素和有益物质（如膳食纤维、大豆异黄酮）等。豆类的营养价值以大豆最高。豆类经加工生产出制品，如豆腐、豆浆（见封面彩图4）、豆干、腐竹等大豆制品，降低了其不利因素，大大提高了大豆的营养价值。因此，鼓励人们（尤其女性）多摄入大豆及其制品，以获取优质植物蛋白、丰富矿物质（如钙高）和膳食纤维、大豆异黄酮等有益物质。

（一）大豆的营养价值

大豆含蛋白质35%~40%，黑豆可达50%，且赖氨酸丰富，弥补了谷类蛋白的不足；含脂肪15%~20%，其中多不饱和脂肪酸占85%，以亚油酸最多（达51.7%~57.0%），具有降血压和预防冠心病的作用；含碳水化合物25%~30%，其中50%为可消化吸收的淀粉、阿拉伯糖、半乳聚糖、蔗糖，50%为人体不能消化的棉籽糖、水苏糖等，在体内易引起胀气；含有丰富的维生素，如B族维生素和维生素E，不含维生素C，但豆芽含丰富维生素C；含大量矿物质，如钙、磷、钾、铁等，尤其含钙丰富，每100 g大豆含钙约376 mg，是人类膳食钙的良好来源；含比较丰富的有益物质如膳食纤维、植物化学物质（低聚糖、大豆异黄酮）等，对健康有益。

（二）大豆类及其制品的合理利用

1. 影响大豆营养价值的因素或因子

影响大豆营养价值的因素或因子有：①胀气因子。豆类食物中的棉籽糖和水苏糖等在人体内的细菌作用下产生气体，在肠道积聚，影响豆类营养素的吸收。②蛋白酶抑制剂。存在于豆类食物（大豆、花生）中，抑制胰蛋白酶、糜蛋白酶、胃蛋白酶等的活性，影响其蛋白质的消化吸收利用，影响其营养价值，典型代表如抗胰蛋白酶。然而，将大豆加工（如加热等）制成豆制品，可破坏生大豆中的抗胰蛋白酶因子，去除水苏糖、棉籽糖、蛋白酶抑制剂。近年国外一些研究表明，蛋白酶抑制剂还具有抵抗肿瘤和抗氧化的作用。③植物红细胞凝集素。人摄入豆类，使人体的红细胞发生凝集，出现头晕、头痛、恶心、呕吐等反应。但该物质经加热即可破坏而失去活性。④豆腥味。豆类在脂肪氧化酶作用下产生豆腥味及其他异味。⑤植酸。植酸在肠道内可与金属离子如钙、锌、铁、镁等络和而排出体外，减少这些离子的吸收利用，影响其营养价。

2. 大豆及其制品的合理利用

大豆及其制品的合理利用就是指采取减少或抑制影响豆类营养价值的因素或因子的方法或措施，如通过加工去除胀气因子而制成豆制品、加热并煮熟破坏植物红细胞凝集素、加入酸性物质使其环境呈酸性（pH = 4.5 ~ 5.5）并使植酸减少、加热达80℃而消除豆腥味、常压加热达20 min消除蛋白酶抑制剂等，使豆类及其制品的营养价值大大提高。通过把大豆加工成豆芽而含丰富的维生素C、大豆与谷类食物搭配食用而发挥蛋白质的互补作用的方法，大大提高其营养价值。总之，豆类制品的营养价值比豆类高且副作用少。

三、畜禽肉和水产类的营养价值

畜禽肉和水产类是主要动物性食品，属优质蛋白质，是供给人体脂肪、蛋白质、矿物质（钙、磷、铁、锌、铜、硒等）、维生素（B族维生素、维生素A、维生素D）等的重要食物来源。

（一）畜禽肉的营养价值

1. 畜禽肉类的组成

畜类食物包括猪、牛、羊、兔、犬等，禽类包括鸡、鸭、鹅、鸽等，畜禽肉类包括肌肉、内脏、头、蹄、骨、血及其制品，是人类膳食的重要成分，能供给人体优质蛋白，其被烹调的菜品多样，营养素丰富，营养价值高。

2. 畜禽肉类的营养价值

畜禽肉类的营养价值主要有：①蛋白质。畜禽肉类含蛋白质10% ~ 20%，其中猪肉为13.2%，牛肉为20%，羊肉为19.0%，鸡肉为19.3%，鸭肉为15.5%，鹅肉为17.9%，生物价为80以上，容易被吸收利用，其蛋白质含人体必需氨基酸，且构成比例符合人体需要，属优质蛋白质。②脂肪。畜禽肉含脂肪6.2% ~ 88.6%，其中肥猪肉为88.6%，瘦猪肉为6.2%，牛肉为13.4%，羊肉为14.1%，鸡肉为9.4%，鸭肉为19.7%，鹅肉为19.9%；畜肉所含脂肪以饱和脂肪酸的甘油三酯为主，禽肉所含脂肪以不饱和脂肪酸的亚油酸为主。

③碳水化合物。畜禽肉含碳水化合物1%~5%，主要以糖原的形式存于肝脏中。④矿物质。畜禽肉含矿物质0.8%~1.2%，以铁、锌、硒为主。⑤维生素。畜禽肉含维生素，以B族维生素和维生素A为主。⑥呈味成分。畜禽肉含丰富浸出物（如ATP、ADP、肌酐、嘌呤等），具有香味和鲜味等，是肉品味的呈味成分之一。

3. 畜禽肉类的合理利用

畜禽肉类的合理利用应注意：①注意合理搭配。畜禽肉的蛋白质营养丰富，含赖氨酸多，应充分发挥蛋白质的互补作用，适当与谷类食物搭配食用，但不要将畜禽肉集中摄入。②注意合理摄入。畜禽肉含饱和脂肪酸和胆固醇较多，要注意个体差别适量摄入，食用过多会导致胆囊炎、高脂血症、肥胖等疾病。畜禽内脏含丰富的维生素（如维生素A、维生素B_2），以肝脏含量高；含丰富的蛋白质，为18%~20%，以心、肝、肾等含量较高，尤其肝含蛋白质最高；含矿物质（如铁、锌、硒、钙等）高于瘦肉，尤其肝、肾含铁丰富，且消化吸收率高。因此，应根据机体情况合理选择和摄入畜禽肉或内脏。

（二）水产类的营养价值

水产类包括鱼和软体动物（虾、蟹、龟、蛤类、牡蛎、海参、乌贼、贻贝、章鱼、鱿鱼等），是膳食中蛋白质、脂肪、脂溶性维生素的重要来源。

1. 鱼类

（1）鱼类的营养价值主要有：①蛋白质。鱼类含蛋白质15%~20%，主要分布在肌浆和肌基质中。鱼还含其他含氮化合物（如游离氨基酸、嘌呤等），其氨基酸组成与人体组织接近而优于畜禽类，生物价较高。鱼肉的肌纤维较纤细且嫩，蛋白质的结构松软。鱼类易被消化吸收，利用率高达85%~90%，属优质蛋白。②脂肪。鱼类含脂肪1%~10%，主要为不饱和脂肪酸，如黄鱼为62%、带鱼为61%，尤其海鱼含多不饱和脂肪酸更高，达70%~80%。鱼类脂肪以二十碳五烯酸（EPA）和二十二碳六烯酸（DHA）较高，具有降血脂、升高高密度脂蛋白（HDL）、降低低密度脂蛋白（LDL）、防治动脉粥样硬化、预防心血管疾病的作用。鱼卵含胆固醇高，可达4%~10%。③碳水化合物。鱼类含碳水化合物低，约为1.5%，主要为糖原，分布于肌肉和肝脏中。④维生素。鱼类含脂溶性维生素丰富，主要分布在鱼油和鱼肝油，以维生素A和维生素D最丰富，维生素B_2和烟酸含量也较高。⑤矿物质。鱼类含矿物质1%~2%，主要为钙、磷、钾、碘等，以锌最高。⑥呈味成分。鱼类含水溶性非蛋白含氮溶出物，如ATP、ADP、肌酐、嘌呤等，是肉品味的呈味成分之一，具有香味和鲜味等。同时鱼类结缔组织、软骨含胶原、黏蛋白，也是呈味成分之一，故鱼汤冷却后可形成凝胶（鱼冻）。

（2）鱼类的合理利用。鱼类应及时保存处理，低温（-1℃）冷藏，食盐（浓度不低于15%）保存，防止腐败变质。鱼类应合理加工，如河豚鱼的卵、卵巢、肝脏含有极具毒性的河豚毒素，在加工时应尽力去除，以防中毒。食用鱼类一定要新鲜，烹调时要煮熟、烧透，避免染上寄生虫（肺吸虫和肝吸虫等），同时少煎炸，避免产生具有致癌作用的物质氨甲基衍生物。在服用异烟肼药物期间的结核病病人不宜食用鱼类，痛风病人不宜食用鱼类，防止嘌呤增高。

2. 软体类

软体类含丰富蛋白质，其中含人体全部必需氨基酸，且酪氨酸和色氨酸高于畜禽鱼类，贝类尤其海螺含丰富牛磺酸。软体类含丰富微量营养素，如维生素A、维生素E、硒、锌、碘、铜，而以硒最高。含脂肪和碳水化合物少，但脂肪中主要为多不饱和脂肪酸，如DHA和EPA。含丰富呈味物质，如乌贼的氨基酸（以甘氨酸为主）、贝类的琥珀酸及其钠盐等，其味道非常鲜。

四、乳及乳制品的营养价值

乳及乳制品是人类营养价值最丰富的食物之一。乳类是营养成分齐全、构成比例适宜、容易消化吸收、营养价值很高的天然食物，主要提供优质蛋白质、维生素 A、维生素 B_2 和钙。乳类可经加工处理而成乳制品，如奶粉、酸乳、炼乳等。

（一）牛乳的营养价值

牛乳（见封面彩图4）含蛋白质3.0%～3.5%，是人乳的3倍，生物价为85，为优质蛋白质；其中蛋白质组成中，酪蛋白占80%，乳清蛋白占20%，酪蛋白与乳清蛋白的构成比与人乳相反。酪蛋白含大量磷酸基，在酸性环境中可与钙结合而形成沉淀。乳清蛋白受热时易发生凝固而具有保护酪蛋白的作用。用于婴幼儿时，必须对牛奶进行调整而制成奶粉，使其适合人体构成比例，适合婴幼儿的消化吸收和利用。

牛乳含脂肪为3%～4%，主要以甘油三酯为主，还有少量的甘油单酯、甘油二酯、磷脂、鞘酯、固醇类、角鲨烯、类胡萝卜素、脂溶性维生素等，其中100 mL牛乳磷脂含量为20～50 mg；脂肪颗粒很小，呈高度分散状态。脂肪球脂蛋白主要为磷脂和糖蛋白，容易消化吸收。

牛乳含碳水化合物约4.6%，主要为乳糖。乳糖具有促进胃肠道蠕动和消化液分泌、降低肠道pH值、促进乳酸菌生长、促进矿物质（如钙）的吸收的功能。人乳含乳糖量高，对婴幼儿的生长发育有利。

牛乳含矿物质丰富，为0.7%～0.75%，主要有钙、磷、钾、钠、镁、硫、锌、铁等，而以钙最高，易于消化利用，是天然食物中钙的最好来源。但牛奶含铁量低，以牛乳为主食的婴儿，要注意补充含铁高的食物。

牛乳含维生素丰富，几乎含有所有人体所需要的维生素。

牛奶含其他物质，如酶类（具有抗菌能力）、柠檬酸（具有促进钙分散的作用而且易吸收）、丁酸（具有预防大肠癌的作用）、香气成分（如烷酸、烯酸、酮酸、羟酸、内酯、烷醛、烷醇、酮类等，使牛乳清香并促进食欲）。牛乳含核酸低，痛风患者可食用。

（二）人乳的营养价值

人乳的营养价值与牛乳比较具有以下特点。

（1）人乳的营养素充分，最适合婴儿需要。

人乳含蛋白质约1.3%，其中乳清蛋白多，占80%，酪蛋白占20%，其构成比与牛奶相反，有利于蛋白质消化利用。含脂肪约3.4%，其中不饱和脂肪酸（如牛磺酸）和多不饱和脂肪酸（如DHA、EPA）丰富，有利于婴儿大脑和视力的发育。含糖约7.4%，其中乳糖丰富，高于牛乳，有利于益生菌生长，抑制腐败菌生长，有利于婴儿消化道和大脑的生长发育。含丰富维生素。含钙、磷、铁、锌等矿物质，铁、锌量少，但吸收利用率高。乳铁蛋白促进铁的吸收利用，钙与磷的比例恰当，适合婴儿。含胆固醇，有利于婴儿的大脑和神经系统的生长发育及维生素D的合成。含水量高于牛奶，母乳喂养的婴儿不需要额外补充水分，基本能满足其需要。

（2）人乳具有其他有益成分。

我国提倡母乳喂养，让婴儿获得人生第一道高质量的营养大餐。提倡母乳喂养是因为它具有很多优点：第一，母乳含营养素（人乳和其他奶及制品的主要营养素含量见表5-4-2）充分、种类齐全且比例恰当，最适合婴儿需要，有利于营养素的消化、吸收和利用，有利于婴儿生长发育。第二，母乳含生化酶（如溶菌酶）和免疫因子（如 IgA、IgM）等其他有益成分，提高婴儿的消化能力、免疫力、抗感染能力，有利于婴儿生长发育。第三，母乳喂养方便（如不需要加热消毒）、经济、卫生、不易引起过敏。第四，母乳喂养有利于建立母子感情，促进乳母产后康复，防止产妇疾病的发生。

表 5-4-2 乳及其制品的主要营养素含量（每 100 g）

营养素	人乳	牛乳	羊乳	酸乳	全脂奶粉	甜炼乳
蛋白质（g）	1.3	3	1.5	2.5	20.1	8
脂肪（g）	3.4	3.2	3.5	2.7	21.2	8.7
碳水化合物（g）	7.4	5	5.4	9.3	51.7	55.4
钙（mg）	30	104	82	118	676	242
磷（mg）	13	73	98	85	469	200
硒（μg）	—	1.94	1.75	1.71	11.8	3.26
锌（mg）	0.28	0.42	0.29	0.53	3.14	1.53
铁（mg）	0.1	0.3	0.5	0.4	1.2	0.4
维生素 A（μgRE）	11	24	84	26	141	41
维生素 B_1（mg）	0.01	0.03	0.04	0.03	0.11	0.03
维生素 B_2（mg）	0.05	0.14	0.12	0.15	0.73	0.16
烟酸（mg）	0.2	0.1	2.1	0.2	0.9	0.3
维生素 C（mg）	5.0	1.0	—	1.0	4.0	2.0
维生素 E（mg）	—	0.21	0.19	0.12	0.48	0.28

资料来自：苏宜香. 营养学（一）[M]. 北京：北京大学医学出版社，2006.

（三）其他乳的营养价值

1. 酸乳

酸乳是以牛奶或脱脂奶为原料经加工而成的酸味制品。酸乳具有刺激胃酸分泌的作用，游离氨基酸和肽增多而易消化吸收，维生素 A、B_1、B_2 含量不变而叶酸增加一倍，益生菌增多而腐败菌抑制，对胃肠功能有利，可预防乳糖不耐症。

2. 奶粉

奶粉是以鲜奶为原料加工制成的。如调制奶粉（人乳化奶粉）以牛奶为原料，参照人乳组成的模式和特点，减少酪蛋白、甘油三酯、钙、磷、钠的含量，添加乳清蛋白、亚油酸和乳糖，强化维生素 A、维生素 D、维生素 B_1、维生素 B_2、维生素 C、叶酸和铁、铜、锌、锰等，使其更适合婴儿的生理特点和需要。

（四）乳及乳制品的合理利用

鲜乳（非人乳）都要经过严格消毒灭菌（如煮沸法或巴氏消毒法）后才能饮用。

有的人不能食用牛奶，食用后会出现腹胀、腹痛和腹泻等症状，这是由于缺乏乳糖酶或乳糖酶活性低。因为牛乳中的碳水化合物主要为乳糖，不能被消化，使人产生乳糖不耐症。有乳糖不耐症的人可饮用酸奶，因为酸奶中乳糖含量低，其中大部分乳糖变为乳酸。酸奶对老年人也比较适合，有清洁肠道、通便的作用，可预防便秘。

乳应注意避光、低温保存,加热消毒时注意温度不宜过高,时间不宜过长,一般控制在62℃加热30 min或80~85℃加热10~15 s即可,因为加热会引起维生素损失,尤其水溶性维生素(如维生素C)可损失20%~30%。

五、蛋类的营养价值

蛋类的营养丰富、质量好、食用方便,是人们常吃的副食品之一。蛋类包括鸡蛋、鸭蛋、鹅蛋等,可经过加工制成蛋制品,如咸蛋、松花蛋、干蛋白粉、干蛋黄粉、干全蛋粉等。

(一)蛋类的营养价值

蛋类及其制品的营养价值基本相似,主要含有丰富蛋白质、脂肪、维生素和矿物质。

蛋含蛋白质12%~14%,蛋黄含量较高,蛋清含量较低。蛋清和蛋黄占鸡蛋可食部分分别为57%和32%。蛋清所含蛋白质主要为卵白蛋白、卵球蛋白和卵黏蛋白等,蛋黄所含蛋白质主要为脂蛋白和磷蛋白。鸡蛋(见封面彩图4)蛋白质含的氨基酸与人体组织蛋白质最为接近,为8种,其中蛋氨酸和赖氨酸丰富,易于消化吸收,其生物学价值最高,达95,属优质蛋白质。因此,每人每天进食80~120 g鸡蛋,便可满足人体必需氨基酸的需要量。蛋含较高的胱氨酸,加热或时间过长时胱氨酸会部分分解产生硫化氢,与蛋黄中的铁结合生成硫化亚铁而成黑色,同时蛋白质会变性,故不宜加热过长。

蛋含脂肪约11%,主要在蛋黄中,约占98%。其中甘油三酯占蛋黄的20%(占脂肪的62.3%),磷脂占10%。蛋黄含磷脂较高,常与蛋白质结合在一起而成脂蛋白,具有良好的乳化性。磷脂主要为卵磷脂和脑磷脂(约为89%),卵磷脂具有降低胆固醇和促进脂溶性维生素吸收的作用,脑磷脂具有促进儿童大脑和神经系统生长发育的作用。蛋的脂肪主要为不饱和脂肪酸,其中单不饱和脂肪酸约为50%,亚油酸约为10%,还有少量的DHA。蛋(尤其是蛋黄)含胆固醇较高,胆固醇高的人要少吃或尽量不吃蛋黄。

蛋含矿物质丰富,主要分布在蛋黄中,主要有钙、磷、铁、钾、镁、钠、硫等,是微量元素的良好来源。

蛋含维生素较少,主要分布在蛋黄中,主要有维生素A、维生素D、维生素E、维生素B_1、维生素B_2、维生素B_6和泛酸等。蛋还含有少量的碳水化合物(主要为葡萄糖)、溶菌酶、过氧化氢、核黄素等。部分蛋的主要营养素含量见表5-4-3。

表5-4-3 部分蛋的主要营养素含量(每100 g)

食物名称	蛋白质(g)	脂肪(g)	糖*(g)	维生素A(μgRE)	维生素B_1(mg)	维生素B_2(mg)	烟酸(mg)	维生素E(mg)	钙(mg)	铁(mg)	锌(mg)	磷(mg)	硒(mg)
鸡蛋白皮	12.7	9.0	1.5	310	0.09	0.31	0.2	1.23	48	2	1	176	16.6
鸡蛋白	11.6	0.1	3.1	微	0.04	0.31	0.2	0.01	9	1.6	0.0	18	7.0
鸡蛋黄	15.2	28.2	3.4	438	0.33	0.29	0.1	5.06	112	65	3.79	240	27
鸭蛋	12.6	13	3.1	261	0.17	0.35	0.2	4.87	62	2.9	1.67	226	15.7
鸭蛋白	9.9	微	1.8	23	0.01	0.07	0.1	0.16	18	0.1	无	无	4
鸭蛋黄	14.5	33.8	4	1980	0.28	0.02	无	12.7	123	4.9	3.09	55	25
鹅蛋	11.1	15.6	2.8	192	0.08	0.3	0.4	4.5	34	4.1	1.43	130	27

*糖即碳水化合物。资料来自:苏宜香. 营养学(一)[M]. 北京:北京大学医学出版社,2006.

（二）蛋的合理应用

蛋类的营养成分比较全面且均衡，易于消化吸收，是理想的天然食品。一般加工、烹调对蛋类的营养素影响不大。但是，蛋中的蛋清含抗生物素蛋白和抗胰蛋白酶，抗生物素蛋白在肠道内可与生物素形成难以被人体消化吸收的物质，会引起人体出现乏力、食欲减低、皮肤发黄、肌肉疼痛等生物素缺乏症状。抗胰蛋白酶能抑制胰蛋白酶的活力，能抑制蛋白质的消化吸收。但加热可使这两种物质被破坏，使蛋白质易于消化吸收。因此，蛋类不宜生吃。

蛋黄中含胆固醇和卵磷脂较高，胆固醇可导致高血脂、冠心病等，卵磷脂可预防心血管疾病。因此，摄入蛋类要适量。

蛋一般在0℃保存1月为宜，其维生素 A、D、B_1 损失不大，但维生素 B_2、烟酸、叶酸损失较大。因此，应注意保存，以防营养素损失。

六、蔬菜的营养价值

蔬菜是人类膳食的重要组成部分，是维生素和矿物质的主要来源。蔬菜按其可食部分和结构分为叶菜类、根茎类、瓜茄类、鲜豆类和菌藻类等，其中叶菜类主要包括白菜、菠菜、油菜、卷心菜、苋菜、韭菜和芹菜等；根茎类主要包括萝卜、马铃薯、藕、甘薯、山药、芋头、葱、蒜和竹笋等；瓜茄类包括冬瓜、南瓜、西葫芦、丝瓜、黄瓜、茄子、西红柿和辣椒等；鲜豆类主要包括毛豆、豌豆、蚕豆、扁豆和四季豆等；菌藻类主要包括食用菌（蘑菇、香菇、木耳、银耳等）和藻类（海带、紫菜、发菜等）。蔬菜的消费量约占每日膳食的一半。

（一）蔬菜的营养价值

蔬菜主要提供维生素、矿物质和膳食纤维等。蔬菜的种类繁多，因种类不同，其营养价值有差别。

蔬菜含丰富的维生素，主要有胡萝卜素、维生素 C、维生素 B_2 和叶酸等。各种绿色、红色和黄色蔬菜含类胡萝卜素较多，在体内部分（胡萝卜素）可转变成维生素 A，如胡萝卜、辣椒、苋菜、韭菜、菠菜和南瓜等。各种绿叶蔬菜含维生素 C 较高，根茎类次之，瓜茄类含量少，豆类不含维生素 C，但豆芽含丰富的维生素 C。绿叶蔬菜和豆类含维生素 E 较丰富。此外，蔬菜也含维生素 K、泛酸、叶酸等。

蔬菜含丰富的矿物质，主要有钙、磷、铁、钾、钠、镁等，其中以钾为最多，钙、铁、磷等次之。豆类含矿物质钙高，锌和硒较丰富。大蒜、芋头、洋葱等含硒较多，海带、紫菜、发菜中含碘较高。蔬菜的矿物质不仅补充人体的需要，还维持人体酸碱（蔬菜含碱性离子）平衡和胶体渗透压，维持人体正常机能。

蔬菜含丰富的膳食纤维，如纤维素、半纤维素、木质素和果胶等，具有促进胃肠蠕动，促进粪便、有毒物质和胆固醇排出，降低胆固醇和预防心血管疾病的作用。蔬菜是人体膳食纤维的主要食物来源。中国营养学会提倡每人每日至少摄入 30 g 膳食纤维。

蔬菜含碳水化合物较少，为 2%～4%，但根茎类稍高，为 15%～25%，菌类较高，为 20%～35%。

蔬菜含蛋白质和脂肪较少，一般为 1% 左右，但菌藻类较高，约为 20%，其必需氨基酸高达 60%。

蔬菜还含植物化学物质，如有机酸、色素、酶类、番茄红素、植物杀菌素、含硫化合物等。大蒜因含有植物杀菌素而具有杀菌作用，含硫化合物而具有降血脂的作用。萝卜含淀粉酶而有助于消化的作用。南瓜、番茄、红辣椒等含番茄红素而具有抗氧化、抗肿瘤、降血脂、抗心血管疾病等作用。

野菜具有比较丰富的营养价值,含较丰富的维生素和矿物质,蛋白质含量略低于一般蔬菜。其中维生素主要有胡萝卜素、维生素 C、维生素 B_2 等,矿物质与一般蔬菜基本一致,且符合人体需要比例。

(二) 蔬菜的合理利用

合理利用蔬菜可提高其营养价值,利用时应注意以下方面。

(1) 合理选择。应根据个体需要合理选择新鲜、色泽深的蔬菜,以获得比较丰富的维生素。

(2) 合理加工和烹调。蔬菜含水溶性维生素丰富,应先洗后切,放置时间不宜过长,尽量急火快炒,避免维生素损失。食用海带时应用水浸泡,使所含的砷被洗掉。

(3) 注意蔬菜中的抗营养因子。蔬菜的抗营养因子(如毒蛋白、毒苷类、硫苷、皂苷、硝酸盐、生物碱等)影响蔬菜和其他食物营养素的消化吸收,如毒蛋白中的植物红细胞凝集素影响维生素、矿物质等的吸收;毒蛋白中的蛋白酶抑制剂使蛋白酶活性减低而影响蛋白质的消化吸收;毒蛋白中的淀粉酶抑制剂使淀粉酶活性减低而影响淀粉的消化吸收。

蛋白酶抑制剂和淀粉酶抑制剂主要存在于菜豆和薯类食物中,毒苷类的氰苷(抑制细胞色素)主要存在于豆类和木薯中,硫苷(抑制碘的吸收,抑制甲状腺素的合成而导致甲状腺肿)主要存在于甘蓝、萝卜、芥菜中,皂苷的茄碱(具有剧毒性)主要存在于茄子、马铃薯中,硝酸盐(在细菌的作用下还原为亚硝酸盐,亚硝酸盐在体内过多会出现青紫症而导致急性中毒或慢性中毒)存在于蔬菜中,生物碱(秋水仙碱在体内转变为二秋水仙碱,它对人体有强的毒性作用)存在于蔬菜中。对于这些蔬菜的抗营养因子,均可采用煮熟的方法,使其作用减弱或消除。因此某些蔬菜(如菜豆、薯类、萝卜等)切忌生食。

(4) 注意蔬菜中的草酸。草酸能与钙、铁结合形成难溶的盐,影响钙和铁等矿物质的吸收,故食用含草酸多的蔬菜时,应先用开水处理,去除部分草酸,以利于钙、铁的吸收。

(5) 注意摄入充足的维生素和矿物质。在蔬菜淡季时,要尽可能多吃绿叶蔬菜,少吃瓜类蔬菜。中国营养学会提倡每人每天摄入 500 g 蔬菜,以保证人体维生素和矿物质的需要。

(6) 注意蔬菜的保健作用。蔬菜除提供丰富的营养素外,还具有一定的保健作用。

蔬菜含丰富的有益膳食成分,如水、膳食纤维、植物化学物质等。植物化学物质包括类胡萝卜素(如在番茄、草莓、木瓜、葡萄等深色蔬菜和水果中)、酚类化合物的大豆异黄酮(如大豆中)及茶多酚(如茶叶中)、多糖(如菌藻类的香菇、蘑菇、银耳等中)、有机硫化合物的蒜素(如大蒜、洋葱、大葱等)等。

植物的化学物质具有抗氧化、抗肿瘤、降血脂、增强免疫力、预防心血管疾病、预防便秘等作用。

此外,番茄红素(属类胡萝卜素)具有促进生殖功能的作用,尤其对提高男性精子质量有重要作用,还能降低前列腺癌的危险性,摄入量与前列腺癌的危险性呈显著负相关。

大豆异黄酮(属植物性雌激素)还具有抗骨质疏松、防治妇女更年期综合征等作用,是女性健康的守护神。要发挥这种类似雌激素的作用,必须把剂量控制在一定范围内。建议人体每天摄入 45 g 大豆食品,这样具有保健作用。

茶多酚还有抗辐射等作用。蒜素具有良好的抗菌消炎的作用。

因此,蔬菜尤其是食用菌的独特营养保健价值在人类食物中占有重要地位,鼓励摄入种类齐全、数量充足的蔬菜,满足人体所需的营养素,防止营养素缺乏病的发生,促进学生健康。

七、水果的营养价值

水果是膳食的重要组成部分，有良好的感官性，具有增进食欲、促进消化、提供营养素等作用。

水果根据果树的种类可分为七类，如苹果、梨、山楂等仁果类；桃、李、梅、杏、樱桃等核果类；核桃、栗子等坚果类；葡萄、石榴、无花果等浆果类；柿、枣、酸枣等柿枣类；甜橙、柚子等柑橘类；香蕉、菠萝等多年生草本类。

（一）水果的营养价值

水果属于碱性食品，主要提供维生素和矿物质。新鲜水果含水量较高，为70%~80%，含蛋白质和脂肪较低，约为1%，含碳水化合物比蔬菜高，主要为单糖、双糖、淀粉、纤维素和果胶等；仁果类含果糖高，含葡萄糖和蔗糖次之；核果类含蔗糖高，含葡萄糖和果糖次之；浆果类含葡萄糖和果糖高，含蔗糖次之；柑橘类含蔗糖高；板栗、香蕉、苹果和梨等含淀粉较高；芒果、菠萝、柿子、桃等含纤维素高；山楂、柑橘、苹果等含果胶高。

水果含维生素丰富，主要为维生素C、类胡萝卜素、维生素B_2和叶酸等，其中以柑、橘、杏和鲜枣等含类胡萝卜素最高，以鲜枣、草莓、柑、柿等含维生素C最高。

水果含矿物质丰富，如钙、磷、铁、硫、镁、钾、钠、碘、铜等。水果的种类不同，所含矿物质种类和量也不同，其差异很大。

水果还含有一些植物化学物质，如有机酸、黄酮类、番茄红素、膳食纤维等，具有增加食欲、促进消化、抗氧化、抗肿瘤、降血脂、增强免疫力、预防心血管疾病、预防便秘等作用。建议成人适量多摄入水果，每天200~400 g。

（二）水果的合理利用

新鲜水果的水分含量高，易腐烂变质，适宜冷藏保存。新鲜水果含维生素和矿物质丰富，高温易破坏，大多数适宜生食，尤其适宜饭前1 h摄入，但柿子及酸性较强的水果不适宜饭前摄入。水果还含有一些生物活性物质，既可治病，也可致病，食用时一定要注意。

八、坚果和油脂的营养价值

坚果是以种仁为可食用部分的食品，可分为淀粉类坚果和油脂类坚果，如核桃、花生、瓜子等含油脂较高而称油脂类坚果；如栗子、莲子、芡实等含淀粉较高而称淀粉类坚果。

（一）坚果的营养价值

坚果的营养价值丰富，含水分低，含能量高，含矿物质和维生素丰富。坚果含丰富矿物质，如钾、镁、磷、钙、铁、锌、铜等。淀粉类坚果含矿物质低，油脂类坚果含矿物质高。

坚果含维生素比较丰富，是维生素E和B族维生素的良好来源，如维生素E、维生素B_1、维生素B_2、烟酸、叶酸等。油脂类坚果含维生素E丰富，杏仁含维生素B_2丰富。

坚果含碳水化合物较少，含膳食纤维较高，但与淀粉类有差别。淀粉类坚果含碳水化合物比较高。

坚果含蛋白质12%~22%，是植物蛋白质的重要补充来源。

坚果含脂肪丰富。油脂类坚果含脂肪高，为44%~70%，每25 g瓜子可提供90 kcal的能量；脂肪主要为不饱和脂肪酸，且以多不饱和脂肪酸为主，其中核桃含亚麻酸较高，为47%~73%，具有降脂、降胆固醇、健脑等作用。

坚果含抗氧化作用的成分（如维生素E和硒），具有抗肿瘤和延缓衰老的作用。

（二）油脂的营养价值

油脂按其来源分为植物油和动物油，其中植物油常见的有豆油、花生油、玉米油、菜籽油、芝麻油等,动物油常见的有猪油、牛油、羊油、鱼油、奶油等。

油脂是由甘油和脂肪酸组成的酯,具有较高的营养价值。动物油的脂肪含量约为99%(提炼后),其饱和脂肪酸含量高,以猪油最高、牛油次之,主要提供人体能量和脂溶性维生素(如维生素A、维生素E);动物油的消化吸收率比植物油低。

植物油的脂肪含量约为99%,其不饱和脂肪酸(如亚油酸、油酸、亚麻酸等)含量高,如玉米油含不饱和脂肪酸约85%且以亚油酸和油酸为主,豆油次之,主要以亚油酸和油酸及亚麻酸为主。植物油不仅提供人体能量,还提供脂溶性维生素(维生素E),具有预防肿瘤、预防心血管疾病、延缓衰老等作用。植物油的消化吸收率比动物油高。油脂的脂肪酸组成及维生素A、维生素E和胆固醇的含量见表5-4-4。

表5-4-4 油脂的脂肪酸组成和维生素A、维生素E、胆固醇的含量(每100 g)

食物名称	脂肪酸组成(%)					维生素A (μgRE)	维生素E (mg)	胆固醇 (mg)
	棕榈酸	硬脂酸	油酸	亚油酸	亚麻酸			
玉米油	12.6	1.3	27.4	56.4	0.6	—	51.9	—
菜籽油	4	1.3	20.2	16.2	8.4	—	60.9	—
豆油	11.1	3.8	22.4	51.7	6.7	—	93.1	—
花生油	12.5	3.6	40.4	37.9	0.4	—	42.1	—
炼猪油	26	15.7	44.2	8.9	—	27	5.21	93
牛油	25.3	28.6	28.8	1.9	1	54	4.6	135
羊油	18.2	31.9	33	2.9	2.4	33	—	107

资料来源:葛可佑. 中国营养师培训教材[M]. 北京:人民卫生出版社,2005.

(三)坚果和油脂的合理利用

坚果类具有较好的保健作用,具有降血脂和胆固醇、预防心血管疾病的作用。坚果的脂肪含量较高,虽然以不饱和脂肪酸为主,但多吃对健康不利,每周不高于50 g的量对人的健康是有益的,应注意不能用维生素E胶囊或不饱和脂肪酸来代替坚果的保健作用。

油脂可提供脂肪酸和脂溶性维生素。从严格意义上讲,油脂没有好坏之分,它提供的能量是一样的,但其功能有差异。动物油提供的脂肪酸主要为饱和脂肪酸,同时胆固醇也较高,经常大量摄入,可导致高血脂、冠心病等。因此,在高血脂、冠心病病人的饮食中要适当限制油脂的摄入量。植物油提供的脂肪酸主要为不饱和脂肪酸,是必需脂肪酸的重要来源,因此植物油的供给应不低于总脂肪的50%。

植物油由于含不饱和脂肪酸较多,容易发生氧化、酸败,产生对人体有害的物质。因此应注意储存,一般在0℃时避光保存2个月;在-2℃时避光保存10个月。

建议科学合理摄入油脂,不同品种交换摄入,适量摄入动物性食物;合理烹调,减少油炸;减少隐性脂肪(如冰淇淋等)、反式脂肪酸的摄入;油脂要限量摄入,使用定量小油壶,限制每天烹调用油为25 g。

九、常见新型食品

随着经济的发展、技术的提高,大学生的食品已发生了变化,出现了一些新概念的食品。

（一）绿色食品

绿色食品是指从普通食品向有机食品发展的一种过渡性食品，是遵守可持续发展原则，按照特定生产方式，经专门机构认定，许可使用绿色食用标志的无污染的安全、优质、营养类食品。

绿色食品生产以生态学为理论根据，在生产中要求合理利用资源，保护生态环境，维护良好的生态平衡，控制化学物的投入，减少对产品和环境的污染，形成持续、综合的生产能力，达到农业生态系统良好的生态循环。

绿色食品与常规食品相比，具备产品出自良好生态环境、实行"从田地到餐桌"的全程质量控制和依法实行统一的管理与标志的三个特点。绿色食品具有无污染、安全、优质、保健等独特优势而备受人们的喜欢和关注。

绿色食品分为 A 级和 AA 级绿色食品两类，各国所使用的标志不同。我国所使用的标志是：A 级绿色食品为绿色底印白色标志，防伪标签的底色为绿色；A 级绿色食品在生产中允许限量使用限定的化学合成物质。AA 级绿色食品为白色底印绿色标志，防伪标签的底色为蓝色；AA 级绿色食品在生产中禁止使用任何化学合成物质，其标准已达到甚至超过国际有机农业运动联盟的有机食品基本标准的要求，已具备了走向世界的条件。

（二）无公害食品

无公害食品是指在良好的生态环境中，通过应用无公害技术生产，有毒有害物质含量限制在安全允许范围之内，符合卫生标准，并经有关部门认定的安全食品。无公害食品允许限量、限品种、限时间地使用人工合成化学农药、兽药、鱼药、肥料、饲料添加剂等。

无公害食品应具备以下条件：产品和产品原料的产地必须符合无公害食品生态环境标准，农作物种植、畜禽饲养、水产养殖及食品加工必须符合无公害食品生产的操作规程，食品必须符合无公害食品质量和卫生标准，食品包装营运必须符合无公害食品包装营运标准。

（三）有机食品

有机食品是指以获得有机认证的农产品或野生产品为原料，按照有机的耕作和加工标准，在生产和加工中不使用任何人工合成的化学物质，如化学农药、化肥、化学生长调节剂和添加剂及转基因技术，依靠纯天然物质生产的，并经有资质的有机认证机构认证的食品。有机食品具备纯天然和无污染两大特征。

有机食品的生产重视环境的安全性，突出人类、自然和社会的持续和协调发展，在整个生产、加工、包装过程中都要严格执行国际通行的技术规范和质量标准。

有机食品与绿色食品、无公害食品最显著的差别是：有机食品在其生产和加工过程中绝对禁止使用农药、化肥、激素等人工合成物质。有机食品包括粮食、蔬菜、水果、奶制品、禽畜制品、蜂蜜、水产品和调料等。有机食品风味自然、营养丰富、受环境污染小，因而受到农产品贸易市场的广泛欢迎。

（四）转基因食品

转基因食品是指利用基因工程技术改变基因组构成的动物、植物和微生物生产的食品和食品添加剂。通过这种技术人类可以获得更符合要求的食品品质。作为科技进步的新兴产物，转基因食品正日益走入百姓的生活。它具有产量高、营养丰富、口味及品质优良、生产成本低、商业化利润高、抗病力强等优势。但它的明显缺陷是可能造成的遗传基因污染，可能对人类健康和环境的安全有一定影响而需要时间检验。因此，目前世界上真正批准上市的转基因食品只有转基因植物（作物）食品（如转基因番茄、转基因大豆）。

转基因食品与传统食品的最大区别是转基因食品在传统食品的原料中引入外源基因，转基因食品的核苷酸排列顺序与传统食品中的核苷酸排列顺序不同，可能对人类存在潜在的健康安全隐患，应给予重视。

第五节 食品安全常识

改革开放以来，我国食品行业快速发展，食品总量稳步提升，食品种类日益多样化。但食品安全事件频频发生，使人们胆战心惊、食之难安，严重影响了人民的幸福感、安全感及切身利益，也损害了政府的公信力。

一、食品安全的概念与内容

（一）食品安全的概念

食品安全是指食品（食物）的种植、养殖、加工、包装、储藏、运输、销售、消费等活动符合国家强制标准和要求，不存在可能损害或威胁人体健康的有毒有害物质以导致消费者病亡或者危及消费者及其后代的隐患。它既是综合概念，也是政治概念，又是社会概念，还是法律概念。它包括生产安全、经营安全、过程安全、结果安全、现实安全和未来安全。它涉及食品（食物）的种植、养殖、加工、包装、储藏、运输、销售、消费等环节，体现结果安全和过程安全的完整统一而更侧重于过程安全，强调食品从田间到餐桌的全程安全。

（二）食品安全的内容

食品安全的内容主要包括食品卫生、质量、营养、数量、生物和可持续性安全。

（1）食品卫生安全。食品卫生安全是指为防止食品在生产、收获、加工、运输、储藏、销售等各个环节被有害物质污染，使食品有益于人体健康所采取的各项措施。食品卫生安全是食品安全的基础。食品卫生安全是食品的最基本要求，强调保证食品卫生，是解决吃得干净不干净、有害与无害、有毒与无毒的问题。食品卫生是创造和维持一个有益于人类健康的生产环境，必须在清洁的生产加工环境中，由身体健康的食品从业人员加工食品，防止因微生物污染食品而引发的食源性疾病。同时，使食品腐败微生物的繁殖减少到最低程度。

（2）食品质量安全。①食品质量，即食品满足消费者明确的或者隐含的需要的特性。食品质量主要包括：A. 功用性，色、香、味、形，提供能量，提神兴奋，防暑降温，爽身；B. 卫生性，不污染、无毒、无害；C. 营养性，生物价值高；D. 稳定性，易保存、不变质、不分解；E. 经济性，物美价廉、食用方便。②食品质量安全，是指食品要符合产品标准规定的应有营养要求和相应的色、香、味、形等感官性状。

（3）食品营养安全。食品营养安全是指在人类的日常生活中，要有足够、平衡的，并且含有人体发育必需的营养元素供给，以达到完善的食品安全。食品必须要有营养，如蛋白质、脂肪、维生素、矿物质、纤维素等各种人体生理需要的营养素要达到国家相应的产品标准，要能促进人体的健康。如果食品达不到国家相应的产品标准，这种食品在营养上就是不安全的。

（4）食品数量安全。食品数量安全是指食品数量满足人的基本需要。从数量的角度，人们既能买得到，又能买得起需要的基本食品。

（5）食品生物安全。食品生物安全是指现代生物技术的研究、开发、应用以及转基因生物的跨国、越境转移，可能会对生物多样性、生态环境、人体健康及生命安全产生潜在的不利影响，特别是各类转基因生物放到环境中可能对生物多样性构成潜在风险与威胁。研究和监测表明，转基因生物可能对生物多样性、生态环境、人体健康和生命安全产生多方面的负面影响。

（6）食品可持续性安全。从发展的角度，食品的获取要注重生态环境保护和资源利用的可持续性。

二、食品安全法

《中华人民共和国食品安全法》（简称《食品安全法》）于2015年4月24日修订并经第十二届全国人民代表大会常务委员会第十四次会议审议通过，于2015年10月1日起正式施行。它是适应新形势发展的需要，为了从制度上解决现实生活中存在的食品安全问题，更好地保证食品安全而制定的，是对食品安全实施监督管理的科学依据。

（一）食品安全标准

《食品安全法》对食品安全标准做了明确规定。它以保障公众身体健康为宗旨，做到科学合理、安全可靠。

食品安全标准的内容包括：①食品、食品添加剂、食品相关产品中的致病性微生物、农药残留、兽药残留、生物毒素、重金属等污染物质以及其他危害人体健康物质的限量规定；②食品添加剂的品种、使用范围、用量；③专供婴幼儿和其他特定人群的主辅食品的营养成分要求；④对与卫生、营养等食品安全要求有关的标签、标志、说明书的要求；⑤食品生产经营过程的卫生要求；⑥与食品安全有关的质量要求；⑦与食品安全有关的食品检验方法与规程；⑧其他需要制定为食品安全标准的内容。

要贯彻执行《食品安全法》及其食品安全标准，应坚持"民以食为天，食以安为先，安以质为本，质以诚为根"。

1. 民以食为天，食以安为先

食品安全是关系到人民群众身体健康和生命安全的一件大事。近年来出现的"瘦肉精事件""奶粉事件""酱油风波"和"月饼风波"等食品安全问题，在全社会引起很大震动，再次敲响了食品安全问题的警钟，食品安全又日趋成为人们关注的焦点。食品安全在近几年引起重视，它是一项民生工程，也是今后人们正常生活、人民群众身体健康和生命安全不可或缺的一个保障。

2. 安以质为本，质以诚为根

现代社会是个经济的社会，有些商人为了谋取更多的经济利益，不顾诚信做出损人利己的行为。产品质量是食品安全的根本，而产品质量又在很大程度上取决于诚信。一部分企业为了降低生产成本而偷工减料，生产出来的产品存在一定的质量问题。企业对消费者的利益不太在乎，对是否会出现食品问题抱有侥幸心理。所以，提高经营者和消费者的食品安全意识和安全知识刻不容缓。

因此，解决食品安全问题是关系经济、政治、社会全局发展的大事。保障食品安全具有重要的意义，是维护市场经济有序发展的关键之举，是全面推进依法执政的重要内容，是扩大对外开放、树立国际形象的重大举措，是深入贯彻落实科学发展观、构建和谐社会的具体体现。

（二）食品安全社会共治

《食品安全法》规定：食品安全社会共治。食品是人类社会赖以生存和发展的最基本的物质条件，食品安全直接关系着人民的健康和生命安全。食品安全的主要危害和因素有农业化学控制物质、食品添加剂、致病菌、病毒和掺假制假。因此，深入了解食品安全的危害因素,熟悉食品安全问题产生的环节,建立科学的食品安全管理体系,倡导全社会、全民参与,对确保人类健康具有十分重要的意义。

1. 行业协会要当好引导者

《食品安全法》明确食品行业协会应当加强行业自律,按照章程建立健全行业规范和奖惩机制,提供食品安全信息、技术等服务,引导和督促食品生产经营者依法生产经营。

2. 消费者协会要当好监督者

《食品安全法》明确消费者协会和其他消费者组织对违反《食品安全法》规定、损害消费者合法权益的行为,依法进行社会监督。

3. 举报者有奖还受保护

《食品安全法》规定,对查证属实的举报应当给予举报人奖励,对举报人的相关信息政府和监管部门要予以保密。同时,参照国外的"吹哨人"制度和公益告发制度,明确规定企业不得通过解除或者变更劳动合同等方式对举报人进行打击报复,对内部举报人给予特别保护。

4. 新闻媒体要当好公益宣传员

新闻媒体应当开展食品安全法律法规、食品安全标准和知识的宣传,并对食品安全违法行为进行监督。同时,国家规定对在食品安全工作中做出突出贡献的单位和个人给予表彰、奖励。

因此,要确保食品安全,应严格遵守国家颁布的《食品安全法》,各职能部门应认清食品安全的严峻形势,时机早、行动快,在政府多管齐下的治理下、全民参与并积极配合的协同下,提高全民食品安全意识,从"民以食为天,食以安为先,安以质为本,质以诚为根"做起,把管理、监督等渗透到从田间到餐桌的全过程,打好食品安全的"保胃战",让人们吃到放心、安全、健康的食品,维护和促进全民健康。

三、食品安全常识

1. 什么是食源性疾病

食源性疾病是指通过摄食而进入人体的有毒有害物质(包括生物性病原体)等致病因子所造成的,具有感染性和中毒性的疾病。它包括常见的食物中毒、肠道传染病、人畜共患传染病、寄生虫病和食物过敏及化学性有毒有害物质所引起的疾病,具备食物传播、暴发性、散发性、地区性、季节性的特征,是当前世界上最突出的卫生问题。它包括食物(传播疾病的媒介)、导致人体患病(食物中的致病因子)和急性中毒或感染(临床特征)三个基本要素。

预防食源性疾病的十项建议:①避免在没有卫生保障的公共场所进餐。②在有卫生保障的超市或菜市场购买有安全系数的食品。不买散装食品。③新鲜食品经充分加热后再食用,不喝生水。④避免生熟食混放、混用菜板菜刀等,防止生熟食交叉污染。⑤不生食、半生食海鲜及肉类,生食瓜果必须洗净。⑥重视加工凉拌类和生冷类食品的清洁。⑦尽量每餐不剩饭菜。⑧吃剩的饭菜尽量放10℃以下储藏,食用前必须充分加热。⑨夏季避免食用家庭自制的腌制食品。⑩养成饭前便后洗手的良好卫生习惯。

2. 如何选购冷饮食品

①看包装。产品包装严密无损,商标内容完整,品名、厂名、厂址、净重、主要成分、生产日期和保质期等清晰可见。

②看色泽。产品色泽应与品名相符,若其颜色过于鲜艳,失之自然,可能为色素添加过

③闻香味。产品香味应与品名相符，香气柔和，无刺鼻、异臭味，否则已变质。

④品滋味。产品滋味应酸甜适宜，无苦涩味、酒味（酒精饮料除外）。

⑤观液汁。产品应清澈透明、无杂质、无沉淀、不混浊。如果发现饮料分层，有絮状沉淀或有大量搅不散的沉淀，表明已变质，不能饮用。

3. 如何鉴别奶类食品

奶类及其制品是老弱妇孺和病人比较理想的食品，但是极易腐败变质，可按以下方法鉴别奶及奶制品。

①鲜奶。正常感官性状为白色或稍带黄色的均匀混悬液体，无凝块、无杂质，有微甜和鲜奶独特的芳香气味。如果发现奶的颜色变灰、变黄或红色，有酸味，出现凝块或沉淀时，说明奶已经变坏了，不能饮用。

②酸牛奶。正常的酸牛奶颜色与鲜奶一样，凝块流密、结实、均匀，有清香纯正的乳酸气味，无气泡。当奶的色、味发生改变，凝块溶化，有大量乳清析出时，说明奶已经变质，应废弃，不能饮用。

③甜炼乳及淡炼乳。正常的甜炼乳和淡炼乳为均匀的淡黄色，味香甜，倒出时，乳液呈线状或带状流下。如果发现有凝块、霉斑、脂肪上浮和异味，说明其卫生质量不良，不能食用。

④奶粉。正常感官性状应为淡黄色、粉状，颗粒较小并均匀一致，无结块和异味。选购奶粉时，应检查包装是否严密，因为不严密时，奶粉容易潮解。另外要注意保质期，过期奶粉的卫生质量没有保证。

第六节　合理营养、平衡膳食

一、中国居民膳食指南

近年来，随着我国经济的发展，我国城乡居民的膳食状况明显改善。同时，我国居民膳食结构及生活方式也发生了重要变化，与之相关的慢性非传染性疾病，如肥胖、高血压、糖尿病、血脂异常等患病率增加，已成为威胁国民健康的突出问题。

中国营养学会受原卫生部委托对2007年发布的《中国居民膳食指南》进行修改，于2016年由中国营养学会理事会扩大会议通过，并由国家卫生和计划生育委员会疾病预防控制局于2016年5月发布《中国居民膳食指南（2016版）》（以下简称《指南》）。《指南》以最新的科学证据为基础，根据当前我国居民的营养需要及膳食中存在的主要问题，建立了实践平衡膳食获取合理营养的行动方案，对广大居民具有普遍指导意义。

（一）膳食指南的概念

膳食指南是针对各国各地区存在的问题而提出的一个通俗易懂、简明扼要的合理基本要求，是一个有效的宣传普及材料。

《指南》是根据营养学原则，结合我国国情，针对我国营养与健康存在的问题，并根据《中国营养改善行动计划》中提出的"通过正确引导食物消费，优化膳食模式，促进健康的生活方式，全面改善居民营养状况，预防与营养有关的慢性疾病"而制定的，是教育居民群众采用平衡膳食、合理营养促进健康的指导性意见。《指南》提出符合我国居民营养健康状况和基本需求的膳食指导建议，为我国居民健康饮食提供了指导方向。合理的饮食是健康的基础。《指南》包括一般居民膳食指南、特殊人群膳食指南和中国居民膳食宝塔方面的内容。它是人体能量来源及我国居民膳食能量合理分配和对居民营养获取定性指导的原则。因此，贯彻执行《指南》有助于提高国民健康素质，而且是刻不容缓、势在必行的。

自我国改革开放以来，一方面，经济发展了，食物丰盛了，食物种类多了；另一方面，动物性食物摄入增多，油脂消费增加，这对国民健康不利，一些与营养有关的疾病发病率增高。大量研究显示，营养过剩与营养失衡是肥胖病、心脑血管病、糖尿病、恶性肿瘤等慢性病的共同危险因素。这些营养问题的原因除环境因素外，主要是不科学饮食，传统的中国膳食结构被西化；其次为缺乏运动。一些居民的膳食结构正向一种不合理、不健康的方向转化。应继承和发扬以谷类食物为主的优良传统。

膳食结构是指膳食中主要食物的种类及数量的相对构成。目前世界膳食结构有三种类型：

第一种类型（日本型）：动、植物性食物消费量比较均衡，能量、蛋白质、脂肪、碳水化合物摄入量基本符合营养要求，膳食结构比较合理。

第二种类型（欧美型）：谷物消费量少，动物性食物消费量大。谷物消费量人均每天仅160~190 g，动物性食物、肉类约280 g，奶及奶制品300~400 g，蛋类40 g左右。能量摄入3 300~3 500 kcal，蛋白质100 g左右，脂肪130~150 g，属高能量、高脂肪、高蛋白、低纤维膳食，即所谓"三高一低"膳食模式，尽管膳食质量比较好，但营养过剩。

第三种类型（中国型）：以植物性食物为主，动物性食物较少，膳食质量不高，蛋白质、脂肪摄入量均低，以发展中国家的膳食为代表。据联合国粮农组织统计，20世纪80年代中期这些国家的人均能量摄入量为2 000~2 300 kcal，蛋白质50 g左右，脂肪30~40 g，能量勉强满足需要，蛋白质、脂肪摄入不足，营养缺乏病仍然是这些国家的严重社会问题。

我国的合理膳食构成提倡合理营养、平衡膳食。合理营养就是通过合理膳食和科学烹调加工，向人体提供充足的能量和各种营养素，并保持营养素之间的平衡，以满足人体的正常生理需要，维持人体的营养。平衡膳食是指膳食中所含营养素种类齐全、数量充足、比例适宜，且与人体的需要保持平衡，达到合理营养要求，促进人体健康，预防疾病的膳食平衡，其实就是适度，营养素的摄取既不多又不少，就是要采取合理膳食结构。

合理营养的途径就是平衡膳食，膳食指南和膳食宝塔的制定又以平衡膳食为指导。因此，我们要达到合理营养、平衡膳食，就要采取合理的膳食结构。没有不好的食物，只有不好的膳食。只有长期坚持以膳食指南和膳食宝塔指导饮食营养，才能促进自身健康，促进全民健康。

（二）一般居民膳食指南

《指南》针对2岁以上的所有健康人群提出6条建议，即：食物多样，谷类为主；吃动平衡，健康体重；多吃蔬果、奶类、大豆；适量吃鱼、禽、蛋、瘦肉；少盐少油，控糖限酒；杜绝浪费，兴新食尚。

1. 食物多样，谷类为主

人体必需的营养素，是指食物中可给人体提供能量、机体构成成分和组织修复以及生理调节功能的化学成分。营养素主要包括蛋白质、脂肪、碳水化合物、矿物质、维生素、水、其他生物活性物质（如膳食纤维、植物化学物质等）。每天的膳食应包括谷薯类、蔬菜水果类、畜禽鱼蛋奶类、大豆坚果类等食物。平均每天摄入12种以上食物，每周25种以上。每天摄入谷薯类食物250~400 g，其中全谷物和杂豆类50~150 g，薯类50~100 g。食物多样、谷类为主是平衡膳食模式的重要特征。

2. 吃动平衡，健康体重

各年龄段人群都应天天运动，保持健康体重。食不过量，控制总能量摄入，保持能量平衡。坚持日常身体活动，每周至少进行 5 d 中等强度身体活动，累计 150 min 以上；主动身体活动最好每天 6 000 步。减少久坐时间，每小时起来动一动。

3. 多吃蔬果、奶类、大豆

蔬菜水果是平衡膳食的重要组成部分，奶类富含钙，大豆富含优质蛋白质。我国推荐成年人每天应摄入约 30 g 膳食纤维，餐餐有蔬菜，保证每天摄入 300～500 g 蔬菜，深色蔬菜应占 1/2。天天吃水果，保证每天摄入 200～350 g 新鲜水果（约 2 个），果汁不能代替鲜果，蔬菜与水果不能相互替换。吃各种各样的奶制品，相当于每天液态奶 300 g。经常吃豆制品，适量吃坚果。

4. 适量吃鱼、禽、蛋、瘦肉

鱼、禽、蛋和瘦肉摄入要适量。每周吃鱼 280～525 g，畜禽肉 280～525 g，蛋类 280～350 g，平均每天摄入总量 120～200 g。优先选择鱼和禽。吃鸡蛋不弃蛋黄。少吃肥肉、烟熏和腌制肉制品。

5. 少盐少油，控糖限酒

培养清淡饮食习惯，少吃高盐和油炸食品。成人每天食盐不超过 6 g，每天烹调油 25～30 g，不超过 50 g。控制添加糖的摄入量，每天摄入不超过 50 g，最好控制在 25 g 以下。每日反式脂肪酸摄入量不超过 2 g。足量饮水，成年人每天 7～8 杯（1 500～1 700 mL），提倡饮用白开水和茶水，不喝或少喝含糖饮料。儿童少年、孕妇、乳母不应饮酒。成人如饮酒，男性一天饮用酒的酒精量不超过 25 g，女性不超过 15 g。

6. 杜绝浪费，兴新食尚

珍惜食物，按需备餐，提倡分餐，不浪费。选择新鲜卫生的食物和适宜的烹调方式。食物制备生熟分开、熟食二次加热要热透。学会阅读食品标签，合理选择食品。多回家吃饭，享受食物和亲情。传承优良文化，兴饮食文明新风。

（三）大学生膳食指南

大学生膳食指南在一般居民膳食指南基础上增加以下四条。

1. 三餐定时定量，保证吃好早餐，避免盲目节食

大学生要养成健康的饮食行为，早餐的营养要充足。不吃早餐会影响学习和健康，勿盲目节食。

2. 常吃富含铁和维生素 C 的食物

大学生出现缺铁性贫血的概率较高，贫血会影响大学生的生长发育和健康，应积极预防贫血并时常补充铁制剂。

3. 每天进行充足的户外运动

运动减少是造成超重或肥胖的主要原因。大学生在学习期间应根据自己的情况参加合适的体育运动。鼓励大学生多参与一些家务劳动，避免超重或肥胖的发生，保持健康体魄。

4. 不抽烟、不饮酒

烟的危害很大，对自己和他人都有害。酒易引起胃、肝、胰腺、心血管等危害，导致消化、心血管和神经等系统疾病。

二、大学生应养成良好的饮食习惯

大学生为了生存和健康应摄取食物，对其摄取和消费行为就直接影响着营养物质的获

取，而这些行为又与社会、经济、文化、环境等因素有关。饮食行为是指有关食物和健康观念支配人们所采取的摄食活动，包括食物的选择和购买，食用食物的品种、数量，食用的时间、地点、环境、方法等。人们的饮食行为是逐渐养成的、有规律的生活行为。

大学生的日常饮食行为有正餐（早餐、午餐、晚餐）、零食、饮酒、在外就餐。常见的不健康饮食行为有以下几种。

①不吃早餐。早餐对人体的营养和健康有着重要影响。每天食用营养充足的早餐能提高大学生体格和智力发育所需的能量和各种营养素。早餐营养不佳或不吃早餐既影响大学生的营养摄入，又影响其营养状况，还影响其健康。不吃早餐对大学生带来许多危害，主要有精神不振、易发心脏病、易患胆结石、诱发胃炎、影响健美等。

②挑食、厌食、偏食。人体需要的各种营养素要由各种食物供给，没有任何一种食品能提供人体所需的全部营养素。杂食可以提供人体全面的营养物质，并能使营养成分互相补充，发挥其更高的营养效果。因此，在选择食物时要不挑食、厌食、偏食。

③过量零食。零食是指在非正餐时间所摄入的各种食物和（或）饮料（不包括水）。经常吃零食对人的健康有重要影响：A. 虽然零食能提供能量和营养素，但营养素单一且脂肪含量较高，尤其将零食当饭吃对健康有很多副作用；B. 零食可影响消化器官的正常功能，影响其对食物的消化和营养素的吸收，影响其健康；C. 零食本身卫生不好把握，不易做好饮食卫生，容易导致消化道传染病（肝炎、痢疾、肠道寄生虫、胃肠炎等），而且吃零食会养成花钱的习惯而带来经济负担。

④暴饮暴食。有规律地、定时定量地进食会促进人体消化和食欲，促进其健康。相反，缺乏规律、暴饮暴食不仅加重消化器官的负担，而且影响食物的消化吸收，影响人体健康。

⑤过量冷饮。饮料可提供一些营养素和能量，适量的饮料对人体无害。但饮料摄入过量会影响健康，如会使胃肠温度下降而影响消化器官对营养物质的消化和吸收，饮料占去胃肠的容积并影响其消化吸收，影响胃肠的蠕动进而影响其功能，增加消化系统疾病发生的风险。

⑥喜食烧烤。烧烤类食物在烧烤过程中会产生一种强烈的致癌剂（苯并芘）而影响健康。因此，要适量摄入，不宜多吃。

⑦喜食西餐快餐。快餐是指预先加工好、能迅速提供食用的食品，多为油炸，具有高脂肪、高能量、低纤维的特点，且有致癌的可能，应尽量少摄入。

大学生应改变不健康的饮食行为习惯，从小进行行为培养，后期进行营养教育和食物调养，养成良好的健康饮食行为习惯。做到不挑食、不厌食、不偏食，不暴饮暴食，饮食定时、定量，不过多吃零食，不边走边吃，不吃过多油炸食品，不吃过咸、过甜食物，饮食不要过快或过慢，饮食注意搭配，少摄入饮料，养成饮白开水的习惯。

三、中国居民膳食宝塔

为帮助消费者在日常生活中实践《指南》，专家委员会又提出了食物定量指导方案并以宝塔图形表示。它直观地告诉人们食物分类的概念及每天各类食物的合理摄入范围，即每日应摄入食物的种类及相应的数量，对合理调配平衡膳食进行具体指导，提出膳食宝塔。

（一）中国居民膳食宝塔的概念

膳食宝塔就是根据《指南》，结合中国居民膳食结构特点设计的食物定量指导方案，把平衡膳食原则转化为各类食物的重量，并以宝塔形式表现出来，直观地告诉人们食物分类的概念及每天各类食物的合理摄入范围，便于群众理解和在日常生活中实行。膳食宝塔应用的原则就是确定自己的食物需求，同类食物互换、调配丰富的食物，合理分配三餐，因地制宜，利用当地资源，养成习惯，长期坚持。

膳食宝塔提出了一个营养上比较理想的膳食模式。它所建议的食物量，特别是奶类和豆类食物的量可能与大多数人当前的实际膳食还有一定距离，对某些贫困地区来讲可能距离较大，但为了改善中国居民的膳食营养状况，这是不可缺的。应把它看作一个奋斗目标，努力争取，逐步达到。

（二）中国居民膳食宝塔的内容

中国居民膳食宝塔的具体内容分为五层（见封面彩图1），包含我们每天应吃的主要食物种类。宝塔各层位置和面积不同，这在一定程度上反映出各类食物在膳食中的地位和应占的比重。水和谷薯类食物位居底层，每人每天应饮水 1 500～1 700 mL、吃谷薯类 250～400 g；蔬菜和水果占据第二层，每人每天应吃蔬菜 300～500 g、水果 200～350 g；水产品、畜禽肉、蛋等动物性食物位于第三层，每人每天应吃水产品 40～75 g、畜禽肉 40～75 g、蛋类 40～50 g；奶、奶制品、大豆及坚果类食物合占第四层，每人每天应吃奶类及奶制品 300 g、大豆类及坚果 25～50 g；第五层塔尖是盐和油脂类，每人每天摄入量应分别小于 6 g 和 25～30 g。

膳食宝塔没有建议食糖的摄入量，因为我国居民现在平均食糖的量还不多，但多吃糖有增加龋齿的危险。食盐和饮酒的问题在《指南》中已有说明。宝塔建议的各类食物的摄入量一般是指食物的生重。各类食物的组成是根据全国营养调查中居民膳食的实际情况计算的，所以每一类食物的重量不是指某一种具体食物的重量。

1. 谷薯类

谷类是面粉、大米、玉米粉、小麦、高粱等的总和。它们是膳食中能量的主要来源，在农村中也往往是膳食中蛋白质的主要来源。多种谷类掺着吃比单吃一种好，特别是以玉米或高粱为主要食物时，应当更重视搭配一些其他的谷类或豆类食物。

2. 蔬菜和水果

蔬菜和水果经常放在一起，因为它们有许多共性。但蔬菜和水果终究是两类食物，各有优势，不能完全相互替代。蔬菜、水果的重量按市售鲜重计算。一般来说，红、绿、黄色较深的蔬菜和深黄水果含营养素比较丰富，所以应多选用深色蔬菜和水果。

3. 水产品、畜禽肉、蛋类

水产品、畜禽肉、蛋归为一类，主要提供动物性蛋白质及一些重要的矿物质和维生素。但它们彼此间也有明显区别。鱼、虾及其他水产品含脂肪很低，有条件可以多吃一些。这类食物的重量是按购买时的鲜重计算。肉类包含畜肉、禽肉及内脏，重量是按屠宰清洗后的重量来计算。这类食物尤其是猪肉含脂肪较高，所以生活富裕时不应吃过多肉类。蛋类含胆固醇相当高，一般每天不超过 50 g（一个）为好。

4. 奶、奶制品、大豆及坚果类

奶及奶制品当前主要包含鲜牛奶和奶粉，宝塔建议每人每天摄入牛奶 300 g。中国居民膳食中普遍缺钙，奶类应是首选补钙食物，很难用其他类食物代替。有些人饮奶后有不同程度的肠胃道不适，可以试用酸奶或其他奶制品。豆类及坚果包括许多品种，宝塔建议每人每天摄入大豆及坚果 35 g。

合理营养是健康的物质基础，而平衡膳食是合理营养的唯一途径。根据膳食指南的原则并参照平衡膳食宝塔的搭配来安排日常饮食是通往健康的光明之路。

（陈善喜）

思考题

1. 何谓营养学、平均需要量、适宜摄入量、推荐摄入量、可耐受最高摄入量、营养、营养生理需要量、膳食营养素供给量?
2. DRIs 的组成是什么?
3. 人体消化道的主要器官及其主要功能是什么?
4. 人体的能量消耗主要包括哪几个方面?
5. 用生活观察法计算出你一日的能量消耗。
6. 蛋白质、脂肪和碳水化合物的产热系数分别是多少?
7. 蛋白质、脂肪和碳水化合物占总能量的适宜的供给比例各为多少?
8. 解释名词:蛋白质、必需氨基酸、蛋白质的互补作用、必需脂肪酸、维生素、常量元素、微量元素"三 D"症状、毕脱斑。
9. 人体的必需氨基酸有几种?
10. 假设某食物样品中含有 5 g 氮,那么此样品中蛋白质含量为多少?
11. 蛋白质的生理功能是什么? 良好的食物来源有哪些?
12. 人体蛋白质的膳食参考摄入量是多少?
13. 脂肪、必需脂肪酸、多不饱和脂肪酸的功能有哪些?
14. 大学生脂肪的参考摄入量是多少? 良好的食物来源有哪些?
15. 金龙鱼广告中的"1∶1∶1"有什么含义?
16. DHA 和 EPA 的功能是什么?
17. 碳水化合物分哪几类? 各有哪几种?
18. 碳水化合物的主要生理功能是什么?
19. 什么是血糖指数? 它有何意义?
20. 简述钙、铁、碘、硒的功能、缺乏症、食物来源。
21. 维生素的共同特点是什么? 维生素的分类有哪些?
22. 维生素 A、D 的主要功能、食物来源、缺乏症分别是什么?
23. 维生素 B_1、维生素 B_2、维生素 C、烟酸、叶酸的主要功能及食物来源分别是什么?
24. 食物营养价值、无公害食品、绿色食品、有机食品的概念分别是什么?
25. 大豆异黄酮的主要功能是什么? 母乳喂养有什么优点?
26. 蛋类、畜禽肉、蔬菜、水果和豆类食物的营养价值分别是什么?
27. 食品安全的概念是什么? 包括什么内容? 食品安全标准的内容包括什么?
28. 何谓饮食行为、膳食指南、合理营养、平衡膳食、膳食宝塔?
29. 试述一般人群膳食指南(2016)、大学生膳食指南(增加四条)的内容。

第六章

大学生体育运动与健康

 学习目标

1. 掌握体育运动的原则、方法和注意事项。
2. 熟悉体育运动项目的合理选择和女大学生体育运动与卫生保健。
3. 了解体育运动对健康的作用。

第一节 体育运动对健康的作用

体育运动是指运用各种身体练习方法，并综合自然因素和卫生措施以发展身心、增进健康、增强体质的一个有目的的运动过程。体育运动对身体的健康具有重要作用。

1. 增强运动系统的机能

体育运动能够增强运动系统的准确性和协调性，保持较好的灵活性。体育运动可使骨密质增厚，极大地提高骨的坚固性和抗弯、抗断、抗压能力，并促进骨骼中钙的储存，预防骨质疏松；同时可使肌肉的效能增强，肌肉更加粗壮、结实、发达而有力。经常性的体育运动还可以增强关节周围肌肉的力量和韧带的柔韧性，从而扩大关节活动的幅度和牢固程度，减少各种外伤和关节损伤。

2. 提高神经系统的机能

长时间的脑力劳动，会由于供血不足和缺氧而头昏脑胀。进行体育运动，尤其是在新鲜的空气中开展运动，可以增加大脑的供血，使大脑消除疲劳，恢复活力，延缓脑细胞的衰亡过程，延长大脑的"年轻态"。

体育运动还可以改善神经系统的调节功能，提高其对复杂变化的判断和反应能力。经常参加体育运动能够加强神经系统兴奋和抑制的交替转移过程，从而改善大脑皮层神经系统的均衡性和准确性。

3. 促进循环系统的机能

经常从事体育运动能使心肌细胞内的蛋白质合成增加，心肌纤维增粗，心壁增厚，心肌力量增强，脉搏输出量加大。研究表明，在安静状态下，健康成人心脏的每搏输出量为70 mL，而经常运动者可达90 mL。体育运动可以增加血管壁的弹性，降低血脂含量，加快能量供应，提高新陈代谢，有效地防治冠心病、高血压和动脉粥样硬化等疾病。病理学家通过解剖发现，经常运动的人患动脉硬化的比率要远远低于不常运动的人。

4. 促进呼吸系统的机能

体育运动可以增加肺活量和肺通气量。经常参加体育运动，可使呼吸肌力量增强，胸廓扩大，有利于肺组织的生长发育和肺的扩张，使肺活量增加。运动时需要大量地吸入氧气和排出二氧化碳，这就要求呼吸肌加强收缩，加深呼吸的深度，从而有效地增加了肺的通气效率，使人体能够承受更大强度的运动量。

5. 优化免疫系统的机能

体育运动本身是一种运动负荷的刺激，反复刺激，身体的各个系统就会产生形态及功能的适应性变化。在这种应激与适应的生理反应过程中，免疫机能也会相应提高。

6. 促进消化系统的功能

经常进行体育运动能促进胃肠蠕动，增加消化液分泌。运动中肌肉的收缩和舒张能对胃肠起到按摩作用，在提高食欲的同时增强吸收能力。

7. 具有减重、减肥的作用

有氧运动可消耗人体的热量，燃烧脂肪，达到减重、减肥的作用。如游泳 30 min 可消耗 260 kcal 热量，爬楼梯 30 min 也可消耗 260 kcal 热量。

第二节　体育运动的原则

为了实现增进健康和增强体质的目的，从事体育运动时，应遵循一定的原则。

1. 自觉积极性原则

自觉积极性原则是指进行体育运动出自运动者内在的需要和自觉的行动。在体育运动中，运动者必须有明确的健身目标，自觉地从事体育运动，形成经常体育运动的习惯。学习掌握自我运动的有关知识技能，逐渐形成体育运动的习惯，并通过反馈了解运动效果，提高运动的自觉性。

2. 从实际出发原则

从实际出发原则是指参加体育运动者应根据自己的实际情况，选择体育运动的内容、手段和方法，合理安排运动负荷。体育运动者必须从年龄、性别、职业、健康状况、体育基础、生活条件、地理环境、季节特点、传统习惯、兴趣爱好等实际情况出发，决定行之有效的运动项目、运动内容与方法、运动负荷与强度、练习次数等。不可千篇一律，强调统一。因此，要使体育运动得到实效，在运动的项目、内容和方法以及运动的负荷量和强度方面，必须因人而异。

3. 全面发展原则

全面发展的原则是指参加体育运动者身体的各个部位、各器官系统的机能以及各种身体素质和基本活动能力，都得到全面协调发展；它们既相互联系，又相互制约。"用进废退"的法则说得好，身体各器官系统长久不使用就会萎缩、退化，经常使用和运动的器官系统就会得到充分发展。应遵循形态学和生理学规律，使体质得到增强。

4. 循序渐进原则

循序渐进是体育运动的基本原则。体育运动必须遵循人体机能的活动规律，在安排运动负荷、时间、运动次数和难度等方面，要有计划、有步骤地提高或增加要求，不能急于求成，即体育运动既要有顺序地进行，不能随心所欲，又要逐渐提高，不能原地踏步。负荷要由小到大，待机体适合该负荷之后而逐渐增加。运动次数由少增多，不能操之过急。比如跑步的速度要由慢到快，在一定范围内逐步增加运动的时间和次数。在运动内容上，由简到繁，由分到合，由易到难，逐步加大难度。

5. 持之以恒原则

进行体育运动，要持之以恒。从生物学角度，人的体质是一个不断积累、逐步提高的过程，既不能一蹴而就，也不能一劳永逸，必须坚持。体育运动给人们带来的好处不能长期储存，如果中断了，原来运动所取得的效果不仅不能保持，而且还会消退。遵循持之以恒原则，就是在运动内容、方法及运动负荷等方面力求连续性和系统性，尤其是把自身运动作为日常生活的一个组成部分。长期坚持就会形成生物钟节律，使人体能适应运动活动，也使运动不断调节和促进人体的发展。

6. 适宜负荷原则

适宜负荷原则是指根据运动者的现实可能和人体的运动适应规律，以及提高运动者竞技能力的需要，在运动中给予适宜强度负荷。评价适宜强度负荷的指标为心率，心率增快达最大心率的60%～80%为宜（最大心率＝220－年龄），这样可以取得理想的运动效果。运动者在运动中有了一定的运动负荷后，必然会产生相应的运动效应，但并非只要施加了负荷，就一定会产生良好的运动效应。运动负荷的安排对运动效果的好坏有着重要影响。人的机体对适宜的负荷产生适应，但负荷过小，就不能引起机体必要的反应；在过度负荷作用下则会出现劣变反应。

第三节　体育运动的方法

体育运动方法是根据人体发展规律，运用各种身体和自然因素来活动和锻炼身体的途径和方式。体育运动方法是贯彻体育运动原则，达到体育运动目的的桥梁。在选择和运用体育运动方法的过程中，应根据自己的情况，从实际出发，灵活应用、相互补充、交替结合、有主有从。

1. 重复运动法

运用重复运动方法，关键是掌握好负荷的有效价值范围（即最有运动价值负荷量下的心率）并据此调节重复次数。在重复运动中，对负荷如何控制，怎样去重复才能达到理想效果的负荷程度，应视实际情况而定。

2. 间歇运动法

人们一般认为体质增强的过程是在运动中实现的，其实体质内部增强过程主要是在间歇中实现的，是在休息过程中取得了超量恢复。若是没有在休息中取得超量恢复，则运动就变成对增强体质毫无意义的事，甚至起不了作用。间歇对增强体质的作用并不亚于运动本身。我国自古以来就有以静炼身的经验。在现代科学的基础上，人类更清楚地认识到在间歇时间内机体的各种变化和保持同化优势的重要性，所以把间歇作为一种健身的基本方法。

3. 连续运动法

从增强体质的良好效果出发，需要间歇就停一会儿，需要连续就接二连三地进行下去，所以不能仅讲究间歇，还要讲究连续。连续、间歇、重复都是在同一运动过程中实现的。连续、间歇、重复等因素各有其特有的作用。连续的作用在于持续负荷量不下降，维持在一定的水平上，使身体充分地受到运动的作用。

第四节 合理选择运动项目

体育运动的内容多种多样，极其丰富，很难一一列举。按照动作的结构可分为周期性运动、非周期性运动及两者的混合运动。按照运动中是否消耗氧又分为有氧和无氧运动。

有氧运动是指人体在氧气充分供应的情况下进行的恒定、持续 5 min 以上的体育运动。判断有氧运动的指标为心率，心率保持在每分钟约 150 次的运动量为有氧运动。它具有强度低、有节奏、持续时间较长的特点。其要求为每次运动的时间不少于 30 min，每周坚持 3~5 次。这样既充分燃烧（即氧化）体内的糖分，又消耗体内脂肪，增强和改善心肺功能，调节心理和精神状态，是健身、减重、减肥的主要运动方式。

常见的有氧运动有：步行、快走、慢跑、竞走、滑冰、长距离游泳、骑自行车、打太极拳、跳健身舞、跳绳/做韵律操、球类运动（如篮球、足球等）等。我们根据不同的运动目的和要求对有氧运动做出了如下分类，以便运动者合理地选择运动项目。

1. 健身性运动项目

健身性运动是指一般人为全面发展身体机能、增强体质、增进健康而从事的体育运动。它主要是为了发展人体内脏器官的功能，以及力量、速度、耐力和柔韧等素质，促进身体全面、协调发展，提高学习、工作的效率，丰富业余生活，延年益寿。如走、跑步、太极拳、武术、游泳及各种球类活动等。

2. 健美性运动项目

健美性运动是为了人体的健美而进行的体育运动。这类内容不仅可以增进健康，还可以培养审美能力和身体美的表现能力。如为了发展肌肉，采取举重和器械体操练习；为了形成良好的体型与姿态，采用艺术体操、健美体操、各种舞蹈和基本体操中的一些力量练习等。

3. 休闲、娱乐性运动项目

休闲、娱乐性运动是为了调节精神、丰富文化生活而进行的体育活动。它包含两种，一种是侧重于娱乐身心，具有鲜明娱乐色彩的娱乐性活动；另一种是侧重于消除激烈竞争、紧张生活节奏带来的压抑和身心疲惫的放松性休闲体育活动。尽管如此，最终娱乐享受的共性使得很难将两种成分完全割裂开来。这类活动主要的特点是使人在活动中体会到身心愉快，如高尔夫、保龄球、活动性游戏、渔猎、野营等。

4. 格斗性运动项目

格斗性运动是指掌握和运用格斗的攻防技术（包括军事技术）的体育运动，既能强身，又能自卫。如擒拿、散手、拳击、自由搏击、推手、短兵等。

5. 竞技性运动项目

竞技性运动是以科学的、系统的训练，通过竞赛的方式，达到最大限度发挥个人或集体在体格、体能、心理和运动能力等方面的潜能，从而取得优异成绩的一种体育运动。竞技训练的项目较多，不同的运动项目具有不同的运动作用。选择以竞技运动项目作为体育运动内容时，要从实际出发，有目的、有计划地选用容易开展、趣味性强、运动价值高的竞技运动项目进行体育运动。其内容有球类、田径、体操、游泳、冰雪运动等。

6. 康复性医疗运动项目

康复性医疗运动又叫体育疗法，是指以体育运动手段治疗疾病和恢复身体受损后的机能，根据疾病的性质有针对性地采用相应的体育手段和方法。这类体育运动的对象是体弱有病的人，其目的是祛病健身，恢复功能。一般应在医生的指导下进行。运动内容主要有散步、慢跑、气功、太极拳、按摩、各种保健操等。

7. 开发心理潜能性运动项目

开发心理潜能性运动是在身体活动的过程中，以调动人们的身心能量，开发心理潜能为主的体育活动。与其他发展身体的运动相比，它更多地侧重激发人的心理能量，即活动的完成更多依赖人们的心理条件。其代表的形式有：极限运动（蹦极、跳伞）、探险运动（徒步旅行、穿越沙漠、极地考察）、拓展训练（背摔、空中单杠、电网、整体移动）等。此类运动具有冒险性、刺激性、创新性等特点。大多对身体的要求不是很高，一般人都具备从事此项运动的身体能力。在个人项目中需要有自信和胆量、坚忍不拔的意志品质、顽强拼搏的精神、勇于挑战以及创新的能力等。在集体项目中，活动的顺利完成依赖于集体的团结协作，个体间的信任、沟通、交流等。

8. 减重、减肥的运动项目

减重、减肥的运动项目是指人的机体能量支出大于供给，消耗机体的能量，燃烧脂肪，使机体的脂肪减少，体重下降，肥胖降低的体育活动。常见的有步行、快走、慢跑、长距离游泳、骑自行车、跳健身舞、球类运动（如篮球、足球和羽毛球等）和跳绳等有氧运动。进行减重、减肥的运动项目，运动的时间每次不少于30 min，每周坚持3~5次，强度负荷以心率控制在最大心率的60%~80%为宜。同时，应与肥胖营养治疗相结合，才能达到有效的目的。

第五节 女大学生体育运动与卫生保健

女大学生在解剖生理方面与男子有许多差异。在体育教学和运动训练时应考虑到其特点，合理安排体育运动。注意女大学生的卫生保健，才能达到预期的效果。月经属女大学生正常的生理现象，应鼓励她们在月经期参加一些适当的体育活动，如散步、托排球、早操等，以调节大脑皮层的兴奋与抑制过程，改善盆腔的血液循环，有利于月经排出，减轻腹部不适感。但是，月经期子宫内膜脱落、出血，加之生殖器官抗菌力弱，易导致感染，故应注意月经期的体育卫生。

女大学生在体育运动时应注意：①适当减少运动量和运动时间。特别是月经初潮的女大学生，由于她们的月经周期尚不稳定，要循序渐进，区别对待，逐步养成经期运动的习惯。月经第1、2天内应减少运动量和运动时间。②月经期要避免过冷、过热的刺激，特别是下腹部不要受凉，以免引起卵巢功能紊乱而导致月经失调和痛经的发生。③月经期不宜游泳，以免病菌侵入内生殖器引起炎症。若因比赛可用阴道栓（体内卫生带）。④月经期避免剧烈运动。尤其是震动强烈、腹压过大的运动，以免子宫异位和经血量过多。⑤有痛经和月经紊乱的女大学生，不宜进行体育活动，应积极治疗。

第六节 体育运动的注意事项

在运动前和运动过程中，人体各器官功能都会产生一系列变化，这些变化和人的情绪、精神状态、身体状况、运动经验及有关的外部环境等因素有密切关系，会使运动能力下降，并且容易产生运动损伤。因此，在体育运动时，应给予高度重视和注意。

1. 当日的身体状况

应根据运动当日的身体状况决定运动量和运动强度。运动前，如果有以下情况，激烈运动（例如长距离跑）应该中止：睡眠不足、有过度疲劳感、宿醉酒后（宿醉未醒）、受强的精神刺激、感冒、痢疾或其他身体不适、使用药物（神经镇静剂、降压药、心脏病类药物等）。

2. 运动与饮食的时间

一般来说，饮食以"高糖高蛋白低脂肪"为原则。宜饭后约 1.5 h 再进行运动，运动后休息 30~40 min 再进食。其原因可能是：①刺激胃肠蠕动。②血流分配紊乱。③交感神经受到抑制，影响运动效果。④食后胰岛素分泌上升，可抑制脂肪的分解，能量的来源会受到限制。

3. 运动前的准备活动

准备活动的目的在于逐步地兴奋神经系统，并达到适宜水平，能使机体进入到运动状态。准备活动的一般方法是牵拉、快走、慢跑及原地连续性徒手体操等全身性活动形式。这些活动能使四肢关节活动度加强，有助于一般性运动能力得到提高。准备活动与正式运动之间有 1~3 min 的间隔较为适宜，切忌准备活动后休息时间过长而失去作用。

4. 运动后的整理活动

运动后的整理活动是必不可少的。运动后的整理活动可加速代谢产物的清除，加快体力恢复，防止运动后昏厥及其他事故的发生。常用的整理方法：原则上是在剧烈运动后不要立即进入安静状态，而应继续进行一段时间的轻量运动，使亢进的功能逐渐恢复到基础水准。这种在高强度运动之后的轻量运动，称为整理体操或整理活动。研究证实，停止剧烈运动后，如接着进行轻量运动，能够加速乳酸的消失。

（郑超）

 思考题

1. 体育运动项目种类繁多，如何进行科学化选择？
2. 女大学生在体育运动方面与男大学生有何区别？

第七章

优生与健康

 **学习目标**

1. 掌握优生优育的意义和目的；
2. 熟悉婚前保健、孕期保健的服务项目及意义和孕期注意事项；
3. 了解遗传咨询的意义和对象、产前筛查的意义和疾病、产前诊断的对象和疾病、避孕方法的选择和人工流产的危害。

优生是计划生育具体内涵的延伸，是新的历史条件下对计划生育的具体体现。我国是人口大国，做好优生优育是减少遗传病发生、降低患病率、促进国民健康、提高素质的重要手段，对促进未来整个国家和民族的兴旺起着重要作用。因此，应坚持做好优生优育，为子孙后代的良性发展创造有利条件。

第一节 遗传与优生

出生缺陷是指胎儿在出生前由于遗传因素、环境因素或两种因素相互作用，引起胚胎生长发育过程异常，出现先天性畸形或生理机能障碍。在早孕期（即怀孕的头 3 个月）最容易发生胎儿先天性畸形，在孕中、晚期容易发生胎儿生理机能障碍。导致出生缺陷的环境因素主要有物理因素（如放射线、高温、噪声等）、化学因素（如铅、汞、锰、苯、有机溶剂、杀虫剂、药物、烟、酒等）、生物因素（风疹病毒、巨细胞病毒、弓形虫、梅毒螺旋体、淋球菌、艾滋病毒等感染）和营养因素（营养缺乏和营养过剩）等。

我国遗传病患者占总人口比例为 20%～25%，人口中患 21 三体综合征（即先天愚型人）的人在 100 万以上，新生儿遗传病发生率为 3%～10%，新生儿先天性缺陷发生率约为 1.3%，15 岁以下死亡儿童中遗传病或先天性疾病占 40%，在自然流产中染色体异常约为 50%。目前现代医学对遗传病仅能应用药物对症处理来缓解病情，还无有效的方法改变遗传病的基因而被治愈。目前遗传病发生率呈上升趋势的主要原因是环境污染，因此预防和减少遗传病发生除控制环境污染外，还应采取"三级预防"策略、遗传咨询、产前筛查和产前诊断的优生对策，提倡和实行优生。

1. "三级预防"策略

世界卫生组织（WHO）为降低遗传病提出了"三级预防"策略：一级预防是孕前及孕早期（又称为围孕期）阶段综合干预，通过健康教育、选择最佳生育年龄、遗传咨询、孕前保健、孕期合理营养、避免接触放射线和有毒有害物质、预防感染、谨慎用药、戒烟、戒酒等措施，减少出生缺陷的发生；二级预防是通过孕期筛查和产前诊断识别胎儿的严重先天缺陷，早期发现，早期干预，减少出生缺陷儿的出生；三级预防是对新生儿疾病的早期筛查，早期诊断，及时治疗，避免或减轻致残，提高患儿生活质量。因此采取遗传咨询、产前筛查和产前诊断对预防遗传病有着重要的意义。

2. 遗传咨询

遗传咨询是指在临床遗传学、细胞遗传学、分子遗传学的基础上，及时确定遗传性疾病患者和携带者，并对其后代患病风险进行预测，商讨应对策略，并就咨询者提出的婚育问题提出医学建议，从而减少遗传病儿的出生，降低遗传性疾病的发生率，提高人群遗传素质和人口素质。

遗传咨询的对象为遗传病高风险人群：①夫妇双方或家系成员患有某些遗传病或先天畸形者，曾生育过遗传病患儿或先天畸形的夫妇；②不明原因智力低下或先天畸形儿的父母；③不明原因的反复流产或有死胎、死产等病史的夫妇；④孕期接触不良环境因素及患有某些慢性病的夫妇；⑤常规检查或常见遗传病筛查发现异常者；⑥其他需要咨询者，如婚后多年不育的夫妇，或35岁以上的高龄孕妇。

3. 产前筛查

产前筛查可以通过经济、操作简便、安全性高、风险低、准确性高、监测面广、可行性高、依从性好的无创的生化检测方法，查找出患有严重遗传病症的个体，并提出和采取相应措施，从而最大限度地减少异常胎儿的出生，提高整个国家的人口素质。目前广泛应用的产前筛查的疾病有唐氏综合征和神经管畸形筛查。

4. 产前诊断

根据2003年卫生部《产前诊断技术管理办法》的规定：孕妇有羊水过多或者过少、胎儿发育异常或者胎儿有可疑畸形、孕早期时接触过可能导致胎儿先天缺陷的物质、夫妇一方患有先天性疾病或遗传性疾病或有遗传病家族史、曾经分娩先天性严重缺陷婴儿和年龄35周岁以上高龄孕妇等情形之一者被建议孕8~11周、16~21周和18~24周分别进行早孕绒毛、羊水和脐血的产前诊断检查，以排除染色体异常、先天性遗传病、遗传性代谢缺陷病和先天性畸形等疾病，确保出生优生。

第二节 婚前保健与优生

婚前保健是指为即将婚配的男女双方在结婚登记前所提供的保健服务，包括婚前卫生咨询、婚前卫生指导和婚前医学检查。

1. 婚前卫生咨询

婚前卫生咨询是指咨询者和服务对象之间对某一问题进行商讨，由咨询者提供有针对性信息和解决问题的方法与途径，供服务对象选择，同时给予服务对象精神上支持，帮助其做出合适的决定并付诸实施。婚前卫生咨询还能帮助服务对象改变不利于健康的行为，对促进健康并健康生育起到积极的保护作用。

2. 婚前卫生指导

婚前卫生指导是指医师通过讲课、播放录像或录音等多种形式主动地为每一对准备结婚的男女双方进行与结婚、生育保健以及生殖健康有关的教育。婚前卫生指导能促进服务对象掌握性保健、生育保健和新婚避孕知识，为达到生殖健康目的奠定良好的基础。

3. 婚前医学检查

婚前医学检查是指准备结婚的男女双方通过婚前医学检查，不仅可以了解彼此的基本健康状况，同时还可享有专业医师提供的关于计划生育、优生优育指导及有关性保健、性健康的科学性教育等服务。有利于发现有影响结婚和生育的疾病，给予及时治疗，并提出有利于健康和出生子女素质的医学意见。婚前检查的内容主要有：

（1）询问病史。了解男女双方及家庭成员的健康状况，双方家族有无遗传病史，双方是否近亲结婚，女性的月经史和男方遗精情况。如果是再婚还需了解过去的婚育史。通过询问病史，可以发现双方有无不宜婚育或暂缓结婚的疾病，并提出相应的建议。

（2）身体检查。包括全身检查和生殖系统专科检查。全身检查包括测量身高、体重、心率、血压，检查体格及神经系统发育情况，以及主要脏器如心、肝、脾、肺、肾等的检查。生殖系统专科检查包括检查生殖器官及第二性征的发育情况，看有无生殖系统疾病。

（3）辅助检查。血、尿常规检查，肝、肾功能检查，乙肝表面抗原、梅毒螺旋体检查，胸部X光检查、B超检查等，必要时做精液检查、染色体检查和艾滋病检查等。

在婚前医学检查、婚前卫生咨询和婚前卫生指导中，若发现异常情形，应通过耐心、细致的咨询服务和必要的措施，达到保护母亲健康和减少严重遗传性疾病患儿出生的目的。目前应采取的措施为：一是"暂缓结婚"，如精神病在发病期间，法定传染病在传染期间，重要脏器疾病伴功能不全，患有生殖器官发育障碍或畸形；二是"不宜结婚"，双方为直系血亲或三代以内旁系血亲；三是"不宜生育"，严重遗传性疾病患者。

总之，婚前保健可保障个人和家庭幸福，减少遗传病蔓延，为优生优育打下良好基础，也为计划生育提供保证。

第三节 孕前保健与优生

孕前保健是通过评估和改善计划妊娠夫妇的健康状况，降低或消除导致出生缺陷等不良妊娠结局的危险因素，预防出生缺陷的发生，提高出生人口素质，是孕期保健的前移。

为了生育一个健康的宝宝，计划怀孕的夫妇应在孕前3个月做好准备：

（1）戒烟。男女双方都应戒烟，主动或被动吸烟会对孕妇自身和胎儿造成危害。

（2）戒酒。丈夫或孕妇大量饮酒均容易造成严重生长发育缺陷和永久性智力低下的"胎儿酒精综合征"。

（3）避免接触有毒有害物质。在生活和工作中接触化学品、杀虫剂、清洁剂、油漆、重金属、放射线、药物、高温等易导致出生缺陷。

（4）合理营养、平衡膳食。合理安排饮食，可以增加优质蛋白质和不饱和脂肪酸的比例来保证能量、蛋白质、脂肪、糖类供给充足，多食新鲜食物。应少摄入油腻食物或甜食、腌腊制品等，尽量少喝咖啡、可乐、茶、果汁饮料或概念水等，多喝白开水、新鲜果汁、牛奶或酸奶等。应不吃生的或未煮熟的鱼、虾、蛋等动物性食物，注意饮食安全。

（5）补充叶酸。可强化补充叶酸或含叶酸的多种维生素和食物，摄入富含叶酸的动物肝脏、鸡蛋、鸭蛋、核桃、花生、豆类、腐竹、豆腐、菜花、土豆、菠菜等食物。母体缺乏叶酸可能造成胎儿神经系统发育不良，生下脊柱裂、无脑等畸形儿。

（6）防治疾病。积极预防、筛查和治疗传染病及慢性疾病，切勿带病怀孕。要确保孕前夫妇处于良好健康状态。因此，计划怀孕前应做孕前检查，积极治疗对妊娠有影响的病毒性肝炎、心脏病等疾病，以减少高危妊娠的危险因素。夫妇双方身体健康是孕育健康宝宝的基础。

(7) 调整避孕方法。若在服用长效避孕药或使用宫内节育器，最好在怀孕前3个月停药或取出宫内节育器而改用避孕套避孕，让月经周期恢复到自然周期状态，有利于受孕和孕育胎儿。若在服用避孕药或带宫内节育器期间怀孕，应咨询相关医务人员再决定是否可以继续怀孕。

(8) 体育锻炼。适当的体育运动可促进女性体内激素的合理调配，确保受孕时体内激素的平衡和受精卵的顺利着床，避免孕早期发生流产，可增强肌肉的力量，储备分娩所需的体力，减轻分娩时的难度和痛苦。可在孕前3个月做一些慢跑、柔软体操、游泳、太极拳等运动，以提高身体素质，维持合理体重，为怀孕和分娩打下良好基础。

(9) 精神准备。夫妇双方一定要在是否要小孩的问题上相互沟通且取得一致意见，怀孕、分娩而后为人父母将会对孕妇和家人产生重要影响；若决定计划怀孕，就要为迎接新生命做好充分的精神准备。

(10) 先种疫苗后怀孕。孕妇早孕期的病毒感染易致使胎儿畸形和（或）某些先天性疾病，如风疹病毒感染可造成胎儿先天性心脏病、失明、耳聋等，乙肝病毒感染可使胎儿成为先天性乙肝病毒携带者。因此，应在医生的指导下在孕前接种风疹病毒疫苗、流感病毒疫苗、甲肝和乙肝病毒疫苗等疫苗以预防相应感染。

(11) 维持合理体重。计划怀孕妇女的合理体重应控制在"（身高 m）^{2} ×（18.5～23.9）"（kg）范围，过度消瘦或肥胖者会导致妊娠并发症、出生缺陷的发生率增加。过瘦可能影响胎儿智力发育，导致死胎等；过胖易发生孕期糖尿病，还可导致胎儿发育或代谢障碍，出现胎儿高胰岛素血症及巨大儿等。

(12) 咨询医师。前次有不良孕产史者，此次受孕应向医师咨询，做好孕前准备，以减少高危妊娠和高危儿的发生。人工流产的女性应术后3个月再怀孕，因为子宫的恢复需3个月左右。剖腹产后的女性应隔2年以上才怀孕。接受腹部X线照射的女性应于4周后怀孕较好。

(13) 选择最佳受孕时机。有计划妊娠者，受孕的最佳季节最好选择7—9月。此时水果、蔬菜丰富、新鲜，有利于孕妇补充营养，呼吸道感染、疾病流行的机会相对较少。同时，分娩的时节又是次年的4—6月，恰逢春末夏初、气候温和，有利于产妇"坐月子"及便于哺乳和给新生儿洗澡、晒太阳。再者，到婴儿6个月需要添加辅食时，又可避开肠道传染病的流行高峰期而有利于婴儿的喂养。当然，受孕是一个自然选择的过程，应顺其自然。一年四季都适合并有利于胎儿、婴儿的生长、发育。

第四节 孕期保健与优生

孕期保健的主要特点是在特定的时间系统地提出有证可循的产前检查项目。

1. 妊娠早期保健

妊娠早期为胚胎、胎儿分化发育阶段，易受外界因素及孕妇疾病的影响，导致胎儿畸形或发生流产，应注意防病，防致畸。避免接触有害化学制剂和放射线，避免密切接触宠物，避免病毒感染。患病时遵医嘱服药。应尽早确诊妊娠，建立孕期保健手册。评估孕前保健情况，不宜继续妊娠者及时终止妊娠。

2. 妊娠中期保健

妊娠中期是胎儿生长发育较快的阶段。此阶段仔细检查妊娠早期各种影响因素对胎儿是否有损害，评估首次产检结果。在妊娠中期应对胎儿进行筛查，对疑有畸形或遗传病及高龄孕妇的胎儿要进一步做产前诊断和产前治疗；适当补充铁剂和钙剂，预防缺铁性贫血和因胎儿消耗钙而导致的缺钙；监测胎儿生长发育的各项指标，预防和及早发现胎儿发育异常；检查孕妇身体情况，预防和治疗生殖道感染，可以减少妊娠晚期、产时、产后的妊娠高血压、妊娠糖尿病、胎儿生长受限、胎盘和羊水异常、产后出血、产褥感染等常见并发症。

3. 妊娠晚期保健

妊娠晚期胎儿生长发育最快，体重明显增加。孕妇应学习母乳喂养、新生儿筛查和预防接种等知识并学会自我监护胎动（胎动正常值为≥6次/2 h），定期行产前检查，监测评价胎儿生长发育的腹围、子宫高度、胎儿双顶径和股骨等指标，防治妊娠并发症，做好分娩前的心理准备和哺乳准备。

4. 分娩期保健

分娩期保健这段时间虽短，但很重要且复杂，是保证母儿安全的关键。提倡住院分娩，高危孕妇应提前入院。

5. 产褥期保健

产褥期保健可在初级保健单位进行，产后访视（或随访）应在产后3 d、14 d、28 d进行。目的是了解产妇及新生儿健康状况，主要包括：产妇饮食、睡眠、心理等一般情况；产妇哺乳、乳房泌乳及乳房情况；产妇子宫恢复及阴道恶露情况；会阴伤口、剖腹产腹部伤口愈合情况。若发现异常及时进行指导、治疗等处理。

6. 孕妇注意事项

为了自己和胎儿的健康，孕妇应在生活和工作中更加重视和注意以下事项：①食物要多样化，忌偏食；②多食蔬菜、水果，越新鲜越好；③适当多吃新鲜的鱼、肉，尽量少吃咸鱼、咸蛋及腌制食品；④宜常摄入大豆及其制品，因其属优质蛋白质且最易被吸收和利用；⑤少食芥末、辣椒等浓味的香料；⑥尽量少吃糖及糖水、糖果等甜品，防止妊娠糖尿病；⑦适当多食各种杂粮，粗细要搭配吃，少吃精米和精面；⑧不宜饮酒、浓茶、咖啡、可乐型饮料和吸烟；⑨忌滥用补品、药物（维生素、钙片等也不宜过多使用）；⑩不宜束腰、束胸、染发、涂口红、穿高跟鞋；⑪不宜长时间看电视、乘飞机旅行、站立工作；⑫不宜洗桑拿浴和长时间热水澡；⑬不宜参加剧烈的运动，防止过度疲劳；⑭不宜养宠物，尤其是猫、狗等；⑮应节制性生活；⑯应预防各种感染；⑰忌带病怀孕；⑱避免接触放射性物质和X线检查；⑲避免接触农药和各种有毒有害物质；⑳避免噪声、高温环境等。

第五节　避孕与人工流产

一、避孕

避孕是计划生育的重要组成部分，是采用科学手段使妇女暂时不受孕。目前常用的女性避孕方法有宫内节育器、药物避孕及外用避孕等。目前男性避孕方法在我国主要是阴茎套及输精管结扎术。

避孕方法的知情选择是计划生育优质服务的主要内容，它主要包括广泛深入的宣传、教育、培训和咨询等。根据自身的家庭、身体、婚姻等情况，选择合适的、安全有效的避孕方法。

1. 新婚期

新婚尚未生育者，应根据夫妇情况选择使用方便而不影响生育的避孕方法。若短时期不要孩子，可使用避孕套或避孕药膜、避孕栓等外用杀精剂，避孕套和杀精剂联合使用，避孕效果更好；两地分居者可用探亲避孕药；若打算较长时间不生育，可服用长效的避孕药。新婚期不宜选择安全期避孕法、宫内节育器、体外排精、长效避孕药等。

2. 哺乳期

哺乳期应选择不影响乳汁质量及婴儿健康的避孕方法。阴茎套是哺乳期选用的最佳避孕方法。也可选用单孕激素制剂、长效避孕针或皮下埋植剂。哺乳期不宜使用雌、孕激素复合避孕药或避孕针以及安全期避孕。

3. 生育后期

生育后期应根据个人身体状况选择长效、安全、可靠的各种避孕方法，减少非意愿妊娠而采取手术终止带来的痛苦。但已生育两个或以上孩子的妇女宜采用绝育术。

4. 绝经过渡期

此期仍有排卵，应坚持避孕。可采用阴茎套或继续使用无不良反应的原宫内育器，至绝经后半年取出。但不宜选用复方避孕药及安全期避孕。

二、人工流产

人工流产是指因意外妊娠、疾病等原因而采用人工方法终止妊娠，是避孕失败的补救办法。人工流产对妇女的生殖健康有一定的影响。做好避孕工作，避免或减少意外妊娠是计划生育工作的真正目的。终止早期妊娠的人工流产方法包括手术流产和药物流产。

人工流产可能并发出血、子宫穿孔、人工流产综合反应、漏吸或空吸、吸宫不全、感染、羊水栓塞等近期手术并发症及宫颈粘连、宫腔粘连、慢性盆腔炎、月经失调、继发不孕等远期手术并发症。药物流产除了服药过程中可出现恶心、呕吐、腹痛、腹泻等胃肠道症状外，出血时间长、出血多是药物流产的主要并发症。而且用药物治疗效果较差，极少数可大量出血而需急诊刮宫终止妊娠，所以药物流产应在有正规抢救条件下的医疗机构进行。

人工流产，尤其是重复流产，给妇女造成的健康损害是难以估量的。我国每年人工流产的人次数多，人工流产率远高于发达国家平均水平。为了降低我国的人工流产率和重复流产率，应做好避孕，避免或减少意外妊娠。育龄妇女应有预防非意愿妊娠的意识，知情选择一种适合于自己的避孕方法，获取所选用的或过渡时期适合自己使用的避孕工具，以保证能够立即落实避孕措施，有理解并能坚持正确使用所选用的避孕方法的信心和决心。

（朱若兰）

 思考题

1. 遗传咨询、婚前保健、孕期保健的意义是什么？
2. 遗传咨询的对象是谁？婚前保健的服务项目包括什么？人工流产有什么危害？

第八章

常见传染病的防治

 学习目标

1. 掌握传染病的概念、基本特征、传播途径、基本环节;
2. 熟悉传染病的分类、预防措施;
3. 掌握肺结核病的概念、传染源、传播途径、临床表现、诊断;
4. 熟悉抗结核治疗、营养治疗和预防;
5. 掌握病毒性肝炎的概念、临床表现、常见类型;
6. 掌握乙型肝炎的诊断、治疗、预防;
7. 掌握甲、乙型肝炎的比较,甲型肝炎的预防;
8. 熟悉乙型病毒性肝炎的营养治疗;
9. 掌握水痘、带状疱疹的临床表现和诊断;
10. 熟悉水痘、带状疱疹的预防措施;
11. 掌握细菌性痢疾的概念、临床表现和治疗;
12. 熟悉细菌性痢疾的诊断和预防;
13. 掌握艾滋病的概念、传染源、传播途径、临床表现;
14. 熟悉艾滋病的诊断、治疗、预防;
15. 掌握淋病的概念、临床表现、诊断和抗感染治疗;
16. 熟悉培养法对淋病的诊断价值和淋病的预防;
17. 掌握疥疮的传播途径和临床表现;
18. 熟悉疥疮的防治;
19. 掌握手足癣的临床表现和治疗;
20. 熟悉手足癣的预防;
21. 掌握急性出血性结膜炎的临床表现及预防措施;
22. 熟悉急性出血性结膜炎的治疗;
23. 掌握沙眼的临床表现和治疗;
24. 熟悉沙眼的分期。

第一节　传染病的概述

传染病（Infectious Diseases）是由各种病原体引起的能在人与人、动物与动物或人与动物之间相互传播的一类疾病。病原体大部分为微生物，小部分为寄生虫（寄生虫引起者又称寄生虫病）。传染病给个体、群体、全民健康和社会带来严重影响，传染病的诊断对传染病的预防、控制、治疗具有重要意义。传染病的诊断应根据临床资料、流行病学资料、实验室和其他检查资料进行综合分析，发现病原体存在是其确诊的依据。传染病的诊断是预防、控制、早期隔离患者的依据，也是有效治疗的先决条件。

一、传染病的分类

根据传染病的传染强弱及传染病的特点，目前我国将法定传染病分为甲、乙、丙3类，共39种。其中甲类有鼠疫、霍乱，乙类主要有结核、病毒性肝炎、疥疮、细菌性痢疾、白喉、水痘、红眼病、非典型性肺炎、禽流感等。有些传染病，防疫部门必须及时掌握其发病情况，及时采取对策，因此发现后应按规定时间及时向当地防疫部门报告，称为法定传染病甲类报告时间。

二、传染病的基本特点

传染病的基本特点主要有病原体、传染性、流行性、免疫性、季节性、地方性等特点，可根据其特点来判断传染病及其类型并确定传染病，有利于传染病的预防控制、管理、治疗，对个体、群体、社会的健康具有极其重要的意义。

（一）病原体

传染病是由病原微生物所引起的，每一种传染病也都是由特定的病原体导致的。引起传染病常见的病原体有微生物（包括细菌、病毒、真菌、衣原体、支原体、立克次体等）和寄生虫。例如引起水痘的水痘病毒，猩红热的溶血性链球菌，乙型肝炎的乙型肝炎病毒，肺结核的结核杆菌，疟疾的疟原虫等。

（二）传染性

传染病的传染性是指病原体从宿主排出体外，通过一定方式而进入新的易感染者体内，呈现出类似的临床表现的特性。其传染性的强度与病原体种类、数量、毒力、易感者的免疫状态等因素有关，如传染性与数量、毒力呈正相关，与易感者的免疫状态呈负相关。传染病的危害性与传染性也呈正相关，这对传染病的防治具有重要意义。它是传染病与其他类别疾病的主要区别，传染病意味着病原体能够通过各种途径传染给他人。传染病病人具有传染性的时期称为传染期。每种传染病都有比较固定的传染期，这期间排出的病原体可以污染环境，传染他人。

（三）流行病学特征

流行病学特征（流行性）是指传染病的流行过程在自然、社会因素作用下，表现出的各种特征。

流行病在质的方面有外来性和地方性之分，前者指国内或地区内原来不存在，从国外或外地传入的传染病，如霍乱；后者指在某些特定的自然、社会条件下某传染病在某些地区中持续发生，如血吸虫病。

流行病在量的方面或按传染病流行过程的强度和广度分为散发性、流行、大流行和暴发性。散发性是指某传染病在人群中散在发生，在某地发病率处于近年发病率的一般水平；流行是指某传染病在某一地区、单位且在某一时期内发病率超过了历年同期的发病水平，其发病率显著高于一般水平；大流行是指某种传染病在一个短时期内迅速传播、蔓延，超过了一般的流行强度并超出国界或洲界；暴发性是指某传染病发病的时间分布高度集中在一个短时间内。

传染病的发病率在时间、空间上的分布也是流行病学特征，在时间的分布称为季节性，在空间上的分布称为地方性。季节性是指某传染病的发病率在一年中的某个季节呈增高的特性。这与一年四季的温度、湿度的改变有关。例如：细菌性痢疾（痢疾杆菌）好发于秋夏，腮腺炎（腮腺炎病毒）好发于冬春，血吸虫病（血吸虫）好发于夏秋，流行性感冒（流行性感冒病毒）好发于冬春，甲型肝炎（甲型肝炎病毒）好发于秋冬等。

地方性是指某些传染病或寄生虫病由于其中间宿主受地理条件、气温条件变化的影响而局限在一定的地理范围内发生。例如虫媒传染病、自然疫源性疾病。

（四）免疫性

病原体进入人体后，不论是显性感染，还是隐性感染，都可能刺激人的机体产生对病原体及其产物（如毒素）产生特异性免疫。人体感染病原体后产生的免疫属于自动免疫。感染后的免疫在机体内持续的时间因传染病不同有很大差异。保护性免疫可通过抗体检测而获知，感染后免疫属于自然免疫，通过抗体转移而获得的免疫属于被动免疫。一般情况下，病毒性传染病（如麻疹）的感染后免疫持续时间最长。大多数患者在疾病痊愈后，都会产生不同程度的免疫力，在一定时间内或终身都可能不再患这种传染病。但有的还可能再患病，如乙型肝炎。

三、传染病的基本环节

（一）传染源

传染源是指体内有病原体生存、繁殖，并能将病原体排出的人或动物，包括传染病患者、病原携带者和受感染的动物。

（二）传播途径

传播途径是指病原体离开传染源后到达另一个易感宿主的途径。传播途径分为呼吸道、消化道、直接接触、垂直等传播。传染病常可借由直接接触已感染的个体、感染者的体液及排泄物、感染者所污染的物体，也可以通过空气、水源、食物、土壤、垂直、虫媒、血液、体液等传播，每一种传染病都有特定的传播方式。

1. 呼吸道传播

呼吸道传播是指病原体存在于空气、飞沫中，可以自由散布，经口、鼻、咽、气管、支气管、肺进入机体而导致新的宿主受感染。呼吸道传播的疾病常见的有细菌性脑膜炎、水痘、流行性感冒、腮腺炎、结核、麻疹、百日咳等。

2. 消化道传播

消化道传播又称粪口途径传播，是指未处理的废水、受病原体沾染物直接排放于环境中，可能污染饮用水、食物或碰触口、鼻黏膜之器具，病原体经口、食道、胃、肠进入机体而导致食入者感染。消化道传播的疾病常见的有霍乱、甲型肝炎、细菌性痢疾等。

3. 接触传播

接触传播是指经直接触摸、亲吻患者和共用牙刷、毛巾、刮胡刀、餐具、衣物等贴身器物及接触患者在环境留下的病原体而被传染的方式。接触传播的疾病常见的有手足癣、疣、艾滋病、淋病等。

性传播性疾病是指经任何性行为而使生殖器的黏膜组织、精液、阴道分泌物甚至直肠所携带的病原体传递给性伴侣而导致其感染。如果这些部位存在伤口，便可导致病原体进入血液而引起全身感染。

4. 垂直传播

垂直传播是指母体的病原体经胎盘进入胎儿体内而导致胎儿感染。垂直传播的疾病常见的有艾滋病、乙型肝炎和弓形虫病等。

5. 血液传播

病原体主要经血液、体液或伤口而被传递至另一个个体身体内。血液传播的疾病常见的有乙型肝炎、丙型肝炎、艾滋病、梅毒等。

6. 虫媒传播

虫媒传播是指病原体通过昆虫或其他吸血节肢动物引起易感者感染。常见的虫媒昆虫有蚊子、苍蝇、蟑螂、臭虫、虱子、跳蚤、蚂蚁等。虫媒传播的疾病常见的有疟疾、丝虫病、流行性斑疹伤寒、地方性斑疹伤寒、黑热病等。

（三）易感人群

易感者就是指对某种传染病缺乏免疫力而容易感染该传染病的人及人群。易感者对该传染病容易感染的特性称为易感性。易感人群是指对某种传染病具有易感性而易感染该传染病的群体。人及人群对传染病的易感性是可变的，当其免疫力增强时易感性降低，反之亦然。

四、传染病的预防

传染病的预防是传染病学工作者的一项重要任务。预防传染病应采取切断传染病流行的三个基本环节的原则，根据传染病的特点、传播途径采取综合措施进行。传染病都有其薄弱环节，但每种传染病的薄弱环节有所不同，这在对其预防控制应充分利用，若能完全切断其中的一个环节，就可防止该种传染病发生和流行。

（一）管理传染源

传染病报告制度是早期发现传染病的重要措施，应严格遵守。《中华人民共和国传染病防治法》及其实施细则规定对法定传染病进行分类管理报告制度，其中报告时间为：甲类传染病和纳入甲类管理的非典型性肺炎、高致病性禽流感、甲流、肺炭疽在城市为 2 h，农村为 6 h；乙类传染病在城市为 6 h，农村为 12 h；丙类及其他传染病应在 24 h 内报告，以便及时对其采取防控措施。

（二）切断传播途径

1. 灭"四害"

采取以"爱国卫生运动"和除老鼠、臭虫、苍蝇、蚊子的"四害"为中心的一般卫生措施为重点。

2. 消毒

消毒是指应用物理和化学方法消灭传播媒介、消灭污染环境的病原体，达到切断传播途径目的所采取的措施，是切断传播途径的重要措施。

3. 做好卫生和防护

针对不同的传染病应重点做好相应的个人、集体、寝室、教室、校园等卫生和相应的防护措施，切断病原体进入人体的途径，达到预防相应的传染病，维护和促进个人、群体、全民健康的目的。

（三）保护易感人群

1. 增强抵抗力

通过改善营养、加强体育锻炼等措施可提高人体免疫力，提高人体抵抗能力，使其不易患病。

2. 增强免疫力

通过接种疫苗、菌苗、类毒素等使人体产生对抗病毒、细菌、毒素的特异性的主动免疫，接种抗毒素、丙种球蛋白或高滴度免疫球蛋白，可使机体产生特异性的被动免疫。

（蔡晓丽）

第二节 肺结核

肺结核病（肺TB）是由结核杆菌，主要通过空气呼吸道传染引起的，以渗出、变质、增生为三种基本病变，以发热、咳嗽、咳痰、咯血为主要表现的慢性传染病。传染源主要为痰涂片阳性的肺结核杆菌病人。人体感染结核杆菌后是否发病，主要取决于其数量和毒力是否占强势。若人体抵抗力降低，环境条件适合结核杆菌生长繁殖，则人体易发病。

【临床表现】

（一）症状

肺结核中毒症状主要有发热（一般午后发热，体温不超38.5℃，低热）、食欲减退、乏力、盗汗、体重减轻、消瘦、面颊潮红等。呼吸系统症状主要有咳嗽、咳痰、咯血、胸痛，严重者可出现呼吸困难等，常表现为干咳或少量黏液、脓性、血性痰，大约半数患者出现咯血，常为痰中带血，胸痛一般不多见，程度不很剧烈，只有炎症侵犯胸膜壁层才可引起相应部位的刺痛。

（二）体征

肺结核患者的体征常不明显、不典型。病变严重患者可出现胸部体征，如患部呼吸活动度减低，叩诊呈浊音，听诊有肺泡呼吸音、湿啰音，在肺尖部闻及湿啰音，对诊断肺结核意义重大。晚期可出现气管移位，患侧呈浊音，对侧呈空匣音等。

【辅助检查】

（一）影像学检查

X检查可见病变，常在肺上叶尖后段、下叶背段及后基底段，呈多形态（为浸润、增生、干酪、纤维钙化病变，可并存）、边界较清楚、密度不均匀、变化较慢，容易形成空洞和播散灶等特点，对肺结核有诊断价值。CT检查可显示肺结核的病变和各型病变特点及其性质，可用于肺结核的诊断及鉴别诊断。

（二）结核杆菌检查

结核杆菌检查显阳性可确诊，它既是诊断的主要方法，又是治疗的主要依据。

（三）支气管镜检查

支气管镜检查可发现病灶并进行病理学和细菌学检查，若为阳性则对诊断有价值。

（四）结核菌素试验

结核菌素试验若为阳性，则对儿童、青少年的结核诊断有参考价值。

【诊断】

凡有咳嗽、咳痰持续两周以上和发烧（低热）、盗汗、食欲不振，并有肺结核接触史或肺外结核，可考虑诊断肺结核。若痰菌涂片培养有结核杆菌可确诊，痰中找到结核菌是确诊肺结核的重要依据。若X检查发现肺部有阴影且为结核性质可确诊。若CT检查发现结核性病变及其特点可确诊并分型，X 和 CT 检查为间接诊断方法。CT 检查有（+）等即可确诊。

肺结核在临床上常分为原发型（Ⅰ型，典型 X 胸片表现为原发病灶、淋巴管炎、局部淋巴结炎，三者合称为原发综合征）、血行播散型（Ⅱ型）、浸润型（Ⅲ型）、慢性纤维空洞型肺结核（Ⅳ型）和结核性胸膜炎（Ⅴ型）五种类型。

【治疗】

（一）一般治疗及预防

注意适当休息、饮食营养、戒烟禁酒。预防结核病就是要阻断传染病流行的传染源、传播途径、易感人群三个基本环节。要控制传染源（管好 TB 病人）、注意卫生和灭害、增强免疫力、接种卡介苗。采取在紫外线暴晒 2 h 或煮沸 1 min、用一般消毒剂如 5% 或 12% 的来苏尔接触 2~12 h、70% 酒精接触 2 min 等方法对结核杆菌进行消杀，一般可杀灭。

（二）药物治疗（抗结核治疗）

1. 原则

采用早期、规律、全程、联合、适量的原则。

2. 治疗

（1）初期治疗（第一次抗结核治疗）。用异烟肼、利福平、吡嗪酰胺、乙胺丁醇，每日 1 次，顿服，强化治疗 2 个月；继用异烟肼、利福平，每日 1 次，顿服，巩固治疗 4 个月，疗程为 6 个月。以上简称为 2HRZE/4HR。也可用异烟肼、利福平、吡嗪酰胺、乙胺丁醇，隔日 1 次或每周 3 次，顿服，强化治疗 2 个月；继用异烟肼、利福平，隔日 1 次或每周 3 次，顿服，巩固治疗 4 个月，疗程为 6 个月。以上简称为 $2H_3R_3Z_3E_3/4H_3R_3$。

（2）复治（重复治疗、初期治疗未愈又复发）。用初期治疗 4 种 + 链霉素，每日 1 次，顿服或肌注，强化治疗 2 个月；继用异烟肼、利福平、乙胺丁醇，每日 1 次，顿服，巩固治疗 4~6 个月，疗程为 6~8 个月。以上简称为 2HRZES/6~8HRE。也可用初期治疗 4 种 + 链霉素，隔日 1 次或每周 3 次，顿服或肌注，强化治疗 2 个月；继用异烟肼、利福平、乙胺丁醇，隔日 1 次或每周 3 次，顿服，巩固治疗 4~6 个月，疗程为 6~8 个月。以上简称为 $2H_3R_3Z_3E_3/6~8H_3R_3$。

3. 注意

定期复查肝肾功能、血象（药物骨髓抑制）、胸片等。

（三）营养治疗

1. 营养治疗原则

采用高能量、高蛋白、高维生素膳食的原则。

2. 营养治疗要点

（1）能量。能量供给主张高能量摄入。因结核病是慢性消耗性疾病，要补充能量消耗，促进康复。

（2）主要营养素供给。主张高蛋白饮食，弥补高消耗，促进恢复，优质蛋白质占进食蛋白量的 50% 以上；脂肪供给占总能量的 25%~30%；碳水化合物供给占总能量的 60%；供给充足维生素，尤其是维生素 C 和维生素 B，适当多摄入蔬菜和水果；供给充足矿物质，尤其是钙、铁、锌，要选择含钙、铁、锌丰富的食物，必要时补充其制剂。

（3）食物禁忌。食物禁忌包括烟酒和刺激性强的食物。

（陈善喜）

第三节 病毒性肝炎

病毒性肝炎是由肝炎病毒（甲、乙、丙、丁、戊、己、庚等型）所导致的，主要累及肝脏损害的急性传染病。具有传染性强、病程长、危害性大的特点。以儿童和青少年多见。病毒性肝炎的临床分型方法较多，但以肝炎病毒亚型（甲、乙、丙、丁、戊、己、庚等型）来分类比较科学。临床上以甲、乙型肝炎较普遍、常见，本节主要讲述甲、乙型肝炎。甲型肝炎绝大多数是由粪经口传播。乙型肝炎多经血液、体液等传播。病毒性肝炎的主要病变为肝细胞变性坏死及肝脏间质性炎性浸润。少数乙型肝炎可转为慢性肝炎，甚至肝硬化。

【临床表现】

各种类型肝炎临床上主要表现为全身乏力、食欲减退、恶心、呕吐、厌油（怕吃油腻食物或一闻到油腻味即出现恶心、呕吐状）、腹泻、腹胀、黄疸、肝区疼痛、肝功能损害等症状和肝脏肿大（晚期可缩小）、肝脏触压痛、叩痛等体征。乙型肝炎可引起对周围健康人群的传播及威胁，引发糖尿病、胰腺炎、血液及胆道感染等并发症，可以引起暴发性肝炎、肝硬化和肝癌等危害。

【辅助检查】

（一）实验室检查

1. 血清学乙肝两对半检测

检测 HBsAg、HBsAb、HBeAg、HBeAb、抗-HBc（乙肝核心抗体），还可进行乙肝病毒脱氧核糖核酸（HBV-DNA）检测。

2. 肝功能检测

谷丙转氨酶、谷草转氨酶、尿三胆等。

（二）其他辅助检查

如B超可见增大等（仅作定性检查，不能作为诊断主要依据）。

【诊 断】

乙型肝炎的诊断：①流行病学史。近半月~6个月内与肝炎病人有密切接触史、输血或血液制品史，不洁性接触，吃过半生不熟海产品。②临床表现。具有肝炎临床表现。③实验室检测。血清学乙肝两对半检测为 HBsAg、HBsAb、HBeAg、HBeAb、抗-HBc（乙肝核心抗体）。乙肝两对半检查结果及分析见表8-3-1。还可进行乙肝病毒脱氧核糖核酸（HBV-DNA）检测；肝功能检测为谷丙转氨酶、谷草转氨酶、尿三胆等。④其他辅助检查如B超等（定性检查，不能作为诊断主要依据）。符合上述①②③可诊断为乙型肝炎。甲、乙型肝炎比较见表8-3-2。

表8-3-1 乙肝"两对半"检查及临床分析

序号	HBsAg	抗-HBs	HBeAg	抗-HBe	抗-HBc	序号	HBsAg	抗-HBs	HBeAg	抗-HBe	抗-HBc
1	-	+	-	-	-	7	+	-	+	-	+
2	-	+	-	+	+	8	+	-	-	-	+
3	+	-	-	-	-	9	+	-	-	+	+
4	+	-	-	+	-	10	-	+	-	-	+

续表

序号	HBsAg	抗–HBs	HBeAg	抗–HBe	抗–HBc	序号	HBsAg	抗–HBs	HBeAg	抗–HBe	抗–HBc
5	+	–	+	–	–	11	–	–	–	+	+
6	+	–	+	+	+	12	–	–	–	–	+

1. 提示以前打过乙肝疫苗或感染过乙肝，HBV 为保护性抗体。
2. 急性乙肝恢复期，以前感染过乙肝，为 HBV 感染的特异标志。
3. 急性感染早期或者慢性乙肝表面抗原携带者，传染性弱。
4. 慢性乙肝表面抗原携带者，易转阴，或者是急性感染，趋向恢复。
5. HBeAg 反应传染性强弱，早期乙肝感染或者慢性携带者，传染性强。
6. 急性乙肝感染，趋向恢复，抗–HBc 为病毒复制和传染的标志。
7. 俗称乙肝大三阳，说明患者是慢性肝炎，有传染性。
8. 急性乙肝感染阶段或者是慢性乙肝表面抗原携带者，传染性弱些。
9. 乙肝已趋向恢复，属慢性携带者，传染性弱，长时持续可转为肝癌。
10. 既往感染过乙肝而有免疫力，为不典型恢复期或为急性乙肝感染期。
11. 既往有乙肝感染，属于急性感染恢复期，少数人仍有传染性。
12. 过去有乙肝感染或现在正处于急性感染期。

表 8 – 3 – 2　甲、乙型肝炎比较

内容	甲型肝炎	乙型肝炎
传染源	病人和病毒携带者，病人发病前 4 d 至发病后 6 d 传染性最强，无慢性病毒携带者	病人和病毒携带者，发病后病毒持续 4～12 周，有慢性病毒携带者
传染途径	消化道（病人或携带者的粪便污染食物），吸毒或同性恋群体	血传播、胎源性传播、医源性传播、性接触传播、生活密切接触传播
易感性	具有易感性，可产生免疫力但无交叉免疫	有易感性，可产生免疫力但无交叉免疫
临床表现	多为黄疸型，易恢复，起病急但预后好，是自限疾病	多为无黄疸型，不易恢复，起病慢或急但预后难估计
预防	发病起隔离 30 d，有接触者在一周内注射丙种球蛋白，注射甲肝疫苗。搞好水源、饮水消毒，食品卫生、个人卫生（饭前便后洗手、漱洗用具专用）	急性期隔离至 HBsAg 阴转，注射乙肝疫苗。搞好水源、饮水消毒，食品卫生、个人卫生（饭前便后洗手、漱洗用具专用）

【治　疗】

（一）一般治疗

根据病情合理休息、适当活动、保持精神愉快等。

（二）药物治疗

1. 抗病毒治疗

抗病毒治疗的目的在于使病毒复制迅速得到抑制，减少肝细胞损害，减轻肝纤维化，从而阻断肝硬化的发生。抗病毒性肝炎治疗的原则为：对于转氨酶反复升高，症状多且重，必须进行抗病毒、保肝和抗纤维化治疗。抗病毒性肝炎治疗的药物有干扰素、磷酸阿糖腺苷（Ara-AMP）、无环鸟苷（Acyclvit）、病毒唑、山豆根、核苷类似物（拉米夫定、替比夫定、阿德福韦酯、恩替卡韦等）等。

2. 免疫调节药

可应用干扰素、胸腺肽、转移因子、香菇多糖等。在慢性乙型肝炎治疗中，干扰素应在 HBV 处于活动性复制中、肝炎处于活动期、HBVDNA 血浓度低和抗 - HBclgM 阳性等情况下使用，疗程应为 6 个月 ~ 1 年。干扰素可抑制 HBV 复制，可使 HBeAg 和 HBVDNA 转阴，但使 HBsAg 转阴难。

3. 保肝和对症治疗

可应用维生素类、还原型谷胱甘肽、肝泰乐、五味子、丹参、助消化药物等。

（三）乙型肝炎的营养治疗

乙型肝炎的营养治疗原则为：病毒性肝炎属于慢性消耗性疾病，主张高能量、高蛋白、高维生素、低脂肪饮食。

能量的供给要根据病人的体重、病情、活动情况来决定，尽量使病人维持理想体重，保持能量平衡。要有利于肝组织修复和肝功能的恢复，保证能量供给充足、适当。若能量供给过多会加重肝脏负荷，导致脂肪肝；同时会使其消耗功能减低，引起脂肪储备而产生肥胖。若能量过低会促使机体蛋白质消耗，对肝细胞的修复不利。

要保证碳水化合物供给充足，足量的碳水化合物可促进肝糖原储存而节省蛋白质，有利于维持肝功能和保护肝脏。蛋白质供给量应当约占食物总能量的 15%。脂肪的供给以低脂肪为宜，保证适量的必需脂肪酸，既可增加食物的美味，又可促进肝组织修复、脂肪的代谢和脂溶性维生素的吸收。所以，要选择含必需脂肪酸丰富的植物油，如花生油、豆油等。要保证微量营养素供给充足，保证脂溶性维生素、B 族维生素、维生素 C 和矿物质（钙、铁、锌、硒等）充足，满足机体需要。

1. 营养治疗目的

营养治疗目的是减轻肝脏负荷，减低肝细胞损害，有利于肝细胞再生，保护肝脏功能，增强机体免疫力。

2. 营养治疗原则

（1）肝炎急性期。

①膳食原则。低脂、高蛋白、高维生素半流或软食。

②能量供给。按 30 ~ 35 kcal/（kg·d）供给。

③主要营养素供给：每天脂肪、蛋白质、碳水化合物占总能量的比例分别为 25%、10% ~ 15%、55% ~ 60%。

④饮食要点。注意食物多样化，干稀搭配，少量多餐，一日 4 ~ 5 餐。碳水化合物以谷类为主，蛋白质要以植物性、含支链氨基酸丰富的优质蛋白质为主。注意维生素和矿物质供给充分，可多摄入绿叶蔬菜和水果，补充 B 族维生素和维生素 C 的不足；可多摄入水和果汁以促使黄疸消退；多食含钙、铁、锌、硒等丰富的食物。烹调适宜用清淡、少油且易消化的方法，如蒸、煮、炖、拌等，但不宜用煎炸、熏烤、腌制等方法。根据肝脏功能调整能量和蛋白质的摄入量，保证食欲和食物被消化吸收，及时进行营养评价。

⑤食物禁忌。含脂高的食物、烟酒、刺激性食物和调味品、粗纤维、坚硬和油炸食物等。

（2）肝炎缓解期。

①膳食原则。低脂、高蛋白、高维生素软食。

②能量供给。按 35 kcal/（kg·d）供给。

③主要营养素供给。每天脂肪、蛋白质、碳水化合物占总能量的比例分别为 25%、15% ~

20%、55%~60%。

④饮食要点。注意食物多样化，干稀搭配，一日3~4餐。碳水化合物以谷类为主，蛋白质要以植物性、含支链氨基酸丰富的优质蛋白质为主。食物蛋白质的增加会引起体内氨增多而导致血氨增高，因此应选择产氨低的蛋白质食物，如蛋类、奶类、大豆及其制品。注意维生素和矿物质供给充分，可多摄入绿叶蔬菜和水果以补充B族维生素和维生素C的不足；可多摄入水和果汁以促使黄疸消退；多食含钙、铁、锌、硒等丰富的食物，少食或不食油炸食物。烹调适宜用清淡、少油且易消化的方法，如蒸、煮、炖、拌等，但不宜用煎炸、熏烤、腌制等方法。根据肝脏功能调整能量和蛋白质的摄入量，保证食欲和食物被消化吸收，及时进行营养评价。

⑤食物禁忌。含脂高、刺激性、坚硬的食物和烟酒、调味品、粗纤维等。

（3）肝炎慢性期（慢性肝炎）。

①营养治疗目的。减轻肝脏负担，促使肝组织和肝细胞修复，纠正营养不良，防止肝性脑病等并发症发生。

②膳食原则。低脂、高蛋白、高维生素普食。

③能量供给。注意保持能量平衡，防止能量过剩与不足，防止发生脂肪肝、肥胖及糖尿病等。能量供给卧床病人按20~25 kcal/（kg·d）、轻体力劳动或正常活动者按30~35 kcal/（kg·d）供给。

④主要营养素供给。每天脂肪、蛋白质、碳水化合物占总能量的比例分别为20%~25%、15%~20%、60%~70%。供给充足的、含支链氨基酸丰富的、含芳香氨基酸少的优质蛋白质，增强肝内酶的活性，同时供给充足的碳水化合物，促进肝糖原的合成和储备，保护肝细胞，促进肝组织修复和肝功能恢复。

⑤饮食要点。注意食物多样化，干稀搭配，一日3~4餐。碳水化合物以谷类为主，蛋白质要以植物性、含支链氨基酸丰富的优质蛋白质为主。食物蛋白质的增加会引起人体内氨增多而导致血氨增高，因此应选择产氨低的蛋白质食物，如蛋类、奶类、大豆及其制品。注意维生素和矿物质供给充分，可多摄入绿叶蔬菜和水果以补充B族维生素和维生素C的不足；可多摄入水和果汁以促使黄疸消退；多食含铁、锌、硒等丰富的食物，少食或不食油炸食物。烹调适宜用清淡、少油且易消化的方法，如蒸、煮、炖、拌等，但不宜用煎炸、熏烤、腌制等方法。根据肝脏功能调整能量和蛋白质的摄入量，保证食欲和食物被消化吸收，及时进行营养评价。

⑥食物禁忌。同肝炎缓解期。

【预防】

乙型肝炎预防的主要措施：①控制传染源。对病人隔离观察，对饮食人员等定期检查，发现病人即隔离；对与肝炎病人有密切接触的医学观察6周，对HBsAg（+）的观察6个月，无表现且肝功能正常不需隔离观察，但注意个人卫生和防传染他人。②切断传播途径。乙肝的主要传播方式有血液传播、性传播、垂直传播。其措施采取加强"三管（饮食、水源、粪便）一灭（消灭苍蝇）"，严格消毒（食具煮15 min，衣物晒4~6 h，用具3%漂白粉泡2 h），注意个人卫生并实行分餐制。③保护易感人群。注射乙肝疫苗是预防乙肝的最好方法，采取初次（0、1、6月）注射三针，注射第3针疫苗后的1~3个月，检测保护性抗体，若有抗体则接种成功。

（陈善喜）

第四节 水痘和带状疱疹

水痘和带状疱疹是由水痘 - 带状疱疹病毒感染人体后两种不同表现的急性传染病。水痘为原发感染,以全身水疱疹为主要表现;带状疱疹是潜伏在感觉神经节的水痘 - 带状疱疹病毒再被激活后引起皮肤出现以呈带状、沿身体一侧周围神经分布的疱疹为特征的感染;患病后可获得持久的免疫力。

水痘和带状疱疹的传染源是病人,从出疹前1天至皮疹完全结痂为止,都有传染性。人是其唯一自然宿主。水痘和带状疱疹主要通过飞沫、直接接触(被污染的用具)等途径进行传播。

人群对水痘和带状疱疹普遍易感,且易感性极强。患病后可获持久免疫力,以后几乎不再患水痘,但可再患带状疱疹。水痘和带状疱疹一年四季都可发生,以冬春季为高。

【临床表现】

(一)水痘

水痘多见于儿童、青少年,潜伏期为 10～24 d,平均 14～16 d。发疹前可有发热、乏力、头痛、咽痛、食欲减退等全身中毒症状,1～2 d 后可见躯干、头部和四肢近端等处皮肤出现呈向心性分布的皮疹,皮疹初起为红斑疹,数小时后为深红色丘疹,再过数小时为疱疹,疱疹多呈椭圆形,直径 3～5 mm,壁薄易破,疹内液透明,周围有红晕伴瘙痒,疱疹在 1～2 d 内开始结痂,约 2 周脱尽,不留瘢痕。若继发感染可形成脓疱,从而延迟结痂、愈合。机体抵抗力低下可导致大疱型、出血型和坏疽型水痘以及播散性水痘。

(二)带状疱疹

带状疱疹是一种累及神经及皮肤的病毒性、疱疹性疾病,为继发感染,以成人多见,初期可有全身中毒症状而与水痘相似,随后沿着神经纤维节段的局部皮肤常有灼痒、疼痛、感觉异常等,1～3 d 后沿着周围神经分布区域可见成簇的红色斑丘疹,随后变成水疱。疱疹从早期米粒大小发展至绿豆大小,成批出现,疱壁紧张发亮,内液清澈而后渐渐混浊,并沿神经支配的皮肤呈带状排列(故名"带状疱疹"),水疱群之间的皮肤正常,且伴显著的神经痛,以胸部、腰部、面部常见,一般为一侧性;带状疱疹 3 d 左右转化为脓疱,10～12 d 结痂,2～3 周脱痂,疼痛便消失,愈后不留瘢痕。

【辅助检查】

(一)血象检查

白细胞总数正常或稍增高。

(二)细胞学检查

疱疹刮片可见多核巨细胞和核内包涵体,有参考价值。

(三)血清学检查

应用酶联免疫吸附法、补体结合试验等方法,检查可见抗体在患者出疹后 1～4 d 出现并增高,IgM 或 IgG 效价超过 4 倍以上,有诊断意义。

(四)病原学检查

1. 病毒分离检查

可分离出病毒,然后再做鉴定。

2. 抗原检查

应用免疫荧光法检查可见水痘和带状疱疹病毒抗原,对诊断有意义。

3. 核酸检查

应用聚合酶链反应（PCR）检查病人外周血白细胞和呼吸道上皮细胞中的病毒 DNA，此法敏感、快速，是其的早期诊断方法。

【诊 断】

（一）水痘的诊断

本病的诊断主要根据近 2~3 周内有与水痘患者接触史和皮损特点，一般可做出诊断。非典型患者须依赖于实验室检查而可确诊。

（二）带状疱疹的诊断

根据单侧性、呈带状排列的疱疹并伴神经痛的典型病例，一般可诊断。非典型患者应依据实验室检查而确诊。

【治 疗】

（一）一般治疗

水痘、带状疱疹一旦诊断就应对患者按规定进行隔离。有发热者应卧床休息，并给予容易消化的食物和供给充足水分。对患者加强护理，注意保护皮肤并避免搔抓疱疹处，保持其清洁，以防继发感染。

（二）对症治疗

对高热者可用物理降温，若效果不明显者可用阿司匹林、布洛芬等退热药物。对痒明显者可用扑尔敏等抗过敏处理，一般不用糖皮质激素抗过敏治疗。对带状疱疹疼痛者可用贝诺酯、吲哚美辛、布洛芬等止痛；也可用维生素 B_{12}，疗程为 10 d。

（三）局部治疗

对皮肤瘙痒者可用炉甘石洗剂外涂擦，疱疹破裂者可涂擦龙胆紫、阿昔洛韦、抗生素软膏等。

（四）抗病毒治疗

对水痘、带状疱疹患者，早期进行抗病毒治疗可控制皮疹发展，加速病情恢复。因此，可在皮疹出现 24 h 内，首选阿昔洛韦，每天分次口服，疗程为 10 d。也可选用阿糖腺苷和干扰素进行抗病毒治疗。

（五）防治并发症

若继发细菌感染，应及时、尽早选用抗生素进行预防感染。若出现脑炎、脑水肿，应采取脱水等治疗。

【预 防】

水痘、带状疱疹预防的主要措施：①注意空气流通。阴雨天气是水痘病毒特别活跃的时候，应注意保持环境整洁，空气流通。在学校寝室、教室、图书馆等场所应加强通风、换气，保持阳光充足。②注意隔离。水痘病人在出疹期要严格隔离，直到皮疹全部结痂为止（24 d 左右）。③增强免疫力。可接种水痘疫苗以增强免疫力，它是预防和控制水痘的有效手段；对于免疫功能低下和使用免疫抑制剂治疗者及孕妇并有接触史的，可用丙种球蛋白或带状疱疹免疫球蛋白来达到预防。④养成良好的卫生习惯。做到勤洗手，保持皮肤清洁，尽可能减少皮肤的破溃，防止继发感染。

（蔡晓丽）

第五节 细菌性痢疾

细菌性痢疾（简称菌痢）是指由痢疾杆菌引起的，主要以腹痛、腹泻、排黏液血脓便伴里急后重等为临床表现的急性传染病。

细菌性痢疾主要通过消化道传播，可通过手、食品、水源、生活接触，或苍蝇、蟑螂等间接方式传播。传染源为痢疾患者和带菌者。人群对细菌性痢疾普遍易感，而感染后又无长久免疫力，再加上痢疾杆菌有不同菌群且不同血清型间无交叉免疫，因此易引起再感染而多次发病。本病以夏秋季节多见，以儿童、中青年高发。

【临床表现】

菌痢潜伏期常为数小时~7 d，一般为1~3 d。临床上常将其分为急性期和慢性期。

（一）急性期

人体摄入被痢疾杆菌污染的食物后1~2 d即发病。痢疾杆菌使人体结肠黏膜糜烂、坏死，出现黏液脓血便和腹痛等肠道表现，还可产生内、外毒素并引起全身中毒症状。因此，依据严重程度分为轻型、普通型、重型和中毒型四种类型。

1. 轻型

一般无中毒症状，腹痛、腹泻较轻，腹泻一天不超10次，大便为黏液样而无脓血，病程3~6 d。常易误诊为肠炎。

2. 普通型

起病多较急，常有畏寒发热，体温可达39℃，先呕吐而后阵发性腹痛、腹泻，腹泻每天可达10次以上，大便量少，可为黏液脓血，常伴里急后重，病程为1~3周。

3. 重型

常有中毒症状且严重，起病急骤，高热，四肢寒冷，呕吐，腹痛剧烈，腹泻，大便频繁并常每天达10次以上，常为黏液脓血便，伴里急后重明显，全腹可有压痛且以左下腹为重，可有谵妄、惊厥、意识模糊、血压下降、休克。

4. 中毒型

起病急骤，高热40℃，面色青灰，精神萎靡，四肢厥冷，神志不清，昏迷，呼吸浅表，迅速发生周围循环衰竭（休克型）或呼吸衰竭（脑型），或二者兼有之（混合型），但不一定有腹泻。以重度毒血症、休克和中毒性脑炎为主要症状，而腹泻、呕吐不一定严重，出现较晚。如果不及时诊治，死亡率很高。

（二）慢性期

以胃肠道症状为主，中毒症状较轻或无，主要表现为腹痛，腹泻，每日3~5次，大便可有黏液或带血丝，腹泻与便秘交替出现，病程超过2月以上者称为慢性期。

【辅助检查】

（一）血常规检查

急性菌痢白细胞数增加，中性粒细胞增加；慢性菌痢可有Hb降低。

（二）大便常规

可见脓细胞或白细胞、少量红细胞和巨噬细胞。

（三）大便培养

可见痢疾杆菌，对确诊有价值。

(四) 乙状结肠镜检查

可直接发现肠腔病变，仅适用于慢性菌痢病人。

【诊断】

流行季节有腹痛、腹泻及脓血样便者，应考虑菌痢的可能；若大便镜检和（或）细菌培养（+），可确诊。

【治疗】

(一) 一般治疗

及时发现并进行有效隔离，密切观察生命体征，适当休息或卧床休息，饭前便后及时洗手，注意饮食和饮水的卫生情况。

据情况禁食或流质及半流质饮食，忌食生冷、油腻、粗纤维、浓肉汤、易产气性和刺激性食物；急性菌痢应以易消化的流质、半流质饮食为主并持少量多餐、清淡、无渣、稀软的饮食；中毒性菌痢应以易消化的流质饮食为主并以高糖、高蛋白质、低脂肪、低渣膳食；慢性菌痢应以易消化、营养丰富的饮食。

(二) 对症治疗

对症给予物理或药物降温、解痉止痛、补液支持等治疗。中毒性菌痢应控制高热与惊厥、抗休克、防治脑水肿与呼吸衰竭。

(三) 急性菌痢的治疗

应根据经验或药敏试验选择抗生素进行抗感染治疗。可选择诺氟沙星、培氟沙星、氧氟沙星、环丙沙星等喹诺酮类和复方磺胺甲噁唑、阿莫西林、头孢曲松等抗生素，注意药物的剂量和疗程及副作用等。

(四) 中毒性菌痢的治疗

1. 抗感染治疗

同急性菌痢的治疗。

2. 控制高热与惊厥

高热者给予物理降温和退热药。伴惊厥者可采用亚冬眠疗法。

3. 循环衰竭的治疗

可采取扩充有效血容量、纠正酸中毒、强心、解除血管痉挛、维持酸碱平衡和应用糖皮质激素等治疗。

4. 防治并发症

保持呼吸道通畅，吸氧，严格控制入液量，应用甘露醇或山梨醇进行脱水，以防治脑水肿、呼吸衰竭等并发症。

(五) 慢性菌痢的治疗

可两种抗菌药物联合应用，其剂量足、疗程够。对肠道黏膜病变久而不愈者，可采用保留灌肠疗法。对体质虚弱者，可适当使用免疫增强剂。

【预防】

采用以切断传播途径为主的综合预防措施：①管理传染源。彻底治疗和隔离病人及带菌者。②切断传播途径。做好个人及环境卫生，注意饮食及饮水卫生。③保护易感人群。口服含福氏和宋内志贺菌"依链"株的 FS 双价活疫苗科，刺激肠黏膜产生特异性分泌型 IgA。对同型志贺菌属的攻击保护率约为 80%，免疫力可维持 6~12 个月，但与其他菌型间无交叉免疫。

（殷燕平）

第六节 艾滋病

艾滋病是由人类免疫缺陷病毒（HIV，即艾滋病病毒）感染引起的严重传染病。本病因免疫系统遭受 HIV 的毁灭性打击，免疫功能遭到破坏而逐日低下，最终可导致一系列机会性感染和恶性肿瘤。我国传染病防治法中将其列为乙类传染病，属于性传播疾病。

【流行现状】

1981 年 6 月 5 日，美国发现首例艾滋病病例；1982 年，世界卫生组织正式将此病命名为"获得性免疫缺陷综合征"（acquired immunodeficiency syndrome，AIDS，简称"艾滋病"）。据联合国艾滋病规划署（UNAIDS）报道，2012 年，全球估计有 3 530 万人艾滋病感染者，当年新发感染 230 万人，艾滋病相关死亡 169 万人。我国自 1985 年报告首例艾滋病病人以来，截至 2016 年年底，全国报告现存活艾滋病病毒（HIV）感染者/HIV 病人超过 66 万例，报告死亡 20 余万例。艾滋病传播速度快，死亡率高，已经严重威胁人类的健康。

据联合国艾滋病规划署发布的报告介绍，截至 2010 年年底，15～24 岁的年轻 HIV 感染者占新感染成年人的 40%。近年来，我国艾滋病病例报告系统中每年报告的青年学生例数逐年增多。截至 2014 年年底，全国报告存活的青年学生病例占全国存活总数的 1.4%，大学生已成艾滋病防控重点。

【传染源】

HIV 存在于人的体液中，其中血液、精液、乳液、阴道分泌液含量高，每毫升 100 万～1 000 万个；唾液、泪液、尿液、汗液、痰液含量低，每毫升 10～100 个，一般不构成传染。艾滋病病毒感染者、抗-HIV 阳性的无症状病毒携带者和病人是本病的传染源。

【传播途径】

任何导致破损创口直接接触血液、精液和阴道分泌物的行为或方式都可以使人传染上 HIV。性传播是艾滋病的主要传播途径，除此之外，还有血液传播（如输血与应用血制品及不洁的注射）、母婴传播（母婴垂直传播）、其他（如人工授精、器官移植、医务人员的意外针刺等）等，静脉滥用毒品（指多次反复共用污染的注射器具，如针头与注射器而感染）是我国目前 HIV 传播的主要原因。

人群普遍易感，艾滋病感染的高危人群为男性同性恋、多性伴者、静脉注射吸毒者、反复接受血液及血制品者。

【临床表现】

从感染 HIV 到发展为艾滋病，临床上常分为急性 HIV 感染期、无症状 HIV 感染期和艾滋病三个阶段。

（一）急性 HIV 感染期

常在接触 HIV 后 2～6 周，急性起病，可出现发热、皮疹、淋巴结肿大、肌肉关节痛等全身症状，也可出现无菌性脑膜炎或外周神经病变，数天到 2 周症状消失而常被忽视。此期可查 P24 抗原和病毒 RNA，但 2～6 周抗-HIV 才为阳性而具有传染性。

（二）无症状 HIV 感染期

无症状 HIV 感染期又称为临床潜伏期，平均为 8～10 年，长可至 20 年。此期一般无特殊临床表现，但部分可出现持续性浅表淋巴结无压痛、粘连、可活动、可缩小或消失的肿大并持续 3 月以上。此期可检出 HIV、HIV 抗体、P24 抗原，具有传染性。

(三) 艾滋病

患者可出现发热、腹泻、体重下降、全身浅表淋巴结肿大等临床表现，通常还会合并各种条件性感染（如口腔念珠菌感染、卡氏肺囊虫肺炎、疱疹病毒感染、肺结核等）和肿瘤（如卡波西肉瘤、淋巴瘤等），部分中青年患者可能出现痴呆。未经治疗者在进入此期后的平均生存期为1~2年。

【实验室检查】

(一) 血常规检查

可有不同程度的贫血和白细胞计数及血小板降低。

(二) 免疫学检查

可有淋巴细胞及T淋巴细胞绝对计数下降，$CD4^+T$淋巴细胞计数下降，免疫球蛋白升高。

(三) 血清学检查

HIV抗体或HIV抗原出现阳性，主要检查P24抗原和GP120抗体。

(四) HIV检查

可有HIV阳性，对诊断有价值。

【诊 断】

本病主要通过临床表现和实验室检查进行确诊。

(一) HIV感染者

HIV感染者经受检，血清酶联免疫吸附试验（ELISA）、免疫酶法或间接免疫荧光试验（IF）检查均为阳性，再经确诊试验和蛋白印迹法（Westem blot）检查为阳性便可确诊。

(二) 确诊病例

(1) HIV抗体为阳性，且具备下列其中一项者，可确诊：①近期内（3~6个月）体重减轻10%以上，并持续发热1个月以上且体温达38℃；②近期内（3~6个月）体重减轻10%以上，并持续腹泻一个月以上且每日达3~5次；③伴发卡氏肺囊虫肺炎（P.C.P）；④伴发卡波西肉瘤（KS）；⑤有明显的霉菌或其他条件致病菌感染。

(2) HIV抗体为阳性，有体重减轻、发热、腹泻症状并接近上述标准，且具下列一项者，可确诊：①CD4/CD8（辅助/抑制）淋巴细胞计数比值<1，CD4细胞计数下降；②全身淋巴结肿大；③有明显的中枢神经系统占位性病变症状和体征，并出现痴呆，辨别能力丧失，或运动神经功能障碍。

【治 疗】

本病目前尚无特效疗法。常用治疗方法有：

(一) 抗HIV治疗

目前抗HIV的药物可分为三类：

1. **核苷类逆转录酶抑制剂**

(1) 齐多夫定（ZDV）列为首选药物。每晚1次，顿服，常见不良反应主要有骨髓抑制和恶心、头痛、乏力、药物热、皮疹、肌炎等。

(2) 双脱氧胞苷（DDC）和双脱氧肌苷（DDI）。可使$CD4^+T$细胞升高，不良反应为可诱发周神经炎、腹泻、口腔炎或胰腺炎等，对骨髓抑制比AZT轻。

(3) 拉米夫定（LAM）和司他夫定（d4T）。

2. 非核苷类逆转录酶抑制剂

可用奈韦拉平（NVP）和依非韦伦（EFV）。

3. 蛋白酶抑制剂

具有阻断 HIV 复制和成熟过程中的蛋白质合成的作用。常用药物有利托那韦（RTV）、吲哚那韦（IDV）、沙奎那韦（SQV）和奈非那韦（NFV）等。

在临床治疗中常主张联合用药，以降低病毒耐药性的出现。

（二）免疫调节治疗

应用基因重组 IL-2 使受损的免疫细胞及其功能恢复或接近正常。常与抗病毒药物同时联合应用，有利于改善免疫功能。

（三）对症治疗

加强营养，适当多摄入含维生素 B_{12} 和叶酸丰富的食物并适当补充维生素 B_{12} 和叶酸制剂；据情况输血、淋巴细胞或进行骨髓移植；还可进行心理治疗；若有忧郁或绝望的情绪可适当进行精神治疗等。

【预防措施】

艾滋病的预防措施主要有：①学会识别风险。不使用未经严格消毒的注射器；不与他人共用注射器、剃须刀；不使用未经严格消毒的器具进行文身、文眉等美容操作。②远离毒品。特别是新型合成毒品（冰毒、摇头丸、K 粉等）可刺激或抑制中枢神经活动，刺激性行为发生或导致易受性暴力侵害，增加感染 HIV 的风险。③安全的性行为。坚持每次正确使用安全套，可有效预防艾滋病、性病的感染与传播；选择质量合格的安全套，确保使用方法正确；只与一个性伴发生性行为可以减少艾滋病的传播。④学会寻求帮助。发生高危行为后（共用针具吸毒/无保护性行为等），应该主动进行艾滋病检测与咨询，做到早发现、早诊断、早治疗。各区县的疾病预防控制中心或二级以上医院均可进行艾滋病自愿咨询检测。⑤学会拒绝。拒绝毒品、拒绝不安全性行为、拒绝与行为偏差的人群交往过密、拒绝前往卫生堪忧的文身店、拒绝接受检验存疑的血液制品。⑥开展艾滋病宣教。运用广播、电视、报纸、书籍、讲座、墙报等多种形式对学生开展有关艾滋病的宣传教育，普及其相关知识，使学生正确认识艾滋病的传播方式、严重性及对人类的危害性，防止 HIV 传播、感染。⑦对高危人群开展监测。定期对注射药瘾患者、性乱者、性病患者、艾滋病人、HIV 感染者的密切接触者和医护人员等开展监测检查。

（杨文婷）

第七节 淋 病

淋病是由淋病奈瑟菌（简称淋球菌，为革兰阴性双球菌）引起的以泌尿生殖系统为主的化脓性炎症，以尿急、尿痛和尿道有黏液、脓性、脓血性分泌物为主要表现的性传播疾病。淋病具有传染性强、潜伏期短的特点。目前淋病在全世界有明显上升的趋势，在我国性传播疾病中居第二位，以性活跃的青年男女多见。

【临床表现】

患者常有多性伴、不安全的性行为和性伴感染、与淋病患者密切接触史。

男性常在 3~5 d 后出现尿道灼热、不适感、尿痛、尿急，尿频；可有尿道口灼痒、红肿及外翻，龟头及包皮红肿显著，尿道分泌物开始为稀液性，以后出现脓性或脓血性分泌物。重者可出现淋菌性附睾炎、精囊腺炎、前列腺炎等并发症。

女性初期可无症状，或经 3~5 d 后出现外阴、会阴和肛周红肿，阴道疼痛、不适、痒炎及阴道脓性分泌物增多，子宫颈充血、红肿，尿道口充血伴触痛等。重者可出现淋菌性子宫内膜炎、输卵管炎、输卵管卵巢脓肿、盆腔脓肿、盆腔腹膜炎等并发症。

男、女性还可出现其他部位淋菌性直肠炎、结膜炎、咽炎、播散性淋病等并发症。

【辅助检查】

（一）镜检法

对男性尿道分泌物检查为革兰阴性双球菌可诊断。

（二）培养法

对男、女性尿道分泌物和女性阴道分泌物及各种临床标本检查为革兰阴性双球菌可确诊，是其诊断的"金标准"。

【诊断】

依据临床表现和（或）有多性伴、不安全的性行为和性伴感染、与淋病患者密切接触史可诊断；若男性尿道分泌物镜检和（或）培养为革兰阴性双球菌可确诊；女性尿、阴道分泌物培养为革兰阴性双球菌可确诊。

【治疗】

治疗原则：一是早确诊；二是及时、正确、足量、规则、全面治疗；三是依据病情治疗；四是注意合并沙眼衣原体感染的治疗；五是性伴侣的治疗；六是治疗期间和之后应随访。

（一）一般治疗

注意休息，注意阴部局部卫生，适当多饮水、勤排尿，治疗期间禁止性行为。

（二）抗感染

1. 对于无并发症淋病

可用头孢曲松、大观霉素或头孢噻肟治疗。如果合并沙眼衣原体感染，应加上抗沙眼衣原体感染药物治疗。

2. 对于有并发症淋病

可用头孢曲松、大观霉素或头孢噻肟治疗淋菌性附睾炎、精囊炎、前列腺炎，共 10 d。对子宫内膜炎、输卵管炎、输卵管卵巢脓肿、盆腔脓肿、盆腔腹膜等，可用头孢曲松、大观霉素或头孢噻肟，门诊治疗，共 14 d；同时加用甲硝唑治疗 14 d。

3. 对性伴的治疗

对在症状发作期间或确诊前 2 个月内与患者有过性接触的所有性伴，应做淋球菌和沙眼衣原体感染的检查和治疗；对在症状发作前或诊断前 2 个月之前与患者有过性接触的所有性伴，只对最近一个性伴给予检查治疗。

目前青霉素类、四环素类、氟喹诺酮类药物已不作为治疗淋病的药物。

淋病的治愈标准为在无性接触史情况下，治疗结束后且 2 周内，患者症状和体征全部消失，在治疗结束后的 4~7 d 内从患者的患病部位取材并做淋球菌复查而结果为阴性。

【预防】

预防淋病应做到：①进行性健康教育，避免非婚性行为；②提倡安全性行为，推广使用安全套；③注意隔离消毒，防止交叉感染；④认真做好病人性伴的随访工作，及时进行检查和治疗；⑤执行对孕妇的性病检查和新生儿预防性滴眼制度，防止新生儿淋菌性眼炎；⑥对高危人群应定期检查，及时发现感染者和患者，消除隐匿的传染源，切断淋病传播途径；⑦教育并要求患者和性伴在有症状时或在治疗期间而未痊愈前避免发生性行为。

（陈善喜）

第八节 疥 疮

疥疮是由于人体感染疥虫引起的一种以皮肤瘙痒且夜间为重、疥疮结节为主要表现的接触性传染性皮肤病。疥疮主要是人体与疥螨密切接触或接触有疥螨的衣服、内衣、毛巾而引起传染，容易在家庭及集体中传播，潜伏期1个月左右。

【临床表现】

患者初期为手指间、手腕屈侧、腋前缘、乳晕、脐周、阴部和大腿内侧的皮肤剧烈瘙痒、夜间奇痒，随后可见有米粒大红色丘疹、水疱、丘疱疹、脓疱、隧道（呈灰色或浅黑色弯曲线，长0.5~1 cm，顶端与丘疹和水疱相接，可成湿疹样变或苔藓变化）、红褐色结节性（疥疮结节）。

【辅助检查】

实验室检查刮取患者丘疱疹或隧道内标本，通过显微镜检查可见疥虫或疥卵。

【诊 断】

根据患者接触史和局部表现一般可诊断，发现疥虫或疥卵可确诊。

【治 疗】

疥疮的治疗主要采取局部治疗的原则，一般不全身治疗。

（一）局部治疗

局部治疗以杀虫为主，可用10%~20%硫黄软膏（成人以10%及以上为佳）或20%苯甲酸苄酯从颈部以下的皮肤涂擦，尤其应注意指间、腕部、肘部、腋窝、乳房、臀部及外阴部等好发部位，每天早晚各1次，连续3 d为一疗程，必要时做第2疗程。

局部治疗应注意：①擦药前要先洗澡、换衣；②在擦药一个疗程期间不洗澡，不换衣；③每一疗程结束后，先洗澡换衣，换下衣褥及被单等物可用水煮、浸入杀菌药液或日晒，以彻底消灭疥虫和虫卵；④在治疗后，自觉不痒，应观察1~2周才能确定是否完全康复，因疥虫卵需10 d左右才能变成成虫而引起发病，若无新皮损发生，才能认为痊愈；⑤婴、幼、儿童应用5%硫黄软膏或5%苯甲酸苄酯；⑥可疑患者或同室居住者进行同步治疗，以根绝传染源；⑦避免饮酒和食辛辣、刺激的食物。

（二）全身治疗

对疥疮伴痒严重且影响休息者，可用抗过敏药物止痒；对并发感染者，可根据情况给予抗生素进行抗感染治疗，以防并发症发生。

【预 防】

疥疮的预防要做到：一是加强卫生宣传，提高大学生对疥疮的认识，养成良好的个人卫生习惯，切断传播途径；二是患者及同室居住者应彻底做一次室内和个人卫生，烫洗或暴晒衣服、被褥、枕头等，注意个人卫生并保持自用脸盆、水桶、毛巾等并避免相互影响或传染，保持居室环境干净、整洁，养成良好的卫生习惯。

（蔡晓丽）

第九节　手足癣

手足癣是指发生于掌、跖与指、趾间皮肤的浅部真菌感染。致病菌主要有红色毛癣菌、须癣毛癣菌和絮状表皮癣菌。

【临床表现】

手足癣患者可见在趾间、足跖及其侧缘，反复出现针头大小丘疱疹及疱疹，呈聚集或散在，壁厚发亮，伴瘙痒，疱干后脱屑而呈小的领圈状或大片形状，不断脱落而又不断发生，病情稳定时常以脱屑表现为主。也可见在第四、五趾间，角质层发白、松软，剥脱露出红色糜烂面或蜂窝状基底。若继发感染，可并发急性淋巴管炎、淋巴结炎和丹毒等。还可见在足跟、足跖及其侧缘，角质层增厚、粗糙、脱屑、干燥，冬季易发生皲裂，自觉痒轻微等。

【辅助检查】

病原体检查可见真菌，对诊断有价值。

【诊　断】

根据临床表现一般可诊断。若病原体检查见真菌，可确诊。

【治　疗】

治疗的原则以局部治疗为主，一般不全身用药。局部可用复方水杨酸酊剂、复方苯甲酸软膏、复方间苯二酚涂剂、1%克霉唑霜、20%土槿皮酊、2%咪康唑霜、酮康唑软膏等外涂药物。若继发或并发感染，可应用抗生素进行抗感染治疗。

【预　防】

手足癣的预防措施：①对患者应进行局部抗真菌治疗，要尽量避免与别人接触而引起传染；②患手足癣者不要搔抓，以免鳞屑飞扬，引起自身手部感染或传染他人；③应注意避免接触患者或接触患者用过的浴盆、毛巾、鞋袜等；④加强健康教育，学习手足癣的基本知识，以防止其传染，避免相互传染；⑤注意个人卫生、集体卫生和环境卫生，防止真菌生长、繁殖；⑥不与他人共用浴巾、浴盆、鞋袜等；⑦常洗双足和鞋袜，经常扑撒足粉，保持足部干燥与清洁卫生。

（蔡晓丽）

第十节　急性出血性结膜炎

急性出血性结膜炎（AHC），又称流行性出血性结膜炎（俗称红眼病），是主要由新型肠道病毒70型或柯萨奇病毒A24型引起的，以结膜明显充血、脓性或黏液脓性分泌物、有自愈倾向为主要临床表现特征的急性流行性眼病。它是近几十年来世界爆发流行的一种新型急性病毒性眼病。

该病的主要传染源为急性期病人，在急性期眼分泌物中含有大量病毒且有传染性，但一般症状消失后便无传染性。急性出血性结膜炎主要通过密切接触，共用毛巾、脸盆等或经水传播而受感染。

【临床表现】

本病的潜伏期短，一般接触传染源后2~48 h内可出现眼不适、发红、刺激感、刺痛、烧灼感、畏光、流泪、眼睑水肿，球结膜颞上、颞下近穹隆部充血严重，全部球结膜呈鲜红色，眼分泌物逐渐增多，呈水样、浆液性、脓性、黏液脓性、淡红的血性等，一般渐渐减轻而自愈，自然病程1～2周，不影响视力，一般无后遗症。

【辅助检查】

（一）病毒检查

眼部病毒分离阳性且鉴定为肠道病毒70型或柯萨奇病毒A24型，或为腺病毒。

（二）眼部分泌物检查

可见肠道病毒70型或柯萨奇病毒A24型的抗原。

（三）抗体检查

可见血液中有肠道病毒70型或柯萨奇病毒A24型或腺病毒的抗体IgM，或眼分泌物可见IgA抗体阳性。

（四）抗体IgG检查

血清中上述任何一种病毒IgG抗体滴度恢复期比急性期升高且达4倍以上或抗体阳转。

【诊　断】

诊断方法有以下两种：

（1）对有急性起病，出现眼睑红肿、结膜充血、球结膜水肿、出血等，但全身症状不明显者，可怀疑急性出血性结膜炎。

（2）对有临床表现、有与急性出血性结膜炎接触病史、本地又有急性出血性结膜炎流行，并具备辅助检查中结果阳性之一，可确诊。

【治　疗】

目前对急性出血性结膜炎尚无特殊有效的方法，仅做局部预防性处理。

（一）休息

患者应休息以利于隔离与康复。抗生素滴眼剂仅用于预防细菌感染。

（二）抗病毒

局部可用吗啉双胍、羟苄唑、三氮唑核苷、利巴韦林等抗病毒眼液，对某些病毒株有抑制作用，可缓解症状。

（三）抗生素

抗生素（如磺胺药）对本病无疗效，仅在继发感染或预防感染时局部应用抗生素，可选择0.25%氯霉素、0.5%～1.0%红霉素液或金霉素眼膏等局部应用而预防感染。

【预　防】

急性出血性结膜炎的预防：①加强卫生宣传，普及卫生知识，提高大学生自我保健能力；②患者应隔离治疗1周，少到公共场所活动，所有用具最好洗净、晒干后再用，并做好分盆、分巾，保持手的清洁卫生；③应做好个人卫生和预防措施，避免接触患者。

（蔡晓丽）

第十一节　沙　眼

沙眼是由沙眼衣原体引起的一种慢性传染性结膜、角膜炎，因其在睑结膜表面形成粗糙不平的外观，形似沙粒，故名沙眼。本病的病变过程：早期结膜有浸润，如乳头、滤泡增生，同时发生角膜血管翳；晚期由于受累的睑结膜发生瘢痕，以致眼睑内翻畸形，加重角膜的损害，可严重影响视力，甚至失明。

【临床表现】

沙眼的潜伏期为5~14 d，一般双眼患病，多发生于儿童或青少年。

轻者病变仅累及结膜，可完全无自觉症状或仅有轻微的刺痒、异物感、少量分泌物。重者病变累及角膜，可有怕光、流泪、疼痛等刺激症状和视力减退。严重者可有睑内翻、倒睫、角膜溃疡、眼球干燥、视力严重下降、失明等。

急性沙眼期可见睑红肿，结膜高度充血，睑结膜粗糙不平而呈沙样，上下穹隆部结膜满面滤泡，伴发弥漫性角膜上皮炎和耳前淋巴结肿大。

沙眼慢性期可见结膜轻度充血，结膜污秽且肥厚，乳头增生，滤泡形成且大小不等、呈胶样，以上穹隆及睑板上缘结膜明显，严重者病变甚至可累及半月皱襞而形成角膜血管翳（它是由角膜缘外正常的毛细血管网，越过角膜缘进入透明角膜，影响视力，并逐渐向瞳孔区发展，伴有细胞浸润及发展为浅的小溃疡，痊愈后可形成角膜小面）。

我国将沙眼分期为三期：

① Ⅰ期（活动期）。乳头和滤泡病变并存，上穹隆结膜组织模糊不清，有角膜血管翳。

② Ⅱ期（退行期）。从瘢痕开始形成至大部分变为瘢痕，仅残留少许活动性病变为止。

③ Ⅲ期（完全结瘢期）。活动性病变完全消失，代之以瘢痕，无传染性。

【辅助检查】

病原学检查

1. 直接镜检法

睑结膜刮片直接镜检可见衣原体包涵体，是最常用的筛选方法，可用于高危人群的筛选。

2. 细胞培养法

可见沙眼衣原体，是沙眼检测衣原体的"金标准"。

【诊 断】

根据睑结膜充血、血管模糊、乳头肥大、滤泡形成等主要见于睑板部上缘，或上穹窿部及内、外眦部的临床表现，一般可诊断。若检查见角膜上缘有血管翳，上睑结膜、上穹隆部出现瘢痕，睑结膜刮片见包涵体或培养分离出沙眼衣原体，可确诊。

【治 疗】

（一）全身治疗

对急性期或严重的沙眼，成人可口服磺胺制剂、大环内酯类、氟喹诺酮类等，连续服用7~10 d为一疗程，停药1周，可再服用2~4个疗程，同时应注意药物的副作用。

（二）局部治疗

可用0.1%利福平眼液、诺氟沙星眼液、红霉素眼膏滴眼，每日滴眼3~6次，晚上用眼膏而白天用眼液，持续1~3个月，效果较好。

（三）手术治疗

适合于严重的内翻倒睫、乳头增生严重的沙眼并发症的治疗。

（蔡晓丽）

第十二节 新型冠状病毒肺炎

由新型冠状病毒引起的以发热、乏力、干咳为主要肺部表现的疾病称为新型冠状病毒肺炎，简称为新冠肺炎（COVID-19）。

【新型冠状病毒】

新型冠状病毒属冠状病毒属的具有囊膜、基因组为线性的单股正链 RNA，在自然界中广泛存在，因病毒的外表存在许多小小的突起（棘突）而形似花冠得名，简称新冠病毒（2019-nCoV）。新冠病毒和人冠状病毒性质相似，在37℃下数小时即可丧失感染性，对热敏感，不耐高温，在56℃下30分钟、75%的酒精、过氧乙酸、含氯消毒剂（氯己定除外）都能够有效地杀灭新型冠状病毒。

【传染源】

目前认为新冠肺炎的传染源为新冠肺炎患者和病原携带者。新型冠状病毒潜伏期约10天（1~14天），潜伏期也具有传染性。

【传播途径】

新冠状病毒可经飞沫（咳嗽、打喷嚏、说话等产生的飞沫直径大于5微米，在1米内可传染）、接触和空气（气溶胶）三种主要途径传播。

【临床表现】

新冠肺炎以发热（腋下体温≥37.3℃）、乏力、干咳为主要肺部临床表现，少数患者伴有鼻塞、流涕、腹泻等症状。早期新肺炎患者可表现为头痛、鼻塞、打喷嚏、咳嗽等症状，与普通感冒或流感类似但有明确区别。伴有基础性疾病、年龄大的患者容易发生重症和死亡。新冠肺炎的防治是以预防为主，治疗为辅。目前治疗还没有特效药物，主要靠机体抵抗能力和支持疗法等措施。预防就是根据控制传染源、切断传播途径、保护易感人群采取新冠肺炎防控促进策略的措施，隔离观察是重要的有效措施。若出现疑似症状［发热、咳嗽、气促等急性呼吸道感染症状］者应首先自我隔离并尽快就诊。密切接触者（指从疑似病例和确诊病例症状出现前2天开始，或无症状感染者标本采样前2天开始，未采取有效防护与其有近距离接触（1米内）的人员］和可疑暴露者必须进行隔离观察14天。

【预防】

防疫新冠肺炎：从我做起，积极防疫，主动自我防护，点面到位，做好细节。

1. 少外出少聚集。避免去疾病正在流行的地区，尽量在家休息，减少走亲访友和聚餐，减少或避免到人员密集的公共场所，若前往公共场所应保持"一米线"的间距，避免扎堆。

2. 正确佩戴口罩。外出时，正确佩戴医用口罩或N95口罩，应避免近距离（1米内）与其他人接触。

3. 正确勤洗手。①减少接触公共场所的物品及部位；②打喷嚏或咳嗽时，应用手肘衣服遮住口鼻；③在外出回来、咳嗽手捂之后、饭前便后、到岗位后、到电梯或餐厅后和触摸面部（鼻孔或眼睛）前等应洗手；④正确洗手，应用洗手液或肥皂六步法（内：掌心相对，手指并拢，相互揉搓；外：手心对手背沿指缝相互揉搓，交换进行；夹：掌心相对，双手交叉指缝相互揉搓；弓：弯曲手指使指关节在另一手掌心旋转揉搓，交换进行；大：右手握住左手大拇指旋转揉搓，交换进行；立：将五个手指尖并拢放在另一手掌心旋转揉搓，交换进行；其洗手时间不得少于30秒，最后用餐巾纸或烘干机擦干双手。）流水洗手或者用含酒精成分的免洗手液洗手，可以有效切断病毒的传播途径。

4. 保持良好的卫生和健康习惯。①居室勤开窗，常通风，每日通风 2~3 次，每次不少于 30 分钟。②家庭成员不共用毛巾，保持家居、餐具清洁，勤晒衣被。③不随地吐痰，口鼻分泌物用纸巾包好，弃置于有盖垃圾箱内。④做好室内外环境清洁卫生，必要时用含氯消毒剂（氯己定除外）和过氧乙酸消毒并达 30 分钟。⑤注意合理营养，多吃新鲜蔬菜水果，动物食品要熟透，养成"一米线""公筷（勺）""分餐分食"就餐习惯，不食用野味，增强抵抗力。适度运动，做适合自我练习的活动，增加免疫力。⑥不要接触、购买野生动物（即野味），尽量避免前往售卖活体动物（禽类、海产品、野生动物等）的市场。

5. 健康监测与就医。①主动做好个人与家庭成员的健康监测，自觉主动测量体温。②若出现发热、咳嗽、咽痛、乏力等可疑症状，应主动戴口罩，自觉隔离并及时就医。

（陈善喜）

思考题

1. 传染病的基本特征是什么？
2. 传染病的传播途径、基本环节有哪些？
3. 甲类传染病的报告时间是多少？
4. 非典、禽流感的报告时间是多少？
5. 肺结核的原因包括哪些？
6. 肺结核的呼吸系统主要症状有哪些？
7. 抗结核的初期治疗和复治包括什么？
8. 肺结核的营养治疗原则是什么？
9. 病毒性肝炎的概念是什么？有哪些类型？
10. 如何诊断和预防乙型肝炎？
11. 比较甲、乙型肝炎的特点。
12. 水痘、带状疱疹有什么临床表现？如何预防？
13. 细菌性痢疾有什么临床表现？如何预防？
14. 艾滋病的传播途径和预防措施有哪些？
15. 日常生活接触会感染艾滋病吗？
16. 淋病的概念和诊断依据是什么？治疗原则是什么？有哪些药物？
17. 疥疮是如何产生的？如何预防？
18. 手足癣有什么临床表现？如何治疗？
19. 急性出血性结膜炎有什么临床表现？如何预防？
20. 沙眼有什么临床表现？如何进行局部治疗？

第九章

急 救

 学习目标

1. 掌握急救的概念、目的、意义和急救的原则;
2. 掌握 ABBCS 法伤情评估的内容、外伤急救原则;
3. 掌握心肺复苏的概念、时机、内容、流程和胸外心脏按压及口对口人工呼吸有效指标;
4. 熟悉心肺复苏有效指标和终止指征;
5. 掌握外伤救护四项基本技术内容、指压止血法和止血带止血法操作、伤口包扎原则;
6. 熟悉止血方法、临床表现、搬运方法及注意事项。

第一节 急救概述

随着社会、经济和科技高速发展,意外伤害事件(如交通事故、火灾等)、自然灾害事件(如地震、泥石流、海啸等)、突发事件(如创伤、中毒、溺水、电击等)等时有发生,威胁着大学生的生命和健康,这就需要"第一目击者"对其进行急救。因此,"第一目击者"应具有急救意识,具备急救知识与技能,能及时、有效地实施急救措施,这样可以最大限度地挽救生命,减少伤残。

大学生是祖国的未来,应充分发挥"第一目击者"的作用,迅速有效地进行现场急救,为院内急救赢得宝贵时间,降低死亡率。

一、急救的概念、目的及意义

急救就是指当有意外伤害事件、自然灾害事件、突发事件、急病等发生时,"第一目击者"在医护人员到达前,利用现场当时的条件,应用急救知识与技能,按照医学救护的原则,及时有效地为伤病员进行救援或救治,等待医务人员到达或从速送往医院。

急救的目的及意义就是"第一目击者"在现场、在"救命的黄金时刻"(又称为"黄金四分钟")对伤员实施有效急救措施,尽早让伤员脱离或撤离危险现场以避免二次或次生伤害,稳定其生命体征(体温、呼吸、心跳、血压)以挽救生命,防止伤势恶化(伤口的包扎、骨折的固定等)并减轻痛苦和伤残,保障急救的持续性并为医疗救治提供准备和基础,为伤病员减少并发症,为高危重伤病员的生存率赢得最关键的抢救"黄金时间",提高抢救

效果。

因此，救人应在一念之间，救命应有一技在身。

二、急救的原则

急救的首要任务是抢救生命。要达到急救的目的，抢救伤病员的生命，就应遵循一定的原则。急救的原则是：先救命，防再损伤，尽早转送。

1. 先救命

应判断伤病员是否有生命危险。急救者应争分夺秒，时间就是生命，迅速判断伤员受伤情况、有无致命伤（头、胸、腹、脊柱）、有无危及生命、有无生命体征、有无呼吸心跳。若呼吸心跳骤停，应立即对其实施心肺复苏。

2. 防再损伤

稳定生命体征，排除危及生命情况。伤病员若无致命伤，急救者应根据其病情并充分运用现场可供支配的人力、物力（如手帕、衣服、毛巾、木棍、笔等）采取相应处理措施，如应用外伤救护"四项基本技术"（止血、包扎、固定、搬运）对外伤情况进行急救处理。

3. 尽早转送

伤病员生命体征稳定后，急救者应根据情况拨打120或将其送往医院。

三、伤情评估

急救者对伤病员进行急救前应对他（她）的伤情给予评估，这对采取急救措施具有重要意义。目前常以ABBCS法快速评估伤员的生命体征，主要内容包括呼吸道、呼吸、出血、循环、知觉，它是判断患者病情和急救效果的重要指标。这种方法包括五个方面内容，以其英文的第一个字母命名，可查出危及伤病员生命的伤情。

ABBCS法伤情评估的时间一般在1~2 min。评估内容为：

①A（airway，呼吸道）。检查呼吸道是否通畅，上呼吸道有无异物、血液、痰液等阻塞物，有无舌后坠。

②B（breathing，呼吸）。呼吸是重要的观察内容之一。检查伤员是否有呼吸，呼吸深度与频率如何，频率与节奏是否异常，胸壁有无开放伤口、压痛、气胸等，口唇有无发绀。对呼吸有改变或出现呼吸困难者，应重点抢救。

③B（bleeding，出血）。检查患者是否有出血情况，如体表有无出血的伤口及皮下瘀血。

④C（circulation，循环）。检查动脉搏动的频率、节律和强弱。

⑤S（sensation，知觉或意识）。检查伤病员的意识及反应，对语言、疼痛等刺激的反应情况，它关系到病情的危重程度。伤病员对问话、拍打、推动等外界刺激无反应，表示伤员已意识不清或丧失，病情危重。对有意识改变者，应重点检查，对症救治。

四、外伤急救步骤

在日常生活中，交通事故、地震、泥石流、创伤等外伤事故发生率较高，尤其是交通事故。外伤急救是对伤病员提供紧急的监护和救治，给伤病员以最大的生存机会。

外伤急救应遵循以下步骤：①应分秒必争，夺抢时间。时间是关键，不要延误时机。②确保现场环境安全。要确保伤病员、施救者及其他人安全，无任何危险；若不安全，应迅速让伤病员脱离危险场所。③切断伤害原因或脱离危险环境。④沉着大胆，细心负责，科学急救并同步呼救。⑤先救命后治伤。若出现呼吸、心跳骤停，应立即实施心肺复苏以恢复呼吸、心跳等重要生命体征，及时解除呼吸道梗阻以使呼吸道通畅。⑥先重后轻。根据受伤情况分清轻、重、缓、急，果断实施救治措施与办法，先救危及生命的再处理严重的、较轻的病人,先救治有存活希望的重伤员再救治轻伤员,在同一患者中先救命再处理局部(活动性出血和伤口及骨折等)。⑦先救后送。稳定伤情,预防休克,固定骨折,根据伤员情况尽早送往医院。⑧保存与保留。要科学保存好离断肢体或组织,要如实保留现场并记录现场情况。

(陈善喜)

第二节 心肺复苏术

心肺复苏(cardiopulmonary resuscitation,CPR,又称心肺复苏术)是指针对由于各种原因导致的心跳、呼吸骤停所采取的紧急医疗措施。它以心脏按压建立暂时人工循环并诱发其自主的跳动,以人工呼吸替代病员的自主呼吸,也称基本生命支持(basic life support,BLS)。目的在于尽快挽救脑细胞,防止其在缺氧状态下坏死,因此施救时机越快越好。心肺复苏术适用于心脏病突发、溺水、窒息或其他意外事件造成的意识昏迷并有呼吸、心跳停止的状态。

一、心肺复苏的时机

心肺复苏在心跳(即心脏搏动,简称心搏)、呼吸骤停时立即进行。心跳、呼吸骤停的表现有心音及大动脉搏动消失、突然意识丧失、叹息样换气或呼吸停止、瞳孔散大、紫绀和血压 0/0 等。其中,具备意识突然丧失、呼吸停止、大动脉搏动消失(称为"三无"征),即可确定心跳、呼吸骤停。心肺复苏的时机在 4 min 内,其成功率可达 60% 以上;若在心跳停止 1 min 内进行,其成功率可达 90% 以上;若 6 min 内进行,其成功率可达 40% 以上。因此,每延长 1 min 施救,心肺复苏的成功率就下降 10%。然而,心跳停止 4 min 开始造成脑损伤,6 min 开始出现脑细胞死亡,8 min 出现"脑死亡",10 min 以上造成脑部不可逆之伤害。因此,把 4 min 称为心肺复苏黄金时间。时间就是生命,速度是关键。呼吸、心跳停止 20~30 s 就应立即进行心肺复苏。

二、心肺复苏术

(一)心肺复苏术的内容(ABC)

心肺复苏的主要内容为气道、循环、通气,即气道(airway),建立开放气道,保持呼吸顺畅;通气(breathing),口对口人工呼吸,恢复患者自主呼吸;循环(circulation),建立有效的人工循环,恢复其自主心脏跳动。以其英文的第一字母大写而简称为 ABC。

(二)心肺复苏术的流程

1. 评估现场环境安全

急救的场地应通风、明亮、清静,地面平坦,面积 3~4 m^2,不会对抢救者和患者造成伤害,才能达到抢救环境安全的标准。

2. 判断意识

判断患者有无意识与反应,可轻拍患者肩部,并高声呼喊:"喂!你怎么啦?"观察有无反应。

3. 启动 EMS 系统

此系统又称院前急救医疗服务系统。若患者无反应(即无应答、无活动),立即启动 EMS 系统,高声呼救、寻求旁人帮助并拨打急救电话 120。但对于溺水、创伤、药物中毒及

8岁以下儿童,先进行徒手心肺复苏1 min后,再打急救电话求救。

4. 进行心肺复苏

(1) 判断心跳。

心跳是以脉搏指标来反映心脏跳动,方法是通过触摸大动脉(常触摸颈总动脉)搏动来确定心脏跳动,应用一手食指和中指并拢,置于患者气管正中部位(男性可先触及喉结)而后向一旁滑移2~3 cm,至胸锁乳突肌内侧缘凹陷处(即气管与颈部胸锁乳突肌之间的沟内)。检查时间不得超过10 s,以数1 001、1 002、…、1 010为1 s、2 s、…、10 s来计算时间,告知有无搏动。若无搏动,即为心搏停止(即心脏突然丧失其排血功能,引起全身血液循环停止和组织缺血、缺氧的状态),立即进行心肺复苏。

(2) 进行心肺复苏,其操作顺序按C、A、B进行。

①做好复苏准备。将患者置于复苏体位。若患者是俯卧或侧卧位,迅速跪在患者身体一侧,一手固定其颈后部,另一手固体其一侧腋部(适用于颈椎损伤)或髋部(适用于胸椎或腰椎损伤),将患者整体翻动,成为仰卧位,即头、颈、肩、腰、髋必须同在一条轴线上,同时转动,避免身体扭曲,以防造成脊柱脊髓损伤。患者应仰卧在坚实的平面,而不应是软床或沙发;头部不得高于胸部,以免脑血流灌注减少而影响CPR的效果。同时,暴露胸腹部,解开上衣,松解衣领、裤带等,做好复苏准备。

②胸外心脏按压(C,见封面彩图2)。

胸外心脏按压是指在胸壁外施压,是对心脏间接按压的方法。在进行按压前先行拳击复律,立即握拳,以尺侧基部离胸壁20~30 cm高处用中等力量在20~30 s内快速垂直叩击胸骨中下1/3交界处1~3次,若未见效果则立即行胸外心脏按压。

胸外心脏按压操作步骤:

A. 靠近。抢救者一般跪立于患者身体的左或右侧,两下肢与患者肩和肚脐在同一平面。

B. 定位。按压部位为病人胸正中下部,胸骨中下1/3交界处(或男性两乳头连线的中点)。定位方法:常先用一手食、中指并拢,中指指尖沿患者靠近自己一侧的肋弓下缘,向上滑动至两侧肋弓交汇处的剑突头端并从此起向上两横指即为按压部位(即胸骨体与剑突连接处)。

C. 重叠。将手掌根部贴在患者胸骨的下半部的按压部位,另一手掌根部重叠放在这只手背上,手掌根部长轴与胸骨长轴确保一致;双手十指相扣,手掌与手指翘起离开胸壁而不接触胸廓。

D. 固定。手指保持不接触胸部,放松时双手不离开胸壁,双手位置保持固定且不变,在30次按压周期内不变。

E. 按压(姿势见封面彩图2)。按压时上半身前倾,两臂伸直并与肩同宽,腕、肘、肩关节伸直,上肢呈一直线,与胸骨成90°,双肩正对双手,以保证每次按压的方向与胸骨垂直,以髋关节为支点,垂直向下用力,借助上半身的重力按压胸骨。

F. 幅度(按压幅度)。应达到胸壁向下凹陷超过5 cm,才为有效的按压。

G. 放松。压下后手掌根部随胸壁抬起但勿离开胸壁,即为放松。按压与放松的时间基本相等,次数为1∶1,这才可能产生有效的脑和冠状动脉灌注压。

H. 频率。频率为100~120次/min。

I. 按压与通气比值。按压与人工呼吸交替进行时为30∶2。

J. 周期。周期为5个,每周期按压30次、吹气2次。最理想的按压效果就是可触及颈或股动脉搏动,恢复心脏搏动。

③建立开放气道（A）。应让患者水平仰卧，头后仰，拉出舌头，清除口腔及呼吸道异物，抬颏，保持呼吸道畅通。建立开放气道的操作步骤：

首先，通过"一看、二听、三感觉"来判断患者有无呼吸，即用眼睛看患者胸部有无起伏运动；用一侧耳朵贴近患者的口鼻部，听是否有呼吸音；用面颊感觉患者是否有气流呼出。判断时间不得超过 10 s，时间以数 1 001、1 002、…、1 010 为 1 s、2 s、…、10 s 来计算，告知有无呼吸。若无呼吸，立即建立开放气道。

其次，将患者头转向一侧，打开口腔并尽快清除（或取出）口腔和呼吸道异物、杂草、食物、呕吐物、血块、脱落的牙齿、泥沙、假牙等。

然后，将头转向正中，并将舌拉出以防舌后坠造成气道梗阻。

最后，开放气道。常用的方法为压额提颏法和压额托颌法。

压额提颏法是抢救者站立或跪在患者身体一侧，用一手小鱼际放在患者前额向下压迫；同时另一手食、中指并拢，放在颏部的骨性部分向上提起，使得颏部及下颌向上抬起、头部后仰，并保持耳垂与下颌角的连线和患者仰卧的平面垂直，气道即可开放；此法适合患者无颈椎损伤。

压额托颌法。站立或跪在患者身体一侧，用一手小鱼际放在患者前额向下压迫；同时另一手拇指与食、中指分别放在两侧下颌角处向上托起，使头部后仰，并使耳垂与下颌角的连线和患者仰卧的平面垂直，气道即可开放；此法不会造成或加重颈椎损伤。

④口对口人工呼吸（B，见图 9-2-1）。

此方法又称口对口吹气，是一种快捷、有效的人工通气方法。其操作步骤为：

首先，确定患者无呼吸、建立开放气道后，立即进行口对口吹气。

其次，抢救者深吸气，用自己的嘴严密包绕患者的嘴，并用食、中指紧捏患者双侧鼻翼，用力且缓慢、匀速向患者肺内吹气两次，吹气时抢救者鼻孔自主闭气，每次持续时间为 1~1.5 s，停顿或间隔 1.5~2 s，并放松鼻孔和口唇且深呼吸一次，每次吹气量 500~600 mL，吹气时见到患者胸部出现起伏即可，频率应为 14~16 次/min。

图 9-2-1　口对口人工呼吸

（三）心肺复苏有效指标和终止的指征

1. 心肺复苏有效的指标

①看。观看面色，口唇转红或紫绀减轻。

②察。观察散大的瞳孔开始缩小，并有对光反射。

③听。用耳听，有自主呼吸。

④触。触摸颈总动脉、股动脉等，能摸到脉搏，则有心脏搏动。

⑤测。监测动脉血压在 60 mmHg 以上。

这说明心肺复苏有效，抢救成功，应迅速送往医院进行复苏后期处理。

2. 心肺复苏终止的指征

①病人已经恢复自主呼吸和心跳。

②确定病人已经死亡。

③心肺复苏进行 30 min 以上，检查病人仍然无反应、无呼吸、无脉搏、瞳孔无回缩，现

场又无进一步救治和送治条件。

④环境安全危及施救者，如雪崩、山洪暴发以及医学专业人员认为病人死亡，无救治指征时。

⑤脑死亡，如深度昏迷，瞳孔固定，角膜反射消失，将病人头向两侧转动，眼球原来位置不变等，且无进一步救治和送治条件。

⑥有合法医嘱或者家庭成员坚决拒绝并签字为证。

（四）心肺复苏的注意事项

心肺复苏除按上述操作要求进行外，还应注意：

①胸外心脏按术只能在患（伤）者心脏停止跳动的情况下才能施行。

②施行心肺复苏术时应将患（伤）者平卧，背部垫一平板或平卧于地板上，抢救者立于或跪于患者一侧，并解松衣扣及裤带，以免引起内脏损伤。

③胸外心脏按压的位置必须准确，放松时手掌根部勿离开胸壁，以保证按压位置的准确，否则易损伤其他脏器。

④按压的力度要适宜，过大过猛容易使胸骨骨折，引起气胸血胸；按压的力度过轻，则胸腔压力小，不足以推动血液循环。

⑤双手重叠，应与胸骨垂直。如果双手交叉放置，则使按压力量不能集中在胸骨上，容易造成肋骨骨折。

⑥应稳定地、有规律地进行，不要忽快忽慢、忽轻忽重，不要间断，以免影响心排血量。

⑦不要冲击式地猛压猛放，以免造成胸骨、肋骨骨折或重要脏器的损伤。

⑧按压应有力且迅速，放松时要使胸廓完全恢复原位且充分回弹扩张，否则会使回心血量减少。

⑨按压与放松的时间要相等，放松是为了使心脏能够充分排血和充分充盈。

⑩按压用力要垂直向下，身体不要前后晃动。正确的身体姿势既是保证按压效果的条件之一，又可节省体力。

⑪口对口吹气和胸外心脏按压应同时进行，严格按吹气和按压的比例操作，吹气和按压的次数过多和过少均会影响复苏的成败。

⑫口对口吹气时应注意观察患者胸廓是否起伏，以了解气道是否通畅；吹气量不宜过大，一般不超过 1200 mL，以胸廓稍起伏即可；吹气时间不宜过长，否则会引起急性胃扩张、胃胀气和呕吐。

⑬最初做口对口吹气与胸外心脏按压 4~5 个循环后，检查一次生命体征，时间不得超过 10 s，以后每隔 4~5 min 检查一次生命体征。

⑭双人心肺复苏对患者的评估及基本操作与单人心肺复苏术相同，一人做胸外心脏按压，另一人保持气道通畅及人工通气并检查颈动脉搏动以评估按压效果；同时应每 2 min 或每 5 个按压周期交换一次，待对方手掌一离开胸壁，另一方立即取代进行胸外心脏按压。

⑮当一人给患者进行心肺复苏术时，应每做 30 次胸心脏按压，交替进行 2 次人工呼吸。

⑯当两人给患者进行心肺复苏术时，两人应呈对称位置，以便于互相交换；一人做胸外心脏按压，另一个人做人工呼吸，两人可以数着 1、2、3 进行配合，每按压心脏 30 次，口对口人工呼吸 2 次。

⑰只要心肺复苏操作正确，就能建立暂时的人工循环，使动脉血压达到 80~100 mmHg，足以防止脑的不可逆之伤害。

（刘鸿）

第三节 外伤救护基本技术

外伤救护基本技术是实施现场外伤救护时的重要措施，主要包括止血、包扎、固定、搬运四项，称为外伤救护四项基本技术。在实施外伤救护时，抢救者应本着救死扶伤的人道主义精神，遵循先抢后救、先重后轻、先急后缓、先近后远、先止血后包扎、先固定后搬运的原则，沉着冷静，迅速地开展急救工作，实施外伤救护四项基本技术，达到外伤止血彻底、伤口包扎准确、骨折固定牢靠和伤员搬运安全，从而解除伤员的病痛，减少并发症和致残率，挽救伤员的生命。

一、止血

（一）出血的全身表现

一般情况下，轻者可无明显的症状或头晕、乏力等，相当于献血员的感受。

中度者可出现头晕、乏力、焦虑不安、神志清楚、轻微口渴、呼吸略增快、心率加快（100次/min以上）、收缩压正常或稍高、脉压减小等表现。

重度者可出现表情淡漠、神志尚清楚、口渴明显、皮肤出冷汗、手脚发冷、皮肤苍白、无力、呼吸加快、心慌，心率为100~200次/min，血压下降（收缩压为70~90 mmHg）等。

极严重者可出现视物模糊、神志不清、昏睡或昏迷、口极渴、面色明显苍白、肢体青紫、四肢厥冷、脉快而细弱、心率极快（140次/min以上）、呼吸急促、血压显著下降，收缩压一般低于70 mmHg，甚至测不到等表现（收缩压小于90 mmHg，脉压差小于20 mmHg提示休克存在）。

（二）出血的判断

1. 明确出血部位

白天较易，夜间可采用一问（如果伤员清醒时，可问伤员受伤部位）、二摸（用手可触摸到血液浸湿了的衣服，同时可注意血迹的温度和黏度，则可确认出血的部位）、三看（借助照明设备或月光可仔细观察伤员身体各部以发现出血处）的方法寻找明确出血部位。

2. 出血种类

出血分为外出血和内出血两类。

①外出血。由于皮肤损伤，血管破裂后，血液经皮肤损伤处流出体外，一般体表可较容易发现和见到。

②内出血。由于受伤脏器的血管破裂，血液流入组织或体腔内，则不易被发现；但随着出血量的增加并达一定量时可出现全身出血的相应表现，也可有脏器局部受伤并在受伤脏器相应体表局部出现疼痛、压痛等表现；若损伤胃、肠、肾、输尿管、膀胱等可出现呕血、便血、血尿等表现。

3. 外出血的特点

根据出血的血管种类可将外出血分为动脉、静脉、毛细血管性出血三种。

①动脉出血。出血呈喷射状，与脉搏节律相同，血色鲜红，危险性大。

②静脉出血。呈持续状，不断流出。血流较缓慢，血色暗红，危险性较动脉出血小。

③毛细血管出血。血液从整个伤口创面渗出，血色鲜红，一般不易找到出血点，常可自动凝固而止血，危险性小。

4. 出血程度及失血量的估计

一般而言，成人机体内总血量占体重7%~8%。一般以血压和脉搏来估计失血量的多少并将失血的程度分为轻度、中度、重度和极重度。即：

当血压和脉搏均正常，失血量占循环血量的10%以下，大约失血量为400 mL以下，则为轻度；

当收缩压正常或稍高，脉压减小，脉快且在100次/min以下，失血量占循环血量的20%以下，大约失血量为800 mL以下，则为中度；

当血压下降而收缩压为70~90 mmHg，脉快，心率为100~200次/min，失血量占循环血量的20%~40%，大约失血量为800~1 600 mL，则为重度；

当血压显著下降而收缩压低于70 mmHg或甚至测不到，脉极快而细弱，心率极快且为140次/min以上，失血量占循环血量的40%以上，大约出血量为1 600 mL以上，则为极重度。

当出血量超过全身血量的1/4，就会发生生命危险。

因此，抢救急性出血伤病员生命的关键是积极有效地止血、防止休克发生。

(三) 止血方法

1. 压迫止血法

主要用于肢体、体表表面的出血。

常见的压迫止血方法有：

①指压止血法。用手指在出血伤口的近心端动脉，将血管压在经过骨面的动脉上，以阻断血液外流，能达到快速止血的目的。它是一种简单行之有效的临时止血法，常在紧急情况下用于四肢、头面、颈部及肩部出血。主要有：

A. 手指出血压迫法（见图9-3-1中的6）。用一只手的拇指和食指在受伤手指的两侧面（因供手指血液的指间动脉平行走行于手指两侧面的皮肤下面）的掌指关节以远、出血的近心端处用力压向指骨，见出血停止即可。这是指压止血法中效果最好的方法。

B. 颞浅动脉压迫法（见图9-3-1中的2）。在耳屏对应下颌关节的颞浅动脉处可摸到动脉搏动点，压迫即可；用于同侧头部、额部、颞部出血。

C. 面动脉压迫法（见图9-3-1中的5）。在下颌角前1~2 cm处（咬肌前缘），把面动脉压在下颌骨上，有时需两侧同时压迫才能止住血；用于眼以下的面部出血。

D. 颈总动脉压迫法（见图9-3-1中的1）。在胸锁乳突肌中点的前缘可摸到该动脉的搏动，避开气管，将伤侧颈动脉后压于第五颈椎上，压迫时间不宜过长，注意不可高于环状软骨，以防颈动脉窦受压引起血压突然下降，严禁同时压迫两侧；用于同侧头颈部出血。

E. 肱动脉压迫法（见图9-3-1中的4）。在伤员前面或后面，在受伤上臂内侧中点触摸到动脉搏动处并用双手拇指将其压迫；用于手、前臂及上臂下段的出血。

F. 尺桡动脉压迫法。在腕部用两手拇指同时压迫尺桡动脉即可；用于手部出血。

G. 股动脉压迫法（见图9-3-1中的3）。在大腿根部、腹股沟中点触摸到动脉搏动处并用双手拇指将其向后压向耻骨；用于同侧下肢的出血。

②加压包扎止血法。对由于皮肤小的擦伤、刺伤和划伤而引起的出血，可对创面清洗、消毒处理后再用消毒纱布垫敷于伤口后，上面用纱布卷、毛巾等折成垫子，放在出血部位的敷料外面，然后用三角巾或绷带紧紧包扎起来，以达到止血目的；适用于一般的小动脉、静脉及毛细血管的出血。但伤处有骨折时，应按骨折急救处理。

③加垫屈肢止血法。在肘窝、腘窝等处加垫，然后屈肢加压包扎；用于上肢或小腿且没有骨折和关节受伤的出血。

图 9-3-1　指压止血法

2. 填塞法

一般不适合现场处理，由医务人员操作更好。

3. 止血带止血法

当遇到肢体外伤大出血，用其他止血法无效或危及生命时，应果断采取止血带止血法止血。但它仅用于四肢大出血，且易造成肢体坏死。止血带的材料最好应选用弹性好的橡皮管、橡皮带，也可用宽度小于受伤肢体的软带、细带、布条、腰带、领带等。

止血带止血法（见图9-3-2）：

①位置：上肢结扎于上臂上1/3处（见封面彩图3），下肢结扎于大腿的中上部。

②操作步骤：一般分为加垫、提起、打结、绞紧、固定、时间六步（见图9-3-2依次六步）。即：A. 加垫，在肢体上绕两圈；B. 提起，先打一个结，在上面放一个止血棒；C. 打结，然后再打一个方形结固定；D. 绞紧，将止血棒转紧，使血流停止；E. 固定，固定止血棒；F. 时间，注明详细的上（或捆绑）止血带的时间。

③止血带法注意事项：

A. 抬——上止血带结扎时应先将伤肢抬高；B. 压——压迫出血动脉或辅料包扎；C. 垫——对于扎止血带的部位，要在皮肤与止血带之间垫上敷料或毛巾等软织物，以免损伤皮肤；D. 上——正确结扎止血带，并将止血带适当拉长，绕肢体两周，上止血带的松紧以其远心端触摸不到血管搏动为宜，并在外侧打结固定，过松不能止血，而过紧容易损伤皮肤、神经、组织，引起肢体坏死；E. 露——暴露扎止血带的部位，不要用衣物等遮盖伤口，以便观察；F. 检——检查手脚是否有发凉等末梢循环情况和止血效果，以便调整止血带的松紧度；G. 放——每隔 40~60 min 放松 1~5 min，可减少伤及神经和血管而造成组织缺血、坏死、并发症；上止血带的连续时间不宜过久，一般不超过 2 h，因此应于 2 h 内尽快送医院；同时不可轻易解开止血带，否则会使血液冲向伤口，造成内脏失血而休克。

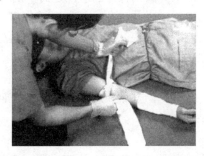
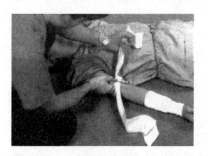

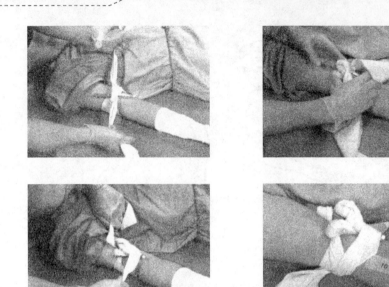

图 9-3-2 止血带止血法

二、包扎

对于各种外伤引起的伤口都应做清创处理，即使暂时无条件清创，也应为避免污染或加重而需要对伤口进行清洗、消毒等，而后做包扎处理。

（一）包扎材料

包扎材料可选用绷带、三角巾、四头带等，也可选用止血方便、易得到、最好的材料——女性卫生巾，还可在当时的条件下选用尽可能洁净的毛巾、手绢、被单、布块、衣服等。

（二）包扎目的

①保护创面，防止创面再度污染，以减少感染的机会。

②固定敷料、药品及夹板，扶托肢体以减轻疼痛，防止骨折错位程度的加重和增加软组织的损伤。

③加压包扎有压迫止血的作用。

（三）包扎原则

① 做好自我保护，以防感染或受伤等。

②现场伤口应做到"三不"，即不复位、不冲洗（污染、特殊伤口除外）、不涂药。

③暴露伤口应遮盖，但特殊伤口除外。

④异物嵌入和开放性骨折伤口不包扎，但异物嵌入并露出体外的应固定而不摆动。

⑤包扎动作应做到"轻、快、准、牢"。即：A. 轻。动作要轻，不要碰撞伤口，以免增加伤口出血和疼痛。B. 快。发现、暴露、检查、包扎伤口快。C. 准。包扎的部位要准确。D. 牢。松紧要适宜，包扎要牢靠。打结应打在避开伤口的部位，以避免压迫伤口，减少病人的痛苦。

⑥包扎操作要点为"三点一走行"，即起点、止点、着力点和从下而上、从左向右、从远心端向近心端的走行方向顺序。

（四）包扎方法

①绷带包扎法。绷带包扎法一般适用于支持受伤的肢体和关节、固定敷料、夹板、加压

止血等。常见的有：

A. 环形包扎法。将绷带作环形重叠缠绕，第一圈环绕稍作斜状，第二、三圈作环形，并将第一圈之斜出一角压于环形圈内，最后用粘胶布固定带尾，也可以将带尾剪成两头打结；常用于肢体粗细相等的部位或手腕部等。

B. 蛇形法。先将绷带按环形法缠绕数圈，再按绷带之宽度做间隔斜着上缠或下缠；多用于夹板之固定。

C. 螺旋形法。先按环形法缠绕数圈，上缠每圈盖住前圈之 1/3 或 1/3，呈螺旋形；常用于肢体粗细相同的部位。

D. 螺旋反折法。先按环形法缠绕数圈，再做螺旋形法之缠绕，待缠绕到渐粗处，就把每圈绷带反折，盖住前圈的 1/3～2/3，并依此由上而下地缠绕；常用于肢体粗细不等部位。

E. 8 字形法。在关节弯曲的上下两方先将绷带由下而上缠绕，再由上而下成 8 字形来回缠绕；常用于关节弯曲部位。

②三角巾包扎法。三角巾包扎常用于悬吊、包扎受伤肢体和固定较大创面敷料及骨折等。常见的方法有：

A. 普通头部包扎法。将三角巾底边折叠约两指宽，放于前额眉上，顶角放在脑后，三角巾的左右两侧角经耳上，拉到枕外粗隆下面交叉，压紧顶角，然后将交叉后的两侧角，再经耳上拉到前额作结。顶角向上反折，将角塞入枕后交叉里。

B. 风帽式包扎法。在三角巾顶角和底边中央各打一结，形似风帽，顶角结置于前额，底边结置于枕骨结节下方，并将底角向下拉紧，包绕下颌，在枕骨粗隆下方打结固定；也可将两角不拉向脑后而在颌下部打结。此法也适合面部、下颌和残肢残端的包扎。

C. 面部包扎法。在三角巾顶角打结并将结头置于颏下，套住下颌，罩住头面，底边拉向枕部，两底角上提并向后接紧在枕部交叉，再绕到前额部打结。可根据伤情在眼和口鼻处提起三角巾小心剪洞，使眼、口、鼻外露。适合面部外伤。

D. 眼部三角巾包扎法。将三角巾叠成带状，约四指宽，斜放在受伤的眼部，1/3 向上，2/3 向下，且使向下的一端从耳下绕到脑后，并经健侧耳向上方绕到前额，压住向上的一端，并与其交叉，然后环头部向患侧耳上绕行；将向上的一端向外翻转并拉向枕后，与对端相遇，在患侧耳上打结。

E. 胸部包扎法。普通胸部包扎法是将三角巾顶角向上贴于肩部；若为右胸受伤，将顶角放于右肩上，底边拉到背后，两底角在背后打结，顶角接一适当长之带拉下与底角打结。燕尾式胸部包扎法是先将三角巾两角折成长短相等的约 70°角，夹角对准胸骨上凹，将燕尾底边围下胸部于背后打结，将余带向上与两燕尾角在双侧肩上打结。

F. 膝（肘）部三角巾包扎法。将三角巾折成适当的宽度并将其中部斜放在膝部，两端绕一周而在膝后交叉，一端在上而一端在下并分别压住上下两边，绕至膝外侧打结；此法也适合膝（肘）关节。

G. 手足部包扎法。将三角巾底边向上横置于腕部（足跟），掌心（足）向下，放在三角巾中央，手指（趾）指向三角巾的顶角，再将顶角折回盖于手（足）背，两底角拉向手（足）背，左右交叉压住顶角，然后绕腕（踝）关节打结。

③就地取材包扎法。常见的方法有：

A. 毛巾双眼包扎。将毛巾沿对角折成燕尾式，夹角跨在鼻梁上，燕尾底边向下反折 3～4 横指宽，两端包绕到头后部打结，两燕尾角拉向颌下打结。

B. 毛巾胸部包扎法。将毛巾对折，放在一条带子上并系于胸前，再把毛巾上片折成三角形，提到一侧肩上；两角各系一条带子并经肩到背后与横带打结。

C. 单肩毛巾包扎法。把毛巾斜折，中间穿过一根短带，毛巾覆盖伤部，短带把毛巾扎在上肩上部，然后在上片毛巾的前角和下片毛巾的后角各拴一带上片毛巾的后角向内折入，经胸前拉到对侧腋下，下片毛巾的前角同样向内折入，并向上翻转，从背部往腋下拉紧，在对侧腋下与上片毛巾带打结。

D. 衣袖包扎法。提起伤肢的衣袖，对准腋下衣缝剪开，在肩峰下约 8 cm 袖根处用带子束臂打结，然后把衣袖向肩部反折，袖口结带子并拉向背部，从对侧腋下绕到胸前，与伤侧衣袖角打纽扣结。

E. 单侧臀部上衣包扎法。将衣底襟放在伤侧腰部，将衣角拉到对侧腰部并打结；上衣内面盖住伤侧臀部，两衣袖绕伤侧大腿根部并打结。

F. 上衣胸部包扎法。双手将两衣肩提取，将衣领内翻并放在胸骨上凹部；将两衣袖分别上提并经肩拉到背后交叉，与两底襟角打结。

（五）包扎注意事项

①包扎前伤口应用洁净的水清洗 15 min，对于创面规则的切割伤或刺伤，可挤出少量血液以排出伤口中的灰尘或细菌；冲洗后要适当消毒并快速用生理盐水冲洗（消毒水会破坏肉芽组织）并用超过伤口 5～10 cm 的消毒纱布或洁净的软布或毛巾等盖住伤口。

②开始和结束时均要重复缠绕一圈以固定；打结、扣针固定应在伤口的上部、肢体的外侧。

③包扎时应注意松紧度，不可过紧或过松，以不妨碍血液循环为宜，应留一定空隙以有"氧"可入。

④包扎肢体时不得遮盖手指或脚趾尖，以便观察血液循环情况。

⑤应检查肢体远端脉搏跳动，触摸手脚有无发凉等。

⑥无论何种伤口都应到医院对伤口再处理（清创缝合、打预防针）。

⑦伤口要按时换药（目的是检查伤口情况和避免分泌物污染伤口），换药时间一般为2～3 d，污染伤口每天一次。

⑧伤口缝合应把握时间，应按时拆线。

三、固定（见第十章第十三节"骨折"）

四、搬运

伤员经过现场初步急救处理后，应尽快采用合适的方法和震动小的交通工具将伤员迅速送往医院做进一步的处理。

（一）搬运方法

常用搬运方法有徒手搬运法（见图9-3-3）和担架搬运法两种。徒手搬运法适合于病情较轻且搬运距离短的病人；担架搬运适合于病情较重、搬运距离较远的病人。

1. 徒手搬运法

①单人搬运法。主要有扶行法（救护人员站于伤员一侧，使其身体略靠救护人员）、背负法（将伤员背起。如伤员卧于地上，救护人员可躺其一侧，一手紧握伤者肩部，另一手抱其腿，用力翻身，使其负于救护人员背上，而后慢慢站起）、抱行法（将伤员抱起行走）等方法。

②双人搬运法。主要有椅式（甲乙两人在病人两侧对立，甲以右膝，乙以左膝跪地，各以一手入患者大腿之下互相紧握，另外手彼此交错于肩上，支托患者背部，站起行走）、拉

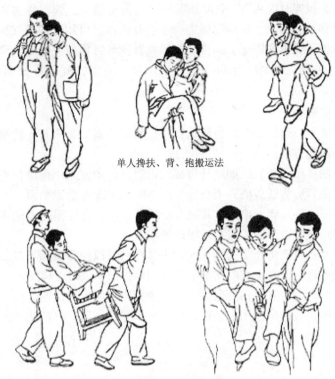

单人搀扶、背、抱搬运法

双人椅式、平托式搬运法

多人平卧托运法

图9-3-3 徒手搬运法

车式（两个救护人员，一个站在伤员的头部，两手插其腋下，抱入怀内；另一个站其足部，立在伤员两腿中间，两手扶持其腘窝，两个救护人员步调一致前进）等方法。

③三人搬运法。应由三人配合搬运，一人托住肩部，一人托住臀部和腰部，另一人托住两下肢，三人同时把伤（病）员轻轻抬放到硬板担架。对疑有胸、腰椎骨折的伤者，应由三个或多个救护人员并排，将患者抱起或抬起齐步前进（见图9-3-3）。

④多人搬运法。由4~6人一起配合搬运，2人专管头部并牵引头部而使其始终保持直线的位置且保持颈部不动，2人托住臂背，2人托住下肢，协调地将伤者平直放到担架上，并在颈后窝放一小枕头，头部两侧垫软沙袋以固定头，适合对脊椎受伤的伤员。

2. 担架搬运法

应依据伤员病情而选用担架搬运方法，常用于担架搬运法的有帆布担架、被服担架、门板、床板等。伤员上担架时应由3~4人分别用手托伤员的头、胸、骨盆和腿，同时动作一致地将伤员平直地移到担架上，并加以固定。下肢骨折伤员可用普通担架搬运，脊柱骨折伤员应用硬担架或木板且要填塞固定，颈椎和高位胸脊椎骨折伤员应由专人牵引头部并要填塞固定而避免摇摆、晃动。此外，还可用帆布、木棒、绳索、被服等分别做成担架以搬运伤员。

（二）搬运注意事项

①搬运仅用于紧急脱险，切勿盲目搬动伤员；移动伤者时，应首先检查伤者的情况，依据伤情选择不同的搬运方法。

②搬运时伤员的体位要适宜，如单纯臀部软组织损伤者宜采用俯卧位或侧卧位且让伤臀在上面，有休克迹象者应将四肢略高于身体平面20°~30°而头低于平面15°。

③若伤员为截瘫、昏迷者，应对其每隔2 h翻身一次；脊柱损伤者搬运时必须保持伤处稳定，切勿弯曲或扭动，昏迷者要保持呼吸道通畅。

④担架搬运在行进时应将伤员的脚在前、头部在后，以便后位担架员随时观察伤员的伤情变化以及时妥善处理。但在上坡时伤员头部应朝前，而下坡时应相反。

⑤若在寒冬季节，应注意对伤员保暖，以防休克和避免受冻伤。

⑥用汽车搬运时，应将床位固定平稳，以防止车起动和刹车时晃动、摇摆而二次受伤。

（陈善喜）

思考题

1. 何谓急救、急救的原则、ABBCS法？
2. 心肺复苏的黄金时间是多少？
3. 胸外心脏按压、口对口人工呼吸的有效频率分别为多少？
4. 外伤救护四项基本技术内容是什么？
5. 止血带止血法操作的六步是什么？

第十章

大学生常见急症的急救

 学习目标

1. 掌握中暑的概念、临床表现和一般急救；
2. 熟悉中暑的预防；
3. 掌握猝死的概念、心脏性猝死的临床表现及其抢救措施；
4. 熟悉心脏性猝死的概念和诊断依据；
5. 掌握一氧化碳中毒的概念、临床表现和急救措施；
6. 熟悉一氧化碳中毒的诊断；
7. 掌握食物中毒的概念、分类；
8. 掌握细菌性食物中毒的临床表现、诊断和防治；
9. 掌握运动后综合征的概念和临床表现；
10. 熟悉运动后综合征的急救措施和预防；
11. 掌握急性酒精中毒的临床表现和治疗；
12. 熟悉急性酒精中毒的诊断；
13. 掌握溺水的临床表现、诊断，急救的原则、措施与方法；
14. 了解溺水的概念及预防；
15. 掌握电击伤的临床表现、诊断、急救措施；
16. 熟悉电击伤的预防措施；
17. 掌握烧伤的概念、烧伤分度及急救原则；
18. 熟悉烧伤的一般治疗措施；
19. 掌握扭伤的概念以及急性扭伤的急救措施；
20. 熟悉扭伤的预防措施；
21. 掌握擦伤的概念、诊断和处理措施；
22. 熟悉擦伤的临床表现；
23. 掌握咬伤的概念和猫、狗、人、毒蛇咬伤的急救；
24. 熟悉猫、狗、人、毒蛇咬伤急救后的治疗；
25. 掌握骨折的概念以及急性骨折的急救措施。

第一节 中　暑

中暑是以在高温、高湿环境，人的体温调节中枢功能紊乱、汗腺功能衰竭和水电解质丢失过多为特征的疾病。环境温度过高（>32℃）、重体力劳动、湿度大（>60%）、肥胖、衣服透气性差、无风天气、排汗功能障碍、发热疾病等引起体温调节中枢功能紊乱，促发或导致中暑。

【临床表现】

中暑常可分为热痉挛、热衰竭和热射病。

（1）热痉挛。常于剧烈活动之后，大量出汗和饮用低张水引起头痛、头晕、肢体及腹壁肌肉痉挛（俗称抽筋）、腹痛、肢体活动受限等表现，但数分钟后可缓解，无明显体温增高和神志障碍，也为热射病的早期表现。

（2）热衰竭。常因人的体液和机体内的钠丢失过多导致血量不足而出现头痛、无力、口渴、大汗、恶心、呕吐、肌肉痉挛、面色苍白、皮肤热或湿冷、心率增快、血压下降、体温升高（<40℃）等表现，无神志障碍。

（3）热射病。剧烈活动或体力劳动后数小时出现大量出汗、心率增快（达160~180次/min）、血压下降、休克、昏迷等表现，称为劳力性热射病，常见于青壮年者；也可由居住拥挤或通风不良引起皮肤干热而发红、无汗、行为异常、谵妄、神志障碍、昏迷、瞳孔对称缩小、血压下降、休克、心律失常、心力衰竭等表现，称为非劳力性热射病，常见于老年、体衰者。二者都有发热且体温达40℃以上和神志障碍表现；但前者为体内产热过多所致，后者为体温调节功能障碍引起散热减少所致。

【诊　断】

炎热夏季高热伴昏迷者，首先应考虑中暑。但热射病应与脑炎、脑膜炎、甲状腺危象、下丘脑出血、抗胆碱药物中毒、斑疹伤寒和震颤性谵妄等相鉴别。

【急　救】

（一）检查生命体征

快速检查呼吸、脉搏、体温、血压生命体征，有针对性地施救。使其平卧，头部抬高，松解衣扣。

（二）脱离高温环境

迅速将中暑者转移至阴凉、通风处。

（三）对症施救

①若无呼吸、心跳者，立即进行心肺复苏。

②降温治疗：A. 体外降温。迅速脱去患者衣服并进行肌肉按摩促进散热，对无虚脱者可用冰水擦浴或将身体浸入冷水中，对有虚脱者可用凉水（15℃）反复擦拭皮肤，同时可用电风扇或空气调节器帮助散热。B. 体内降温。对降温无效者可用冰盐水进行胃或直肠灌洗。C. 药物降温。对热射病者应用解热镇痛药物（如水杨酸盐类）无效，可由医生应用药物处理。D. 补充液体。中暑且神志清醒，同时无恶心、呕吐者，可饮用含盐的清凉饮料、茶水、绿豆汤等，也可服用藿香正气水、仁丹、十滴水等中成药，以达到既降温，又补充血容量的目的。降温期间注意监测体温，逐渐使体温降至37~38℃。

（四）迅速送往医院

对中暑者，在急救的基础上，应同时迅速送往医院。

【预防】

中暑的预防方法有：①加强预防中暑的健康教育，在炎热夏季应穿质地轻薄、宽松、浅色、透气的衣物，戴宽边遮阳帽，使用防晒霜；②在炎热夏季应减少户外活动，避免在11:00~15:00暴露于阳光太久；③改善高温环境的工作条件，适当多饮含钾、镁、钙、盐，防中暑的饮料；④合理安排工作，注意劳逸结合；⑤中暑者恢复后应在数周内避免在阳光下工作或剧烈活动。

（殷燕平）

第二节 猝 死

猝死（又称急死、暴死）是指平常看起来健康、病情已基本恢复或稳定者，无明显外因，在很短时间内突然发生的、意想不到的、来不及救治的自然死亡。

"猝死"的标准，一般以症状出现到死亡经历的时间来确定，目前尚无统一标准。世界卫生组织的标准为6 h以内，心脏病专家的标准为1 h内，一般不超过6 h。

对猝死的分类，目前方法很多，但最常见的是将其分为心脏性和非心脏性猝死，在猝死中心脏性猝死的比例较大。据研究资料显示，在1 h内的猝死中，心脏性猝死占80%~90%。

猝死的原因主要为心脏病，心脏性猝死的主要原因为冠心病。因此，本节主要讲述心脏性猝死。心脏性猝死是指由心脏原因引起的短时间内的（1 h内）、突然发生的、意想不到的自然死亡。心脏性猝死的常见原因有冠心病、急性心肌梗死、心律失常、急性心肌炎、心肌病、心脏病等。

【临床表现】

猝死的过程一般分为前驱期、发病期、心脏骤停期、死亡期4个时期。

（一）前驱期

大多数在发生心脏骤停前数天、数周或数月可有心绞痛、气急、心悸、疲乏等前驱症状。

（二）发病期

发病时可出现持续、长时间且不能缓解的胸痛、急性呼吸困难、面色苍白、大汗淋漓、心悸加重、头晕目眩、昏迷等。

（三）心脏骤停期

可出现意识完全丧失，若不马上抢救，约在数分钟内进入死亡期；也可出现心脏骤停，这是临床死亡的标志，心脏骤停表现为心音消失、脉搏摸不到、血压测不出、意识突然丧失、短阵抽搐、呼吸断续而呈叹息样、呼吸停止、昏迷、瞳孔散大等。此期若及时有效抢救，患者可获得复苏。

（四）死亡期

患者进入心脏骤停期后，若无急救等干预，在4~6 min内可引起不可逆的大脑损伤；8 min内缺乏心肺复苏，即刻复苏和长时间成活几乎不可能，最后不可避免地出现死亡。

【辅助检查】

心电图检查,在发病期可见心室颤动,在心脏骤停期可见心室扑动、心室停搏,在死亡期可见心室停搏、电-机械分离波。

【诊断与急救】

根据临床表现过程并具备无呼吸和心音、意识丧失、血压测不出、瞳孔散大等,可诊断呼吸心跳停止。立即进行急救:迅速进行心肺复苏术,并同时呼救或送往医院。经心肺复苏抢救而无效,并经医生检查无呼吸、意识、心音、心电图显示为心停搏或电-机械分离波时,可确诊已经死亡而诊断为猝死。

【预防】

猝死的预防方法有:①急性心肌梗死后,阻滞剂治疗在2年以上;②对于因心室纤颤导致心脏停搏的患者当场立即进行心肺复苏的抢救;③对于心绞痛患者,选择性地进行冠状动脉旁路移植术。

(殷燕平)

第三节 一氧化碳中毒

一氧化碳(CO)中毒是指在生产和生活环境中吸入过量一氧化碳所导致的中毒。这主要是含碳物质燃烧不全,产生的一氧化碳气体与人体血红蛋白结合而形成碳氧血红蛋白(COHb),碳氧血红蛋白不能携带氧且不易分离,主要引起细胞水平的氧输送和氧利用障碍,导致人体脑、心、肺、肾等多器官缺氧性损害,出现以神经系统为主的头晕、眼花、恶心、呕吐、乏力,甚至死亡的临床表现。

【临床表现】

(一)急性中毒

急性一氧化碳中毒的临床表现与血液碳氧血红蛋白浓度、患者中毒前的健康状况有关。根据一氧化碳中毒的程度分为轻、中、重度三级。

1. Ⅰ级(轻度中毒)

患者出现头痛、头昏、恶心、呕吐和全身无力等。此级血液碳氧血红蛋白浓度可为10%~20%。

2. Ⅱ级(中度中毒)

患者可有胸闷、气短、呼吸困难、判断力减低、运动失调、幻觉、视力减退、意识模糊、浅昏迷和口唇黏膜呈樱桃红色(是典型特征)等表现。此级血液碳氧血红蛋白浓度可为20%~40%。

3. Ⅲ级(重度中毒)

患者可迅速出现抽搐、昏迷、低血压、心律失常、肺水肿、呼吸衰竭和心力衰竭等。此级血液碳氧血红蛋白浓度可为40%~60%。

(二)迟发脑病

急性一氧化碳中毒病人意识障碍恢复后,经过2~60 d"假愈期",可出现痴呆木僵、谵妄、表情淡漠、四肢肌张力增高、静止性震颤、前冲步态偏瘫、小便失禁、失语、失明、不能站立、视力及听力障碍等。

【辅助检查】

（一）血液碳氧血红蛋白检查

通过检查可见血液碳氧血红蛋白浓度增高达10%以上，是有价值的诊断指标。正常人血液中碳氧血红蛋白浓度为5%~10%。但是血液碳氧血红蛋白检查应及时，在脱离一氧化碳接触8 h后碳氧血红蛋白可降至正常，与临床症状可呈不平行关系。

（二）脑电图检查

通过检查可见弥漫性低波幅慢波，与缺氧性脑病进展相平行。

（三）脑CT检查

通过检查可见一氧化碳中毒，出现脑水肿时可有病理性密度减低区。

【诊断】

临床可根据一氧化碳接触史、中枢神经损害的症状和体征以及血液碳氧血红蛋白浓度测定增高且达10%以上，可做出诊断。一氧化碳中毒严重性与空气中一氧化碳浓度和暴露时间密切相关，与血液中碳氧血红蛋白浓度不一定成平行关系。

【治疗】

（一）急救措施

1. 终止一氧化碳吸入

迅速将病人转移到空气新鲜的地方，卧床休息，保持呼吸道通畅。

2. 氧疗

①吸氧。可采取鼻导管或面罩方式吸氧，吸氧浓度越高效果越好。吸入氧气可加速碳氧血红蛋白解离，增加一氧化碳的排出，缓解症状，纠正中毒。若呼吸停止时，应及早进行人工呼吸，或用呼吸机维持呼吸。

②高压氧舱疗法。适合于血液碳氧血红蛋白浓度达40%以上一氧化碳中毒者，它可增加血液中物理溶解氧，促进氧释放和加速一氧化碳排除，纠正组织缺氧，预防一氧化碳中毒引起的迟发性脑病。

（二）防治脑水肿等并发症

严重中毒后，常有脑水肿、肺炎、心律失常、心力衰竭等并发症。可采取保持呼吸道通畅、让中毒者尽可能休息观察2周、注意营养支持等措施预防并发症发生。若发生并发症，应给予相应治疗。若发生脑水肿可用20%甘露醇等治疗。

【预后】

对轻度一氧化碳中毒者，经撤离中毒环境后在数分钟至数小时症状缓解；对中度中毒者，积极进行氧疗后无任何后遗症；对严重中毒者，抢救成功后常有神经精神后遗症，及时应用高压氧治疗能降低迟发性脑病。

【预防】

一氧化碳中毒的预防：①应加强一氧化碳中毒的健康教育和宣传工作；②用煤炉取暖时保证烟囱畅通，经常检查煤气管道有无漏气；③工业生产中要严格执行安全操作规程，工作环境中应安装一氧化碳浓度检查和报警装置，保持良好的通风，使空气中一氧化碳浓度保持在安全范围；④需要进入一氧化碳浓度较高环境作业时，要携带安全防护面具及必要急救设备。

（殷燕平）

第四节　食物中毒

食物中毒是指食用了可食状态、正常数量、被健康人经口摄入消化道后在一定时间内能引起机体出现中毒性反应及病理变化的有毒食物而导致的急性中毒性疾病。

引起食物中毒的常见物质包括有毒动植物的有毒成分、病原菌或其毒素、霉菌毒素和化学毒物等。根据食物中毒的常见物质将食物中毒分为细菌、有毒动植物、有毒化学物质和霉菌毒素4类。细菌性食物中毒占食物中毒总数的50%左右，本节讲述细菌性食物中毒。

细菌性食物中毒是指人们摄入含有细菌或细菌毒素的食品而引起的食物中毒。动物性食品是引起细菌性食物中毒的主要食品，其中肉类及熟肉制品居首位，其次为变质禽肉、病死畜肉以及鱼、奶、剩饭等。变质食品和污染水源是主要传染源，不洁手、餐具和带菌苍蝇是食物中毒的主要传播途径。

食物被细菌污染的原因主要有：①禽畜在宰杀前已是病禽、病畜；②刀具、砧板、用具不洁，生熟交叉使用而感染；③卫生状况差，蚊蝇滋生；④食品从业人员带菌污染食物。

【临床表现】

细菌性食物中毒的流行病学和临床特征：

①有明显的季节性。常在夏秋季，食入被细菌污染的肉类及熟肉制品、变质禽肉、病死的畜肉、病死的鱼、变质的奶和剩饭、菜等发生中毒。这是由于夏秋季节气温较高，细菌易在食物中生长繁殖并产生毒素所致。

②潜伏期短。一般食入有毒食物后，在几分钟到几小时的短时间内出现一批病人，来势凶猛，很快形成高峰而呈爆发流行。

③病人临床表现相似。多以恶心、呕吐、腹痛、腹泻等急性胃肠道症状为主。

④发病与食入某种食物有关。病人在近期同一段时间内都食用过同一种有毒食物，发病范围与食物分布呈一致性，不食者不发病，停止食用该种食物后很快不再有新病例。

⑤一般人与人之间不传染。发病曲线呈骤升骤降的趋势，没有传染病流行时发病曲线无余波。

【辅助检查】

（一）细菌学检查

取可疑食物、呕吐物和粪便等做细菌检查，细菌（＋）对诊断有价值。

（二）血清学检验

做抗体检查，若发现相应抗体增高则对诊断有价值。

（三）细菌培养

可取可疑食物、呕吐物、粪便和血做细菌培养并加药敏试验，若（＋）对诊断有价值。重症患者血培养，留取早期及病后二周的双份血清与培养分离所得可疑细菌进行血清凝集试验，双份血清凝集效价递增者有诊断价值。

（四）血常规检查

可有白细胞增高，中性增高达80%以上，对诊断有参考价值。

【诊　断】

细菌性食物中毒的诊断依据：

①中毒病人在相近的时间内均食用过某种共同的中毒食品，未食用者不中毒，停止食用

中毒食品后发病很快停止；

②潜伏期较短，发病急剧，病程亦较短；

③所有中毒病人的临床表现基本相似；

④一般无人与人之间的直接传染；

⑤实验室检查，若发现细菌（+）对确诊有价值。

具备其前4项可考虑诊断，若再具备第5项可确诊。

【治疗】

（一）一般治疗

一般治疗主要有：

①尽早识别食物中毒，立即停止使用可疑中毒食物。

②有效现场急救和迅速、安全送往医院救治。

③应注意隔离，如沙门菌食物中毒应床边隔离。

④应据病情适当休息或卧床休息。

⑤饮食：A. 早期应食用易消化的、清淡有营养的米汤、菜汤、藕粉、蛋花汤、面片等流质或半流质饮食，病情好转后可恢复正常饮食。B. 原则上可进食容易消化、含维生素B族和C丰富、含有较高蛋白质的饮食。C. 可选择容易消化、促进排便的海带、胡萝卜等蔬菜和山楂、菠萝、木瓜等水果，还可选择适量的糙米、全谷类及豆类等，可帮助排便，将体内残余的毒素排出。D. 不宜过早进食牛奶类甜食，因其易在肠道内发酵产生气体，使病人食后感觉腹部胀气不适。E. 应忌咖啡、辣椒、葱、蒜、姜、桂皮、烟、酒、肥腻、油煎、霉变、腌制食物等。

（二）对症治疗

对症治疗主要包括：

①对呕吐、腹痛明显者，可口服普鲁本辛、肌注阿托品或山莨菪碱。

②对能进食者，可口服补液。

③对剧烈呕吐不能进食或腹泻频繁者，可给予静脉营养支持。

④对有酸中毒者酌情补充5%碳酸氢钠注射液或11.2%乳酸钠溶液。

⑤对心跳、呼吸停止者，应迅速进行心肺复苏术。

⑥对脱水严重甚至休克者，应积极补液，保持电解质平衡及给予抗休克处理。

⑦对出现心律失常、中毒性肺水肿、呼吸衰竭、中毒性脑病、脑水肿等并发症者，应积极做相应处理。

⑧尽早足量地使用特效解毒剂。

（三）抗菌治疗

进行抗菌治疗时，应把握指征，可按不同的病原菌和药敏选用抗菌药物，必要时可联合用药，按剂量、疗程进行抗感染治疗。如沙门菌、副溶血弧菌可选用喹诺酮类抗生素。

【预防】

细菌性食物中毒的预防：①搞好食品卫生监督和管理，建立规章制度，规范采购进货渠道，禁止食用病死禽畜肉或其他变质肉类和毒蕈、河豚等有毒动植物；食物或食品在加工、运输及保存过程中，应防止污染；生熟食品应分刀、分菜板、分容器加工，严防熟食品再次被污染；烹调时要生熟分开以避免交叉污染；控制食品的加工量，尽量缩短食品存放时间，避免昆虫、鼠类等动物接触食品而造成污染。冷藏食品应保质、保鲜，动物食品食用前应彻底加热煮透,隔餐剩菜食前也应充分加热,腌腊罐头食品应在食用前煮沸 6~10 min。②坚持 48 h 留样制度,并做好标识且专柜保存。③对餐饮业工作人员做好卫生教育,使之养成良好的卫生习惯,定期检查;餐饮业工作人员应持健康证上岗。④不暴饮暴食,不吃腐败变质的食物及鱼胆,不食不认识的蘑菇、野菜和野果,海产品尽量不生吃,应煮熟煮透。⑤在外面吃饭,尽量不要到无证饮食场所。⑥冰箱等冷藏设备要定期清洁,冷冻的食品如果超过 3 个月最好不要食用。⑦选购包装好的食品时,要注意包装上的有效日期、生产日期及要求保存环境。⑧妥善保管有毒有害物品,防止误食误用。

(殷燕平)

第五节　运动后综合征

运动后综合征是指在体育运动时体力负荷超过了机体的潜力而发生的生理功能紊乱或病理现象。它常常在剧烈运动中或运动后发生,以经验较少的新手或初次参加运动者多见,以中长跑、马拉松、自行车、划船、足球等运动项目比较常见。

【临床表现】

参加剧烈运动后可出现不同的临床表现:

①可出现面色苍白、恶心呕吐、头昏、乏力和大汗淋漓等,属单纯性虚脱,常见于运动后。

②可出现全身无力、面色苍白、头昏耳鸣、眼前发黑、一过性神志丧失,醒后感觉全身无力、头痛、头昏等,属晕厥,常见于运动中或运动后。

③可出现一侧肢体麻木、动作不灵活、剧烈恶心呕吐等,常见于运动中或运动后。

④可出现恶心、呕吐、头痛、头昏、面色苍白等急性胃肠综合征,一般休息 1~4 h 可逐渐缓解,常见于运动后。

⑤急性心功能不全和心肌损伤者,剧烈运动后可出现呼吸困难、憋气、胸痛、咳血性泡沫性痰、心慌、全身无力、面色苍白、血压下降等表现,这是由心功能不全或加重所致。

【辅助检查】

有以下两种辅助检查方法:

1. 心电图检查

可见心跳过快、心律失常、早搏、心肌缺血等。

2. 血糖检查

可见血糖降低。

【诊　断】

根据参加体育运动后出现临床表现,一般可诊断运动后综合征;若要确诊还应有辅助检查支持,并排除其他器质性病变。

【治　疗】

治疗措施包括以下几方面:

①对单纯性虚脱者,可卧床休息、保暖、适当饮水或饮用咖啡。

②对晕厥者,宜平卧、头稍低以维持大脑供血。若有呕吐,应将患者头偏向一侧,保持呼吸道通畅,可据病情给予吸氧;若呼吸、心跳停止,应立即进行心肺复苏术,迅速进行脉

搏、血压、体温、心电图等检查以确保其无异常。

③对脑血管痉挛者，宜平卧、头稍低，保持呼吸畅通，并进行脑的检查以排除脑血管病变。

④对急性肠胃综合征者，应休息观察，必要时对症处理。

⑤对急性心功能不全或加重者，可取半卧位休息，给予吸氧、保持安静并保暖等急救处理，并应立即送医院进一步抢救。

【预 防】

运动后综合征的预防：①运动前必须做体检，不要带病参加运动，体检不合格者均不能参加体育运动。②遵守体育运动循序渐进的原则。③加强运动时的医学观察和自我监督，尤其是大学生。④应做好充分的准备活动，运动后要使身体各部分充分放松。⑤久蹲后不要突然起立。

（殷燕平）

第六节 急性酒精中毒

急性酒精中毒（俗称醉酒）是指一次饮酒或酒精饮料的量过多而引起的以多语、激动、口齿不清、失去约束力、行为异常、运动与步态失调、困倦、木僵、昏迷等表现的中枢神经系统兴奋或抑制状态。醉酒的严重程度与血酒精浓度呈正相关，但也有个体差异，一般短时间可完全恢复常态，不留后遗症。

【临床表现】

急性酒中毒引起中枢神经系统出现兴奋和抑制异常的表现，它与人体血中酒精含量和代谢速度密切相关。其表现一般可分为兴奋期、共济失调期和昏迷期。但是，有的在急性中毒后可有较长的不适表现，称为延续效应。

（一）兴奋期

醉酒者可有面色发红、自感舒适、精神兴奋、爱交际、说话滔滔不绝、喜怒与悲忧无常、敌对或攻击情绪、行为异常等表现，此期血中酒精浓度一般在 50～100 mg/dL。血中酒精浓度达到 100 mg/dL 时，驾车容易发生车祸危险。

（二）共济失调期

血中酒精浓度达到 150 mg/dL 时，醉酒者可有动作笨拙、运动失调、步态蹒跚、口齿不清、语无伦次、眼球震颤、视物模糊等表现。人体血中酒精浓度达到 200 mg/dL 时，可有恶心、呕吐、困倦等表现。

（三）昏迷期

若醉酒者继续饮酒，血中酒精浓度达到 250 mg/dL 时，可有面色苍白、皮肤湿冷、口唇微紫、昏睡、瞳孔散大等表现。当血中酒精浓度达到 400 mg/dL 时，醉酒者可出现呼吸缓慢而有鼾声、脉搏快速、血压下降、昏迷等表现，严重者可出现呼吸、循环麻痹而危及生命。

【辅助检查】

（一）实验室检查

1. 血中酒精浓度的测定

血中酒精浓度大于 50 mg/dL，对诊断其中毒程度有价值。

2. 肝功能检查
慢性酒精中毒性肝病可有明显功能异常。

3. 血糖检查
急性酒精中毒可有低血糖症。

4. 血清电解质测定
急性酒精中毒可有低血钾、低血钙。

（二）心电图检查
酒精中毒性心肌病可见心律失常、心肌损害。

【诊断】

根据饮酒史和临床表现，一般可诊断；若血中酒精浓度大于 50 mg/dL，可确诊。

【治疗】

急性酒中毒的治疗应采取催吐、洗胃、维持生命体征、加速代谢等措施。

（一）轻中度中毒
若生命体征正常，一般无须特殊治疗。

（二）共济失调者
应休息并注意观察和做好安全防护，以免发生意外。

（三）昏迷者
应及时进行急救，防止呼吸抑制和并发症采取的措施有：①密切监测。监测呼吸、脉搏、体温、血压生命体征。②维持呼吸道通畅。确保供氧充足，必要时进行人工呼吸。③维持循环功能。可给予5%葡萄糖盐水以维持循环功能。④注意保温。适当保温以维持体温正常。⑤心电监护。注意监测心律失常、心肌损害。⑥维持水、电解质、酸碱平衡。血镁低时，应补镁。⑦血液透析。当血液中的酒精浓度大于 500 mg/dL 时，应该尽快进行血液透析，促进酒精排出。

（四）低血糖症
低血糖症是急性酒精中毒者严重的并发症之一。有急性意识障碍者，可用 50% 葡萄糖静脉注射，同时肌注维生素 B_1、维生素 B_6，有利于酒精在体内氧化和代谢。

（五）对症处理
对躁动不安、过度兴奋者，可用安定镇静，但不宜用吗啡、氯丙嗪、苯巴比妥类镇静药物。

（蔡晓丽）

第七节　溺　水

溺水是指人淹没于水中，水和水中污泥、杂草等堵塞呼吸道或因反射引起喉和呼吸障碍，发生缺氧、呼吸困难、昏迷甚至死亡等窒息性疾病。

【临床表现】

溺水后常见病人全身浮肿，紫绀，双眼充血，口鼻充满血性泡沫、泥沙或藻类，手足掌皮肤皱缩苍白，四肢冰冷，昏迷，瞳孔散大，双肺有啰音，呼吸困难，心音低且不规则，血压下降，胃充水扩张。恢复期则可能出现肺炎、肺脓肿。溺水整个过程十分迅速，常常在

4～5 min 或 5～6 min 内患者即死亡。

【诊断】

具有溺水经历要出现全身浮肿、皮肤紫绀、手足掌皮肤皱缩苍白、四肢冰冷、昏迷、呼吸困难等可诊断溺水。

【急救】

对溺水者的急救必须争分夺秒。急救应遵循尽快将溺水者救出水面、保持呼吸道通畅、控水、心肺复苏、注意保暖的原则。

(一) 不会游泳者的自救

①落水后不要心慌意乱，一定要保持头脑清醒。

②冷静地采取头顶向后、口向上方的方式，将口鼻露出水面，此时就能进行呼吸。

③呼气要浅，吸气宜深，尽可能使身体浮于水面，以等待他人抢救。

④切记千万不能将手上举或拼命挣扎，因为这样反而容易使人下沉。

(二) 会游泳者的自救

①首先保持镇静，心平气静，不要乱动，节省体力，保持心态平衡。

②及时呼救，并将自己身体抱成一团，浮上水面，尽可能头后仰、深吸气、浅呼气。

③当救援者出现时，要听从救援者的指挥。

④如小腿抽筋，应深吸一口气，把脸浸入水中，将痉挛（抽筋）下肢的拇指用力向前上方拉，使拇指跷起来，持续用力，直到剧痛消失，抽筋自然也就停止。

⑤如果手腕肌肉抽筋，自己可将手指上下屈伸，并采取仰面位并以两足游泳。

(三) 互救

①救护者应镇静，尽可能脱去衣裤，尤其要脱去鞋靴，迅速游到溺水者附近。

②对筋疲力尽的溺水者，救护者可从头部接近。

③对神志清醒的溺水者，救护者应从背后接近，用一只手从背后抱住溺水者的头颈，另一只手抓住溺水者的手臂游向岸边。

④如救护者游泳技术不熟练，则最好携带救生圈、木板或用小船进行救护，或投下绳索、竹竿等，使溺水者握住再拖带上岸。

⑤救援时要注意防止被溺水者紧抱缠身而双双发生危险。如被抱住，不要相互拖拉，应放手自沉，使溺水者手松开，再进行救护。

(四) 第一目击者（或医疗）现场急救

①呼救。第一目击者发现溺水者后，立即拨打120或附近医院急诊电话请求医疗急救。

②脱离溺水环境。尽快将溺水者从水中救出或上岸。

③保持呼吸道通畅。立即清除溺水者口鼻淤泥、杂草、呕吐物等，有假牙的要取出假牙并将其舌头拉出以打开气道。

④倒水（见图 10-7-1）。采取头低俯卧位行体位引流，迅速将患者放在救护者屈膝的大腿上，头部向下，随即拍打背部以促使肺、胃内积水流出，时间不宜过长（大约 1 min）。

⑤现场心肺复苏。将水倒出后若溺水者还没有清醒，应立即检查呼吸、心跳。若呼吸、心跳停止，则立即进行心肺复苏——胸外心脏按压（见封面彩图2）和口对口人工呼吸（见图 10-7-2）或迅速向附近医院转送。作为救护者一定要记住：对所有溺水休克者，不管情况如何，都必须从发现开始持续进行心肺复苏抢救 30 min 以上。

图 10-7-1　倒水

图 10-7-2　口对口人工呼吸

【预防】

加强游泳安全和急救知识教育和宣传；游泳前做好充分准备活动；结伴下水活动；加强海上作业人员的安全和急救知识教育。

（陈善喜）

第八节　电击伤

电击伤（俗称触电）是指人体直接触及电源或高压电经过空气或其他导电介质传递电流通过人体时引起的组织损伤和功能障碍，重者发生心跳和呼吸骤停。超过1000 V的高压电还可引起灼伤、闪电损伤（雷击）等高压电损伤。

【临床表现】

当人体接触电流时，轻者立刻出现惊慌、呆滞、面色苍白、头晕、心慌、全身乏力，接触部位出现抽搐。重者可出现昏迷、持续抽搐、心慌、呼吸困难、呼吸和心跳停止。有些患者触电后，心跳和呼吸极其微弱，甚至暂时停止而处于"假死状态"，应认真鉴别，不可轻易放弃对触电患者的抢救。局部可有电灼伤的创面，甚至烧焦且与正常组织分界清楚，一般较深而往往可达深层肌肉、骨、血管等。电击伤者还可出现骨折、关节脱位、失明、耳聋、瘫痪等并发症和后遗症。

【诊断】

根据有触电现场、电击史和临床表现，一般不难诊断。

【急救】

发现有人触电，应争分夺秒到达现场并充分利用当时当地现有条件迅速进行急救。急救的原则：切断或脱离电源，迅速检查伤情，立即进行心肺复苏。

（一）切断电源或脱离电源

立即切断电闸或用干木棍或其他绝缘物将电源拨开以脱离电源，可用绝缘的器材（如干燥的木棒、竹竿等）将电线移开，将触电者分隔开，使伤员迅速脱离电源，但切不可直接用手或其他金属或潮湿的物体接触、触碰、手拉伤员，以免引起误触电。不能因救人心切而忘了自身安全，使救助者自身的生命安全受到电击的威胁。同时要确保抢救现场安全，立即让受伤者脱离电源。

（二）检查伤情

脱离电源后迅速检查病人伤情，先查呼吸、心跳、意识、血压，后查局部受伤情况。

（三）急救

应根据情况进行施救：

①对触电后神志清醒者,采取专人照顾、观察情况等措施,待稳定后方可正常活动。

②对轻度昏迷或呼吸微弱者,可针刺或掐人中、涌泉等穴位并送医院救治。

③对触电后无呼吸但有心跳者,应立即进行人工呼吸。

④对触电后心跳和呼吸均停止者,应立即进行心肺复苏(人工呼吸和胸外心脏按压)。抢救一般需要很长时间,必须持续且不能中止,即使在送往医院途中也一定要继续边救边送抢救。因此举不但能挽救患者生命,而且能减少和减轻并发症和后遗症,同时可拨打120或据情况做相应急救处理,送往医院进行急救期后处理。

⑤对有或伴发出血、裂伤、骨折者,应在行心肺复苏后做相应处理并送医院做后期处理。

【预防】

电击伤的预防:①应普及电学常识教育并遵守安全用电规则。②注意安全规范用电,不用湿手接触电源开关,不在电线上挂衣物;雷雨天不要站在树下或电线杆等高建筑物的下面,防止电击伤。

(陈善喜)

第九节 烧 伤

烧伤常指由热力、电流、化学物质、放射线等引起的组织损伤。狭义的烧伤一般指热力所造成的烧伤。临床上又常将热液、蒸气所致的烧伤称为烫伤,其他因素所致的烧伤则加以病因称之,如电烧伤、化学烧伤等。烧伤不仅引起局部皮肤、肌肉、骨骼、神经、血管等组织损伤,还引起休克、感染,甚至危及生命等全身变化。

在现实生活中,热力烧伤发病率最高,因此本节重点讲述热力烧伤。热力烧伤是指由热液(水、汤、油等)、蒸气、高温气体、火焰、激光、炽热金属液体或固体(钢水、钢锭等)等导致的以局部皮肤疼痛、发红、肿胀、发热、感觉过敏、水疱、焦黄和发黑等为主要表现的组织损伤。

【临床表现】

(一)烧伤面积的估计

烧伤面积的估计是指皮肤烧伤区域占全身体表面积的百分数。常将体表面积划分为11个9%的等份,另加1%,构成100%的体表面积,即头颈部 = $1 \times 9\%$;躯干 = $3 \times 9\%$;两上肢 = $2 \times 9\%$;双下肢 = $5 \times 9\% + 1\%$,共为 $11 \times 9\% + 1\%$。此外,不论性别、年龄,病人并指的掌面约占体表面积的1%;一般成年女性的臀部和双足各占6%。

(二)烧伤深度的判定

烧伤的深度一般采用三度四分法进行判定,依据烧伤对皮肤损伤的层次将其深度分为Ⅰ°、浅Ⅱ°、深Ⅱ°、Ⅲ°。通常将Ⅰ°、浅Ⅱ°烧伤称为浅度烧伤,深Ⅱ°和Ⅲ°烧伤则称为深度烧伤。

1. Ⅰ°烧伤

又称红斑性烧伤,仅伤及表皮的一部分,但生发层健在。局部疼痛,表面干燥,有烧灼感。因增殖再生能力活跃,常于3~5天内愈合,短期可有色素沉着,不留瘢痕。

2. 浅Ⅱ°烧伤

伤及整个表皮和部分乳头层。由于生发层部分受损,上皮的再生有赖于残存的生发层及皮肤附件，如汗腺及毛囊的上皮增殖。局部疼痛，表面红肿，有大小不等的水疱（其内见淡黄色液体），创面红润、湿润，若无继发感染，一般1~2周可愈合，一般不留瘢痕，但大多数有色素沉着。

3. 深Ⅱ°烧伤

伤及真皮乳头层以下，但仍残留部分真皮及皮肤附件，愈合依赖于皮肤附件上皮，特别是毛囊突出部内的表皮祖细胞的增殖。局部疼痛迟钝，可有水疱，创面微湿、红白相间。若无感染，一般3~4周自行愈合，常留有瘢痕。

4. Ⅲ°烧伤

又称焦痂性烧伤，伤及全层皮肤，表皮、真皮及皮肤附件全部毁损。一般无疼痛，创面蜡黄或发黑（因其被碳化）、干燥、发凉、无渗液。创面焦痂3~4周脱落，愈合后常留瘢痕并可造成畸形。其修复依赖于手术植皮或皮瓣修复。

此外，烧伤还可导致循环血量减少、休克、感染、合并呼吸道及复合烧伤，甚至危及生命等。吸入性烧伤（又称"呼吸道烧伤"）是指由于热力和燃烧时的烟雾（含有大量的一氧化碳、氰化物等化学物质）被吸入下呼吸道，引起局部腐蚀和全身中毒的作用。吸入性损伤是较危重的部位烧伤，死于吸入性窒息者多于烧伤。据统计，重度吸入性烧伤可使烧伤死亡率增加20%~40%。

（三）烧伤的伤情判断

烧伤的伤情判断主要根据烧伤面积和深度，同时考虑呼吸道损伤的程度，将其严重程度分为轻度、中度和重度，为制定治疗方案做参考。

1. 轻度烧伤

Ⅰ°烧伤面积在10%以下。

2. 中度烧伤

Ⅱ°烧伤面积为11%~30%，或Ⅲ°烧伤面积不足10%。

3. 重度烧伤

烧伤总面积为31%~50%，或Ⅲ°烧伤面积为11%~20%，或Ⅱ°、Ⅲ°烧伤面积不到上述百分比，但已发生休克等并发症或存在呼吸道烧伤、复合伤等。

4. 特重烧伤

烧伤总面积为50%以上，或Ⅲ°烧伤20%以上。

【诊 断】

依据烧伤的病史、临床表现、烧伤面积和烧伤深度，一般可确诊。

吸入性烧伤的诊断依据：①燃烧现场相对密闭。②呼吸道刺激，咳出炭末痰，呼吸困难，肺部可能有哮鸣音。③面、颈、口鼻周常有深度烧伤，鼻毛烧伤，声音嘶哑。④刺激性咳嗽，痰中有木屑。⑤声音嘶哑，吞咽困难、疼痛。⑥呼吸困难和（或）哮鸣。

具备前6项者可诊断；同时，支气管镜检查见气道黏膜充血、水肿、苍白、坏死和剥脱等，可确诊。

【急 救】

一般情况下，早期的急救可以减轻烧伤程度，降低并发症的发生率和死亡率，是烧伤患者后续治疗的基础。现场急救是烧伤救治最早的一个环节，可降低并发症和死亡率，对烧伤者治疗、预后有着重要意义。急救原则为迅速脱离致伤源、妥善保护创面、保持呼吸道通畅、就近急救和转运。

（一）自救

火焰烧伤者应立即卧地慢慢滚动灭火，或迅速脱去着火衣服，或跳入附近水池或小河内灭火。切勿奔跑、喊叫或用手扑打灭火，以免引起头面部、呼吸道和手部烧伤。同时，应立即离开密闭和通风不良的现场，以免发生吸入性损伤和窒息。

热液、沸水烫伤者应立即脱去浸渍的衣服。若衣服粘在皮肤上，可用剪刀慢慢剪开（不能强行撕脱，防撕去皮肤），尽快浸入冷水中或冷敷。

（二）互救

①用不易燃材料灭火。

②检查伤员呼吸和循环情况，保持其正常，出现呼吸不规则或呼吸、心跳停止时，应迅速进行心肺复苏术（人工呼吸及胸外心脏按压）。

③应在灭火后及时（伤后 30 min）将烧（烫）伤部位浸泡在冷水中或用纱布垫或毛巾浸于冷水敷于局部，并持续 30 min 以上，以防止热力继续损害，减少渗出，减轻疼痛。但这种方法不适合大面积烧（烫）伤者。

④可用干净敷料或布类保护或简单包扎，妥善地处理创面。

⑤对烧（烫）伤者，经过上述处理后，应立即送往医院治疗。

【治 疗】

（一）轻度烧伤

轻度烧伤主要是创面处理，包括清洁、创建健康皮肤。创面可用 1∶1 000 苯扎溴铵或 1∶2 000 氯己定轻洗、移除异物，浅Ⅱ°水疱皮应予保留，水疱大者，可用消毒空针抽去水疱液。深度烧伤的水疱皮应予清除。如果用包扎疗法，内层用油质纱布，外层用吸水敷料均匀包扎，包扎范围应超过创周 5 cm。面、颈与会阴部等烧伤不适合包扎处，则予暴露。一般可不用抗生素。

（二）中、重度烧伤

中、重度烧伤应按下列程序处理：

①简要了解受伤史后，记录血压、脉搏、呼吸，注意有无呼吸道烧伤及其他合并伤，严重呼吸道烧伤须及早行气管切开。

②立即建立静脉输液通道，开始输液。

③留置导尿管，观察每小时尿量、比重、pH 值，并注意有无血红蛋白尿。

④清创，估算烧伤面积、深度。特别应注意有无Ⅲ°环状焦痂的压迫，其在肢体部位可影响血液循环，在躯干部可影响呼吸，应切开焦痂减压。

⑤按烧伤面积、深度制订第一个 24 h 的输液计划。

⑥广泛大面积烧伤一般采用暴露疗法。

⑦创面污染重或有深度烧伤者，均应注射破伤风抗毒血清，并用抗生素治疗。

（庞显伦）

第十节 扭 伤

扭伤是指由剧烈运动或负重、持重时姿势不当，或不慎跌倒、牵拉和过度扭转等引起的，以四肢关节或躯体部的软组织（如肌肉、肌腱、韧带、血管等）损伤部位疼痛、肿胀和关节活动受限为主要表现的损伤，无骨折、脱臼、皮肤软组织破损等情况。临床上多发于腰、踝、膝、肩、腕、肘、髋等部位，以剧烈运动较为常见。

【临床表现】

受伤者多发于指骨间关节，腰、踝、膝、肩、腕、肘、髋等关节部位，出现损伤部位皮肤疼痛、肿胀、青紫和关节活动受限，无皮肤软组织破损、骨折、脱臼等情况，损伤部位可有压痛和功能活动受限。

【辅助检查】

（一）X线检查

可见：①软组织厚度增加，局部膨隆；②局部软组织影像密度增高；③原有组织层次混乱不清晰；④因皮下组织内有间质水肿而成网状结构；⑤关节内积液、积血致关节囊膨隆。具备上述之一者，对诊断有价值。

（二）磁共振成像（MRI）

可见X线检查相似征象且清晰，诊断价值更大，但价格较昂贵。

【诊　断】

根据外伤史（受伤时间、暴力性质、经过）、局部表现、伤后处理和伤情变化等情况，临床检查受伤部位有压痛，受伤关节主动、被动活动有受限，X线检查有阳性征，一般可诊断。但扭伤是一种排他性诊断，也常常合并肌腱撕裂、关节囊撕裂，甚至脱位、骨折等并发症，应给予排除才可确诊。

【治　疗】

扭伤根据病程发展可分为急性期、缓解期、康复期。

（一）急性期

急性期常指受伤24～48 h。其治疗原则为保护（Protection）、休息（Rest）、冰敷（Icing）、压迫（Compression）和抬高（Elevation），简称为PRICE。保护患肢以避免损伤加重，休息可减少患肢活动，在扭伤48 h内冰或冷敷（冰勿直接接触皮肤以避免冻伤，持续冰敷30 min以上）可防止持续内出血，可用弹性绷带或充气式固定器加以压迫，防止进一步肿胀，同时将下肢抬高，增加静脉血回流以防进一步肿胀。固定或者压迫时应注意时间以及松紧度，避免患肢长时间受压迫而产生缺血坏死。

（二）缓解期

缓解期常指受伤48 h后。此期可用热疗、按摩、药物等物理治疗，以改善伤部的血液和淋巴循环，促进组织的新陈代谢，使瘀血与渗出液迅速消退。患者可泡热水，在水中不痛范围内轻轻活动5 min，随后泡冷水，于水中静止1 min，如此反复冷热交替并持续30 min以上。可用双手拇指轻轻揉动，揉动方向为从下至上，既能止痛又能消肿。也可在伤处贴膏药或者敷正红花油、舒活灵等活血化瘀药物治疗。当疼痛减缓后，可开始缓慢地、适度地恢复运动。

（三）康复期

康复期常在1～2周。治疗常以按摩、理疗、功能锻炼为主，适当配以药物治疗，以增强和恢复肌肉与关节功能。功能锻炼可采取小步慢跑（最好穿护踝或贴扎再跑）或者活动扭伤部位，但踝关节扭伤者不能跳动，最好在受伤6周后渐渐恢复原来运动量。

（庞显伦）

第十一节 擦 伤

擦伤是指由钝器（略有粗糙）机械力摩擦的作用所造成的以表皮剥脱、翻卷为主要表现的表皮破损，但真皮并未受损害的损伤。

【临床表现】

擦伤的临床表现主要为局部表现，一般无全身反应，受伤局部可有表皮破损、渗液、出血，也可有抓痕、擦痕、撞痕、压痕等伤痕，并可反映暴力作用点、暴力作用方向、施暴意图及致伤物等特征，属开放性伤口，损伤程度轻微。

【诊 断】

根据外伤的局部表现，一般可诊断。

【治 疗】

擦伤的治疗措施主要有：

①对轻微的擦伤，若伤区清洁，仅外擦75%酒精或碘伏，创面不包扎，几天后即可愈合。脸面部的擦伤要注意防止感染，处理及时，以免遗有疤痕组织。

②对较深的擦伤，应做清创处理并包扎；若污染严重的擦伤，应清创和注射破伤风抗毒素，预防感染。

③若擦伤伴有或无擦伤而仅有皮肤全层裂开（称为裂伤），且伤口较长，应清创、缝合、包扎，根据情况应用抗生素、破伤风抗毒素、狂犬疫苗，同时按时更换敷料和拆线，促进伤口早日愈合。

④清创术：先用比较干净的水或凉开水或淡盐水（0.9%生理盐水）或1‰新洁尔灭药水清洗伤口，将泥灰等脏物洗去；其次用75%酒精或碘伏擦伤口周围皮肤，注意不要把碘酒、酒精涂入伤口内，否则会引起强烈的刺激痛；再用比较干净的敷料或布类包扎伤口，以防污染或感染；经清创处理后的擦伤应及时去医院处理。

（庞显伦）

第十二节 咬 伤

咬伤是指人或动物的上下颌牙齿咬合所致的损伤，在攻击和防御时均可形成。由于人体牙弓形态、牙的排列和疏密以及生理、病理变化的不同，加之又会有牙的修复、脱落等变化的影响，所以牙的咬痕具有良好的个体特异性。

生活中常见的咬伤多为人、猫、狗及毒蛇咬伤。本节主要讲述猫、狗、人及毒蛇咬伤。

【临床表现】

(一) 猫、狗、人咬伤

人被猫、狗、人咬伤后，受伤的局部皮肤可见轻微的咬痕（或猫的爪痕），皮下可有出血伴有擦伤，咬伤处皮肤的完整性可遭到破坏而形成挫裂创甚至组织器官缺损，创缘不整齐。也可在受伤数天、数月、数年出现感染、破伤风、狂犬病等并发症。

(二) 毒蛇咬伤

毒蛇咬伤的表现除有猫、狗、人咬伤的表现外，还有局部皮肤留下一对较深齿痕和毒腺分泌的蛇毒引起的表现。蛇毒可分为神经毒素和血液毒素，前者可引起伤口轻微痒感、伤口红肿、出血而量不多、麻木、知觉丧失，后觉头昏、恶心、呕吐、乏力、嗜睡等，重者可出现吞咽困难、声嘶、失语、复视、呼吸困难、血压下降、休克、瘫痪等中毒反应；后者可引起伤口迅速肿胀、剧痛、出血且不止，伤口周围水泡或血泡，皮下瘀斑，严重时可出现结膜下瘀血、鼻衄、呕血、咳血、尿血和出血性休克等全身广泛性出血的中毒反应。

【诊断】

根据咬伤的病史、临床表现，一般可诊断。

【治疗】

(一) 猫、狗、人、毒蛇咬伤的急救

1. 快速彻底冲洗伤口

清洁流水冲洗 15 min，肥皂水冲洗 15 min。冲洗的水量要大，水流要急，最好对着自来水龙头急水冲洗，以最快速度把沾染在伤口上的狂犬病毒冲洗掉。

2. 局部消毒

伤口周围或浅表伤口可用碘伏、75% 酒精或新洁尔灭消毒。

3. 暴露伤口

伤口应暴露，不遮盖、包扎、缝合。

4. 局部制动

受伤后走动要缓慢，不能奔跑，以减少毒素的吸收。最好是将伤肢临时制动后放于低位，迅速送往医院。

5. 伤肢绑扎

伤肢绑扎是一种自救和互救简便而有效的方法，也是现场容易办到的一种方法，主要适合于蛇咬伤。应在被毒蛇咬伤后，立即用弹性橡胶管、绷带、布条类或手巾等在伤肢近心端近侧 5~10 cm 处或在伤指（趾）根部给予绑扎，以伤口出血停止为宜，随后每隔 30 min 松绑 1~2 min 以防止肢体远端瘀血及组织坏死，从而达到暂时阻止蛇毒吸收的目的。待伤口彻底清创处理和服用蛇药片 3~4 h 后，才能解除绑带。

(二) 急救后的治疗

1. 彻底清创

适用于伤口深、创口不齐的咬伤。可用大量的双氧水、呋喃西林溶液冲洗 + 擦洗，抑制厌氧菌生长。伤口较深的一定要清创到创口底部，使创口充分暴露，充分引流。对清创后较深的伤口要放置引流条，并且要放置到创口底部，以防创口表面皮肤过早愈合。对毒蛇咬伤的伤口，还应在 3 min 内采取积极有效的排毒、破坏毒液蛋白措施，可在伤口侧面挤压以促进毒液排除，可用胰蛋白酶 + 0.05% 普鲁卡因对伤口周围封闭以降解蛇毒、减少毒素吸收。

对狗咬伤的伤口，可在其周围用狂犬病免疫球蛋白做浸润注射。

2. 预防感染

可选择头孢类抗生素、甲硝唑类或喹诺酮类单用或联合用药以抗感染。

3. 预防狂犬病

对轻者可只注射狂犬病疫苗，对严重者还应注射狂犬病免疫血清。

4. 预防破伤风

可应用破伤风抗毒素和（或）丙种球蛋白预防破伤风。

5. 解毒药物

可用广州蛇药、上海蛇药、南通（季德胜）蛇药等解毒蛇药口服或外敷，也可注射单价和（或）多价抗蛇毒血清，降低毒素。

6. 预防并发症

积极预防和处理出血倾向、休克、肾功能不全、呼吸肌麻痹等并发症。

（庞显伦）

第十三节 骨 折

骨折是指骨结构的连续性完全或部分断裂。骨折的成因主要为创伤和骨骼疾病所致。创伤性骨折的病因主要有车轮撞击的直接暴力、高处跌落的间接暴力、远距离行走的积累性劳损等。骨折端与外界相通为开放性骨折，如与外界不通则为闭合性骨折。本节主要讲述创伤性骨折。

【临床表现】

（一）全身表现

1. 休克

对于多发性骨折、骨盆骨折、股骨骨折、脊柱骨折及严重的开放性骨折，患者常因广泛的软组织损伤、大量出血、剧烈疼痛或并发内脏损伤等而休克。

2. 发热

骨折处有大量内出血，血肿吸收时体温略有升高，但一般不超过38℃，开放性骨折体温升高时应考虑感染的可能。

（二）局部表现

骨折的局部表现包括骨折的特有体征和其他表现。

1. 骨折的特有体征

①畸形。骨折端移位可使患肢外形发生改变，主要表现为缩短、成角、延长。

②异常活动。正常情况下肢体不能活动的部位，骨折后出现不正常的活动。

③骨擦音或骨擦感。骨折后两骨折端相互摩擦撞击，可产生骨擦音或骨擦感。

以上三种体征只要发现其中之一即可确诊，但未见此三种体征者也不能排除骨折的可能，如嵌插骨折、裂缝骨折。一般情况下不要为了诊断而检查上述体征，因为这会加重损伤。

2. 骨折的其他表现

疼痛、压痛、肿胀、瘀斑、功能障碍，既可见于新鲜骨折，也可见于脱位、软组织损伤的炎症。

【辅助检查】

（一）X线检查

凡疑为骨折者应常规进行X线正、侧位片，且包括邻近关节，可显示临床上难以发现的不完全性骨折、深部的骨折、关节内骨折和小的撕脱性骨折等，了解骨折的类型和具体情况，对治疗具有指导意义。

（二）CT检查

对于骨折不明确但又不能排除者、脊柱骨折有可能压迫脊髓神经根者及复杂骨折者均可行CT检查。三维CT重建可以更直观便捷地进行骨折分型，对治疗方案选择帮助很大，目前临床上常用。

(三) MRI 检查

MRI 检查在显示骨折线方面不如 CT 检查，但在脊髓神经根及软组织损伤的显示方面有独特优点，可明确有无神经、血管、肌腱、关节囊、软骨损伤等，现常用于脊柱骨折的检查。

【诊 断】

根据骨折的外伤史（受伤时间、暴力性质、程度）、骨折的特有体征（畸形、异常活动、骨擦音），一般可诊断；若 X、CT 检查见骨折征象，可确诊，还可明确部位、性质、程度。

【急 救】

骨折急救的目的是用最简单而有效的方法抢救生命、保护患肢、迅速搬运，以便尽快得到妥善处理。

(一) 骨折的急救

1. 检查生命体征

首先应检查病人的体温、呼吸、脉搏、血压等一般情况，判断局部及全身损伤的严重性，以便及时抢救或挽救生命。若呼吸、心跳停止，应立即进行心肺复苏；若处于休克状态，应注意保温，尽量减少搬动，有条件时可输液、输血；若有颅脑损伤而处于昏迷状态者，应注意保持呼吸道通畅。

2. 简单固定

主要是用小夹板固定四肢闭合性、无移位、稳定性骨折。在现场凡疑有骨折者，均应按骨折处理，对其简单固定。

简单固定的材料应选择夹板、纸板、木棍、扁担、木板、树枝等物作为固定的材料，其宽度以不超过肢体宽度且与其相适应、长度以超过近远端两个关节为宜，夹板放在肢体内、外侧并平行且与皮肤接触面以软布作垫，然后用绷带、布条、领带或鞋带固定且松紧以其裸露的远端可触及搏动为宜；上肢骨折保持屈曲体位90°，并用三角巾悬吊，将伤肢用绷带固定在胸壁上；下肢骨折保持伸直体位固定（见图 10－13－1）。

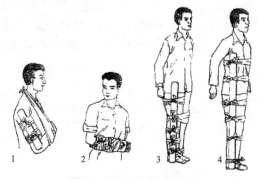

图 10－13－1　简单固定

对闭合性骨折可不脱去患肢的衣裤和鞋袜，避免过多搬动患肢，增加疼痛感；对开放性骨折可用加压包扎或止血带止血，创口用无菌敷料或清洁布类予以包扎，以减少再污染；对肢体完全离断可将断端肢体包扎止血后，再将离断肢体放入冰桶（夏天），并随病人送到医院；对不完全离断肢体可在近端用止血带止血。

骨折简单固定的目的是：①避免骨折端在搬运过程中对周围重要组织，如血管、神经、内脏的损伤；②减少骨折端的活动，减轻病人疼痛；③便于运送。

3. 安全搬运

病人经初步处理，妥善固定后，应尽快用担架或木板等搬运或转运至就近的医院进行复位、固定、功能锻炼等治疗，使受伤肢体尽可能恢复功能。

若为一般肢体骨折，经固定好后可用担架或其他工具运送。若为脊柱骨折，宜以3人站在同侧，用手平平托起，再平放于木板上，以防脊柱扭曲造成截瘫。若为颈椎骨折，应由一人轻轻牵引头部且持续至送往医院，平放于担架上搬动，以防扭动颈椎。

（二）常见骨折的急救

1. 锁骨骨折

可有锁骨变形，有血肿，肩部活动时疼痛加重。可用三角巾或围巾固定法，先在两腋下垫上大棉垫或布团，然后用两条三角巾的底边分别在两腋窝绕到肩前打结，再在背后将三角巾两个顶角拉紧打结，以减少对骨折部位的刺激，避免损伤锁骨下血管。

2. 肱骨干（上臂）骨折

可有疼痛、肿胀、瘀血，活动时出现畸形，上肢活动受限制。可用长达肩峰至肘尖的夹板，先放后侧，再放前侧，最后放内、外侧夹板，然后用四条绷带或2～3条三角巾固定，注意露出指尖。由于桡神经紧贴肱骨干，固定时骨折部位要加厚垫保护以防止桡神经损伤（桡神经负责支配整个上肢的伸肌功能。桡神经一旦受损，便不能伸肘，不能抬腕和手指伸直有障碍）。同时肘部要弯曲，悬吊上肢。如果现场没有夹板等固定物，可用三角巾将上臂固定在身体上，方法是将三角巾叠成宽带后通过上臂骨折部位绕过胸前和胸后在对侧打结固定，同样上臂也要悬吊在胸前。

3. 前臂骨折

分为桡骨、尺骨、桡尺骨双骨折。可有活动时非关节运动，出现畸形。可用小夹板、从肘关节到手掌长度的木板或用一本16开杂志放于其上下，以绷带或布条缠绕固定，注意露出指尖，肘部弯曲90°并用三角巾或围巾等将前臂悬吊于胸前。

4. 股骨骨折（大腿骨骨折）

股骨干粗大，只有巨大暴力如车祸等可致伤，损伤大时出血多，易出现休克。骨折后大腿肿胀、疼痛、变形或缩短。如果有条件，可用一块长夹板从伤侧腋窝下到脚后跟，一块短夹板从大腿根内侧到脚后跟，同时将另一条腿与伤肢并拢，再用七条宽带固定，固定时在膝关节、踝关节骨突出部位放上棉垫保护，空隙的地方要用柔软物品填充。固定时先从骨折上下两端开始，然后固定膝、踝、腋下和腰部。足尖保持垂直位置固定。如果没有夹板也可用三角巾、腰带、布带等将双腿固定在一起，注意两膝、两踝及两腿间隙之间垫好衬垫。

5. 小腿骨折

可有出血、肿胀。小腿骨折固定时切忌固定过紧，同时在骨折部位要加厚垫保护。用夹板固定时，最好用五块夹板，如果只有两块木板（其木板为大腿至足跟长），则分别放在伤腿的内侧和外侧；如只有一块木板，就放在伤腿外侧或两腿之间，再用绷带或三角巾分别固定膝上部、膝下部、骨折上、骨折下及踝关节处。同样要保持足尖垂直，呈"8"字固定；如果没有夹板，可将两条腿固定在一起。方法同股骨骨折固定。

6. 脊柱骨折

脊柱骨折常发生在颈椎和胸腰椎。脊柱骨折时，不能让患者试着行走，搬运时一定要用木板，以防脊髓损伤加重。一旦骨折块移位压迫脊髓、损伤马尾神经，会导致瘫痪。

7. 颈椎骨折

可用围领套在脖子上，防止颈椎活动；同时应用报纸、毛巾、衣物等卷制成颈套（颈套粗细要能限制双侧下颌活动），从颈后向前围在颈部。

搬运时，患者头仰卧固定在正中位（不垫枕头）。两侧垫卷叠的衣服，防止颈部左右转动。勿要轻易搬动，否则导致脊髓压迫的危险，发生四肢与躯干的高位截瘫，甚至死亡。

8. 胸腰椎骨折

病人不宜站立或坐起，以免引起或加重脊髓损伤。应先将伤者侧卧，动作宜轻，头颈、足踝和腰后空虚部位要垫实，用长、宽与伤者身高、肩宽相仿的一木板并伤者身体长轴一致固定。抬动病人时不要让病人的躯干前屈，必须仰卧在担架或门板上运送，运往医院前要把伤者双肩、骨盆、双腿及双脚用宽带固定，以免颠簸、晃动。

（庞显伦）

思考题

1. 中暑有什么临床表现？如何治疗？
2. 什么是猝死、心脏性猝死？呼吸心跳停止的急救措施有哪些？
3. 一氧化碳中毒、运动后综合征、电击伤、骨折的临床表现分别有哪些？如何急救？
4. 细菌性食物中毒的临床表现有哪些？诊断依据是什么？
5. 急性酒精中毒的临床表现有哪些？如何预防？
6. 如何预防狂犬病及破伤风？猫、狗、人、毒蛇咬伤的急救措施有哪些？
6. 溺水、烧伤、急性扭伤的急救措施分别有哪些？

第十一章

大学生常见疾病防治

 学习目标

1. 掌握大叶性肺炎的概念、临床表现、诊断、治疗及预防；
2. 掌握支气管哮喘的概念、临床表现、诊断、急救药物及药物应用；
3. 熟悉急性胃炎的临床表现、诊断、药物治疗和膳食治疗；
4. 熟悉慢性胃炎的分类、临床表现、诊断、抗酸治疗和膳食治疗；
5. 熟悉检测幽门螺旋杆菌的方法和杀灭幽门螺旋杆菌的药物及方案；
6. 掌握消化性溃疡的概念、临床表现、诊断、药物治疗（制酸药、抗酸药）和营养治疗；
7. 掌握急性胆囊炎的症状、诊断、止痛药物及抗生素的应用；
8. 熟悉对急结胆囊炎有诊断价值的 B 超检查影像；
9. 掌握胆石病和胆石的分类，胆囊结石、肝外胆管结石的临床表现、诊断；
10. 熟悉胆囊结石的手术适应症和首选手术方式、胆石病的治疗原则和预防措施；
11. 掌握急性肾小球肾炎的概念、临床表现、诊断和治疗；
12. 掌握慢性肾小球肾炎的概念、临床表现、诊断和治疗；
13. 掌握肾病综合征的概念、临床表现、诊断和治疗；
14. 掌握尿路感染的概念和急性细菌性肾盂肾炎、急性细菌性膀胱炎的临床表现、诊断依据、抗感染治疗方法；
15. 熟悉尿路感染的预防措施；
16. 掌握肾结石、输尿管结石、膀胱结石、尿道结石的临床表现、诊断依据，上尿路结石的非手术治疗的适应症，尿路结石的预防措施；
17. 掌握急性阑尾炎的临床表现、诊断和治疗；
18. 掌握乳腺增生症的概念、临床表现、诊断、治疗及预防；
19. 掌握乳腺纤维瘤的概念、临床表现、诊断和治疗；
20. 掌握痔疮、肛裂的概念、临床表现、诊断和预防；
21. 掌握缺铁性贫血的概念、临床表现、诊断和防治，铁剂治疗的注意事项；
22. 掌握疖、痈的概念、局部表现、诊断及局部治疗，熟悉痈的抗感染治疗适应症；
23. 掌握智齿冠周炎的概念、临床表现、治疗原则及预防；
24. 掌握龋病的概念、临床表现、治疗原则及预防。

第一节 大叶性肺炎

大叶性肺炎（又称肺炎链球菌肺炎）是由于全身或局部免疫力低下，呼吸道防御功能降低，在受寒、疲劳、饥饿等诱因作用下，以肺炎链球菌为主的细菌通过吸入并经上呼吸道到达肺部，引起以寒战、高热、胸痛、咳嗽和铁锈色痰等为主要临床表现的呈大叶性分布的肺部实质急性炎症。由肺炎链球菌所引起，占社区获得性肺炎中的半数以上。

【临床表现】

大叶性肺炎主要由肺炎链球菌，少数由葡萄球菌和肺炎杆菌引起。近年来由于抗菌药物的广泛应用，临床上症状轻或不典型病比较多见，典型表现者少见。

常见于青少年，在冬季和初春季节，在受凉、疲劳、酗酒、饥饿、上呼吸道感染等诱发因素作用下，突然起病，出现寒战、高热（体温可达 39～40℃）、乏力等全身中毒症状和胸痛、咳嗽、咯痰（初为少量黏液痰，后渐转为铁锈色痰）、呼吸困难等呼吸道症状，病变广泛者可有气急、紫绀，部分患者有恶心呕吐、腹胀、腹泻和黄疸，严重者可有嗜睡、神志恍惚、烦躁不安、谵妄或昏迷，甚至休克等表现。体征患者呈急性热病容，面颊绯红，鼻翼扇动，皮肤发热、干燥；早期肺部可无明显异常，随后可出现呼吸音减低伴有干湿啰音闻及，并发脓胸则叩诊浊音伴呼吸音减低或消失；有气胸则叩诊鼓音伴呼吸音减低或消失。

【辅助检查】

（一）血象检查

可有白细胞计数明显升高，常为（15～25）×10^9/L，中性80%以上。

（二）痰液涂片检查

可找到肺炎双球菌或葡萄球菌和脓细胞、白细胞。但不能完全排除口咽定植菌污染。

（三）X 线胸片

显示具有特征性、多型性及易变性的肺叶或肺段分布的均匀致密的片状、斑片状、大片炎性浸润实变阴影。

（四）胸部 CT

可进一步明确病变范围及程度。

（五）细菌培养

痰液、血、胸水等细菌培养在 24～48 h 可以确定病原体为肺炎双球菌或葡萄球菌。一般痰培养前必须清洁口腔，成人痰培养阳性率高达87%～95%，如连续两次培养出同一个细菌，参考价值较大，其诊断价值需结合临床进行判断。

【诊断】

诊断有以下要点：

①常见于青少年，男性多于女性，冬季和初春好发；

②常有受凉、疲劳、酗酒、上呼吸道感染等诱发原因；

③典型寒战、高热、胸痛、咳嗽、咳铁锈色痰等临床表现；

④肺部叩诊呈浊音，语颤增强，可闻及支气管呼吸音及湿性啰音；

⑤血象检查，白细胞计数明显升高，常为（15～25）×10^9/L，中性80%以上；

⑥X 线检查，胸部片显示肺叶或肺段分布的均匀致密的片状、斑片状、大片炎性浸润实变阴影；

⑦细菌检查,痰涂片或培养可见肺炎双球菌和葡萄球菌。细菌学检查是确诊大叶性肺炎的依据。

具备前6项可临床诊断,若加细菌检查(+)可确诊。

【治疗】

大叶性肺炎治疗不及时会导致菌血症、败血症、毒血症、感染性休克、心内膜炎、脑膜炎等,严重患者可有并发症。

（一）抗菌药物治疗

大叶性肺炎一经诊断应立即应用抗生素治疗,不必等待细菌培养结果。

1. 经验性治疗

根据感染来源（社区或医院）和本地区近期药敏资料选择药物。

对肺炎链球菌肺炎,青霉素G为首选。但因青霉素耐药性增加,现主张大剂量应用。对于青霉素耐药或过敏,可选用喹诺酮、头孢噻肟、头孢曲松等。

对泛耐药者,可选用万古霉素、替考拉宁等。

对社区获得性肺炎考虑可能为葡萄球菌所致时,不宜选用青霉素,而应选用苯唑西林和头孢唑林等第一代头孢菌素;若效果不好,再进一步进行病原学诊断相关检查,可考虑换用糖肽类抗生素治疗。

对住院病人,若怀疑为医院获得性葡萄球菌肺炎,首选糖肽类抗生素治疗。

在经验治疗过程中,应尽各种可能获得病原菌,并根据其药敏情况及时修改治疗方案。

2. 针对性治疗

培养并确认病原菌为葡萄球菌时,应根据其药敏结果选药。如为甲氧西林敏感菌株,可选用苯唑西林、氯唑西林、头孢唑林或头孢噻吩等;若分离菌对甲氧西林耐药,首选糖肽类抗生素,并根据药敏结果可加用磷霉素、磺胺甲噁唑/甲氧苄啶（SMZ-TMP）、利福平等。

糖肽类抗生素目前国内应用的有:万古霉素、去甲万古霉素、替考拉宁。对肾功能减退患者,应调整剂量,疗程不少于3周。

（二）一般治疗

病人应卧床休息,注意足够蛋白质、热量和维生素等的摄入,食物应以高营养、清淡、易消化为宜,不要吃大鱼、大肉、过于油腻之品,忌用酸性药物和食品,忌喝茶,忌生冷食物（如不过食西瓜、冰淇淋、冰冻果汁、冰糕、冰棒、冷饮、香蕉、生梨等生冷食物）,忌油腻厚味（不宜吃鱼肝油、松花蛋黄、蟹黄、凤尾鱼、鲫鱼子,以及动物内脏等厚味食品）,忌辛辣及调味品食物（易消耗人体正气,影响脏腑功能,导致消化功能降低）。

（三）对症治疗

注意密切观测呼吸、心率、血压及尿量,注意可能发生的休克。有明显胸痛者可用可待因止痛;高热者可用物理方法降温,不用阿司匹林或其他退热剂降温,以免大量出汗、脱水导致临床判断错误;鼓励饮水,每日1~2 L;中等或重症患者应给氧。

（四）并发症的处理

若治疗3 d无效,应考虑并发症的可能,需注意检查有无脓胸、关节炎、心肌炎等。根据不同并发症进行针对性治疗。引流、有脓（气）胸应严格执行无菌操作并及早胸腔置管引流,肺脓肿应嘱病人按病变部位和全身情况做体位引流。注意感染性休克的治疗。

大叶性肺炎接受治疗较早的轻型病人,一般在24~48 h内体温下降;但病情严重的病人,特别是具有上述预后不良病症的病人,往往需4 d或4 d以上才能退热。经有效抗炎治疗两周可恢复。

当病人仍无好转时，需考虑以下因素：病因诊断错误，药物反应不良，疾病已属晚期或重复感染，有关的疾病使病人抵抗力低下，非住院病人用药方法不符要求，致病的肺炎链球菌菌株有耐药性，以及有并发症如脓胸而需要引流或有转移感染灶（如脑膜炎，心内膜炎，脓毒性关节炎），需加大青霉素剂量。

【预防】

注意避免醉酒、过劳、淋雨等引起免疫力减退。适度锻炼，增强免疫力。也可接种疫苗增强免疫力。

（陈善喜）

第二节 支气管哮喘

支气管哮喘（简称为哮喘）是由多种细胞（如嗜酸性粒细胞、肥大细胞、T淋巴细胞、中性粒细胞、气道上皮细胞等）和细胞组分参与的以气道慢性炎症、气道对刺激的高反应性和广泛多变的可逆性气流受限为主要特征，以反复发作的喘息、气急、胸闷或咳嗽等为主要症状的气道慢性炎症性疾患。

【临床表现】

目前认为支气管哮喘是一种多基因遗传性疾病，它的发生既受遗传因素，又受环境因素的影响。常由于精神因素（紧张不安、情绪激动）、运动、药物（阿司匹林、含碘造影剂、交感神经阻断剂等）等和接触尘螨（是哮喘在世界范围内重要的发病因素）、职业性变应原（谷物粉、面粉、动物皮毛、木材、丝、麻、木棉、饲料、蘑菇、松香、活性染料、乙二胺等）、药物及食物添加剂（牛奶、鸡蛋、鱼、虾蟹等海鲜及调味类食品等）、促发因素（感染）、气候改变（气温、湿度、气压和空气中离子）、烟雾、环境污染（煤气、二氧化硫、油烟、被动吸烟、杀虫喷雾剂等）等，出现反复发作的胸闷、气喘及呼吸困难、咳嗽等典型的支气管哮喘症状（称为急性发作期）。

发作前常有鼻塞、打喷嚏、眼痒等先兆症状，严重者可短时间内出现严重呼吸困难、低氧血症。咳嗽在夜间或凌晨发作和加重是哮喘的特征之一。

哮喘症状可在数分钟内发作，少数可自行缓解，大多数需积极处理才缓解。哮喘发作时出现两肺散在、弥漫分布的呼气相哮鸣音，呼气相延长，有时吸气、呼气相均有干啰音。严重发作时可出现呼吸音低下，哮鸣音消失，临床上称为"静止肺"，提示病情危重，随时会出现呼吸骤停。哮喘患者在不发作时可无任何症状和体征。

支气管哮喘急性发作根据严重程度分为轻度、中度、重度和危重4级，见表11-2-1。

表11-2-1 哮喘急性发作严重度分级

临床表现	轻度	中度	重度	危重
呼吸急促	走路或上楼	稍活动出现	休息，端坐呼吸	
谈话	能成句	短语	单字	不能讲话
反应	可能有激惹	常有激惹	经常有激惹	嗜睡，意识模糊
呼吸频率	增快	增快	常 >30 次/min	

续表

临床表现	轻度	中度	重度	危重
三凹症	通常无	通常有	通常有	胸腹反常呼吸
喘鸣	中度，呼气末	响亮	通常响亮	无喘鸣
脉搏/min	<100	100~120	>120	脉率过缓
奇脉	无，<10 mmHg	可有，10~25 mmHg	常有，>25 mmHg	无呼吸肌疲劳
初吸扩张剂后PEF占预计值	>80%	60%~80%	<60%或作用持续时间<2 h	
PaO_2	正常	<60 mmHg	<60 mmHg，可有紫绀	
$PaCO_2$	<45 mmHg	<45 mmHg	>45 mmHg，可有呼衰	
SaO_2	>95%	91~95%	<90%	

【辅助检查】

（一）变应原检查

有体内的变应原皮肤点测试验和体外的特异性 IgE 检测，可明确患者的过敏症状，指导患者尽量避免接触变应原及进行特异性免疫治疗。

（二）肺功能测定

在哮喘发作时，呈阻塞性通气障碍表现，1 秒用力呼气量（FEV1）和 1 秒率（FEV1/FVC%）均下降，FEV1 低于正常预计值的 80% 或 FEV1/FVC% <70% 为判断气流受限的重要指标；肺功能检查对确诊哮喘有价值，是评价疾病严重程度和疗效的重要指标。

（三）胸部 X 线检查

大多数无明显异常。但哮喘严重者可发现有无肺部感染、肺不张、气胸、纵隔气肿等并发症的存在。哮喘发作时可有两肺透亮度增加，呈过度充气状态；若并发呼吸道感染，可有肺纹理增加和炎症性浸润阴影。

（四）血象检查

白细胞及中性粒细胞一般不增高，若并发感染可有增高。

（五）痰嗜酸粒细胞或中性粒细胞计数

可评估与哮喘相关的气道炎症。

（六）变应原（过敏源）检查

可通过变应原皮试或血清特异性 IgE 测定证实哮喘患者的变态反应状态，了解个体哮喘发生和加重的危险因素，还可帮助确定特异性免疫治疗方案。

【诊断】

支气管哮喘的诊断依据为：

①常在接触变应原、冷空气、物理性刺激、化学性刺激等或由于病毒性上呼吸道感染、运动后出现反复发作性喘息、气急、咳嗽或胸闷等。

②发作时可闻及双肺散在或弥漫性以呼气相为主的哮鸣音伴呼气相延长。

③上述症状和体征可自行缓解或经治疗后缓解。

④排除外其他疾病（如慢性阻塞性肺疾病、心源性哮喘、大气道肿瘤或异物等）所引起的喘息、气急、胸闷和咳嗽。

⑤临床表现不典型者（如无明显喘息或体征），应至少具备以下 1 项肺功能试验阳性：A. 支气管舒张试验阳性 FEV1 增加≥12%，且 FEV1 增加绝对值≥200 mL；B. 支气管激发试验或运动激发试验阳性；C. 呼气流量峰值（PEF）日内（或 2 周）变异率≥20%。

具备以上①～④条或④和⑤条者，可以诊断为哮喘。

【治疗】

（一）治疗目的

应该积极进行治疗，争取完全控制症状。保护和维持尽可能正常的肺功能。避免或减少药物的不良反应，关键是合理的治疗方案和坚持长期治疗。哮喘的治疗应采取避免接触过敏源及其他哮喘触发因素、规范化的药物治疗、特异性免疫治疗和患者教育（教育患者应尽可能减少或避免接触危险因素，以预防哮喘发生和症状加重）等综合治疗手段。

（二）药物治疗

根据其作用机制可分为具有扩张支气管作用（β_2 - 受体激动剂、茶碱类）和抗炎作用（糖皮质激素、白三烯调节剂、色甘酸钠和尼多酸钠、抗 IgE 单克隆抗体、抗组胺药物）两大类，某些药物兼有扩张支气管和抗炎作用。

治疗哮喘的药物又根据其在长期治疗哮喘中的地位分为：

1. 控制药物（维持治疗药物）

控制药物是指需长期且每天使用药物，达到抗炎作用而维持哮喘临床控制。常用药物有：

（1）糖皮质激素。

糖皮质激素具有减轻哮喘症状、提高生命质量、改善肺功能、降低气道高反应性、控制气道炎症、减少哮喘发作的频率、减轻发作的严重程度、降低病死率的作用，是最有效的控制气道炎症的药物。它分为吸入糖皮质激素和全身用激素。

①吸入糖皮质激素（简称激素）。具有直接作用于呼吸道、局部抗炎作用强、需剂量较小、全身性不良反应较少的特点，被列为首选给药途径，适合于轻、中度及急性发作的哮喘，如二丙酸倍氯米松、布地奈德、丙酸氟替卡松等药物。

②全身用激素。适合中、重度的哮喘的联合治疗，经口服或静脉给药，如泼尼松、泼尼松龙或甲泼尼龙等。严重急性哮喘发作时，应经静脉及时给予甲泼尼龙或琥珀酸氢化可的松。

长期应用糖皮质激素可出现骨质疏松症、高血压、糖尿病、下丘脑 - 垂体 - 肾上腺轴的抑制、肥胖症、白内障、青光眼、皮肤菲薄导致皮纹和瘀斑、肌无力等副作用。

（2）白三烯调节剂。

白三烯调节剂具有缓解哮喘症状、改善肺功能、减低哮喘恶化的功能，可单独用于轻症哮喘和联合治疗中重度哮喘，适合于阿司匹林哮喘、运动性哮喘和伴有过敏性鼻炎哮喘患者的治疗。该药服用方便，使用较为安全，如孟鲁司特钠、扎鲁司特、异丁司特等。

（3）β_2 - 受体激动剂。

β_2 - 受体激动剂具有扩张气道平滑肌、减低微血管的通透性、促进气道上皮纤毛的摆动而缓解哮喘症状的作用。可分为：

①短效制剂。如沙丁胺醇和特布他林，吸入可在数分钟内见效，可维持 4～6 h，是缓解轻、中度急性哮喘的首选药物。

②长效制剂。沙美特罗起效慢但维持时间可长达 12 h 以上，不单独使用。但如福莫特罗

可在 3~5 min 起效且维持 8~12 h，可按需用于哮喘急性发作。

$β_2$-受体激动剂的副作用有心悸、骨骼肌震颤、低血钾等不良反应等。

（4）氨茶碱。

氨茶碱具有扩张支气管平滑肌、强心、利尿、扩张冠状动脉、兴奋呼吸中枢和呼吸肌等作用，低浓度茶碱还具有抗炎和调节免疫的作用。

氨茶碱适合于轻、中度哮喘发作和维持治疗，尤其是夜间哮喘症状的控制。可联合应用激素和抗胆碱药物，具有协同作用。

主要不良反应有恶心、呕吐、心律失常、血压下降、尿多等。

（5）抗胆碱药物。

抗胆碱药物具有舒张支气管的作用，比 $β_2$-受体激动剂弱且起效较慢，适合于有吸烟史的老年哮喘者。妊娠早期妇女和患有青光眼或前列腺肥大的哮喘者应慎用。

抗胆碱药物与 $β_2$-受体激动剂联用具有互补和协同作用。

常用的吸入抗胆碱药物有溴化异丙托品、溴化氧托品和噻托溴铵等。

（6）抗 IgE 抗体。

抗 IgE 单克隆抗体适合于血清 IgE 水平增高的哮喘、经吸入糖皮质激素和长效 $β_2$-受体激动剂联合治疗后未得到控制的严重哮喘。

2. 缓解药物（急救药物）

缓解药物是指按使用需要给患者服用药物，达到迅速解除支气管痉挛而缓解哮喘症状的目的。常用的有速效吸入 $β_2$-受体激动剂（起效快的约数分钟，维持时间短的约数小时，为轻、中度的首选，如沙丁胺醇和特布他林等）、全身用激素、吸入性抗胆碱能药物、短效茶碱及短效口服 $β_2$-受体激动剂等。

（三）哮喘急性发作的处理

1. 对轻度和部分中度急性发作者

可吸入速效 $β_2$-受体激动剂（如沙丁胺醇），也可联合应用 $β_2$-受体激动剂和抗胆碱能制剂（如异丙托溴铵）以取得更明显的支气管舒张作用。若是在控制性治疗的基础上发生的急性发作，应尽早联合口服激素（如泼尼松龙），必要时可去医院处理。

2. 对部分中度和重度急性发作者

应速到医院进行氧疗、速效 $β_2$-受体激动剂等处理。

3. 对中重度哮喘急性发作者

应尽早使用全身用激素，如可口服泼尼松龙或可静脉给予甲基泼尼松龙或氢化可的松等。

4. 对重度和危重哮喘急性发作者

可应用上述药物进行治疗，若临床症状和肺功能无改善或继续恶化时应及时给予机械通气等处理。

5. 抗感染

哮喘急性发作大多数并非由细菌感染引起，应严格控制抗菌药物的应用指征，具有细菌感染的证据和重度或危重哮喘急性发作才有针对性地进行抗感染治疗。

【预后】

通过长期、规范的治疗，成人哮喘的临床控制率可达 80%，轻度哮喘容易控制。

（陈善喜）

第三节　急性胃炎

急性胃炎是由于多种病因（如细菌、病毒、植物毒素、化学毒物、药物、酒精等）所引起胃黏膜炎充血、水肿、糜烂和出血等炎症病变，以上腹痛、胀满、恶心、呕吐、呕血、黑便等为主要表现的疾病。临床上以胃黏膜病变分为单纯性（黏膜充血、水肿、黏液分泌增多、点状出血、轻度糜烂）和糜烂出血性（黏膜多发性糜烂及出血）胃炎两种，以单纯性常见。

【临床表现】

主要表现为消化道症状。常表现为上腹隐痛、胀满不适、食欲减退、嗳气、恶心、呕吐、上腹和脐周轻度压痛等。重者还可有上腹饱胀、呕吐、黑便，甚至休克等。由细菌及其毒素引起的急性胃炎（又称为急性胃肠炎），常发生在进食数小时或 24 h 内，出现恶心、呕吐在先而腹痛、腹泻在后，发热，腹泻（每日 3～5 次或更多，大便多呈水样，深黄色或带绿色，恶臭味等），腹部压痛，肠鸣音亢进等表现。

【辅助检查】

（一）胃镜检查

可见胃黏膜充血、水肿、点状出血、糜烂或糜烂出血、浅表溃疡，表面附有黏液和炎性渗出物。检查原则上在出血控制后 24～48 h 内进行。

（二）大便常规检查

可见不消化的食物成分、致病菌、少量黏液、少量白细胞和红细胞、隐血试验阳性，粪便和吐泻物中可见相应致病菌，血白细胞计数可正常或异常。

【诊　断】

1. 单纯性胃炎

依据病史＋常见消化道症状＋上腹和脐周轻度压痛可诊断单纯性胃炎，若胃镜显示胃黏膜充血、水肿、点状出血、糜烂或糜烂出血、浅表溃疡，表面附有黏液和炎性渗出物可确诊。

2. 急性出血性胃炎

依据病史＋常见消化道症状并有呕血、黑便＋上腹和脐周轻、中度压痛可诊断急性出血性胃炎，若胃镜显示点状出血或糜烂出血可确诊。

3. 急性胃肠炎

若在夏秋季，有误食不洁食物的病史，出现发热、恶心和呕吐在先而腹痛和腹泻在后，每日腹泻 3～5 次或更多，大便多呈水样伴恶臭味且深黄色或带绿色，腹部可有轻度压痛、肠鸣音增强等表现，可诊断为急性胃肠炎；同时大便或呕吐物细菌检查见致病菌可确诊。

【治　疗】

（一）一般治疗

可适当休息，同时要去除食物刺激、药物、重度烧伤、严重感染、胆汁反流、急性食物中毒、幽门螺旋杆菌感染等病因。

（二）药物治疗

根据病情应用药物治疗，可用普鲁本辛、阿托品、654-2、颠茄制剂、复方氢氧化铝等药物止痛；藿香正气水（液）止腹胀；甲氧氯普胺、维生素 B_6 等药物止恶心、呕吐；多酶片助消化等，对症处理。可用 H_2 - 受体拮抗药（西咪替丁、雷尼替丁、法莫替丁）、质子泵抑制药（如奥美拉唑）、碳酸氢钠溶液（或片剂）等药物抗酸。可用硫糖铝、铝碳酸镁、枸橼酸铋钾等药物保护胃黏膜。若为急性胃肠炎应同时选两种有效抗生素治疗 7~14 d。

（三）营养治疗

1. 营养治疗目的

减轻胃负荷，促进胃黏膜修复，补充水和矿物质。

2. 营养治疗原则

平衡膳食原则。

3. 营养治疗要点

（1）能量。按 25~30 kcal/（kg·d）供给。

（2）餐次。每天 4~5 餐，每餐 200~300 mL。

（3）饮食过渡。若病人有剧烈腹痛、腹泻、呕吐、出血、胃黏膜糜烂，应暂时禁食。对胃黏膜糜烂充血、水肿者应给予低脂（低于 25%）、低盐（低于 6 g）、无渣、适当增加优质蛋白质的饮食。在疼痛、呕吐、胃黏膜糜烂充血、水肿明显者的急性期应给予无脂、低盐（低于 6 g）流质。对疼痛、呕吐、出血缓解者应给予低脂（低于 25%）、低盐（低于 6 g）、少渣、半流或低脂（低于 25%）、低盐（低于 6 g）、少渣、少纤维软食。在疼痛、呕吐停止的恢复期应给予低脂（低于 25%）、低盐（低于 6 g）、少渣软食，逐渐过渡到普食。

（4）食物选择。急性期选择可制成流质的食物，如米汤、稀饭、藕粉、脱脂牛奶等。缓解期和恢复期选择可制成半流质和软食的食物，如发酵馒头、稀饭、面条、土豆泥等。注意补充水分，以防失水。

（5）食物禁忌。禁忌肉汤、肉羹、甜食、刺激性汤羹、粗杂粮、高纤维蔬菜、刺激性调味品、烟酒、坚硬食物等。少用或不用产气性食物，如牛奶、豆奶、蔗糖等。

（陈善喜）

第四节 慢性胃炎

慢性胃炎是指胃黏膜在各种致病因素（主要为幽门螺旋杆菌感染）作用下所发生的慢性炎症性病变或萎缩性病变，以胃窦部多见，晚期可出现胃黏膜腺体萎缩、化生、癌变。

慢性胃炎常分为：

①浅表性胃炎。浅表黏膜充血、水肿、糜烂等炎性改变，好发于胃窦部。

②萎缩性胃炎。胃黏膜、腺体萎缩、消失，分泌功能降低等。萎缩性胃炎又分为 A 型（胃体病变，临床少见）和 B 型（胃窦病变，临床多见，常呈周期性发作，可出现失血性贫血、溃疡或癌变）。

③特殊类型。化学性胃炎、酒精性胃炎、药物性胃炎、其他细菌感染所致的胃炎、疣状胃炎、残胃炎等。

④增生性胃炎。胃黏膜和腺体出现增生现象，常有消化不良症状，上腹部痛类似溃疡病，可因进食或服碱性药物而疼痛暂时缓解。

若按病变解剖部位分为慢性胃窦炎（B 型胃炎）和慢性胃体胃炎（A 型胃炎）。胃炎可发生于任何年龄，但随年龄增长发病率逐渐增高。胃炎的症状程度与其黏膜的病变程度可能不一致，其临床表现常不典型。胃窦炎与萎缩性胃炎、胃溃疡、胃癌关系密切，有重度肠腺化生或（和）不典型增生者有癌变可能，应引起我们的高度重视，应定期到医院进行检查以便确诊。

【临床表现】

胃炎病情发展缓慢，症状缺乏特异性。常表现为消化不良症状，如反复或持续性上腹不适、饱胀、钝痛、烧灼痛、无明显节律性，一般进食后较重，可出现食欲下降、嗳气、反酸、恶心、消化道出血等。体征一般不明显，可有上腹轻度压痛、弥漫性压痛、反跳痛一般不明显。萎缩性胃炎可有贫血表现等。

【辅助检查】

（一）X钡餐检查

发现胃黏膜萎缩、黏膜皱襞减少、黏膜皱襞粗乱，可有充盈缺损、胃窦区狭窄、息肉样或结节状等征象，但无特异性。一般仅有助于排除其他胃部疾患，要确诊需要胃镜检查和胃黏膜活体组织检查。

（二）胃镜检查

可见胆汁反流、幽门螺旋杆菌、胃黏膜充血、水肿、糜烂、增生、萎缩、化生、皱襞等，可做组织活检以明确诊断。胃镜检查是诊断胃炎的主要手段。

（三）血清壁细胞抗体测定

血清壁细胞抗体阳性多见于胃体胃炎，血清壁细胞抗体阴性多见于胃窦胃炎。

（四）胃液分泌功能检查

检测基础酸分泌量（BAO）、高峰酸分泌量（PAO）、最大酸分泌量（MAO）。浅表性胃炎三者多正常，萎缩性胃炎多呈减少或缺乏。

（五）血清胃泌素含量测定

血清胃泌素含量增高多见胃体胃炎，血清胃泌素含量正常或降低多见胃窦胃炎。

（六）幽门螺旋杆菌检查

可用胃镜、^{13}C或^{14}C尿素呼气试验（是"金标准"之一）检测幽门螺旋杆菌。

【诊断】

依据病史＋消化不良症状＋上腹轻、中度压痛＋胃镜显示胃黏膜病变可确诊，幽门螺旋杆菌或壁细胞抗体（内因子抗体、维生素B_{12}）可诊断病因。

【治疗】

（一）一般治疗

根据病情适当休息，控制饮食，注意饮食行为和生活方式，注意选择适宜的食物和药物，避免精神紧张和激动，戒烟禁酒等。通过一般治疗，病情无明显减轻者给予药物治疗。

（二）药物治疗

1. 胃黏膜保护药

胃黏膜保护药具有增强胃黏膜抵御损害因子的能力，增强胃黏膜屏障的功能。适合于反酸、胃灼热等症状或胃镜提示有新膜糜烂、出血者。常用药物有枸橼酸铋钾、硫糖铝、替普瑞酮等。

2. 促进胃动力药

适合于胃饱胀不适、嗳气者。常用药物有甲氧氯普胺、多潘立酮、西沙比利等。

3. 抗酸药

具有降低胃内[H^+]浓度，减轻对胃黏膜的损害，促进胃黏膜的修复、胃液素释放。常用药物有 H_2 受体拮抗剂（雷尼替丁、西咪替丁、法莫替丁、尼扎替丁等，注意应连续服药4周以上，并联合抗幽门螺旋杆菌的药物治疗效果更好）、质子泵抑制药（奥美拉唑、兰索拉唑、爱索美拉唑、雷贝拉唑钠等，具有抑制胃酸和杀灭幽门螺旋杆菌的作用，使质子泵失活，泌酸功能丧失，作用于胃酸分泌的终末期，抑胃酸作用强）、中和胃酸药物（碳酸氢钠、碳酸钙、氢氧化铝、氢氧化镁、铝碳酸镁）、复方氢氧化铝（复方制剂等，具有中和胃酸的作用，作用较快、较强）、杀灭幽门螺旋杆菌药（阿莫西林、替硝唑、呋喃唑酮、克拉霉素等，其经典方案为奥美拉唑+甲硝唑，疗程1周）等。

4. 对症药物

对情绪紧张者，可用小剂量镇静剂；对嗳气、恶心及胃排空障碍者，可选用甲氧氯普胺、多潘立酮、西沙比利；对上腹痛者，可用颠茄片、654-2、复方氢氧化铝等药物。

5. 推荐慢性胃炎根除幽门螺旋杆菌方案

2000年，全国慢性胃炎研讨会推荐慢性胃炎根除幽门螺旋杆菌方案：

（1）铋剂+两种抗生素。铋剂标准剂量+阿莫西林+甲硝唑，持续7～14 d；铋剂+四环素+甲硝唑，持续7～14 d；铋剂+克拉霉素，持续1周。

（2）质子泵抑制药（PPI）+两种抗生素。PPI标准剂量+（克拉霉素和阿莫西林）或（阿莫西林和甲硝唑）或（克拉霉素和甲硝唑）或单用PPI标准剂量，持续1周。

（三）营养治疗

1. 营养治疗目的

适当减轻胃负荷。

2. 营养治疗原则

采用平衡膳食的原则。

3. 营养治疗要点

（1）能量。按30～35 kcal/（kg·d）供给。

（2）主要营养素供给。每天脂肪、蛋白质、碳水化合物占总能量的比例分别为浅表性胃炎20%～25%、10%～13%、60%～65%，萎缩性胃炎25%、10%～15%、55%～60%。

（3）饮食要点。根据病情，浅表性胃炎给予低脂低盐少渣软食或少渣软食或少渣半流，疼痛发作时应给予低盐少渣半流或软食，可适当增加发酵食品，少食或不食肉汤、甜食、刺激性食物或调味品。萎缩性胃炎（常有胃酸减少）应给予低脂低盐低纤维软食或低脂低盐高蛋白半流饮食，可适量饮用去油肉汤、糖醋类食品以刺激胃酸分泌、纠正低胃酸状态，多食富含铁的食物并可补充维生素 B_{12}、叶酸、铁剂以纠正其贫血症状。饮食应按时就餐，少食多餐。

（4）食物禁忌。禁止食用含粗纤维、坚硬、多肌腱、油炸等食物和烟酒及刺激性食物或调味品。

（陈善喜）

第五节 消化性溃疡

消化性溃疡（PU）是消化道黏膜主要在胃酸和胃蛋白酶的自身消化作用下，黏膜、腺体、组织发生充血、水肿、糜烂、坏死、增生等病理改变而形成溃疡，常发生在胃、十二指肠黏膜，所以将胃溃疡（GU）和十二指肠溃疡（DU）合称为消化性溃疡。

消化道溃疡的病因和发病机理主要是胃酸-胃蛋白酶的自身消化作用，其他的还有神经-内分泌紊乱、胃窦潴留、饮食失调、幽门螺旋杆菌感染、药物不良作用、胃黏膜屏障被破坏、吸烟、应急和心理、遗传等。胃溃疡和十二指肠溃疡发病与季节有一定关系，以冬春之交和秋季时期多见。

【临床表现】

（一）症　状

1. 腹痛

上腹部疼痛是溃疡的主要症状。典型的溃疡性疼痛具有节律性和周期性。

①疼痛的部位。溃疡疼痛常位于上腹中部、偏左或偏右。疼痛部位大致反应溃疡病灶的位置，但并不完全一致。十二指肠溃疡疼痛大多位于右上腹和脐的右侧；胃溃疡疼痛大多出现左前胸下部或左上腹部。

②疼痛的性质。溃疡性疼痛常表现为隐痛、钝痛、刺痛、烧灼样痛或胀痛，一般不放射，范围比较局限，疼痛多不剧烈，常能忍受；若出现疼痛剧烈且难以忍受则大多出现并发症。

③疼痛的节律性。节律性疼痛是溃疡的症状特征，它与进食有一定关系。十二指肠溃疡疼痛常在饥饿时和夜间出现，餐后延迟痛，一般餐后3～4 h进食或服用抗酸药后可以减轻。胃溃疡疼痛多出现于餐后1 h左右，一直延续到下次进餐前，其节律性和夜间疼痛症状不如十二指肠溃疡明显。

④疼痛的周期性。周期性是溃疡性疼痛的特点，呈反复发作，疼痛持续数日、数周或数月后，又复发。十二指肠溃疡比胃溃疡更为明显。

2. 其他症状

可出现反酸、嗳气、饱胀、食欲不振、恶心、呕吐、体重减轻、出血等。

（二）体　征

消化性溃疡发作期间，可有上腹压痛，胃溃疡多在上腹稍偏左，十二指肠溃疡在上腹略偏右，肌紧张、反跳痛一般不明显，但出现并发症时则较明显。缓解期一般无明显体征。

消化性溃疡随病情发展可出现出血、穿孔、梗阻、癌变等并发症，但十二指肠发生癌变概率小，胃溃疡发生癌变的概率大，应引起高度重视。

【诊　断】

依据反复发作的慢性上腹部疼痛、具有周期性和节律性疼痛的特点，进食或服碱性药物可缓解，可初步诊断为消化性溃疡。但要明确诊断则主要依据胃镜检查。胃镜检查是诊断消化性溃疡的重要方法，可直视溃疡而肯定诊断。X线检查可间接诊断，胃液分析可以判断胃酸的酸度。X线检查和胃液分析均不能肯定诊断。

【治　疗】

（一）一般治疗

注意适当休息，避免精神紧张和激动因素诱发，要避免刺激性（某些药物）诱发溃疡发生，戒烟禁酒等。

（二）药物治疗

药物治疗的目的在于消除病因、解除疼痛、愈合溃疡、防止复发和避免并发症。

1. 胃动力药物

出现明显的恶心、呕吐和腹胀，实验室检查有胃潴留、排空迟缓、胆汁反流或胃食管反流等表现者，适宜选用胃动力药物。常用药物有甲氧氯普胺、多潘立酮（适合于功能性消化不良、胆汁反流性胃炎、反流性食管炎等）等。

2. 制酸药

制酸药目前仍是内科治疗溃疡病的基本药物。其主要作用是降低胃液的酸度，减少对溃疡的刺激，减轻疼痛，改善症状，促进溃疡愈合。常用的药物有复方氢氧化铝、胃疡宁等。液体（凝胶、溶液）药物疗效最佳，粉剂次之，片剂再次之。服药宜选择在两餐之间或餐后1 h和临睡前，适宜持续服用6个月或更长时间，以促使胃黏膜愈合。

3. 抗酸分泌药物

抗酸分泌药物与制酸药一样具有降低胃酸的作用。常用药物有H_2受体拮抗剂（雷尼替丁、法莫替丁、甲氰咪胍等，连续服用4周以上，注意肝肾功能不全者慎用、哺乳期妇女禁用）、质子泵抑制剂（PPI）（奥美拉唑、兰索拉唑等，连续服用2~6周）。

4. 杀灭幽门螺旋杆菌药物

杀灭幽门螺旋杆菌是消化性溃疡治疗上的重要进展。现已普遍达成溃疡病都应用此方法，且服药4周以上，同时与抑制胃酸分泌药或胶体铋联合的共识。常用杀灭幽门螺旋杆菌的药物有克拉霉素、阿莫西林、甲硝唑、呋喃唑酮（具有良好的近期溃疡愈合作用，而且有复发率低的优点）等。

5. 保护胃黏膜药物

常用保护胃黏膜药物有硫糖铝、复方铋剂等，具有促进胃液的分泌、延长胃上皮细胞的寿命、促进胃溃疡愈合等作用，能达到治疗溃疡疾病的效果。

（三）营养治疗

1. 营养治疗的目的

消除原因和诱因，促使胃酸分泌减少，控制或缓解症状，促使溃疡愈合，预防复发和并发症。

2. 营养治疗的原则

遵循平衡膳食原则，采用低盐、低脂肪、低纤维、适量蛋白质软食。但消化性溃疡发作期或合并有并发症除外。

3. 营养治疗的要点

（1）能量供给。按30 kcal/（kg·d）供给。

（2）主要营养素供给。每天脂肪、蛋白质、碳水化合物占总能量的比例分别为20%~25%、约12%、60%~65%，注意维生素和矿物质供给充分。

（3）饮食要点。保证能量供给充足，营养素供给要全面、合理，注意纠正营养不良。一般适宜一日三餐，按时定量，但溃疡发作期适宜少食多餐。养成生活规律、精神愉快、细嚼慢咽、不暴饮暴食等良好的饮食行为和习惯。烹调方法多用蒸、煮、软烧、烩、焖等；不适宜用油炸、煎、爆炒、凉拌等方法。不适宜选择刺激性、辛辣性食物及调味品，如香料、辣椒、咖啡、浓茶、蒜、生葱等。

（4）食物禁忌。烟酒、粗纤维的蔬菜（如粗粮、芹菜、韭菜、竹笋、黄豆芽）、加工粗糙的食品、促使胃酸分泌的食物（如浓肉汤、肉汁、食盐、甜食等）、产气的食物（如土豆、过甜点心、糖醋食品等）等。

（陈善喜）

第六节　急性胆囊炎

急性胆囊炎多为结石阻塞胆囊管，造成胆囊内胆汁潴留，继发细菌感染或化学性刺激（胆汁成分改变）而引起的胆囊的充血、水肿甚至坏死等急性炎性病变，加重胆囊流出道阻塞，胆汁排出受阻，以腹痛、恶心、呕吐为主要表现的疾病。

急性胆囊炎是常见的急腹症之一，多为急性结石性胆囊炎，常见于中年、女性。

胆囊炎分为急性（结石性、非结石性）与慢性胆囊炎两类。胆囊炎发病的原因主要有胆囊出口梗阻、胰液反流、感染、膳食营养素等。胆结石发病的原因主要有胆道感染、类脂质代谢障碍、胆囊因素、肥胖、避孕药、激素和膳食营养等。

胆囊炎和胆结石是胆道系统的常见病、多发病，两者关系密切而互为因果，常可同时发生。

【临床表现】

（一）症状

患者多有胆管疾患的病史，常由于饮食不当、饱餐、摄入油腻饮食、受寒、过劳、精神因素、睡眠时体位改变等诱因而可能使结石易移至胆囊颈部造成胆囊流出道梗阻，常在夜间发作。

1. 腹痛

上腹疼痛呈绞痛、阵发性或持续性（若伴发感染），并可放射至右肩或右背部。胆绞痛是最具特征性的症状。

2. 恶心、呕吐

疼痛发作时多伴有恶心、呕吐，呕吐物多含胆汁而成黄色，但一般不严重，经解痉和抗感染药物治疗后缓解。如不缓解或加重，应考虑可能胆囊结石进入胆总管内或继发胰腺炎。

3. 发热

患者觉发热，但一般体温不高，常在38℃左右，无寒战。若继发细菌感染，可出现高热和寒战。

4. 黄疸

患者皮肤、巩膜可出现黄染而成轻度黄疸。

（二）体征

检查时患者可有右上腹饱满，呼吸运动受限，右上腹压痛和肌紧张，Murphy 征阳性，可触及患者胆囊肿大。

急性非结石性胆囊炎的临床症状和体征与急性结石性胆囊炎相似，但常不典型，且病情发展迅速，并发症发生率高。

【辅助检查】

（一）血常规

白细胞及中性粒细胞轻中度增高，白细胞计数常在 $(12 \sim 15) \times 10^9/L$。若白细胞计数超过 $20 \times 10^9/L$，常提示发生严重并发症。

（二）肝功能检查

约20%的患者出现血清胆红素轻度升高；若血清胆红素值超过 5 mg/dL，常提示有胆总管结石。

(三) 血尿淀粉酶

急性胆囊炎患者的血尿淀粉酶可有轻度升高；若明显升高，应考虑胰腺炎的可能。

(四) 腹部 X 线

可显示肿大的胆囊与炎性肿块的软组织影，胆囊结石仅 10%～15% 呈阳性影像，腹部平片或透视对诊断帮助不大。

(五) B 超

可显示胆囊肿大、胆囊壁增厚的"双环征"，胆囊收缩功能差或丧失，云雾状（胆囊积脓所致）。B 超是诊断急性胆囊炎的最常用方法，具有简便、安全、无损伤的优点，确诊率可达 80%～90%。

(六) MRI

比较容易显示胆囊增大，胆囊壁增厚。MRI 在诊断急性胆囊炎方面要优于 B 超及 CT。MRCP 发现壁内高信号增强影，对诊断急性胆囊炎具有较高的准确性，并且还可发现胆囊外其他胆系疾病，如胆总管结石诊断率明显优于 B 超及 CT。

【诊断】

诊断主要依据病史、症状、体征和 B 超、MRI 等辅助检查，显示胆囊增大、胆囊壁增厚、壁回声增强以及合并强回声的结石影为明确诊断提供重要的辅助依据。

【治疗】

(一) 一般治疗

患者急性发作时，疼痛剧烈可适当休息，禁食，严密观察病情变化。

(二) 非手术治疗

1. 胃肠减压

对病情较重或伴有呕吐者，留置胃管持续减压，可减少胃、胰液的刺激和胆囊痉挛引起的疼痛发作。

2. 对症处理

可用普鲁苯辛、阿托品、杜冷丁（或吗啡）与阿托品联用解痉止痛，用多酶片、健胃消食片等助消化，用消炎利胆片利胆等。

3. 抗感染

应选用针对性强、抗菌谱广、毒性反应小、在血和胆汁中浓度高的抗生素，达到抑制胆管内需氧菌和厌氧菌的生长，防止感染向全身扩散。临床上常选用氨苄西林、氨基糖苷类、甲硝唑、氧氟沙星、头孢菌素（第二代、第三代）等抗生素。

(三) 手术治疗

急性胆囊炎经抗炎、对症补液、胃肠减压等积极治疗后，病情不见缓解或加重或出现梗阻、胆囊化脓坏疽、穿孔、胆汁性腹膜炎、休克倾向等并发症，应及时进行手术治疗。

(四) 营养治疗

1. 营养治疗原则

应用低脂肪、低胆固醇、高膳食纤维、平衡的饮食。

2. 营养治疗要点

（1）能量。按正常人供给能量，以维持理想体重为宜。

（2）主要营养素供给。每天脂肪、蛋白质、碳水化合物占总能量的比例分别为 20%～25%、10%～15%、55%～60%。胆囊炎病人以含蛋白质丰富和碳水化合物高的膳食为宜，控制脂肪的摄入量，注意供给充足、丰富的维生素和矿物质及膳食纤维等。

（3）饮食要点。注意食物多样化，以谷类为主，多食粗粮，一日 3～4 餐。急性期应禁食，绝对禁食脂肪和蛋白质，因脂肪类和蛋白质食物可促使缩胆囊素的释放，使胆囊的收缩加剧，加剧疼痛。缓解期饮食要从无脂低蛋白清流→低脂低蛋白质半流→低脂肪低胆固醇软食→低脂肪低胆固醇高膳食纤维普食过渡，注意少食多餐；缓解期要多摄入蔬菜、水果、粗杂粮以保证供给充足的膳食纤维，降低血脂，促进胆汁排泄，防止胆囊炎发生或复发，同时补充 B 族维生素和维生素 C。烹调适宜用清淡、少油且易消化的方法，如蒸、煮、炖、拌等，不宜用煎炸、熏烤、腌制等方法。注意饮食卫生，防止细菌和肠寄生虫感染。

（4）食物禁忌。少食或不食油脂高的食物，如油炸食品等；忌烟酒、油脂和胆固醇高的食物，刺激性的食物和调味等。

（陈善喜）

第七节　胆石病

胆石病是由于胆汁淤滞、细菌感染和胆汁理化成分改变形成结石，发生于胆道系内（胆囊和胆管）的疾病。

胆石病是常见病、多发病，患者成年女性多于男性。

胆石病根据发生部位分为胆囊结石、肝外胆管结石和肝内胆管结石三种。

胆石根据成分可分为胆色素结石（以胆色素为主，好发于胆管内，X 线多不显影）、胆固醇结石（以胆固醇为主，好发于胆囊，X 线多不显影）和混合性结石（由胆固醇、胆色素、钙组成，X 线多显影）三类，目前以胆囊胆固醇结石为主。

胆石病的发病与高热能饮食、长时禁食、低纤维、肥胖、妊娠、年龄、女性、某些药物（如降脂药、避孕药等）、代谢综合征等因素有关。

【临床表现】

胆石病的临床表现因结石部位及大小、结石位置变化、是否合并感染、是否合并梗阻、胆管及胆囊压力波动等因素而表现各异，间歇期可无症状或为非特异性胃肠道表现，急性期可出现明显症状和体征。

（一）胆绞痛

典型胆绞痛表现为在饱餐和（或）进食油腻食物后或睡眠时体位改变引起胆囊收缩或迷走神经兴奋，加上结石移位并嵌顿于胆囊壶腹部或颈部，导致胆囊排空受阻而内压增高，促使胆囊强力收缩而在上腹部或右上腹出现阵发性绞痛或持续性疼痛伴阵发性加剧，同时可向右肩胛部或背部放射，可出现胃部不适、恶心、呕吐等。

典型胆绞痛可见于胆囊结石而对诊断有重要价值，但仅有少数胆囊结石患者出现典型胆绞痛；也可见于肝外胆管结石，这是结石下移而嵌顿于壶腹部或胆总管下端，使胆总管平滑肌或 Oddi 括约肌收缩所致。

（二）上腹隐痛与胃肠道症状

在摄入油腻食物或进食过饱后，在右上腹或剑突下感觉不适、隐痛、饱胀等，可常伴嗳气、呃逆等，常被误诊为"胃病"。

（三）寒战高热

病人觉寒战发热，体温升高可达 39～40℃。这是由胆道结石引起梗阻而继发感染，胆道黏膜充血、水肿，管内压升高；同时细菌和毒素进入血循环引起全身感染中毒所致。一般常见于肝外胆管结石、肝内胆管结石，胆囊结石并发感染时可有发热但一般不超 39℃。

（四）黄疸

由于结石引起胆管梗阻时可出现黄疸，常呈间歇性和波动性，其发生及持续时间和轻重程度与是否合并感染和梗阻的部位、程度有关。出现黄疸时可有尿色变深，粪色变浅甚至为陶土色；可随黄疸出现皮肤瘙痒。黄疸以肝外胆管结石常见，肝内胆管结石、胆囊结石也可出现，但粪色较浅。

（五）胆囊积液

结石长期嵌顿于胆囊而未合并感染时，胆囊黏膜吸收胆汁中的胆色素并分泌黏液物质，引起胆囊内积液呈透明色，称为"白胆汁"。

（六）体格检查

1. 胆囊结石

常无明显体征或慢性胆囊炎体征，合并胆囊炎时有右上腹压痛和肌紧张，Murphy 征阳性，可触及胆囊肿大及触痛。

2. 肝外胆管结石

轻者可无阳性体征或可见右上腹和剑突下深压痛；合并感染时可有程度不同的腹膜炎征而以右上腹明显；严重者可有弥漫性腹膜炎征、肝区叩痛、触及胆囊和（或）触痛。

3. 肝内胆管结石

可触及肝肿大或不对称的肝脏，肝区可有压痛及叩痛；若有并发症，可有相应的体征表现。

【辅助检查】

（一）血常规

胆石病一般正常；但并发感染时，胆囊结石可出现白细胞及中性粒细胞轻或中度增高，肝内胆管结石可出现白细胞及中性粒细胞中度或重度增高，肝外胆管结石可出现白细胞及中性粒细胞重度增高。

（二）肝功能检查

胆囊结石合并感染时可出现血清胆红素轻度升高。肝外胆管结石合并感染时可见血清胆红素（若超过 5 mg/dL，常提示有胆总管结石）与结合胆红素比值升高，血清转氨酶和（或）碱性磷酸酶增高；尿胆红素增高，尿胆原减低或消失，粪中尿胆原减少。肝内胆管结石合并感染时肝功能酶学检查可有异常。

（三）影像学检查

B 超是胆石病检查首选方法，发现胆囊、胆管结石及其大小和部位而可确诊，具有简便、安全、无损伤的优点。CT 检查可发现胆囊、胆管结石及胆管扩张。PTC（经皮肝穿刺胆管造影）、ERCP（内镜逆行胰胆管造影）或 MRCP（磁共振胰胆管造影）显示结石的部位、大小、数量和胆管梗阻的部位及程度。

【诊　断】

应先确定胆石病的诊断，再确定胆石的部位、大小、数目及胆管狭窄、扩张程度。

（一）胆囊结石

典型的胆绞痛病史（右上腹压痛和肌紧张），Murphy 征阳性，可触及胆囊肿大；B 超显示胆囊内强回声团并随体位而移动、其后有声影可确诊。

（二）肝外胆管结石

依据典型的胆绞痛病史＋体检发现阳性征＋影像学检查阳性征可诊断；若合并胆管炎出现腹痛、寒战发热、黄疸（称为 Charcot 三联征）也可诊断，但应依据影像学检查明确结石的部位、大小和胆管梗阻、狭窄的位置及程度的诊断。

（三）肝内胆管结石

依据反复上腹疼痛、寒战发热和影像学显示肝内结石的部位、大小及肝内胆管梗阻的部位可诊断。

【治 疗】

胆石病的治疗原则是解除疼痛、取出结石、去除病灶、控制感染、补充营养。

（一）胆囊结石

1. 手术治疗

对有症状和（或）有并发症者，首选腹腔镜胆囊切除术（LC），也可行开腹胆囊切除术。对无症状者，可观察和随访，不需要做预防性手术。

手术适应证：①结石多或直径≥2~3 cm；②伴发胆囊息肉或慢性胆囊炎且壁＞3 cm；③胆囊壁钙化或瓷性胆囊。

2. 非手术治疗

解痉止痛，抗感染，补充营养等。

（二）肝外胆管结石

肝外胆管结石治疗应以取出结石、解除胆道、引流胆道、防止复发、抗感染为原则。

1. 手术治疗

肝外胆管结石以手术治疗为主，常采取胆总管切开取石、T 管引流术和胆肠吻合术。

2. 非手术治疗

解痉止痛，抗感染，补充营养等。

（三）肝内胆管结石

1. 手术治疗

手术治疗原则以取出结石、解除梗阻及胆道狭窄、去除结石、恢复和引流胆道、防止复发、抗感染为原则。手术方式常采取胆管切开取石术（为基本方法）、胆肠吻合术、肝切除术（是积极方法）。

2. 非手术治疗

解痉止痛，抗感染，补充营养等。

【预 防】

胆石病的预防：

①注意饮食卫生和膳食结构，规律用餐，避免暴饮暴食；

②清淡饮食，避免辛辣、刺激性食物（辣椒、酒、咖啡等）；

③避免高脂肪、高胆固醇食物，少食油腻、煎炸、动物内脏等食物，多食低脂肪食物；

④提倡多吃植物油，少吃动物油；

⑤多食膳食纤维、粗粮及杂粮、蔬菜、水果等；

⑥适当及时补充维生素，尤其维生素 A、维生素 C、B 族维生素、维生素 E 等；
⑦适当多饮水，每天饮水 1 500~1 700 mL；
⑧保持心情舒畅，避免精神刺激；
⑨适当进行体育锻炼，维持健康体重，积极减重、减肥，维护身体健康；
⑩若出现胆石病及胆囊炎，应及时治疗，避免病情恶化。

（陈善喜）

第八节　急性肾小球肾炎

急性肾小球肾炎（简称急性肾炎，AGN）常在上呼吸道感染后 1~3 周出现，以发病急，血尿、蛋白尿、水肿和高血压为主要特征，由内源性和外源性抗原所致，以肾小球损伤的变态反应性炎症为主。肾小球的超滤和电荷屏障破坏，出现肾小球毛细血管充血，轻度内皮细胞和系膜细胞增生。肾小球基底膜上免疫复合物的沉积不显著，在电镜下无致密沉着物。在光学显微镜下典型病例可见弥漫性肾小球毛细血管内皮细胞增生、水肿，使毛细血管腔出现不同程度的阻塞。系膜增生、肿胀、变厚，同时伴中性及嗜酸性粒细胞单核细胞浸润及纤维蛋白的沉积，肾小球毛细血管血流受阻而缺血，使肾小球滤过率降低。此病一般多发于儿童，以男性多见，具有自愈倾向，常在数月内痊愈。

【临床表现】

急性肾炎病人常在链球菌感染后 1~3 周出现血尿、高血压、水肿、蛋白尿，轻者可无症状，仅尿常规检查稍有异常；重者表现为少尿、无尿，甚至发展为急性肾功能衰竭。

（一）一般症状

可出现发烧、头痛、食欲不振、恶心、呕吐、疲乏无力、精神不振、心悸、气促等症状。儿童全身症状较成人明显，成人可无明显全身症状或仅有食欲不振、疲乏无力等。

（二）血尿

常为首发症状，几乎所有急性肾小球肾炎病人均有血尿，50%~70% 呈洗肉水样的肉眼血尿，多数持续数日或 1~2 周后转为镜下血尿，镜下血尿持续时间常为 6 个月，少数病人可持续 1~3 年才完全消失。

（三）蛋白尿

绝大多数病人有蛋白尿，程度有差异，常为轻、中度，尿蛋白每天一般不超过 3.5 g，少数（不到 20%）病人出现大量蛋白尿，达到肾病综合征水平。

（四）水肿

大部分病人（80% 以上）可出现水肿症状。水肿常为发病的初期表现，具有晨起眼睑水肿或伴下肢轻度可凹性水肿的特点，少数严重者可波及全身水肿。

（五）高血压

大多数呈一过性，表现为中等程度的收缩压和舒张压同时升高，严重的可出现高血压脑病，视网膜出血、渗血，视乳头水肿，水肿随尿量增多可减轻，高血压可逐渐缓解。

【辅助检查】

（一）尿常规检查

可见红细胞和数量不等的白细胞及有各种管型。少尿时，尿比重多大于 1.02。病人都有不同程度的蛋白尿,且尿蛋白量一般 24 h 在 1~3 g。

(二) 肾功能检查
肾功能不全者可有血尿素氮及肌酐升高。

(三) 电解质检查
可出现低血钠、高血钾和代谢性酸中毒。

(四) 血常规检查
血红蛋白和红细胞数均可有轻度降低,这可能与水钠滞留和血液稀释有关,待水肿消退后,血红蛋白即恢复正常。白细胞计数大多正常,但有感染病灶时,白细胞总数可升高,中性粒细胞常增高。

(五) 细菌培养
急性肾炎未用抗生素治疗前,20%~30% 的病人在病灶部可培养出 β-溶血性链球菌 A 族。

(六) 其他检查
血沉。多数病人可出现加速。80% 患者有血清抗链球菌溶血素"O"滴定度升高。80%~95% 病人有血清补体 C_3 降低,多出现在病后 2 周内,8 周内恢复正常。95% 病人血清 IgG 和 IgM 升高。尿 FDP 增高,轻度贫血及低蛋白血症。测定抗链球菌激酶(ASK)可为阳性。

【诊 断】

一般具有链球菌感染后 1~3 周出现血尿、蛋白尿、水肿和高血压等典型临床表现,并伴血清 C_3 的典型动态变化即可做出临床诊断。若起病后 2~3 个月病情无明显好转,仍出现高血压或持续性低补体血症,或肾小球滤过率进行性下降,应做肾活检明确诊断。

【治 疗】

(一) 一般治疗
急性期要严格卧床休息,休息到肉眼血尿消失、水肿消退、血压恢复正常才能开始下床活动。

(二) 药物治疗
对症治疗包括利尿消肿、降低血压。预防和控制感染,可根据病情选用抗生素,原主张使用青霉素或其他抗生素 10~14 d,但现在其必要性存在争议。对反复发作的慢性扁桃体炎,待肾炎病情稳定后,可考虑行扁桃体摘除,手术前后应用抗生素(如青霉素)2 周。

(三) 营养治疗
1. 营养治疗目的

营养治疗的目的是减轻肾脏负担,辅助肾小球组织修复,减轻或消除临床症状,改善肾功能。膳食的安排应根据病人的病情及个体特点而定。

2. 营养治疗原则

以适当限制蛋白质、水和膳食平衡为原则。

3. 营养治疗要点

(1) 能量。能量按 25~35 kcal/(kg·d)供给,膳食中能量应以碳水化合物为主要来源。

(2) 蛋白质。适当限制蛋白质的摄入,按每天每千克体重 0.6~0.8 g 蛋白质供给,并且优质蛋白质占60%，要适当减少植物蛋白质（除大豆蛋白），增加瘦肉类、牛奶、鸡蛋、鱼、虾等动物蛋白。但限制蛋白膳食的时间不宜过长，一旦血中尿素氮、肌肝清除率接近正常，无论有无蛋白尿，蛋白质供给量应逐步增加，以利于肾功能的恢复。

（3）脂肪。膳食中的脂肪按平衡膳食供给，总量不需要严格限制，可适当增加脂肪供给比例，但不超过总能量的30%。应适当多选择植物性脂肪，限制动物性脂肪的摄入，可选用富含多不饱和脂肪酸的植物油。防止急性肾炎并发高胆固醇血症的发生。

（4）碳水化合物。碳水化合物是膳食中能量供给的主要来源，其供给量占总能量的65%~70%。充足的碳水化合物不仅能满足机体对能量的需求，还可使膳食所提供的少量蛋白质用于组织修复和生长发育。

（5）水和钠。根据病人的水肿程度、高血压程度、尿量确定水和钠的供给量，无水肿和高血压时可不限制饮水量及盐的摄入量；对于轻度水肿者适当限制饮水量，给予低盐膳食（低于6 g），避免食用含盐高的咸菜、咸蛋、泡菜、卤制品等食物；严重水肿或少尿时，应限制水和钠的摄入，每日总摄入水量为前一日尿量加500~800 mL，并采用无盐膳食，烹调时不加盐，同时应避免食用含钠高（含钠量在200 mg/100 g以上）的食物、加碱或苏打粉的馒头、糕点、挂面、饼干等。具体钠的摄入量可根据血压的情况确定（参照高血压的钠的摄入章节）。

（6）钾。适当限制钾的摄入。病人出现少尿或无尿时，为防止出现高血钾症，应严格限制钾的摄入，避免食用含钾高的蔬菜和水果等。

（7）维生素。供给充足的维生素，选择富含维生素A、维生素C和B族维生素的食物，尤其是富含维生素C的蔬菜、水果，每天维生素C的摄入量应达300 mg以上，以利于肾功能的恢复。

（8）限磷。每天磷的摄入量应少于800 mg。

（9）食物的选择。病情较轻者的食物选择与正常人基本相同。急性肾炎，尿液呈酸性时，应摄入成碱性食物，使尿液接近中性，以利于治疗。常见成碱性食物的碱性由低到高依次为豆腐、牛奶、大豆、葱头、藕、南瓜、黄瓜、扁豆、土豆、莴苣、草莓、苹果、胡萝卜、西瓜、香蕉、梨、菠菜、海带等。恢复期还可选择山药、红枣、莲子、银耳等食物，以利于肾功能的恢复，预防贫血的发生。

（10）食物禁忌。要忌用或少用茴香、胡椒等香料及刺激性食物（因其代谢产物富含嘌呤），动物肝、肾（因其代谢产物含嘌呤和尿酸较多），因为这些代谢产物由肾排出，可增加肾的负担。

【预 后】

肾小球肾炎的近期和长期预后均良好，几乎所有病人的临床症状均在发病后几周内自行消失，尿沉淀物异和蛋白尿在以后的数月中逐渐消失。极少数急性链球菌感染后，肾小球肾炎可发展为慢性肾小球肾炎，伴恶性进行性发展的病程。长期而持续的大量蛋白尿和（或）GFR异常的，提示预后不良。

（陈善喜）

第九节　慢性肾小球肾炎

慢性肾小球肾炎（CGN）简称慢性肾炎，是由多种原因引起的免疫介导性炎症反应，它导致双侧肾小球弥漫性损害,起病慢且隐匿,临床表现多变,反复发作,严重可发展为肾功能衰竭和尿毒症而危及生命,有不同程度的蛋白尿、血尿、水肿、高血压及肾功能损害。

【临床表现】

本病多数起病缓慢,以青、中年男性居多。临床常见表现为:

(一) 蛋白尿

多数有轻、中等量蛋白尿,蛋白尿是慢性肾炎必有的表现,且可导致肾小球高滤过。

(二) 血尿

多数为镜下血尿、肉眼血尿及红细胞管型尿。

(三) 水肿

可有轻、中度水肿,表现为晨起眼睑、额面水肿,下午双下肢水肿明显。这与水钠潴留、低蛋白血症有关。

(四) 高血压

在肾衰竭期,90%以上的病人有高血压,高血压是由于水钠潴留、血中肾素、血管紧张素的增加所致。

(五) 肾功能损害

肾功能损害呈慢性进行性损害,损害发展的速度主要与相应的病理类型有关,肾功能不全的病人在遇应激反应(如感染、劳累、血压增高、肾毒性药物的应用等)时,其功能恶化可加剧。但若能及时去除这些诱因,肾功能仍有一定程度的恢复。

(六) 其他

慢性肾衰竭病人常出现贫血,长期高血压者可引起心、脑血管的并发症。

【辅助检查】

(一) 血常规检查

可有轻度到中度贫血,白细胞和血小板多正常。

(二) 尿常规检查

常有蛋白尿和血尿,尿蛋白含量不等,但一般在 1~3 g/d,也可出现大量蛋白尿(>3.5 g/d)。尿沉渣中常有颗粒管型和透明管型,或伴有镜下血尿,偶尔见肉眼血尿。

(三) 纤维蛋白降解产物(FDP)的测定

血 FDP 正常或增高,尿 PDP 可增高或为阳性。

(四) 肾功能检查

肾小球滤过率降低,内生肌酐清除率降低,尤其以晚期降低最为明显,酚红排泄试验及浓缩稀释功能减退。当血肌酐和尿素氮明显高于正常时,常表示肾功能已严重损害,血尿素氮 >21.42 mmol/L(60 mg/dL)、血肌酐 >442 mg/L(5 mg/dL)时常可出现尿毒症的症状。

【诊 断】

临床上出现蛋白尿、血尿、水肿、高血压病史持续 1 年以上,排除继发性肾炎及遗传性肾炎的基础上,无论有无肾功能损害均可诊断慢性肾炎。

【治 疗】

治疗的目的是缓解症状,改善或恢复肾功能,预防严重的合并症。

(一) 一般治疗

根据病情适当休息,避免过度运动或劳累,保持心情舒畅,避免紧张情绪,以防加重肾缺血及蛋白尿、血尿等。

（二）药物治疗

1. 对症治疗

应用药物进行利尿、降压等的对症治疗，达到降低血压、减少尿蛋白和延缓肾功能恶化的肾脏保护作用。

2. 激素和免疫抑制剂应用

目前常用的有糖皮质激素（如强的松）和免疫抑制剂（如环磷酰胺）等。

3. 抗凝

对尿蛋白较多或顽固性水肿、低蛋白血症明显并经肾上腺皮质激素治疗无效的慢性肾炎病人，可进行抗凝抗栓治疗，选用肝素、尿激酶、双嘧达莫或阿司匹林，持续4周。治疗中要注意凝血酶原时间监测，女病人月经期停止用药。双嘧达莫能抑制血小板聚集，减少血栓形成机会，并有扩血管作用。

4. 防治感染

感染可加重肾病变和肾功能损害，但应避免使用磺胺类药物和肾毒性抗菌药物，长期应用青霉素预防感染并无必要。慢性肾炎是一种持续进行性发展的肾脏疾病，一般最终发展至终末期肾衰竭——尿毒症。其发展的速度主要取决于肾脏病理类型、延缓肾功能进展的措施以及防止各种危险因素。

（三）营养治疗

1. 营养治疗的目的

密切结合病情变化来制定营养治疗方案，达到减轻肾脏负担、减轻或消除症状、改善营养状况、增强机体抵抗力、减少发作、预防病情恶化的目的。

2. 营养治疗的原则

采取低蛋白、限钠饮食。

3. 慢性肾炎稳定期的营养治疗要点

慢性肾炎稳定期是指无水肿或有轻度眼睑水肿、血压正常、尿蛋白（±）~（+）、肾功能基本正常。

（1）能量。按 30~35 kcal/（kg·d）供给能量。慢性肾炎病程长，能量消耗较大，要保证膳食充足的能量。

（2）蛋白质。要限制蛋白质的摄入量，可按 0.8~1.0 g/（kg·d）供给，其中优质蛋白质占60%，食物蛋白以牛奶、鸡蛋等优质蛋白质为主，注意避免集中食用。若长期蛋白质摄入不足，会导致机体抵抗力降低。

（3）碳水化合物。可适当增加碳水化合物的摄入量，碳水化合物供给占总能量的65%~70%，碳水化合物在体内的代谢产物为二氧化碳和水，不会增加肾负担。

（4）脂肪。膳食中的脂肪按平衡膳食供给，总量不需要严格限制。应适当多选择植物性脂肪，可选用富含多不饱和脂肪酸的植物油；限制动物脂肪的摄入，防止急性肾炎并发高胆固醇血症的发生。

（5）钠盐。根据病人水肿及高血压程度限制钠的摄入量。有水肿和高血压者，每日食盐的摄入量不超过3 g（可选用低盐膳食）。水肿严重者，每日食盐摄入量在2 g以下或给予无盐膳食，忌食或少食各种咸菜及腌制食品。同时应定期检查血象、血钠，防止长期限制钠盐的摄入造成体内钠量不足或缺乏。

(6) 水。进水量可不加限制，但有明显水肿者要控制（参照急性肾炎）。

(7) 维生素和矿物质。要保证充足的维生素和矿物质，注意补充维生素 A、维生素 C 和 B 族维生素，多食新鲜蔬菜和水果。注意多摄入含铁和锌的食物，必要时补充铁、锌制剂等。钾的摄入要根据尿量进行，如果病人每日尿量在 1 000 mL 以上，则不必限制钾的摄入；尿量在 1 000 mL 以下或出现高血钾症状的病人应限制钾的摄入，主张低钾饮食，选用蛋类、猪血、海参、南瓜、藕粉、花菜等低钾食物。对慢性肾炎伴贫血的病人可选用油菜、木耳、红枣、桂圆等含铁高的食物，必要时补充铁剂、维生素 B_{12}、叶酸。

(8) 注意调整膳食治疗方案。慢性肾炎临床种类多，症状多样，应依据病情变化，随时调整膳食治疗方案，以利于病情的稳定和恢复。慢性肾炎急性发作时，应按急性肾炎的营养治疗原则处理；产生大量蛋白尿时，应按肾病综合征营养治疗原则处理；高血压型应限制钠摄入；肾功能减退者应限制蛋白质摄入等。

（陈善喜）

第十节　肾病综合征

肾病综合征（NS）是多种病因或疾病引起的肾小球毛细血管滤过膜严重损伤所致的大量的蛋白尿、低蛋白血症、高脂血症和水肿等一组三高一低的临床症候群，严重可出现急性的功能衰竭。临床特点为大量蛋白尿（≥3.5 g/d）、水肿、高脂血症，血浆蛋白低（≤30 g/L）。

【临床表现】

(一) 大量蛋白尿

由于肾小球毛细血管滤过膜严重损伤，因此大量蛋白质滤出至尿中。尿中蛋白质常大于 3.5 g/d。大量蛋白尿是诊断肾病综合征的必要条件。

(二) 高血脂

血液中甘油三酯、胆固醇、LDL、VLDL 等增高，这是由于肝脏合成脂蛋白增加和脂蛋白分解减弱所致。

(三) 水肿

由于大量蛋白质丢失，血浆蛋白质减少而出现低蛋白血症，血浆胶体渗透压降低，钠潴留，导致水在体内积聚而形成水肿。

(四) 低蛋白血症

大量蛋白质滤出至尿中，肝脏合成蛋白质减少，从而导致体内蛋白质减少，血液中蛋白质降低，常出现血清白蛋白 <30 g/L。

【诊断】

依据病史和临床表现及化验检查（尿蛋白≥3.5 g/d、血浆白蛋白 <30 g/L、水肿、血脂升高）即可诊断肾病综合征，但其前两项为必备。

【治疗】

(一) 一般治疗

注意适当休息。凡有严重水肿、低蛋白血症者应卧床休息，直到水肿消失。一般情况好转，才可起床活动。

（二）药物治疗

应用药物对症处理，给予利尿剂，利尿消肿；应用 ACE 或 ARB（血管紧张素Ⅱ受体拮抗剂），减少尿蛋白；应用糖皮质激素和细胞毒物药物（环磷酰胺、环孢素、麦考酚吗乙酯），抑制免疫和炎症反应；应用降低血脂药物，降低血脂。

（三）营养治疗

1. 营养治疗原则

采用低脂肪、低钠、适宜蛋白质饮食。

2. 营养治疗要点

（1）能量。供给充足的能量，可提高蛋白质的利用率，其氮：热 = 1：200，每天按 35 kcal/（kg·d）供给能量。

（2）蛋白质。肾病综合征蛋白质丢失大，传统主张高蛋白饮食，即 1.5 ~ 2.0 g/（kg·d），但实践证明其效果不理想。这是因为高蛋白饮食一方面可引起肾小球高滤过，促进肾小球硬化；另一方面可激活肾素—血管紧张素系统，促使血压和血脂上升，促进肾功能恶化。因此，目前不主张高蛋白饮食，而主张适宜蛋白质供给饮食，按 0.8 g/（kg·d）供给。这样使白蛋白的合成率接近正常，蛋白质的分解降低，低蛋白血症明显改善，血脂降低，可达到正氮平衡，有利于肾功能恢复。肾病综合征的蛋白质食物要选择优质蛋白质，尤其主张大豆蛋白质。这是因为大豆蛋白质既属于优质蛋白质，对肾功能的改善又优于动物蛋白质；可降低血肌酐，减少含氮物积聚；减低肾小球血流高灌注，维持肾小球滤过率；促使肾小球硬化减轻，改善肾功能；大豆含丰富大豆异黄酮而降低甘油三酯、胆固醇，降低血脂；大豆含脂肪少，可长期坚持食用。

（3）碳水化合物。保证碳水化合物供给充足，每天占总能量的 60%。

（4）脂肪。由于肾病综合征常与高血脂和低蛋白血症并存，因此，首先应纠正低蛋白血症。其次，主张低脂肪饮食，脂肪的供给每天低于占总能量的 30%，减少饱和脂肪酸的摄入，增加不饱和脂肪酸的摄入，同时控制胆固醇的摄入（每天低于 300 mg）。要选择含脂肪和胆固醇低的食物，减少烹调用油量。

（5）水。明显水肿者应限制入水量，使当天入水量为前一天尿量加上 500 mL。

（6）盐。一般主张低盐饮食，控制在每天小于 3 g。

（7）钾。根据血钾水平及时补充钾剂和供给含钾丰富的食物。

（8）维生素。要适量选择含 B 族维生素、维生素 C 丰富的蔬菜、水果，确保维生素供给充足，满足机体需要。

（9）膳食纤维。适当增加膳食纤维（每天超过 30 g），有利于降低血氮和酸中毒的作用，减轻肾功能。

（陈善喜）

第十一节　尿路感染

尿路感染（又称泌尿系统感染）是指由于尿路梗阻和（或）细菌侵入而使细菌增多，引起尿路病原体与宿主间相互作用，导致尿路黏膜充血、水肿、糜烂，以尿频、尿急、尿痛及腰痛为主要表现的感染性疾病。

尿路感染多发于女性（这与女性尿道短而直、会阴部常有大量细菌存在等有关），尤其多发于性生活活跃期及绝经后女性。尿路感染多由细菌，尤其 G⁻（革兰阴性）大肠埃希杆菌引起。尿路感染途径以上行感染（经尿道口入膀胱而可上行）多见，而血行感染少见。尿路感染根据感染部位分为上尿路感染（以肾盂肾炎为主）和下尿路感染（以膀胱炎为主）。

【临床表现】

（一）急性细菌性膀胱炎

1. 膀胱刺激征

发病突然，常有性接触史，其主要表现为尿频、尿急、尿痛，称为膀胱刺激征，可有血尿且以终末血尿常见，可有蛋白尿、白细胞尿等。

2. 局部疼痛

膀胱区或会阴部有不适感觉，但并发肾盂肾炎可有腰痛及不适等。

3. 全身感染的症状

一般无明显的全身感染症状，体温正常或有低热，不超过38℃。若并发肾盂肾炎可有全身感染的症状，但临床表现以膀胱刺激征明显。

（二）急性细菌性肾盂肾炎

急性细菌性肾盂肾炎（又称急性肾盂肾炎）是指肾盂、肾实质的急性细菌性炎症。

1. 膀胱刺激征

常有性接触史，常出现尿频、尿急、尿痛等膀胱刺激征，是常见的、主要的表现；也可有血尿、蛋白尿、白细胞尿等表现。

2. 全身感染的症状

如可突然出现寒战、高热，体温可升高达39℃以上，可伴头痛、乏力、恶心、呕吐、食欲不振等。

3. 腰痛

患侧或双侧腰痛，患侧脊肋角有明显的压痛或叩击痛等症状。

【辅助检查】

（一）血常规检查

血常规 WBC 增高，中性粒细胞升高，对急性细菌性肾盂肾炎诊断有参考价值。

（二）尿常规检查

可见 WBC。

（三）尿涂片镜检

可见细菌（+），对诊断有价值。

（四）细菌培养

可有中段尿细菌培养（+）+药敏，血液细菌培养（+）+药敏，对尿路感染有明确诊断的价值。

【诊断】

（一）尿路感染诊断

具备典型尿频、尿急、尿痛等膀胱刺激征和尿液细菌 >1 个/高倍或 ≥10^5/mL 且为同一菌株（为真性菌尿）可诊断，若尿沉渣 WBC >5 个/HP（为白细胞尿）和（或）尿 WBC >3×10^5/h（为阳性）、尿脓细胞、尿沉渣 RBC >3~10 个/HP 且为均一性对诊断价值大。

（二）尿路感染定位诊断

1. 急性细菌性肾盂肾炎

①尿路感染诊断＋寒战、发热（体温可升高达39℃以上）等全身感染的症状和（或）头痛、乏力、恶心、呕吐、食欲不振等中毒症状＋腰痛和输尿管点和（或）肋脊压痛、肾区叩击痛等可诊断急性细菌性肾盂肾炎（上尿路感染）；若具有膀胱冲洗尿细菌培养（＋）和（或）尿沉渣镜检白细胞管型并排除间质性肾炎、狼疮性肾炎等疾病和（或）尿 NAG 升高、尿 β_2 - 微球蛋白（β_2 - MG）升高和（或）尿渗透压降低可提示上尿路感染（肾盂肾炎）而更支持诊断急性细菌性肾盂肾炎。

2. 急性细菌性膀胱炎

②尿路感染诊断＋无全身感染的症状或有腰疼、发热而体温常不超过38℃＋耻骨上膀胱区压痛（＋）或（－）可诊断急性细菌性膀胱炎（下尿路感染）。尿细菌检查（＋）和（或）尿培养（＋）是确诊尿感必备的重要依据。

【治疗】

（一）一般治疗

尿路感染后需要多饮水、常排尿。急性肾盂肾炎应注意休息，急性膀胱炎可不休息或适当休息。同时要寻找原因并尽可能减少或去除。

（二）抗感染

抗感染原则：选用对致病菌，尤其 G^- 杆菌敏感的抗生素治疗 3 d，若症状无明显减轻则按药敏结果调整抗生素。选用在尿和肾内浓度高的抗生素。选用对肾毒性小和副作用少的抗生素。在单一药物治疗失败、严重感染、混合感染、出现耐用菌株时应联合用药。尿路感染类型不同，其抗生素治疗时间不同。

1. 急性膀胱炎

①短疗程法。建议采用三日疗法治疗，即选用磺胺类、喹诺酮类、半合成青霉素、头孢菌素类等抗生素中的一种连续用药 3 d 后停药。停用抗生素 7 d 后做尿细菌培养，若结果阴性则表示已治愈；反之则表示尿仍为真性细菌，则应按药敏结果选抗生素继续治疗 2 周。

②单剂量疗法。选用复方磺胺甲基异噁唑＋甲氧苄啶＋碳酸氢钠或氧氟沙星或阿莫西林。

对妊娠女性、老年患者、糖尿病患者、机体免疫力低下者、男性患者应采用较长疗程，不宜采用短疗程法和单剂量疗法。

2. 急性肾盂肾炎

建议首选对 G^- 杆菌敏感的抗生素治疗 72 h，若无效则按药敏结果调整抗生素。对轻症急性肾盂肾炎可选用喹诺酮类（氧氟沙星、环丙沙星）、半合成青霉素（阿莫西林）、头孢菌素类（头孢呋辛）等，疗程 10 ~ 14 d。治疗 14 d 后做尿细菌培养，若结果阴性则表示已治愈；反之则表示尿仍为真性细菌，应按药敏结果选抗生素继续治疗 4 ~ 6 周。对严重急性肾盂肾炎者应住院治疗。

（三）对症治疗

对膀胱刺激征和血尿明显者可用碳酸氢钠，以碱性化尿液、缓解症状、避免血凝块形成。

【预防】

尿路感染的预防有以下几种方法：

①多饮水、常排尿，既有治疗又有预防作用，是最有效的预防方法；
②注意会阴部清洁卫生；
③与性生活有关的尿感患者，应在性交后立即排尿并口服一次常用量抗生素；
④若患病须留置导尿管，应提前3 d预防性应用抗生素，以防尿路感染。

（陈善喜）

第十二节　尿路结石

尿路结石又称为尿石症，是最常见的泌尿外科疾病之一。尿路结石包括肾、输尿管、膀胱和尿道结石，肾和输尿管结石称上尿路结石，膀胱和尿道结石称下尿路结石。尿结石按成分分为草酸盐结石（最多见）、磷酸盐结石、尿酸盐结石、碳酸盐结石、混合性结石和胱氨酸结石（最少见）。草酸盐结石质硬、不易碎、不规则、尿平片易显影，磷酸盐结石易碎、不规则、尿平片见多层显影，尿酸盐结石质硬、光滑、尿平片不易显影。尿路结石好发于20~40岁青壮年，男性高于女性且以下尿路结石明显。尿路结石形成的危险因素很多，年龄、性别、职业、饮食习惯、遗传、环境等与结石形成的关系大，尿路梗阻、感染、异物是结石形成的常见原因和诱发结石形成的局部因素，机体代谢异常（因尿pH变化或尿量减少而使钙、草酸盐、磷酸盐、尿酸盐、碳酸盐等相对增多）也是结石形成的常见原因。

一、上尿路结石

上尿路结石包括肾结石和输尿管结石，一般为单侧，主要症状为疼痛和血尿，其程度与结石的部位、大小、活动度和尿路有无损伤、感染、梗阻等有关。

【临床表现】

1. 疼痛与压痛

大部分患者可出现腰部疼痛或腹部疼痛。肾结石可有肾区疼痛且呈胀痛或钝痛，常为位于肾盂或肾盏内的较大结石，临床症状可不明显但活动加重；肾区或输尿管处结石可有疼痛且呈绞痛，常为位于肾区或输尿管处的较小结石引起平滑肌痉挛所致，典型绞痛表现为突发性、阵发性腰部或上腹部的输尿管处疼痛且呈刀割样或绞榨样剧痛，可沿着输尿管向下放射至外阴部和大腿内侧，有时可伴有面色苍白、出冷汗、恶心、呕吐、脉弱而快、血压下降等，可突然终止或缓解，肾肋脊点、输尿管可有压痛或叩痛。肾绞痛可由结石引起梗阻而发生。结石位于输尿管膀胱段及输尿管口或伴发尿感时可伴发膀胱刺激征。

2. 血尿

几乎均有血尿，是由于结石直接损伤肾和输尿管的黏膜。常在剧痛后出现镜下血尿或肉眼血尿，血尿的严重程度与损伤程度成正相关。

3. 脓尿

肾和输尿管结石并发感染可出现高热、腰痛、白细胞尿、脓细胞尿、细菌尿等症状。

4. 恶心、呕吐

常在肾、输尿管绞痛时出现，是由于结石引起梗阻，导致输尿管内压增高并出现管壁扩张、痉挛和缺血且有胃不适、恶心、呕吐等表现。

5. 膀胱刺激征

常由于输尿管膀胱段及输尿管口或伴发尿感而出现或伴发膀胱刺激征。

若发生双侧输尿管结石，引起完全性梗阻，可出现少尿、无尿等肾功能减退，甚至尿毒症。

【辅助检查】

1. 尿检查

血尿或肉眼血尿，WBC 尿或脓细胞尿、尿涂片镜检细菌（+）或中段尿细菌培养（+）对尿感有诊断价值。

2. 血液检查

测定血钙、磷、肌酐、尿酸等。

3. 结石成分检查

结石成分检查是对结石性质判断的方法。

4. 影像学检查

B 超可显示结石影、肾积水、肾萎缩，可发现尿路平片不显影的小结石；X 检查可在尿路平片显示结石且阳性率可达 95%；平扫 CT 可显示肾内阴性结石，较小的输尿管中、下段结石或 B 超、尿路平片未发现的结石；静脉尿路造影可评价结石引起的肾结构和功能的改变。

5. 内镜检查

见结石可进一步明确诊断和进行治疗。

【诊　断】

依据病史和体检发现青壮年出现与活动有关的疼痛，尤其典型肾绞痛和血尿及叩痛、压痛部位，并排除胃肠穿孔出血、腹膜炎、胆囊炎、阑尾炎、右下肺炎、尿路结石、妇科疾病（痛经、黄体破裂、卵巢囊肿破裂等急腹症）一般可诊断。若 B 超和（或）X 检查显示结石影和（或）内镜见结石及其所在部位则可明确肾结石或输尿管结石的诊断。

【治疗】

治疗原则为解除痛苦、去除结结石、保护肾功能、防止复发。应根据结石大小、部位、数目、形状、一侧或两侧，有无尿流梗阻、伴发感染、肾功能受损程度、全身情况、治疗条件等进行具体分析，选择对肾和输尿管结石治疗的方案。但是当绞痛发作时，应首先缓解症状，然后再选择治疗方案。

1. 肾绞痛的处理

肾绞痛发作可用双氯芬酸、吲哚美辛等非甾体镇痛药和哌替啶、曲马多等阿片类镇痛药镇痛；可用胆碱能受体阻断剂、钙通道阻断剂、黄体酮等药物解痉止痛。

2. 抗感染

若伴发尿感应按尿感抗感染治疗。

3. 结石治疗

（1）非手术疗法。一般适合于结石直径小于 0.6 cm、周边光滑、无明显尿流梗阻及感染者，对某些临床上不引起症状的肾内较大鹿角形结石，也可暂行非手术处理。非手术疗法包括以下几种。

①大量饮水。可增加尿量，冲洗尿路并促进结石向下移动，同时可稀释尿液，减少结石形成。因此，患者每天应进水 2 000~3 000 mL，炎热夏季增加到 4 000~5 000 mL，以保持 24 h 排尿量至少 2 000 mL 以上。

②针刺方法。针刺肾俞、膀胱俞、三阴交等可促进肾盂、输尿管的蠕动，有利于结石的

排出。

③适当做跳跃活动。可对肾盏内结石行倒立体位及拍击活动,有利于结石的排出。

④碱化尿液。可用枸橼酸氢钾钠、碳酸氢钠碱化尿液以治疗尿酸盐结石、胱氨酸结石,可用氯化铵酸化尿液并用脲酶抑制剂控制结石长大。

⑤中药排石。可用金钱草、车前子促进结石排出。

(2) 体外冲击波碎石。是利用冲击波使结石裂解成碎细砂并随尿液排出体外。是治疗尿石症的常规首选方法。适应证为在尿路中结石远端无器质性梗阻,结石直径≤2 cm 的肾结石和输尿管上段结石。行碎石后,若发生排石时肾绞痛,可用药止痛、解痉、中药排石内服。

(3) 套石术。适合于输尿管中下段结石直径小于 0.6 cm,可试行经膀胱镜用特制的套篮或导管套取。

(4) 手术疗法。结石引起尿流梗阻并已影响肾功能,或经非手术疗法无效,无体外冲击波碎石条件者,应考虑手术治疗。手术治疗时应根据结石大小、形状和部位采取不同的手术方式。如输尿管切开取石术适合于输尿管结石直径 >1 cm 或结石嵌顿引起尿流梗阻或感染,经非手术疗法无效者。常用手术为取石术,对结石直径≥2 cm 的肾结石或输尿管结石,可用经皮肾镜碎石取石术(PCNL)或腹腔镜输尿管取石术(LUL),对结石直径 <2 cm的肾结石,可用输尿管镜取石术(URL)。

【预 防】

1. 多喝水

结石最重要的预防方法是提高水的摄取量,使尿液稀释,防止高浓度的盐类及矿物质聚积而形成结石。建议每日饮水量达 2 000 ~ 3 000 mL,夏季可适当增加以保证 24 h 排尿量达 2 000 mL 以上。

2. 饮食调节

①每天补充氧化镁或氯化镁,以减少钙的吸收,使草酸钙形成减少,而且草酸镁较不会形成结石。

②每天补充维生素 B_6,可减少尿液中的草酸盐。

③适当多食含维生素 A 的食物。维生素 A 是维持尿道内膜健康所必要的物质,也有利于阻碍结石复发。建议健康的成年人每天摄取维生素 A 制剂,也可摄入南瓜、绿花椰菜、杏果、香瓜、牛肝等含维生素 A 丰富的食物。

④适当多摄入膳食纤维。每天摄入蔬菜 300 ~ 500 g,水果 200 ~ 400 g,粗粮及杂粮 50 g。

⑤尽量少吃含草酸盐丰富的食物,如豆类、甜菜、芹菜、巧克力、葡萄、青椒、香菜、菠菜、草莓等。

⑥控制蛋白质的摄入量。结石与蛋白质的摄取量有直接的关联。蛋白质容易使尿液中尿酸、钙、磷增高,导致结石的形成。每天摄入的畜禽肉类和鱼肉及海产品等蛋白质应控制在 180 g 以内。

⑦少吃盐。每日摄入食盐量 <5 g。

⑧控制维生素 C 的摄入量。维生素 C 可增加草酸的形成而促使结石形成,应减少富含维生素 C 丰富的绿叶蔬菜等。

⑨控制维生素 D。过量的维生素 D 可能导致机体内钙增多。每人每日摄取维生素 D 量应控制在 400 IU。

3. 适当多运动

运动可帮助钙流动而沉积于骨,血钙降低,尿钙降低,减少结石形成。应常到户外走走或运动。若长期卧床者应勤翻身。

二、下尿路结石

下尿路结石包括膀胱结石和尿道结石。膀胱结石分为原发性结石和继发性结石两种，前者是指在膀胱内形成的结石，与营养不良及低蛋白饮食有关，以男性儿童多见，但现有下降趋势；后者是指来源于上尿路或继发于下尿路梗阻、感染、膀胱异物、前列腺增生或神经源性膀胱等因素而形成的存在于膀胱的结石，以老年男性多见，尤其有前列腺增生者。尿道结石是指来源于肾、输尿管、膀胱的结石，以男性发病高，以前尿道多见。

【临床表现】

1. 膀胱结石

膀胱结石的典型症状为排尿突然中断，下腹部和会阴部疼痛并放射至远端尿道、阴茎头部，伴排尿困难和膀胱刺激征。

（1）尿痛。可表现为下腹部和会阴部的钝痛或剧痛，活动后疼痛可加重，改变体位后可缓解，排尿终末时可出现疼痛加剧。尿痛可能为结石对膀胱黏膜刺激所致。

（2）膀胱黏膜刺激征。常伴尿感出现尿频、尿急、尿痛。

（3）排尿障碍。表现为排尿困难伴排尿中断现象。结石嵌于膀胱颈口时可出现明显的排尿困难并伴典型的排尿中断，还可导致急性尿潴留。但合并前列腺增生症者可由于前列腺增生、增大并突入膀胱，引起尿道内口的位置升高，使结石不易堵塞尿道内口，导致不出现排尿中断的现象。

（4）血尿。常为终末血尿，是由于结石对膀胱黏膜摩擦所致。

（5）结石。排空膀胱后行双合诊可触及较大结石。

2. 尿道结石

尿道结石的典型症状为排尿困难且呈点滴状，常伴尿频、尿急、尿痛。严重者可出现急性尿潴留和会阴部疼痛。结石征象：前尿道结石可沿尿道触及，后尿道结石可经直肠指检触及。

【辅助检查】

1. B 超检查

可显示膀胱结石影并随体位改变而移动。可显示尿道结石影。

2. X 线检查

大多数可见结石影，但应做尿路平片或造影检查明确。

3. 膀胱镜检查

可直观结石并可见膀胱、尿道病变。

【诊　断】

根据典型症状、影响学检查（结石影）可做出诊断，经双合诊触及膀胱结石或沿尿道触及结石，经直肠指检触及结石可明确膀胱结石或前尿道结石及后尿道结石的诊断。

【治　疗】

膀胱结石、尿道结石均适合手术治疗，同时应注意对症、对因治疗；若伴发尿感则应抗感染治疗，因下尿路结石常常伴发感染。

【预　防】

参考上尿路结石。

（陈善喜）

第十三节 急性阑尾炎

急性阑尾炎是由于阑尾管腔阻塞，细菌入侵并大量繁殖而产生毒素，引起阑尾充血、水肿、缺血、坏死的急性渗出性炎症，以转移性右下腹疼痛为主要症状的疾病。急性阑尾炎既是外科常见病，又是最多见的急腹症。

【临床表现】

（一）症状

1. 腹痛

典型的症状为转移性右下腹疼痛，即初始有中上腹或脐周疼痛，数小时后腹痛出现在右下腹并固定，称为转移性右下腹疼痛。这是由于早期阶段炎症刺激引起内脏神经反射性疼痛，其疼痛在中上腹或脐周且范围较弥散，常定位不能确切；当炎症波及浆膜层和壁层腹膜时刺激体神经（具有痛觉敏感、定位确切的特点）引起右下腹疼痛且固定，原中上腹或脐周痛即减轻或消失。

具有典型转移性右下腹痛病史者占70%～80%，但无典型的转移性右下腹疼痛史并不能除外急性阑尾炎。

单纯性阑尾炎常呈阵发性或持续性胀痛和钝痛，持续性剧痛常提示化脓性或坏疽性阑尾炎。持续性剧痛波及中下腹或两侧下腹，常为阑尾坏疽穿孔的征象。

2. 胃肠道症状

单纯性阑尾炎的胃肠道症状并不突出。在早期可能由于反射性胃痉挛而有恶心、呕吐。盆腔位阑尾炎或阑尾坏疽穿孔可因直肠周围炎而排便次数增多。并发腹膜炎、肠麻痹则出现腹胀和持续性呕吐。

3. 发热

一般只有低热，无寒战，化脓性阑尾炎一般亦不超过38℃。高热多见于阑尾坏疽、穿孔或已并发腹膜炎。伴有寒战和黄疸，则提示可能并发化脓性门静脉炎。

（二）体征

1. 右下腹压痛与反跳痛

阑尾压痛点通常位于右髂前上棘与脐连线的中、外1/3交界处，称为麦氏（McBurney）点。右下腹压痛更明显者，提示阑尾有炎症刺激，是急性阑尾炎最常见的重要体征，压痛程度和范围往往与炎症的严重程度相关；麦氏点同时有压痛、反跳痛而称麦氏征阳性，反跳痛提示壁层腹膜受炎症刺激，对阑尾炎有诊断价值。肥胖或盲肠后位阑尾炎的病人，压痛可能较轻，但有明显的反跳痛。

2. 腹膜刺激征

腹肌紧张、反跳痛、肠鸣音减弱或消失等，为壁层腹膜受炎症刺激而出现的防御反应，提示阑尾炎症加重，引起化脓、坏疽或穿孔等病变。并发腹膜炎时腹肌紧张尤为显著，但老年、小儿或肥胖病人腹肌紧张较弱，须与对侧腹肌对比以判断有无腹肌紧张。

3. 右下腹肿块

有时在右下腹可触一边界不清、固定、压痛性的肿块，可考虑诊断阑尾周围脓肿。

4. 可作为辅助诊断的其他体征

（1）结肠充气试验（Rovsing征）。病人取仰卧位时，用右手压迫左下腹，再用左手挤压近侧结肠，结肠内气体可传至盲肠和阑尾，引起右下腹疼痛或加重为阳性，具有诊断价值。

（2）腰大肌试验。病人取左侧卧位，使右大腿后伸，引起右下腹疼痛或加重者为阳性。说明阑尾位于腰大肌前方、盲肠后位或腹膜后位，有助于盲肠后阑尾炎的诊断。

（3）闭孔肌试验。病人取仰卧位，使右髋和右大腿屈曲，然后被动向内旋转，引起右下腹疼痛或加重者为阳性。提示阑尾靠近闭孔内肌右下腹痛为阳性，有助于盆腔位阑尾炎的诊断。

（4）直肠指检。对于位于盆腔的阑尾炎症，腹部可无明显压痛，但在直肠右前壁处有触痛，如坏疽穿孔直肠周围积脓时，不仅触痛明显，而且直肠周围有饱满感。直肠指检尚有助于排除外盆腔及子宫附件炎性病变。

【辅助检查】

（一）血常规

白细胞增高可达 $(10 \sim 20) \times 10^9/L$，可发生核左移。

（二）B 超

显示阑尾充血、水肿而增大。

（三）腹腔镜检查

可直观见阑尾情况，对明确阑尾炎诊断有决定价值，同时可切除阑尾。

【诊 断】

根据病史、转移性右下腹疼痛、麦氏征（+）、血象 WBC $20 \times 10^9/L$ 以上，一般可诊断阑尾炎。同时结合 B 超检查显示阑尾充血、水肿而增大，即可确诊。还可结合结肠充气试验、腰大肌试验、闭孔肌试验、直肠指检等检查可明确阑尾位置的诊断。但还应与胃肠穿孔出血、腹膜炎、胆囊炎、胆结石、右下肺炎、尿路结石、妇科疾病（痛经、黄体破裂、卵巢囊肿破裂等急腹症）鉴别。

【治 疗】

（一）非手术治疗

当为单纯性阑尾炎或急性阑尾炎早期，不必切除，可采用非手术治疗。

1. 一般治疗

主要为卧床休息、禁食，给予水、电解质和热量的静脉输入等。

2. 药物治疗

（1）对症处理。镇静、止吐、止痛。原则上在未排除阑尾炎时不用解痉药物止痛，这虽然暂时可止痛，但会掩盖真实的病情，导致阑尾炎继发坏或穿孔等；但疼痛严重的可用非甾体药，如布洛芬、吲哚美辛或中枢性止痛药（如曲马多）等。

（2）抗感染。阑尾炎绝大多数属混合感染，抗生素的应用要根据具体情况来选择种类与用量。目前常采用头孢霉素或其他新型 β-内酰胺类抗生素与甲硝唑联合。其优点为抗菌谱更广，抗耐药菌力更强，而毒性、副作用则更少。对轻型急性阑尾炎，抗生素应用近似预防性质，可选用一般抗生素短时间应用。只有对炎症严重的病人才适合正规治疗性应用。对重型阑尾炎（坏疽或穿孔性）目前主张采用第三代头孢霉素加甲硝唑联用或用亚胺培南能收到良好效果。

（二）手术治疗

目前急性阑尾炎的治疗，原则上采用手术切除阑尾去除病灶，并积极处理其并发症以达到治愈。但急性阑尾炎为黏膜水肿型时可以保守治疗并要密切观察。

手术适应证：

①临床上诊断明确的急性阑尾炎、反复性阑尾炎和慢性阑尾炎；

②非手术治疗失败的早期阑尾炎；
③急性阑尾炎非手术治疗后形成的回盲部肿块；
④阑尾周围脓肿切开引流愈合后；
⑤其他阑尾不可逆性病变。

不具备手术适应证者，如体质极差、有重度心肺疾病等伴发症者，则不宜行手术治疗。

（陈善喜）

第十四节　乳腺囊性增生

乳腺囊性增生（乳腺增生症）是指由内分泌失调和精神因素等引起雌、孕激素比例失调而雌激素增高，使乳腺主要以乳腺间质良性增生，可发生于腺管周围或腺管内增生并伴大小不等的囊肿形成，小叶增生、大汗腺化生等病变，以乳房胀痛和乳内肿块为突出表现的疾病。本病是妇女常见、多发病之一，多见于 25~45 岁女性，多以腺体增生为主而称"乳腺增生症"。

【临床表现】

（一）乳房胀痛

常为单侧或双侧乳房胀痛或触痛，疼痛多具有周期性的特点，可在月经前期发生或加重，月经后减轻或消失，情绪剧烈波动也可诱发疼痛或疼痛加重，但不具此特点者也不能排除本病。

（二）乳房肿块

以外上象限多见，常为多发性，可见于单侧或双侧性；肿块多呈结节状、颗粒状、条索状或片状，大小不一，质地韧而不硬，多有触痛，肿块常随月经前期增大且质地较硬、月经后缩小且稍软而呈周期性变化，肿块与周围组织界限不清，与皮肤和深部组织无粘连且可被推动，腋窝淋巴结不肿大。

（三）其他

多有病程长，发展缓慢，有时可有乳头溢液，呈黄绿色、棕色或血性等表现。

【辅助检查】

（一）钼靶 X 线检查

若有阳性结果，对诊断有参考价值。

（二）B 超检查

若有阳性结果，对诊断有参考价值。

【诊　断】

根据病史和临床表现，诊断本病并不困难。但乳腺增生病患者若临床表现不典型或没有明显的月经前乳房胀痛，仅表现为乳房肿块者，特别是单侧单个、质硬的肿块，应与乳腺纤维腺瘤及乳腺癌相鉴别。

【治　疗】

（一）对症治疗

可用中药或中成药进行疏肝理气调理，调整卵巢功能。常用中药逍遥丸（散）。对局限性增生者应在月经结束后 5 d 内复查。

(二) 手术治疗

经对症治疗后肿块无明显减小者或在观察中肿块有恶变者,应行手术并快速病理检查,以便做相应处理。

【预防】

乳腺囊性增生的预防:

①保持心理平衡,情绪稳定,减少精神刺激,维持雌、孕激素平衡;
②注意劳逸结合,适当休息,减轻工作压力;
③提倡并坚持母乳喂养,可降低乳腺增生症发病率,减少流产次数;
④注意定期健康检查和自我乳房检查,以便早期发现乳腺增生症。

对乳腺增生症应高度重视,做到早期检查,早期发现,早期治疗。

(陈善喜)

第十五节 乳腺纤维瘤

乳腺纤维瘤是由于雌激素水平失衡使雌激素水平相对或绝对升高而引起雌激素水平的过度刺激和局部乳腺组织对雌激素过度敏感,导致乳腺导管上皮和间质成分异常增生形成的肿瘤。乳腺纤维瘤是女性常见的乳房肿瘤,是青年女性最常见的一种肿瘤,是最常见的良性肿瘤,好发于20~25岁女性。

【临床表现】

病人常在无意中发现乳房内有无痛性肿块,多为单发,也可多发,也可见单侧或双侧乳房,以乳腺外上象限较多见;肿块常呈圆形、椭圆形,一般直径在1~3 cm,质地韧实,无触压痛,边缘清楚,表面光滑,质似硬橡皮球弹性感,移动良好;肿块一般生长缓慢,与月经周期无关,但在妊娠期及哺乳期生长较快。

【辅助检查】

(一) 细胞学检查

可见成堆导管上皮细胞,散在或成群的成纤维细胞,背景见黏液,诊断率可达90%以上。

(二) 钼靶X线片

显示为圆形、椭圆形边缘光滑的肿块,其密度高于乳腺腺体。若见大颗粒状或大块状钙化,则具有诊断意义。

(三) B超检查

显示为圆形、椭圆形,实质性,边界清楚,内部为均质的弱光点,后方可见回声增强。

(四) 红外线透照

肿块与周围乳腺正常组织透光度基本一致,瘤体较大,边界清晰,周围没有血管改变的暗影。

【诊断】

依据乳房肿块典型表现及钼靶X线片显示大颗粒状或大块状钙化和细胞学检查,见成堆导管上皮细胞、散在或成群的成纤维细胞,一般可诊断。但要与乳腺增生症、乳腺癌相鉴别。

【治疗】

乳腺纤维腺瘤若诊断明确，只要无手术禁忌一般采取手术治疗。

（陈善喜）

第十六节 痔疮与肛裂

一、痔疮

痔是直肠末端黏膜、肛管皮肤下痔静脉丛扩张和曲张而形成的柔软静脉团，是一种常见的肛肠疾病，又名痔疮。痔是正常解剖的一部分，只有合并出血、肛脱垂、疼痛等症状时，才能称为病。

痔可在任何年龄发病，以20~40岁多见，可随年龄增长而加重。痔是肛门内外的常见病、多发病，素有"十男九痔""十女十痔"的说法。以肛管齿状线为标志将其分为内痔（肛管齿状线以上）、外痔（肛管齿状线以下）、混合痔三种，以外痔常见。

【临床表现】

1. 出血

出血是主要表现，常为便血，患者常感觉便时滴血或手纸上带血而呈无痛、间歇性，便后鲜血，便秘、饮酒或进食刺激性食物后可加重。

2. 坠胀感与疼痛

单纯性内痔有坠胀感，出血，并发展至脱垂，无疼痛，但合并血栓形成、嵌顿、感染时可出现疼痛（由痔脱出流出的黏性分泌物所致）。

3. 不适与瘙痒

肛门感觉不适、瘙痒，这是由痔脱出的黏性分泌物所致。

4. 肿块

患者觉肛周有一肿块，多在排便或剧烈活动后稍明显，常伴有剧痛，行走不便且坐立不安，数天后肿块变软而逐渐消散，疼痛便减轻。早期见肛缘皮肤表面有一个暗紫色呈圆形硬结，界限清楚，质较硬，压痛明显。肿块可溃破自行排出，伤口自愈或形成肛瘘及脓肿。

内痔分为四度：

①Ⅰ度：排便时出血，便后出血可自行停止，痔不脱出肛门；

②Ⅱ度：常有便血，排便时脱出肛门，排便后自动还纳；

③Ⅲ度：痔脱出后需手辅助还纳；

④Ⅳ度：痔长期在肛门外，不能还纳。

以上几种情况中，Ⅱ度以上的内痔多形成混合痔，表现为内痔和外痔的症状同时存在，可出现疼痛不适、瘙痒。外痔可无症状，但发生血栓及炎症时可出现肿胀、疼痛。痔疮便血需要治疗，不要等自愈，因为这样容易造成失血过多、贫血，甚至休克。

【诊断】

具备以下4点可诊断：

①便血，便时滴血或手纸上带血而呈无痛、间歇性，便后鲜血；

②肿块，多在排便或剧烈活动后，肛门突出肿块，疼痛剧烈，活动受限；

③肿块呈暗紫色，圆形或椭圆形，大小不等，稍硬，触痛明显；

④肿块过大,可致肛门皮肤缺血性坏死,也可溃破,自行排出,伤口自愈或形成肛瘘。若要明确其类型还需做相应的镜检。

【治疗】

无症状的痔不需要治疗,有症状的痔以非手术治疗为主,痔无须根治。

1. 非手术治疗

(1) 一般治疗。在饮食方面,饮食宜清淡,忌酒和辛辣刺激食物,多摄入水果、蔬菜、粗粮、杂粮等膳食纤维性丰富的食物,多饮水,保持大便通畅(必要时服用缓泻剂),改变不良的排便习惯,便后清洗肛门,避免久坐久站,适当运动等。

(2) 局部治疗。局部可用含高锰酸钾的温热水坐浴,可用栓剂(塞入)、膏剂(外擦)等,可用注射硬化剂疗法治疗Ⅰ、Ⅱ度出血性内痔且效果较好。

(3) 物理疗法。冷冻疗法、激光疗法、直流电疗法、铜离子电化学疗法和微波热凝疗法。

(4) 胶圈套扎。适用于Ⅰ、Ⅱ度内痔,尤其对巨大的内痔和纤维化内痔效果更好。

2. 手术治疗

对保守治疗无效、痔脱出严重、较大纤维化内痔经注射等治疗不佳和出现及合并肛裂、肛瘘等并发症等可进行手术治疗,术后应注意饮食、保持大便通畅和并发症发生等。

【预防】

痔疮的预防:

①注意饮食。饮食宜清淡,少喝酒,少吃辛辣刺激食物,多吃蔬菜、水果,多喝水。

②养成良好生活习惯。保持心情舒畅,保持大便通畅和排便习惯,预防便秘。

③适当运动。适当进行体育运动和锻炼,避免久站久坐,注意做提肛运动。

④注意肛门卫生。可用洁净清水清洗肛门或含高锰酸钾的温热水坐浴而保持其清洁。

二、肛裂

肛裂是指肛管齿状线以下肛管皮肤裂开而成梭形或椭圆形,长 0.5~1.0 cm,方向与肛管纵轴平行、达全层、愈合困难的小溃疡,除肛管浅表裂伤。

肛裂好发于肛管后中处,以疼痛、便秘和便血为典型表现。肛裂是中青年人出现肛管处剧痛的常见原因,损伤(干硬粪块、扩肛手术、指诊、窥器插肛、分娩、食入异物、鸡骨、鱼刺等均可导致肛管损伤)是形成肛裂最常见的直接原因,感染是肛裂的主要病因。

【临床表现】

(一) 症状

1. 疼痛

肛管处早期感觉疼痛,成灼痛或剧烈的刀割样痛(因排粪刺激溃疡面的神经末梢所致),便后数分钟疼痛缓解,这是肛裂的主要症状。排粪时,立刻感到肛门疼痛,此期称疼痛间歇期。以后因内括约肌痉挛,又产生后期剧痛,患者坐立不安而难以忍受,可持续半小时至数小时,疼痛缓解(因肛管括约肌疲劳后肌肉松弛所致)。再次排便,又发生疼痛。这在临床上称为肛裂疼痛的周期性。疼痛还可放射到会阴部、臀部、大腿内侧或骶尾部。

2. 便秘

便秘既是肛裂的病因,又是肛裂的后果。便秘可加重肛裂,使肛裂难以愈合。

3. 便血

常在排便时粪便表面或便纸上见有少量新鲜血迹,排便时或便后滴鲜血,创面常有少量出血,量很少,色鲜红。

4. 其他

患者感觉肛门瘙痒,有分泌物、湿疹等。

(二) 体征

肛裂可有肛管痉挛、前哨痔、肛乳头肥大、肛瘘、痔等体征。

【诊断】

根据临床表现的症状和局部表现的体征基本能诊断。

【治疗】

肛裂的治疗原则主要是大便通畅、局部清洁、促进创面愈合。

(一) 非手术治疗

1. 保持大便通畅

可口服缓泻剂、果导片、液体石蜡或以番泻叶 10 g 代茶饮使大便松软、润滑,增加多纤维食物摄入和改变大便习惯,逐步使排便通畅。

2. 保持肛门清洁卫生

便后可用清洁水清洗肛门及其周围以使其洁净,避免感染。

3. 局部坐浴

排便后用 1∶5 000 的温高锰酸钾液坐浴,以保持清洁。

4. 局部外敷

可用 0.2% 硝酸甘油软膏涂于肛裂处,2 次/d,共 4~6 周。

5. 止痛

解除肛括约肌痉挛。

(二) 手术治疗

肛裂具备手术指征可根据情况进行肛管扩张、肛裂切除术、括约肌切断术等。

【预防】

1. 注意饮食

饮食宜清淡,少食辛辣、煎炒、油炸、烈酒等不消化和刺激性食物,多食水果、蔬菜和纤维性食物,尤其是香蕉、蜂蜜类润肠通便食物;多饮水,保证每日摄入水分 2 000~3 000 mL;维持大便通畅。

2. 养成良好生活行为、方式及习惯

生活起居养成定时排便的习惯,做到不忍便、忌久蹲、久坐,每次大便时间以 5 min 左右为宜;保持肛门清洁,便后及时清洗肛门(禁用皂液)。每日更换内裤。

3. 适当运动

适当参加体育活动,如做操、跑步、打太极拳等,切忌久站、久坐。

4. 及时治疗

及时治疗肛隐窝炎症,以防止感染后形成溃疡和皮下瘘;及时治疗引起肛裂的各种疾病,如溃疡性结肠炎等病症,防止肛裂发生。

(陈善喜)

第十七节 缺铁性贫血

铁是合成血红蛋白必需的元素。当机体对铁的需求得不到及时充分的供给,体内铁储备耗竭时，即相继出现体内贮存铁耗尽（ID）、红细胞内铁缺乏（IDE）和最后引起血红蛋白合成减少的缺铁性贫血（IDA）的铁缺乏症。

缺铁性贫血为小细胞低色素性贫血，以发展中国家多见，以儿童和女性人群尤其是育龄和妊娠妇女的发病率最高。

缺铁可引起铁蛋白、含铁血黄素、血清铁、转铁蛋白饱和度减低，总铁结合力和未结合铁的转铁蛋白升高，组织和红细胞内缺铁，导致血红素合成障碍，血红蛋白生成减少，红细胞胞质少、体积小，发生小细胞低色素性贫血和粒细胞、血小板的生成减少；导致细胞内含铁酶和铁依赖酶的活性降低，影响患者的精神、行为、体力、免疫功能及患儿的生长发育和智力；导致黏膜组织病变和外胚叶组织营养障碍。

缺铁性贫血发生的原因，常见的有饮食含量不足和吸收障碍的铁摄入不足，孕妇、儿童的需铁量增加、慢性失血（如消化道）导致的铁丢失过多等。

【临床表现】

（一）贫血常见的表现

可有头晕、眼花、耳鸣、头痛、乏力、易倦、心悸、气短、纳差、皮肤黏膜及口唇苍白、心率增快等。

（二）原发病表现

如胃炎、消化性溃疡、肿瘤或痔疮导致腹部不适、疼痛、黑便、血便；肠道寄生虫感染引起的腹痛、大便性状改变；妇女经血过多；肿瘤性疾病的消瘦；血管内溶血的腹痛、血红蛋白尿等。

（三）组织缺铁的表现

可有烦躁、易怒、注意力不集中、异食癖等的精神行为异常，体力及耐力下降，智力低下，生长发育迟缓，口腔炎和舌炎及舌乳头萎缩，吞咽困难，毛发干枯及脱落、皮肤干燥及皱缩，易感染等。

【辅助检查】

（一）血象检查

可见血红蛋白（Hb）男性 <120 g/L 或女性 <110 g/L，平均红细胞体积（MCV）<80 fL，平均红细胞血红蛋白浓度（MCHC）$<32\%$，呈小细胞低色素性贫血；网织红细胞（Ret）计数多正常或轻度增高；白细胞和血小板计数可正常或减低。

（二）血涂片检查

可见红细胞体积变小，中央淡染区扩大。

（三）骨髓检查

可见以红系增生为主，红系中以中、晚幼红细胞为主，其体积小、核染色质致密、胞质少、边缘不整齐，有红细胞形成不良的表现，即所谓的"核老浆幼"现象；粒系、巨核系无明显异常；骨髓小粒可染铁消失，铁粒幼细胞 $<15\%$。

（四）铁代谢检查

可见血清铁（SI）<8.95 μmol/L，总铁结合力（TIBC）>64.44 μmol/L，转铁蛋白饱和度（TS）$<15\%$。sTfR 浓度超过 8 mg/L，血清铁蛋白（SF）<12 μg/L。骨髓涂片用亚铁氰化钾（普鲁士蓝反应）染色后在骨髓小粒中无深蓝色的含铁血黄素颗粒，在幼红细胞内铁小粒减少或消失。

(五) 红细胞内卟啉代谢

红细胞游离原卟啉（FEP）> 0.9 μmol/L（全血），或者血液锌原卟啉（ZPP）> 0.96 μmol/L（全血），或者 FEP/Hb > 4.5 μg/Hb。

(六) 血清转铁蛋白受体测定

血清可溶性转铁蛋白受体（sTfR）测定是迄今反应缺铁性红细胞生成的最佳指标，一般 sTfR 浓度 > 26.5 mmol/L（2.25 μg/L）可诊断缺铁。

【诊断】

(一) ID

①血清铁蛋白 < 12 μg/L；
②骨髓铁染色示骨髓小粒可染铁消失，铁粒幼细胞 < 15%；
③血红蛋白及血清铁等指标尚正常。
具备以上①+②+③可诊断为 ID。

(二) IDE

①ID 的①+②；
②转铁蛋白饱和度（TS）< 15%；
③FEP/Hb > 4.5 μg/gHb；
④血红蛋白尚正常。
具备①+②+③+④可诊断为 IDE。

(三) IDA

①IDE 的①+②+③；
②小细胞低色素性贫血指标，男性 Hb < 120 g/L，女性 Hb < 110 g/L，孕妇 Hb < 100 g/L，MCV < 80 fL，MCHC < 32%。
具备①+②可诊断为 IDA。

(四) 病因诊断

只有明确病因 IDA 才可能根治。例如胃肠道恶性肿瘤伴慢性失血、消化性溃疡伴出血、胃癌术后残胃癌、月经过多等症状可导致 IDA。应多次做大便潜血、胃肠道 X 线或内镜、妇科等检查，以寻找其原因。

【治疗】

IDA 的治疗原则为根除病因、补足贮铁。

(一) 病因治疗

应尽可能地去除引起缺铁性贫血的病因。例如：对青少年和妊娠妇女营养不足引起者，应改善饮食；对月经过多引起者，应进行妇科治疗以调理月经；对消化道溃疡引起者，应抑酸、促进黏膜愈合等治疗；对恶性肿瘤引起者，应进行手术或放化疗。

(二) 补铁治疗

可选用如硫酸亚铁或右旋糖酐铁；口服铁剂后，外周血网织红细胞 5~10 d 增高，血红蛋白浓度 2 周后上升，2 个月左右恢复正常，铁蛋白需要 4~6 个月才达正常，此时可停药。口服铁剂应注意要餐后服用以减少胃肠道反应，摄入谷类、乳类和茶等可抑制其吸收，摄入鱼、肉类、维生素 C 可促进其吸收。

【预防】

预防重点为青少年和妇女的营养保健。应纠正青少年偏食、挑食的不良饮食行为，及早对其添加含铁丰富的蛋类、肝、血、菠菜等食物；定期体检，并做好肿瘤性和慢性出血性疾病及寄生虫感染人群防治；注意对孕妇、哺乳期妇女、儿童等特殊人群补充铁剂。

（殷燕平）

第十八节 疖与痈

疖是主要由金黄色葡萄球菌引起的毛囊及其周围组织的急性化脓性感染，常扩展到皮下组织。人体皮肤的毛囊和皮脂腺通常都有细菌，摩擦和刺激都可导致疖的发生。疖常发生于毛囊和皮脂丰富的部位，如颈、头、面部、背部、腋部、腹股沟部及会阴部和小腿。多个疖同时或反复发生在人的身体各部，称为疖病。

痈是主要由金黄色葡萄球菌引起的多个相邻毛囊及其周围组织的急性化脓性感染，也可由多个疖融合而成。中医称其为"疽"。

【临床表现】

（一）疖

1. 全身表现

轻者一般无明显全身表现，但面部疖不要轻易挤压，否则因面部血循环丰富，导致细菌入血循环易并发颅内感染，可出现寒战、高热、头痛，甚至海绵窦感染性栓塞等严重并发症。

2. 局部表现

疖因部位、严重程度不同，临床表现可有差异。局部表现为红、肿、痛、硬结。局部红、肿、热、痛的小硬结直径小于 2 cm，随后逐渐肿大成丘疹状隆起，结节逐渐坏死、软化，中心处呈白色，触之稍有波动，继而破溃流脓，并出现黄白色的脓栓。脓栓脱落、脓液流尽后，炎症逐渐发热、淋巴结肿大。疖感染严重时，局部区域的淋巴结肿大，有压痛，并可伴全身发热，有时淋巴结形成脓肿。

面疖尤其是鼻、上唇及其周围（称"危险三角区"）的疖症状突出，病情严重，在被挤压时，细菌可由内眦静脉、眼静脉进入颅内而引起颅内化脓性感染，导致面部肿胀加重，可出现发热、头痛、呕吐、意识失常等表现。

（二）痈

1. 全身表现

一般常有畏寒、发热、头痛、厌食和全身不适等中毒症状。

2. 局部表现

常发生在中、老年人的皮肤较厚的项部和背部，皮肤红、肿、热、痛（但较轻），有硬结（俗称项部痈为"对口疔"，背部痈为"搭背"），可见数个凸出点或脓点，随后病变部位硬结增大，周围出现水肿，局部疼痛加剧并可导致淋巴结肿大。病变处的脓点渐渐增大、增多而其中心可出现坏死、脱落、流脓，引起疮口出现蜂窝状。其间皮肤出现紫褐色（因其组织坏死所致），但其肉芽组织增生少见而使其难以自愈。若为唇痈，比较容易导致颅内化脓性感染并引起海绵状静脉窦炎而危险更大，应注意处理并引起高度重视。

【辅助检查】

（一）血象检查

疖一般正常，痈可表现为白细胞增高、中性粒细胞增高且达 80% 以上。

(二) 细菌检查

疖可做脓液细菌检查和培养及药敏,以有利于抗感染。

【诊 断】

根据临床表现尤其局部表现,对疖、痈的诊断一般不难。

【治 疗】

疖、痈的治疗主要是局部治疗,应采取保守治疗方法,避免损伤、挤压、挑刺、热敷或用石碳酸(酚)、硝酸银烧灼,以防止感染扩散。

(一) 疖

疖的治疗主要是局部处理,常用2%碘酊或75%酒精涂擦局部,每日1次,并保持局部清洁。红肿时可热敷、超短波、红外线等理疗,促进炎症消退。疖的顶部出现脓点或有波动感时,可用经消毒的针尖或小刀尖将脓栓剔出,但避免挤压;出脓后可用2%碘酊或75%酒精消毒并用呋喃西林液纱布遮盖并包扎。面部疖伴有急性淋巴结炎、急性淋巴管炎时,可青霉素或磺胺等进行全身抗感染治疗。最好从脓头处取脓作细菌培养及药敏试验,以供正确选用抗生素。

(二) 痈

1. 局部处理

用2%碘酊或75%酒精涂擦局部,然后用高渗盐水、50%硫酸镁、鱼石脂软膏、金霉素(红霉素)软膏、含抗生素的盐水纱布局部持续湿敷,可促进早期痈的局限、软化和穿破。在急性炎症得到控制、局部肿局限并已形成明显的皮下脓肿而久不溃破或已出现多个脓点、表面紫褐色或已破溃流脓时,应到医院进行切开、引流处理(切忌分离脓腔处理)。局部仍应以高渗盐水纱布持续湿敷到脓液消失、创面趋于平复为止。一般术后24 h应更换敷料,随后每日更换敷料并持续到愈合。同时,保持其周围皮肤清洁。

2. 全身治疗

可卧床休息,加强营养;可选用对金黄色葡萄球菌敏感的青霉素、新型青霉素、头孢菌素族及红霉素等药物进行抗感染,必要时应做血细菌培养及药敏,根据结果选择抗菌药;严重者应加强全身支持疗法;中毒性休克者,应积极采取综合措施,尽快纠正循环衰竭所出现的低血压。

【预防】

疖、痈的预防:

①勤洗澡,及时更换内衣,注意个人卫生;

②保持皮肤清洁,在炎热、高温环境中应避免出汗过多;

③注意保护皮肤,避免表皮损伤;

④及时治疗疖病,以防感染扩散而发展成痈病。

(陈善喜)

第十九节 智齿冠周炎

智齿冠周炎是指智齿(第三磨牙)萌出不全或阻生时,牙冠周软组织发生的炎症。临床上以下颌智齿冠周炎多见,上颌智齿冠周炎则较少。

【临床表现】

智齿冠周炎常发生于 18～30 岁的青少年，夏冬两季发病率较高，以下颌多见。

临床上常分为急性和慢性，而以急性常见。在急性炎症初期，一般全身无明显反应，患者仅感患处轻微胀痛不适，当咀嚼、吞咽、开口活动时疼痛加重。如病情继续发展，可出现不同程度的畏寒、发热、头痛等全身中毒症状。局部可呈自发性跳痛并可放散至同侧的头面部。炎症侵及咀嚼肌时可引起不同程度的张口受限。慢性智齿冠周炎临床上多无明显症状，仅有患处轻微压痛不适。

当机体抵抗力下降时，常可导致急性发作。急性冠周炎进一步加重，可引起邻近组织器官或筋膜间隙的感染。

局部检查：可见龈瓣红肿糜烂，有明显触痛，压迫龈袋可有脓液溢出；可见下颌第三磨牙萌出不全、有龈瓣覆盖、盲袋形成；可见牙冠周围软组织红肿、龈瓣边缘糜烂、盲袋内有脓性分泌物；有时可形成冠周脓肿而出现颌面肿胀，同侧颌下淋巴肿大，压痛。

【辅助检查】

（一）X 线牙片检查

可帮助了解未完全萌出或阻生牙的生长方向、位置、牙根形态。

（二）口腔 CT 检查

可以确定其与下颌牙根与下颌神经管的关系。

（三）血象检查

急性化脓性冠周炎期常有程度不同的白细胞总数增高、中性白细胞比例上升。

【诊 断】

根据病史、临床症状和检查所见，一般不难做出正常诊断。用探针沿第二磨牙远中龈沟检查可触及未萌出或阻生的智齿牙冠存在，但应与下颌第一磨牙根尖周的颊侧瘘道、第三磨牙区恶性肿瘤相鉴别。

【治 疗】

智齿冠周炎早期治疗原则：在急性炎症期间以消炎、镇痛、切开引流、增强全身抵抗力的治疗为主；转为慢性期后若为不可能萌出的阻生牙应尽早拔除，以防感染复发。

急性炎症期时，局部可用生理盐水、1%～3% 过氧化氢溶液、1:5 000 高锰酸钾液、1% 氯己定液等反复冲洗龈袋，至溢出液清亮为止；擦干局部，用探针蘸 2% 碘酒、碘甘油或少量碘酚入龈袋，每日 1～3 次，并用温热水等含漱剂漱口；病情严重时，可切开引流或进行冠周龈瓣切除术治疗；炎症消退后可行盲袋切除术。

慢性期时，若智齿牙位不正，无法萌出，应予以拔除；若能萌出，则保持智齿牙周盲袋清洁，并控制炎症以防继续发展。

【预防】

智齿冠周炎的预防：

①尽早拍摄 X 线片检查，若发现智齿牙位不正，应尽早予以拔除；

②刷牙时，应选用小头刷，认真刷智齿及周边的牙龈，且注意刷头放在最后一颗牙齿上；

③牙间刷可有效清洁牙周盲袋。

（郑成燚）

第二十节 龋 病

龋病（俗称虫牙、蛀牙）是在以细菌为主的多种因素影响下，牙体组织发生慢性进行性破坏的一种疾病。目前认为，龋病是由于致龋性食物糖（特别是蔗糖和精制碳水化合物）紧紧贴附于牙面，唾液蛋白可形成获得性膜并牢固地附着于牙面，若在适宜温度、足够的时间下在菌斑深层的细菌会产酸，侵袭牙齿而脱矿，其有机质被破坏，形成龋洞。这就是公认的龋病的细菌、口腔环境、宿主（即指寄生物包括寄生虫、病毒等寄生于其上的生物体）和时间四联因素学说。龋病也可继发于牙髓炎和根尖周炎。龋病若不及时治疗，可形成龋洞，甚至牙冠完全破坏，导致牙齿丧失。龋病是口腔主要的两大疾病之一，也是人类最普遍的疾病，世界卫生组织已将其与肿瘤和心血管疾病并列为人类三大重点防治疾病。

【临床表现】

龋病常发生在食物容易滞留的部位，以窝沟、邻接面和牙颈部等部位容易发生，下颌多于上颌，后牙多于前牙，下颌后牙最多。

龋病的表现与龋坏的程度有不同，根据其程度常分为浅、中、深龋三个阶段。

（一）浅龋

浅龋又称釉质龋，龋坏局限于釉质，初期于平滑面表现为脱矿所致的白垩色斑块，以后因着色而呈黄褐色，窝沟处则呈浸墨状弥散，一般无明显龋洞，仅探诊时有粗糙感，后期可出现局限于釉质的浅洞，无自觉症状，探诊也无反应。

（二）中龋

龋坏已达牙本质浅层，临床检查有明显龋洞，可有探痛，对外界刺激（如冷、热、甜、酸和食物嵌入等）可出现疼痛反应，当刺激源去除后疼痛立即消失，无自发性痛。

（三）深龋

龋坏已达牙本质深层，一般表现为大而深的龋洞，或入口小而深层有较为广泛的破坏，对外界刺激反应较中龋为重，但刺激源去除后，仍可立即止痛，无自发性痛。

【辅助检查】

若确定龋坏部位有困难，可拍摄X线牙片，龋坏处可见黑色阴影。有条件者可用光纤维透照、电阻抗、超声波、弹性模具分离、染色等技术，以提高龋病早期诊断的准确性和灵敏性。

【诊断】

根据龋病的典型临床表现，一般可诊断。但应以温度刺激实验判断牙髓是否坏死，有利于选择治疗方法。

【治疗】

龋病治疗的目的是终止病变，保护牙髓，恢复形态和功能，维持与邻近组织的正常解剖关系。

（一）非手术治疗

采用药物治疗、再矿化治疗和预防性树脂充填术对早期釉质龋（未出现牙体缺损者或形成较浅龋洞）或致龋环境已经消失的点隙内的龋损进行治疗。如窝沟封闭、专业化机械性牙齿清洁技术（PMTC）。专业化机械性牙齿清洁技术是用专业工具对牙齿的每一个面进行清洁，涂氟化物，预防或减少龋齿和牙周疾病的发生。

（二）手术治疗

适用于牙体形成了实质性缺损。去除龋坏组织，制备窝洞。可选择合适的银汞合金充填术、复合树脂修补术，达到修补缺损、终止病变的目的。但龋损较大时，儿童可选择预成冠修复，成人可选择嵌体或全冠修复。

【预防】

龋病的预防：

①早晚刷牙，养成饭后漱口的好习惯；
②平时饮食应多摄入富含钙、无机盐等营养食物，尽可能食用高纤维粗糙食物；
③使用牙刷、牙线、牙间刷、牙冲等自我的机械性清洁用具；
④定期检测牙菌斑，进行专业化机械性的牙齿清洁。

（郑成燚）

思考题

1. 简述大叶性肺炎的概念、表现、诊断依据和抗感染治疗的疗程。
2. 简述支气管哮喘的概念、临床表现、诊断依据和急性发作的紧急处理措施。
3. 简述急性胃肠炎的临床表现和诊断。
4. 简述慢性胃炎的诊断方法以及检测HP的方法。
5. 简述慢性胃炎抗酸药物治疗的种类、疗程，根除HP的方案、疗程。
6. 何谓消化性溃疡、疼痛的周期性和规律性？
7. 简述急性胆囊炎的常见症状和诊断依据。
8. 何谓典型胆绞痛、Charcot三联征？
9. 简述胆石病的分类和胆囊结石的手术适应证及首选手术方式。
10. 简述急性肾炎的概念、临床表现和诊断。
11. 简述慢性肾小球肾炎的概念、临床表现和诊断。
12. 简述肾病综合征的概念、临床表现和诊断。
13. 简述尿路感染的概念和急性膀胱炎抗感染的短疗程法、单剂量疗法。
14. 何为肾绞痛、膀胱结石和尿道结石？分别有什么典型症状？
15. 何谓转移性右下腹疼痛、腹膜刺激征、阑尾压痛点？
16. 简述乳腺囊性增生的概念及诊断。
17. 简述乳腺纤维瘤的概念、临床表现和诊断。
18. 简述痔疮、肛裂的概念和临床表现。
19. 简述缺铁性贫血的临床表现、诊断和治疗。
20. 简述疖的概念和局部表现及初期处理措施。
21. 简述痈的概念和局部表现及初期处理措施。
22. 智齿冠周炎的临床表现有哪些？如何预防？
23. 龋病的临床表现有哪些？如何预防？

第十二章

常见慢性疾病防治

 学习目标

1. 掌握高脂血症的概念、诊断和治疗，高血压的概念、临床表现、诊断和药物治疗，冠心病、心绞痛、急性心肌梗死的概念，心绞痛、急性心肌梗死的临床表现、诊断及发作的急救，糖尿病的概念、临床表现、诊断标准、药物治疗，肥胖症的概念、诊断标准、营养及运动治疗，骨质疏松症的概念、临床表现、特殊治疗；

2. 熟悉高脂血症的临床表现，高血压的药物治疗原则和营养治疗，心绞痛、急性心肌梗死的常用药物治疗，糖尿病的一般治疗和营养治疗，BMI 的正常值及意义，骨质疏松症的药物治疗和营养治疗；

3. 了解冠心病的营养治疗。

第一节 高脂血症

高脂血症是指血浆甘油三酯和总胆固醇增高。血脂是指血浆或血清中所含的脂类，包括胆固醇（CH）、甘油三酯（TG）、磷脂（PL）和游离脂肪酸（FFA）等。胆固醇又分为胆固醇酯和游离胆固醇，两者相加为总胆固醇（TC）。血脂与载脂蛋白相结合，形成脂蛋白溶于血浆进行转运与代谢。脂蛋白按其组成、密度和特性等差异，利用电泳和超速离心法可将血脂蛋白分成乳糜微粒、极低密度脂蛋白、低密度脂蛋白、中密度脂蛋白和高密度脂蛋白。

【临床表现】

高脂血症可见于不同性别、年龄人群。临床表现常见有血脂高，脂质沉积在局部皮肤引起的黄色瘤，在角膜引起的早发性角膜环，在眼底引起的脂血症眼底改变，在血管内皮引起的动脉粥样硬化，还可出现肥胖、高血压、冠心病、糖尿病等代谢综合征的表现。

【诊断】

根据《中国成人血脂异常防治指南（2007 年）》标准，中国成人血浆总胆固醇(TC) ≥ 6.22 mmol/L（240 mg/dL）为升高，5.18 mmol/L（200 mg/dL）≤TC≤6.19 mmol/L（239 mg/dL）为边缘升高，TC＜5.18 mmol/L（200 mg/dL）为合适范围；血浆甘油三酯（TG）≥2.26 mmol/L（86 mg/dL）为升高。1.70 mmol/L（66 mg/dL）≤TG≤2.25 mmol/L（86 mg/dL）为边缘升高，TG＜1.70 mmol/L（66 mg/dL）为合适范围；血清 LDL-C≥4.14 mmol/L（160 mg/

dL) 为升高，3.37 mmol/L（130 mg/dL）≤血清 LDL-C≤4.12 mmol/L（159 mg/dL）为边缘升高，血清 LDL-C＜3.37 mmol/L（130 mg/dL）为合适范围。

【治疗】

（一）一般治疗

应戒烟，有规律地增加有氧运动并控制体重。

（二）药物治疗

1. 调脂药物

常用药物有：

①HMG-CoA 还原酶抑制剂。属他汀类，如洛伐他汀、辛伐他汀、普伐他汀，具有抑制胆固醇的合成，减低 TC、LDL-C 的作用，适合于以胆固醇增高为主的高血脂症。

②苯氧乙酸类。属贝特类，如非诺贝特、苯扎贝特，主要降低 TG、VLDL-C，适合于以 TG 增高为主的高脂血症。

③烟酸类，如烟酸，可降低 TC、TG、VLDL-C 等。

④胆汁酸螯合剂，如消胆胺、考来替哌，阻碍胆酸的肠肝循环，促使胆酸随粪便排出，阻断其胆固醇的重吸收，降低胆固醇，适合于以胆固醇为主增高的高脂血症。

⑤胆固醇吸收抑制剂，如依折麦布、普罗布考，n－3 脂肪酸制剂，主要为 DHA、EPA，适合于高甘油三酯血症。

调脂药物的选择，高胆固醇血症首选他汀类，高甘油三酯血症首选贝特类、烟酸类，混合型首选他汀类或贝特类或联合用药。

2. 其他措施

血浆净化治疗、手术治疗、基因治疗等。

（三）营养治疗

1. 营养治疗目的

维持理想体重，满足合理营养需求，使血脂恢复正常水平。

2. 营养治疗原则

低能量、低脂肪、低胆固醇饮食。

3. 营养治疗要点

（1）能量。控制总能量摄入，按 30 kcal/（kg·d）供给，体重为超重者按 20~25 kcal/（kg·d）供给。能量供给过多会使脂肪合成增加，促使脂肪肝加重；控制能量摄入适量，可促进肝功能恢复。

（2）主要营养素供给。可采用高蛋白饮食，每天蛋白质的摄入占总能量的 15%~20% 或 1.5~2.0 g/kg；要选择富蛋氨酸、胱氨酸、色氨酸、苏氨酸和赖氨酸等的蛋白质，可有对抗脂肪肝、促进肝功能恢复、促进新陈代谢、减轻体重等作用。高蛋白质膳食可提供胆碱、蛋氨酸等抗脂肪因素，使肝内脂肪结合成脂蛋白。

要限制脂肪的摄入，控制在按占总能量的 20%~25% 供给，并且饱和脂肪酸的量小于10%。脂肪有抑制肝内合成脂肪酸的作用，脂肪中的必需脂肪酸参与磷脂的合成，帮助运出肝内脂肪，对预防脂肪肝有利；但过多摄入脂肪，能量难以控制，对减轻体重和控制病情不利。因此，脂肪的摄入应根据高脂血症的轻、中、重程度分为轻、中、重度限制脂肪膳食，脂肪的摄入量占总能量分别按轻度 25⁻%（50⁻g）、中度 20⁻%（30⁻g）、重度 10⁻%（15⁻g）。

要限制胆固醇的摄入，每天胆固醇的供给控制在 300 mg 以内，要选择含胆固醇低的食物，忌食动物内脏、蛋黄、鱼子、鱿鱼等含胆固醇高的食物。

碳水化合物供给应占总能量的50%~60%，每日主食250~400 g，不宜选择含糖高的食物及含糖饮料，特别禁止食用含单糖、双糖高的食物。高碳水化合物是引起肥胖、高脂血症、脂肪肝的重要因素，控制碳水化合物的摄入比降低脂肪更有利于减轻体重和治疗高脂血症。

要供给丰富的多种维生素，如含B族维生素和维生素C、A、D、K、E及叶酸等，多摄入新鲜蔬菜、水果。

要供给充足的矿物质，如镁、钙、锌、铬等，以利于降低高脂血症。

（3）膳食调配。膳食不宜过分精细，主食注意粗细杂粮的搭配，多用蔬菜、水果和菌类，保证摄入足够量的膳食纤维（每日20~30 g），以帮助代谢废物的排泄，调节血脂和血糖水平。

（4）食物禁忌。忌暴饮暴食和饮酒。

第二节 高血压病

高血压就是以人体循环动脉血压升高为主要临床表现，可累及心、脑、肾和视网膜等重要器官的综合征。高血压分原发性和继发性两大类。原发性高血压又称高血压病（大约占90%以上），其病因尚未完全明确。

【临床表现】

高血压病（原发性高血压）一般发病比较缓慢，早期大多数患者无症状，后期可出现头痛、眩晕、眼花、耳鸣、心慌、气急等症状，晚期可出现多器官（心、脑、肾、血管等）受损害的并发症的表现。

【诊断】

目前，我国采用国际上1999年WHO/ISH的标准，18岁以上的成年人在非药物状态下，经两次或两次以上非同日多次重复测得的平均血压值为收缩压≥140 mmHg（18.7 kPa）和（或）舒张压≥90 mmHg（12.0 kPa）即诊断为高血压。高血压的分类标准见表12-2-1。

表12-2-1 高血压的定义和分类 [WHO/ISH]

内容	单位	理想血压	正常血压	Ⅰ级轻度	Ⅱ级中度	Ⅲ级重度
收缩压	mmHg	<120	<130	140~159	160~179	≥180
	kPa	<16.0	<17.3	18.0~21.2	21.3~23.9	≥24.0
舒张压	mmHg	<80	<85	90~99	100~109	≥110
	kPa	<10.7	<11.3	12.0~13.2	13.3~14.5	≥14.7

注：当收缩压和舒张压分属于不同分级时，以较高的级别作为标准。

【治疗】

高血压病一旦确诊，就需要长期耐心的治疗，使血压降低至正常或接近正常范围，防止和减少高血压患者并发症的发生率、病死率及致残率。

（一）一般治疗

高血压病患者均适合运动，根据年龄和体质，坚持适当的运动，如行走、太极拳、跑步等。通过控制能量摄入以维持理想体重为宜，再结合适当运动，减轻体重，促使血压下降，促进康复。

（二）药物治疗

经诊断为高血压的患者在应用非药物治疗 3 个月之后，病情未明显减轻而舒张压还在 12.7 kPa（95 mmHg）以上者或舒张压在 12.0~12.7 kPa（90~95 mmHg）且伴高脂血症、糖尿病者、老年收缩期高血压者等，均要应用药物进行降压治疗。降压药物治疗的目的是不仅要能理想地降压，还要保护心脏的功能；同时对血脂、血糖、胰岛素抵抗性、肾脏功能、电解质代谢和呼吸功能的不良影响小，并且要具有较好的谷峰比值。

目前常用降压药物有六大类，即利尿剂、β-受体阻滞剂、钙通道阻滞剂、血管紧张素转换酶（ACE）抑制剂、受体阻滞剂、血管紧张素Ⅱ-受体阻滞剂。抗高血压的首选或一线药物常为利尿剂、β-受体阻滞剂、钙通道阻滞剂、血管紧张素转换酶（ACE）抑制剂。常用药物有利尿剂（氢氯噻嗪、呋塞米、吲达帕胺等）、β-受体阻滞剂（普萘洛尔、羟萘心安、西利洛尔、阿罗洛尔、甲吲洛尔等）、钙通道阻滞剂（如硝苯地平片、氨氯地平）、血管紧张素转换酶抑制剂（ACE）（如巯甲丙脯酸、依那普利、西拉普利、福辛普利、苯那普利、培垛普利）、血管紧张素Ⅱ受体阻滞剂（如洛沙坦、缬沙坦、伊贝沙坦）、血管扩张剂（如肼苯哒嗪、氯苯甲噻二嗪、胍乙啶、硝普钠）、α-受体阻滞剂（如哌唑嗪、特拉唑嗪、多沙唑嗪、三甲氧唑嗪）、β-受体阻滞剂（如酚妥拉明、柳胺苄心定）等。

降压药物的应用和选择：凡能有效控制血压并适宜长期治疗的药物就是合理的选择。合理应用药物的原则如下。

1. 首选药物

选择上述利尿剂、β-受体阻滞剂、钙通道阻滞剂和血管紧张素转换酶抑制剂中任何一种。

2. 阶梯治疗

阶梯治疗是治疗高血压的一种用药步骤。从第一阶梯药物用起，从小量开始，然后递增，至最大量仍不能控制血压时，加用第二种药物，或更多药物联合，直到血压控制至正常或理想水平，血压控制后逐渐减量维持。

3. 具体用药

应对病情、病程、血压程度和波动规律、年龄、有无并发症以及药物特点、在人体内高峰时间等加以综合考虑而进行合理的个体化用药治疗。具体（个体化）用药原则如下。

①年轻病人宜首选 β-受阻阻滞剂或 ACE 抑制剂。

②老年或低肾素型应选用利尿剂和钙拮抗剂，开始用成人剂量的一半。

③伴心绞痛或快速心律失常时应使用 β-受体阻滞剂。

④合并糖尿病、痛风、高血脂病人宜使用 ACE 抑制剂、钙拮抗剂或受体阻滞剂。

⑤肾功能不全时，ACE 抑制剂是目前较理想药物，也可应用钙拮抗剂。病情严重者可使用速尿，但要防止低血容量加重肾功能损害等。

⑥合并有心力衰竭者，宜选择 ACE 抑制剂、利尿剂。

⑦伴妊娠者，不宜用 ACE 抑制剂、血管紧张素Ⅱ受体阻滞剂，可选用甲基多巴。

⑧对合并支气管哮喘、抑郁症、糖尿病患者不宜用 β-受体阻滞剂；痛风患者不宜用利尿剂；合并心脏起搏传导障碍者不宜用 β-受体阻滞剂及非二氢吡啶类钙通道阻滞剂。

4. 降压目标及应用方法

由于血压水平与心、脑、肾并发症发生率呈线性关系，因此，有效的治疗必须使血压降至正常范围，即降到 18.6/12.0 kPa（140 mmHg/90 mmHg）以下。对于中青年患者（小于 60 岁）、高血压合并糖尿病或肾脏病变的患者，治疗应使血压降至 17.3~11.3 kPa（130~85 mmHg）以下。

有关研究显示，舒张压大于 20.4 kPa（150 mmHg）的男性高血压患者易出现脑出血；舒张压在 17.3~20.0 kPa（130~150 mmHg）的高血压患者易在 3 年内死于肾功能衰竭；舒张压在 16.0~17.3 kPa（120~130 mmHg）的高血压患者易在 3~5 年后发生脑部并发症。因此，原发性高血压诊断一旦确立，通常需要终身治疗（包括非药物治疗）。

（三）营养治疗

1. 营养治疗原则

以低能量、低脂肪、低胆固醇、低盐饮食为原则。

2. 营养治疗要点

（1）能量。采取低能量摄入，按 25~30 kcal/（kg·d）供给，以维持理想体重为宜，防止能量过剩，减少肥胖发生，防止高血压发生。

（2）主要营养素供给。蛋白质供给适量，按 1 g/（kg·d）供给，多选择豆制品、脱脂牛奶、酸奶、海产品（鱼虾）等。若伴肾功能不全者，要限制植物蛋白质的摄入，适当多摄入动物蛋白质。脂肪按占总能量的 20%~25% 供给，饱和脂肪酸要低于总能量的 10%，单不饱和脂肪酸和多不饱和脂肪酸占总能量的比例应不低于 10%。胆固醇的摄入每天低于 300 mg。碳水化合物供给占总能量的 50%~60%，以谷类、杂粮、豆类为主。摄入充足的矿物质，如钾、钙、镁等，多食含钾丰富的水果，含镁丰富的杂粮、豆类、蔬菜、海产品，含钙丰富的奶和奶制品。要供给充足的维生素，多食蔬菜和水果。

（3）低盐饮食。根据高血压的情况控制盐的摄入，轻度高血压盐控制在 3~5 g，中度高血压盐控制在 1~2 g，重度高血压盐控制在 700 mg 以下。

（4）饮食要点。选择要番茄、黄瓜、芹菜、萝卜、木耳、海带、香蕉等具有降压作用的食物；要选择香菇、大蒜、洋葱、绿豆等具有降脂作用的食物；要选择杂粮、豆类等含膳食纤维丰富的食物；要选择蔬菜、水果等含维生素、膳食纤维丰富的食物；要选择肉、大豆、西红柿、绿叶蔬菜、香蕉、土豆、干果等含钾高的食物，使食物中的钠和钾的比例最好保持在 1:1；要选择花生油、芝麻油、菜籽油等植物油烹调，减少脂肪和胆固醇的摄入；注意常采用蒸、煮、炖、凉拌等烹调方法；少摄入甜食、蔗糖、油炸食品；少摄入动物内脏、蛋黄、鱼子、鱿鱼等含胆固醇高的食物；膳食应少量多餐，每天 4~5 餐，避免摄入过多。

（5）食物禁忌。过咸食物、腌制品、含钠高的绿叶蔬菜、辛辣刺激性食品、兴奋性食品（浓茶、咖啡）、烟、酒等。

第三节　冠心病

冠状动脉粥样硬化性心脏病，是指冠状动脉粥样硬化使管腔狭窄或阻塞，导致心肌缺血、缺氧而引起的心脏病，简称冠心病（CHD）。冠心病是严重危害人群健康的常见病、多发病，可在 20 岁以上的各个年龄段发生，尤其是 40 岁以上男性多见。

冠心病的危险因素主要有高龄、肥胖、吸烟、工作压力大、生活紧张而体力活动少、摄入高能量和高脂肪及高胆固醇的动物性食物偏多等。容易患冠心病的常见疾病有高血压、肥胖、糖尿病、高血脂等。

冠心病分型主要包括隐匿型冠心病、心绞痛、心肌梗死、缺血性心肌病、猝死。本节主要讲述心绞痛和心肌梗死型冠心病。

【临床表现】

(一) 心绞痛

心绞痛（仅指稳定型心绞痛）是在冠状动脉硬化狭窄基础上因心肌负荷增加引起冠状动脉供血不足，使心肌短暂急剧地缺血与缺氧，导致发作性、胸痛后压榨性疼痛并可放射至心前区、左上肢，伴有心慌、气急等的临床综合征。

常在劳累、情绪激动、饱食、受寒等因素情况下出现，以发作性胸痛为主要临床表现。典型心绞痛具有胸骨上、中段的后方出现压迫、紧缩、绞榨、发闷感或烧灼感（一般无针刺或刀割样）疼痛，可波及心前区并可放射到左肩、左臂内侧及小指与无名指，持续 3～5 min，经停止诱发因素、休息或舌下含化硝酸甘油后缓解的特点。心绞痛未发作时一般无异常特征，心绞痛发作时可有皮肤发冷或出汗、血压和心率升高，也可出现奔马律、暂时性第二心音分裂、收缩期杂音、交替脉等。

(二) 急性心肌梗死

急性心肌梗死（仅指急性 ST 抬高心肌梗死）是指在冠状动脉硬化病变的基础上出现粥样斑块破溃、血小板凝集、血栓形成、冠脉痉挛等，发生冠状动脉血液供应急剧减少或完全中断，导致相应心肌出现持久而严重的急性缺血，引起这部分心肌缺血性坏死。急性心肌梗死的发病与性别有差异，男性多于女性。

急性心肌梗死常常由于精神紧张、情绪激动、体力活动过度、饱餐、高脂饮食、糖尿病未控制、大出血、感染、手术、休克等因素作用而发病出现临床表现。

1. 症状

1/2～1/3 的患者有乏力，胸部不适，活动时出现气急、心悸、烦躁、心绞痛等先兆症状。可出现胸痛的首发症状，疼痛的部位、性质与心绞痛基本相同，但疼痛的程度较重、持续时间较长、休息或硝酸甘油不能缓解。可出现恶心、呕吐、腹胀、腹痛等胃肠道症状，由迷走神经受坏死心肌刺激和心排量降低导致组织灌血不足所致。可出现心悸、乏力、头晕、心动过速等心律失常（75%～95% 的患者出现），多为室性心律失常，以发病 24 h 内最常见。可出现心力衰竭，以突然出现呼吸困难、咳泡沫痰、紫绀等急性左心衰竭多见。可出现焦虑不安、面色苍白、皮肤湿冷、脉细而快、大汗淋漓等休克表现。可伴有频繁的恶心呕吐、上腹饱胀痛等表现。可出现发热、乏力等全身反应。可在发病 1～3 d 后出现发热，一般 38℃ 左右，大约持续 1 周，这是由坏死物质吸收所致。

2. 体征

可出现面色苍白、皮肤潮湿、呼吸增快、咳粉红色泡沫痰、皮肤有蓝色斑纹、体温升高、心率异常、心律紊乱、心尖部可闻及第三或第四音奔马律及收缩期杂音、心包摩擦音、湿啰音等体征。

【辅助检查】

(一) 心电图

发作时心电图或未发作时心电图正常，心电图负荷试验或 24 h 动态心电图显示心肌缺血的 ST 段压低（≥0.1 mV）可见心绞痛；心电图发现特征性改变为病理性 Q 波（宽而深的 Q 波，如透壁性心肌梗死典型改变为异常而持久的 Q 波或 Qs 波）和 ST 动态改变（≥0.1 mV 的抬高呈弓背向上或压低，T 波平坦、倒置等），提示心肌梗死。

（二）放射性核素检查

有心肌灌注缺损征象对心绞痛有诊断价值。

（三）冠状动脉造影检查

显示冠状动脉有程度不同的狭窄对诊断有意义。

（四）心脏标记物

肌酸激酶同工酶 CK-MB 在急性心肌梗死发病后 4~8 h 出现，24 h 达高峰，持续 3~4 d；肌红蛋白在发病后 2 h 左右出现，24 h 内消失；肌钙蛋白 I 在发病 3~4 h 升高，11~24 h 达高峰，7~10 d 恢复正常；肌钙蛋白 T 在 24~48 h 达高峰，10~14 d 恢复正常。这种心肌结构蛋白（肌红蛋白、肌钙蛋白 I 或 T）是诊断心肌梗死的敏感指标，对小于 4 h 心肌梗死的早期诊断有价值。谷草转氨酶（GOT）在心肌梗死发病后 6~12 h 升高，24~48 h 达高峰，3~6 d 后降至正常；乳酸脱氢酶（LDH）在心肌梗死发病后 8~12 h 升高，2~3 d 达高峰，1~2 周才恢复正常。

【诊 断】

（一）心绞痛的诊断

根据发作病史，具有典型心绞痛临床表现者，结合年龄及有冠心病危险因素，并排除其他原因引起的心绞痛，一般不难诊断；但症状不典型的，要结合冠心病易患因素、辅助检查（心电图、放射性核素、冠状动脉造影等）显示心肌缺血的客观依据，即明确诊断。

（二）心肌梗死的诊断

根据典型临床表现、特征性心电图病理性 Q 波和 ST 段明显抬高的改变和血清肌酸磷酸激酶（CK 或 CPK）发病 6~24 h 升高，一般可诊断。

【治 疗】

（一）心绞痛

心绞痛的治疗原则为：改善冠状动脉的血供，减轻心肌的耗氧，治疗动脉粥样硬化。

1. 一般治疗

依据不同病情应做相应的处理。适当休息，消除紧张情绪，避免过度劳累，培养乐观情绪，控制易患因素（如高血压、高血脂、肥胖、糖尿病、吸烟等），消除不利因素（如饱餐、寒冷等）。

2. 药物治疗

发作时，病人宜平卧位，立即应用硝酸甘油、消心痛等舌下含化或喷雾剂雾化吸入。缓解时，要注意休息，合理工作和生活，减轻精神压力，避免诱发因素，合理饮食，防止心绞痛发作。同时，可服用硝酸异山梨酯、硝酸戊四醇酯、普萘洛尔、硝苯地平、维拉帕米、复方丹参片、阿司匹林、辛伐他丁、ACEI 或 ARB 等药物。这样可减少稳定性心绞痛患者发生心肌梗死的可能性。注意对支气管哮喘、慢性肺部疾患、低血压者应禁忌 β - 受体阻断剂药物。

3. 血管重建治疗

如冠状动脉介入治疗。

（二）急性心肌梗死

急性心肌梗死是临床急危重症，应尽早实施再灌注治疗，治疗上争分夺秒，恢复梗死相应血管功能，降低病死率，改善预后。

1. 一般治疗

注意卧床休息，持续心电、血压和血氧饱和度监测，吸氧，禁食至胸痛消失，保持大便通畅，防止便秘。

2. 药物治疗

迅速给予有效镇痛剂（如吗啡）、静脉滴注 24～48 h 硝酸甘油，其后可口服硝酸甘油、肠溶阿司匹林；对下壁急性心肌梗死伴窦性心动过速、心室停搏和房室传导阻滞患者，可给予阿托品静脉注射；可用肝素抗凝，尿激酶、链激酶溶栓，注意纠正水、电解质及酸碱平衡失调。

(三) 冠心病营养治疗

1. 营养治疗原则

采用低脂肪、低胆固醇饮食。

2. 营养治疗要点

(1) 能量。能量供给以维持理想体重为宜，按105(25 kcal)～126(30 kcal)kJ/(kg·d)供给，预防肥胖。这是预防冠心病的膳食治疗目标。

(2) 脂肪和胆固醇。主张低脂肪和低胆固醇饮食，脂肪供给占总能量的25%以下，其中饱和脂肪酸低于10%，单不饱和脂肪酸占10%，多不饱和脂肪酸大于10%；胆固醇摄入量每天低于300 mg。

(3) 碳水化合物。碳水化合物供给占总能量的55%～60%。主食除米面外，多摄入杂粮，少摄入或限制摄入蔗糖和果糖。

(4) 蛋白质。蛋白质摄入适量，按占总能量的约15%供给，每周可吃2～3个鸡蛋、2～3次鱼类（每次约150 g），每天食脱脂牛奶250 mL。还可摄入具有降低胆固醇和预防动脉粥样硬化作用的大豆及制品。大豆蛋白质既含有丰富的氨基酸，又含有较高的植物固醇，有利于胆酸排出，减少胆固醇的合成。

(5) 维生素。供给充足的维生素 C、B_1、E 和叶酸等，多摄入绿叶蔬菜和水果，每天摄入蔬菜500 g 和水果200 g。蔬菜和水果含丰富维生素，维生素 C 参与胆固醇代谢并可增加血管韧性和预防出血；维生素 E 可防止多不饱和脂肪酸和磷脂的氧化，有助于维持细胞的完整性，还能抗凝血、增强免疫力，改善末梢循环，防止动脉粥样硬化；维生素 B_1可改善心肌代谢，防止心衰，可与亚油酸共同降低血脂。

(6) 矿物质。供给充足的锌、铬、硒等矿物质，多摄入钙、镁、铜、铁、铬、钾、碘等对心血管疾病有抑制作用的矿物质。这些矿物质缺乏时可使心脏机能和心肌代谢异常，导致冠心病。要适当限制钠的摄入量。钠与高血压的发生密切相关，而高血压又是冠心病的危险因素之一。因此，提倡每天食盐摄入量低于6 g并长期坚持，以利于防治冠心病。

(7) 膳食纤维。建议健康成人每天摄入 30 g 膳食纤维，每天摄入新鲜绿叶蔬菜500 g、杂粮50 g 及根茎类食物（土豆、山药、藕、芋头等），可满足膳食纤维的摄入量。膳食纤维具有促进胃肠蠕动、减少胆固醇及脂肪的吸收、预防冠心病的作用。

(8) 饮食注意。膳食以清淡为主，多以炖、清蒸、煮、拌为主，少油炸、红烧等烹调方法。食物可选择粮食类、豆类及其制品、水果、蔬菜、鱼、牛肉、瘦猪肉、菌菇类、海带、黑木耳等。忌选择含动物脂肪高的食物，如肥猪肉、肥羊肉；忌选择含胆固醇高的食物，如猪皮、猪爪、肝、肾、肺、脑、鱼子、蟹黄、全脂奶粉等。

第四节 糖尿病

糖尿病（DM）是一组由遗传、环境（病毒、自身免疫、肥胖等）、应激（创伤、感染等）等因素导致胰岛素分泌和（或）作用的缺陷引起的以慢性高血糖为特征的代谢综合征，表现为糖、蛋白质、水、电解质等代谢异常及眼、肾、神经和心血管等多脏器的慢性损害，出现"三多一少"（即多饮、多食、多尿和体重减轻）等的症状。

目前我国成人（25岁以上）糖尿病（主要是Ⅱ型糖尿病）患病率约为2.5%并迅速增加，糖尿病已成为许多国家的常见病、多发病，其发病率在全球范围内呈逐渐增高趋势，尤其是在发展中国家，增长速度更快。目前采用1999年WHO分类标准将糖尿病分为Ⅰ糖尿病（T1DM，细胞破坏导致胰岛素绝对不足）、Ⅱ糖尿病（T2DM，胰岛素抵抗和（或）胰岛素分泌障碍）、特殊类型（β细胞遗传缺陷、胰岛素功能缺陷等）等。

【临床表现】

糖尿病主要表现为常见的"三多一少"，即多饮、多食、多尿和体重减轻等，不同类型的糖尿病出现的时间及顺序可能不同，但这些在各种类型糖尿病的自然病程中均可能出现。随着糖尿病的进一步发展，可以出现其他如疲乏无力、性欲减退、月经失调、麻木、腰腿疼痛（针刺样、烧灼样或闪电样疼痛）、皮肤蚁行感、皮肤干燥、瘙痒、便秘、顽固性腹泻、直立性低血压、出汗、视物模糊、足部被溃等表现。大多数患者体征不明显，患病长久的可继发性感染心血管、肾脏、眼部、神经、皮肤、关节肌肉等并发症而出现各种相应的体征。

糖尿病可出现糖尿病酮症酸中毒、糖尿病非酮症高渗综合征、糖尿病性乳酸酸中毒、低血糖症、糖尿病性心脏病、糖尿病性高血压、糖尿病性脑血管病变、糖尿病性下肢动脉硬化闭塞症、糖尿病性神经病变、循尿病视网膜病变、糖尿病肾病等常见并发症。

【辅助检查】

（一）尿糖测定

24 h 尿糖总量通常与代谢紊乱程度相一致，因此尿糖阳性是诊断糖尿病的重要线索。但肾糖阈升高时，血糖虽已轻度或变升高，尿糖仍可为阳性。

（二）血糖测定

空腹及餐后血糖升高是诊断糖尿病的主要依据，也是判断其病情和控制程度的指标。空腹静脉血糖（FPG，以空腹血浆葡萄糖最方便）正常值为 3.9~6.0 mmol/L（为葡萄糖氧化酶法）。

（三）口服葡萄糖耐量试验（OGTT）

用于确诊或排除糖尿病且空腹或饭后血糖末达到糖尿病诊断标准者。

（四）胰岛素释放试验

反应胰岛β细胞储备功能，用于诊断糖尿病前期、亚临床期。

（五）糖化血红蛋白测定

用于判断糖尿病的控制程度，以 HbA1c 为最主要，HbA1c 正常值为 3%~6%。

【诊断】

有"三多一少"症状和（或）糖尿病的并发症或伴发病等是诊断糖尿病的线索。

糖尿病的诊断标为1997年美国糖尿病协会（ADA）提出的标准，即具备下列三项之一可诊断：

①具有糖尿病症状+随意血糖≥11.1 mmol/L；

②空腹血浆葡萄糖（FPG）≥7.0 mmol/L；

③OGTT试验时，2小时血糖≥11.1 mmol/L。

空腹的定义是指至少8 h没有热量的摄入。OGTT是指口服75 g无水葡萄糖的水溶液。空腹血糖受损是指6.1 mmol/L≤FPG<7.0 mmol/L。糖耐量异常是指7.8 mmol/L≤OGTT/2小时<11.1 mmol/L。

【治疗】

糖尿病治疗目标为纠正高血糖及其代谢紊乱，保持正常体力并减轻或维持正常体重，控制症状，预防和减少并发症发生、发展，降低死亡率。

糖尿病管理的原则为早期与长期、积极并理性、综合治疗与全面达标、治疗措施个体化等。糖尿病综合管理的要点（称为"五驾马车"）是糖尿病教育、医学营养治疗、运动治疗、血糖监测、药物治疗。糖尿病的控制目标是FPG达到空腹3.9~7.2 mmol/L或非空腹≤10 mmol/L，HbA1c<7%，BP<130/80 mmHg等。

（一）一般治疗

1. 糖尿病的教育

对糖尿病患者进行教育，有助于增强其信心和自我保健能力。应为每一个患者制订一份教育计划，让患者了解糖尿病知识、基本治疗措施、治疗目标、抗糖尿病药物的作用、血糖和尿糖的自我监测的方法及意义、如何预防等。

2. 运动锻炼

根据具体情况（尤其Ⅱ型糖尿病患者）适当参加体育运动和体力劳动或锻炼，增加胰岛素的敏感性，促进糖的利用，减轻胰岛负荷，降低血糖和血脂，促进体重减轻及预防和减少肥胖发生。

3. 自我监测

自我监测血糖（SMBG）是近十年来对糖尿病患者管理的主要措施之一。应用便携式血糖计对患者进行观察和记录患者血糖水平，为糖尿病患者和保健人员提供动态血糖数据，指导抗糖药物应用。

4. 定期复查

要每2~3个月到医院进行复查，了解血脂水平，心、肾、神经功能和眼底情况，以便早期发现大血管、微血管并发症，并及时根据病情给予相应的治疗。实践证明，长期良好的病情控制在一定程度上可延缓或预防并发症的发生。

（二）药物治疗

1. 口服降糖药物

（1）磺脲类。其降糖机制是直接刺激胰岛β细胞释放胰岛素，增强周围组织中胰岛素受体作用和减少肝糖输出。第二代磺脲类降糖药更适合老年病人，如格列本脲、格列齐特等。

（2）格列酮类药物（TZD）。其作用机制是增强靶组织对胰岛素的敏感性，减轻胰岛素抵抗，又称为胰岛素增敏剂。常用于使用其他降糖药疗效不佳的Ⅱ型尤其有胰岛素抵抗的患者，可单独使用，也可与磺脲类或胰岛素联合应用。常用的有罗格列酮（RSG）。

（3）格列奈类。格列奈类在20世纪90年代末期应用于临床的非磺脲类促胰岛β细胞分泌胰岛素的制剂，目前应用于临床的药物有瑞格列奈和那格列奈。

（4）双胍类。作用机制是通过增加周围组织对葡萄糖的利用而发挥降血糖疗效，其降血糖作用温和，不产生低血糖反应；同时有肯定的降血脂和确切的减肥作用。适合于经饮食与运动治疗后血糖控制不满意的Ⅱ型糖尿病，尤其可列为肥胖型Ⅱ型糖尿病首选药物；用磺脲类药物治疗不理想者，可联合本类药物；用胰岛素的Ⅰ、Ⅱ型糖尿病者，可加服双胍类药物，有助于减少胰岛素用量；对Ⅱ型糖尿病的高危人群应用双胍类药物可推迟或防止其发展成糖尿病。常用药物有二甲双胍等。

（5）葡萄糖苷酶抑制剂。其作用机理是抑制小肠黏膜上皮细胞表面的α-葡萄糖苷酶（如麦芽糖酶、淀粉酶、蔗糖酶）而抑制碳水化合物的吸收，降低餐后高血糖。常用的有阿卡波糖，可作为Ⅱ型糖尿病的首选药物，尤其适用于空腹血糖正常而餐后血糖明显升高者。其禁忌证为胃肠功能障碍者、孕妇、哺乳期妇女及18岁以下儿童，肝功能不正常者慎用。

2. 胰岛素

胰岛素治疗是作为补充胰岛素分泌不足的替代疗法。适用于胰岛素依赖型糖尿病，非胰岛素依赖型糖尿病经饮食治疗和（或）口服降糖药治疗疗效不佳者，施行外科大手术前后，合并妊娠及分娩前后，出现并发症如酸中毒、乳酸性酸中毒、高渗性昏迷、严重感染、活动性肺结核以及急性心肌梗死、脑血管意外等。常用剂型有普通胰岛素（RI）、中效胰岛素（NPH）、鱼精蛋白锌胰岛素（PZI）、混合胰岛素等。

（三）营养治疗

1. 营养治疗目的

膳食营养治疗是治疗糖尿病的一项最基本的措施。其目的是为身体生长和发育提供足够营养，维持理想体重，稳定血糖，防治并发症。

2. 营养治疗原则

采取低碳水化合物、低脂肪、低胆固醇饮食。

3. 营养治疗要点

（1）能量。合理控制总能量，总能量的供给以维持标准体重低线为宜。能量供给根据年龄、身高、体重、劳动强度、病情等按表12-4-1执行，但对孕妇、乳母、儿童要适当增加能量摄入。

表12-4-1　成年糖尿病病人能量供给参考量［kJ（kcal）/kg］

劳动强度	消瘦	正常	肥胖
卧床	84~105（20~25）	63~84（15~20）	63（15）
轻体力劳动	146（35）	126（30）	84~105（20~25）
中体力劳动	167（40）	146（35）	126（30）
重体力劳动	188~209（45~50）	167（40）	146（35）

（2）碳水化合物。在合理控制总能量的基础上，增加碳水化合物的摄入量可改善糖耐量，提高胰岛素敏感性；供给太少，可能发生酮症酸中毒。碳水化合物的供给量应占总能量50%~65%。但若空腹血糖高于11.1 mmol/L时，且尿糖较多时，应限制碳水化合物的摄入量。

糖尿病人的膳食对碳水化合物的选择在种类和质方面有较严格的要求，要根据血糖指数来选择食物。

血糖指数（GI）是指摄入50 g某种碳水化合物的食物与等量葡萄糖2 h后血浆葡萄糖耐

量曲线下面积的比值。GI 具有指导糖尿病病人的食物选择、控制食欲和体重、对食物进行分类的意义。

一般认为，根据 GI 值将食物分为三类，即高 GI、中 GI、低 GI 食物。高 GI 是指大于 75 的食物，如大米、白面、白糖、葡萄糖等；中等 GI 是指大于 55 而小于 75 的食物，如荞麦、黄豆面、菠萝、西瓜、果糖、蔗糖等；低 GI 食物是指小于 55 的食物，如莜麦、燕麦、水果（除菠萝、西瓜）等。

糖尿病病人要首选低 GI 食物（升高血糖慢），如玉米、荞麦、燕麦、莜麦（青稞）、红薯等，次选大米、面。食用含淀粉较多的根茎类、鲜豆类蔬菜时（马铃薯、藕等）要替代部分主食。禁用蜂蜜、糖浆、蔗糖、葡萄糖等纯糖制品。

一般成人轻体力劳动者碳水化合物的量为 150~300 g/d（相当于主食 200~400 g），但小于 100 g 易发生酮症酸中毒。

（3）蛋白质。蛋白质的供给约占总热量的 15%，成人一般按每日每千克体重 0.8~1.2 g 计算，孕妇、乳母、儿童、营养不良及有消耗性疾病者可酌情增加至 1.5 g 左右，但不超过总热量的 20%。选择富含蛋白质丰富的食物，如蛋类、奶、豆类、肉类等。每日摄取的蛋白质中，动物食物最好占 1/3，其中含有丰富的必需氨基酸，可保证人体营养中蛋白质代谢所需的原料。

（4）脂肪和胆固醇。主张低脂肪、低胆固醇饮食。脂肪的摄入量占总能量的 20%~25%，尤其控制饱和脂肪酸的摄入，使其占总能量的比例小于 10%，增加不饱和脂肪酸的摄入；胆固醇的摄入每天小于 300 mg，选择含胆固醇低的食物，少食动物内脏、鱿鱼等。

（5）矿物质和维生素。供给丰富的 B 族维生素和维生素 C，改善神经症状。选择粗粮、干豆、蛋类、绿叶蔬菜等含 B 族维生素丰富的食物，选择新鲜绿色、黄红色蔬菜等含维生素 C 丰富的食物。

最好保证钙、铬、锌等矿物质的供给充足，选择牛奶、豆类、海产品等含钙丰富的食物，选择酵母、牛肉、肝类、菌菇类等含铬丰富的食物。因为铬是葡萄糖耐量因子的组成成分，能增强胰岛素的生物学作用，还能抑制胆固醇的合成，因此供给适量的铬既能预防和延缓糖尿病的发生，又改善糖耐量，降低血糖、血脂，增强胰岛素的敏感性。选择粗粮、豆类、海产品、菌菇、肝类等含锌丰富的食物。

钠的摄入不宜过多，每天 5~6 g 为宜。少食含盐高的食物，主张清淡饮食。

（6）膳食纤维。膳食纤维供给充足，每日摄入膳食纤维 30 g，选择树胶、果胶、黏胶、植物纤维素、绿叶蔬菜、豆类、块根类、粗粮（大于 50 g）、海带、魔芋等含膳食纤维丰富的食物。这样可延缓食物吸收，降低血糖，有利于改善血糖、脂代谢紊乱，并促进胃肠蠕动，防止便秘，还可减少胰岛素或降糖药物的应用剂量。

（7）合理安排饮食。饮食定时、定餐次，根据生活习惯、病情、配合药物治疗的需要、热能分配、活动情况来决定餐次，能量分配每日三餐为 1/5、2/5、2/5 或 1/3、1/3、1/3，或每日 4 餐为 1/7、2/7、2/7、2/7。

（8）合理制定食谱。食谱根据每日总热量及营养素组成确定。根据各种食物的产热量确定食谱，注意合理营养、平衡饮食，注意参照食物交换表选择食物，可选择四大组（八小类）食物，即谷薯组（谷薯类、蔬菜类）、菜果组（水果类、大豆类）、肉蛋组（奶类、肉蛋类）、油脂组（硬果类、油脂类）。详见表 12-4-2。

糖尿病病人可常选择粗杂粮、大豆及制品、蔬菜等食物；不宜选择糖制甜食、含饱和脂肪酸丰富的油脂、含胆固醇高的肝肾脑等内脏；水果的选择要根据血糖及尿糖来确定，其控制不好时禁止食水果,其控制平稳时可食适当水果,但每 200 g 水果要扣除 25 g 主食;糖尿病病人在饥饿时可选择黄瓜、大白菜、豆芽充饥;饮啤酒要限量,每周不超过 500 mL。

表 12 - 4 - 2 食物交换表

组别	类别	每份量	主要营养素	常见食物
谷薯组	谷薯类	25 g	碳水化合物、膳食纤维	大米、小米、绿豆、红豆、面粉 25 g,马铃薯 100 g
	蔬菜类	500 g		大白菜、黄瓜、绿豆芽、白萝卜等 500 g
菜果组	水果类	200 g	矿物质、维生素、膳食纤维	桃、梨、苹果、葡萄、西瓜、柚子等 200 g
	大豆类	25 g		大豆 25 g,豆腐丝 50 g,豆腐 100 g,豆浆 400 g
肉蛋组	奶类	160 g	蛋白质	牛奶和羊奶 160 g,奶粉 20 g,脱脂奶粉 25 g
	肉蛋类	50 g		瘦牛猪羊肉、鸭鹅肉 50 g,香肠 20 g,鸡蛋和鸭蛋 60 g,鱼 80 g,虾 80 g
油脂组	硬果类	15 g	脂肪	花生仁 15 g、杏仁 15 g、核桃仁 15 g
	油脂类	10 g		花生油、大豆油、玉米油 10 g,瓜子 25 g

注:每份产能 90 kcal。

(9)饮食烹饪注意要点。适宜选用瘦肉、鸡肉、鱼等,并要切除肥肉;烹调方法适宜用清蒸、凉拌、煮、烩、烤等,避免油炸,避免应用大量糖调味和油炒菜;以清淡、少盐的原则调味。

(10)糖尿病人在外就餐注意事项。少食含大量脂肪、糖、味精、少纤维的快餐和点心等食品;切记每餐可食的食物类别、分量及食物交换表;选择较清淡的菜,尽量少选择油炸、有面渣或面粉的食物;要在正常就餐时间进食适量的淀粉食物而避免低血糖;要多选择蔬菜和适量肉类。

(11)注意随访。经过药物、运动、饮食等治疗,应随访患者并按实际效果做必要调整。

第五节 肥胖症

肥胖症是指一种由多因素(主要为遗传因素和环境因素)共同作用,引起人体内脂肪堆积过多和分布异常的慢性代谢性疾病。肥胖症按发生原因分为体质性、获得性和继发性三大类。

肥肥胖的原因主要有:

①遗传因素。肥胖症有家族史,但遗传基础未明。

②社会和环境因素。经济收入、不良饮食行为(甚至媒体饮食广告等)、经常在外就餐。

③精神因素。精神压力过大使体内植物神经功能失常,不能控制饮食行为而出现肥胖。

④饮食因素。饮食结构不合理,如进食过多高能量、高脂肪及辣味食物等导致肥胖。

⑤运动和锻炼缺乏。运动不合理且明显减少,而人体胰岛素抵抗性增大,糖耐能量降低。能量肥胖症有家族史,但遗传基础未明。

【临床表现】

轻度肥胖症多无症状,中度肥胖症可出现气急、关节痛、体力活动减少等,临床上肥胖症常伴有血脂异常、脂肪肝、高血压、冠心病、糖尿病等疾病。

【辅助检查】

身高与体重检测。应用身高体重仪测量（净）体重（kg）和身高（m）。

【诊断】

根据《中国成人超重、肥胖症预防控制指南》并排除其他疾病进行诊断。按照世界卫生组织规定的体质指数（BMI）公式：BMI = 体重(kg)/[身高(m)^2]，其意义是 BMI < 18.5 为营养不良（低体重）；18.5≤BMI < 23.9 为标准体重；24≤BMI < 28 为超重；BMI≥28 为肥胖。但应注意，若体重增加为单纯肌肉发达所致则不被认为是肥胖。常用理想体重（kg）公式为：[身高(cm) - 100]×0.9 或 [身高(m)^2]×体质指数均值[(18.5 + 23.9)/2]。

【治疗】

（一）一般治疗

1. 运动疗法

在教练指导下健身或选择以中等强度为主的有氧运动（如长跑、走路、慢跑、扫雪、打羽毛球），持续 30 ~ 60 min，每周 3 次以上或 5 ~ 7 次，运动强度以控制心率值在每分钟（220 - 年龄）的 60% ~ 80% 次为宜，并持之以恒。详见第六章相关内容。

2. 行为治疗

从小养成良好的饮食行为习惯并摒弃不良饮食习惯，控制七分饱，规律就餐，不暴饮暴食，避免吃油腻食物和油炸食品，少食盐、零食、甜食和含糖饮料，养成饮白开水和茶水的习惯等。饮食行为无疑是干预肥胖最重要的因素之一。

3. 心理干预

肥胖症患者多有自卑、抑郁等心理问题，应进行心理疏导和干预。心理教师和医生应对其进行分析、指导、行为疗法、团体辅导，鼓励其树立信心，正确接受治疗而达到降低肥胖效果。

（二）药物治疗

药物减肥的适应证为食欲旺盛，食量大；合并血脂异常、脂肪肝、高血压、糖尿病等疾病；合并关节痛、呼吸困难等症状。24≤BMI 且有上述合并症；BMI≥28；经 3 ~ 6 个月饮食加运动治疗体重降低不到 5% 的肥胖症患者应辅以药物治疗。常用药物有食欲抑制剂（苯丁胺、氟西汀、西布曲明）、代谢增强剂、减少肠道脂肪吸收药物（奥利司他餐前服）等。

（三）营养治疗

根据自身特点合理改变膳食结构和生活方式，长期进行全面科学的营养治疗，适当控制能量和脂肪的摄入，避免不科学的盲目减肥，避免用极低能量膳食促进能量负平衡。营养治疗是世界公认的减肥良方。要选择适量优质蛋白质、少糖、低脂、低胆固醇、粗粮、杂粮、蔬菜、水果等食物，确保营养素供给合理、充足。

1. 营养治疗目的

控制能量供给，以达理想体重低限为宜，促进能量负平衡，促使体重降低，达到减重、减肥的目的。

2. 营养治疗原则

采取低能量、低脂肪、低胆固醇、低碳水化合物饮食。

3. 营养治疗要点

（1）能量。控制总能量的摄入，合理的减重、减肥应在平衡膳食的基础上减少每日摄入的总能量，满足其基本营养素需要，促使能量的负平衡。总能量的供给以维持人体理想体重低限为宜,可按 20~25 kcal/(kg·d) 供给,或可在其原能量供给基础上减少 1/3,或按女性供给 4 180~5 020 kJ(1 000~1 200 kcal)、男性供给 5 020~6 690 kJ(1 200~1 600 kcal),或在原供给能量的基础上减少 1 255~2 092 kJ(300~500 kcal),每周减重标准以 0.5 kg 为宜;但应避免用极低能量(每天低于 800 kcal)膳食。

(2)碳水化合物。控制碳水化合物的摄入,碳水化合物的供给以占总能量的 50%~60% 为宜,以谷类中的淀粉为碳水化合物的主要来源;可选择多糖类食物以维持血糖,这样既不会导致餐后血糖升高过快,又不会出现低血糖;不吃或少吃谷类主食的做法是不可取的,每天至少摄入 100~200 g 的碳水化合物,严格限制简单糖的摄入。

(3)蛋白质。要保证蛋白质的供给充足,蛋白质的供给占总能量的 15%~20%,不能超过 20%。蛋白质的摄入超过 20%,可引起肝肾的损害。要保证蛋白质的质,其优质蛋白质要占 50%,多选择瘦肉、鱼、虾、大豆制品等。

(4)脂肪。严格限制脂肪的摄入,主张低脂肪饮食,脂肪的供给占总能的 20%~25%。尽量选用富含必需脂肪酸的植物油,减少饱和脂肪酸的摄入,并使其低于 10%。禁用含饱和脂肪酸高的动物油。饮食清淡,避免食油脂高的食物。要控制胆固醇的供给量,每日控制在 300 mg 以下,少摄入动物内脏、脑等胆固醇高的食物。

(5)维生素和矿物质。要供给充足的维生素和矿物质,多摄入蔬菜、水果、粗粮、大豆等含维生素和矿物质丰富的食物,每天摄入蔬菜 500 g、水果 200 g、膳食纤维 30 g、杂粮 50 g。适量摄入维生素 A、B_2、B_6、C 和微量元素钙、铁、锌等补充剂。

(6)膳食纤维。要多摄入含膳食纤维丰富的食物,如蔬菜、水果、粗粮、大豆、杂粮等,促进排便。减少碳水化合物及脂肪的摄入,减轻体重,达到减肥的效果。

(7)营养治疗注意。①营养治疗要在一般治疗如运动治疗基础上进行,促进能量消耗,达到能量负平衡。②合理选择食物。应选用体积大、膳食纤维多、能量低的食物,如黄瓜、萝卜、白菜、豆芽、海带等,消除减肥带来的饥饿感。③养成良好的饮食习惯。严格执行合理的膳食制度。如少食油炸食品,少食盐,少吃点心和少加餐,每日三餐、定时定量、控制在七分饱,饮食清淡且尽量采用清蒸、凉拌、煮、烩、烤等烹调方法,少饮含糖饮料,限量烟酒,多饮白开水和淡茶,饮食规律,不暴饮暴食,尽量不吃零食等。④谨防体重回升。在达到理想体重后,要非常小心地逐步放宽食谱,直到恢复正常膳食。如果骤然终止减肥食谱,恢复正常膳食,会使体重回升,从而前功尽弃。维生素和微量元素尽量从每日所摄取的食物中获得,但低能膳食容易导致其缺乏,可视情况予以补充制剂。

第六节 骨质疏松症

骨质疏松症(OP)是多种原因引起的一组骨病,主要由钙和维生素 D 减少所致的以骨量减低和骨组织微结构破坏为特点的骨脆性增加而易发生骨折的全身性的代谢性骨病(骨组织有正常的钙化,钙盐与基质成正常比例)。骨质疏松症的发病率和骨质疏松症骨折的发病率均随年龄呈指数形式上升,50~54 岁男女发病率分别为 0.4% 和 5.1%,85~89 岁则上升至 29.1% 和 60.5%;骨质疏松症骨折的发病率危险性分别为男性 13.1%、女性 39.7%。骨折可致残、致死并给家庭、社会带来沉重负担。骨质疏松症已成为严重影响老年人生活质量的公共卫生问题。

骨质疏松症分为原发性骨质疏松症、继发性骨质疏松症、特发性(青少年)骨质疏松症三类。原发性骨质疏松症又分为绝经后骨质疏松症(PMOP,主要由雌激素减少所致)和老年性骨质疏松症（主要由组织器官的衰老和功能减退所致）。本节主要讲述原发性骨质疏松症。

【临床表现】

（一）骨痛和肌无力

轻者无症状或仅在 X 线和 BMD 检查时发现。较重者可出现全身不同性质和程度的腰背、膝关节、肩背部、手指、前臂、上臂骨疼痛，安静状态开始活动时明显，卧床休息时缓解。

（二）驼背

部分病人表现为身高缩短，背曲加剧。这是由于骨质疏松时椎体疏松而脆弱，重力和韧带牵引的作用使椎体受压变扁，胸椎后突畸形。可伴胸闷、气急、呼吸困难等症状。

（三）骨折

由于骨质脆性增加，部分病人可出现身体多处反复发生骨折，最常见的是椎体压缩性骨折，以绝经后骨质疏松症常见；危害最大的是髋部骨折，可致残、致死，同时可伴腰、腿、背疼痛及脆性增加等。

【辅助检查】

（一）血液检查

血钙和血磷可无变化，血 $25-(OH)D_3$、PTH 和骨钙素正常或降低等。

（二）影像学检查

X 线平片检查显示骨密度降低，但仅在骨矿含量减少 40% 以上才有明显改变；双能 X 线吸收法（DXA）显示骨密度降低，因其具有高分辨力、高精度、高准确性和操作简便等特点而被世界卫生组织推荐为诊断骨质疏松症的最佳方法；定量 CT（QCT）检查可显示骨密度降低，对诊断敏感性高；定量超声（QUS）检查可显示骨密度降低，有可能成为早期诊断的方法。

【诊 断】

病史和体检是诊断的基本依据，有 X 线照片或 BMD 测量为骨密度降低（T≤2.5）并排除其他疾病可明确诊断。

【治 疗】

（一）一般治疗

合理休息，适当运动及锻炼，从少年时起就应适量运动，尤其是负重锻炼，以期获得理想的骨峰值；同时配合治疗和增强应变能力，防止骨质发生疏松。多进行户外活动，经常晒太阳，增加维生素 D 并获得充足的钙。不嗜烟酒，避免应用抗癫痫药物、苯巴比妥等导致骨质疏松症的药物。

（二）药物治疗

1. 对症治疗

应用吲哚美辛、阿司匹林等止痛。

2. 特殊治疗

（1）补充性激素。应用戊酸雌二醇、炔雌醇、替勃龙、尼尔雌醇、黄体酮等补充雌激素，主要用于绝经后骨质疏松症的预防及治疗。应用苯丙酸诺龙、司坦唑醇等补充雄激素，主要用于男性骨质疏松症的治疗。

（2）性激素受体调节剂。包括雌激素受体调节剂（SERM）和雄激素受体调节剂

(SARM)。SARM 有望成为治疗男性骨质疏松症的理想药物。

（3）二磷酸盐。具有抑制破骨细胞生成和骨吸收的作用，主要用于骨吸收明显增强的代谢性骨病、类固醇性骨质疏松症。常用药物有依替膦酸二钠、帕米膦酸钠等。

（4）降钙素。有抑制骨吸收的作用，如鲑鱼降钙素。

（5）补充维生素 D 和钙剂。应用碳酸钙、葡萄糖酸钙、枸橼酸钙等补充钙剂，达每日 800～1 200 mg；应用骨化三醇 [1, 25 - $(OH)_2D_3$，钙三醇]、阿尔法骨化醇等补充维生素 D 400～600 IU/d；活性维生素 D 用于骨质疏松症的治疗，而非活性维生素 D 主要用于骨质疏松症的预防。

（三）营养治疗

骨质疏松症的发生经常是一个较漫长的过程，其预防比治疗更有意义。无论是预防还是营养治疗都要在平衡膳食的基础上进行。

1. 营养治疗目的

补充钙和维生素 D 以减少所致的骨量减低和骨组织微结构破坏，达到治疗和预防骨质疏松症的目的。

2. 营养治疗原则

采取高钙、高维生素 D 和适量蛋白质饮食。

3. 营养治疗要点

（1）能量。能量供给以维持理想体重为宜，以促进康复。

（2）蛋白质。蛋白质供给适量，占总能量的比例应不超过 20%，因为蛋白质呈酸性，具有抑制钙吸收且其产物与钙结合也影响吸收的作用，同时高蛋白可加重肾的负担，增加滤过而使血压升高。

（3）钙。饮食营养要合理供给钙。选用含钙丰富的食物，如奶、奶制品（每 100 g 牛奶约含钙 120 mg）和大豆不但含钙丰富，并且吸收率高，是钙的良好来源；虾米、虾皮、绿色蔬菜、芝麻酱、海藻类也是钙的较好来源；动物骨经加工的骨粉，钙含量在 20% 以上，其消化吸收率也高，可补充膳食的钙。中国营养学会建议每人每天饮用 250～300 mL 牛奶或 400 mL 豆浆，或每天摄入 100 g 豆制品（含 100 mg 钙），这样达到成人每日钙的需要量（800 mg）。

（4）维生素 D。合理供给维生素 D。维生素 D 能促进钙磷吸收、调节钙磷代谢，有利于预防骨质疏松症。保证维生素 D 供给充足，要选择含维生素 D 较高的食物，如鱼肝油、海鱼、鱼卵、动物肝、蛋黄、奶油等；选择瘦肉、奶、谷物、蔬菜等含维生素 D 丰富的食物。同时，要合理加工、烹调，不要把含草酸较多的菠菜、苋菜与含钙丰富的豆腐、牛奶同餐，防止草酸与钙结合成不溶性的钙盐而影响钙的吸收；牛奶加热温度不宜过高，同时要不断搅拌，以免磷酸钙沉积于锅底而损失。注意将肉与绿叶菜合理配餐（肉类是磷的优质来源，绿叶蔬菜含钙丰富），使钙磷比例恰当，提高钙磷吸收率，从而确保获得充足的维生素 D。

（5）低钠饮食。提倡低钠膳食，每日摄入盐在 6 g 以下。钠与钙在肾小管竞争吸收，钠促进尿钙排泄，低钠饮食是预防骨质疏松症的饮食措施之一。

（6）食物选择。多食蔬菜水果等含钾、镁、维生素 C、膳食纤维、钙等丰富的食物，每天摄入 500 g 蔬菜、200 g 水果可获得丰富维生素和矿物质及膳食纤维。多摄入含黄酮类食物，如全谷、大豆、花生、果仁、胡萝卜、樱桃、苹果等植物性食物，其黄酮类物质（植物雌激素）具有雌激素的作用，可弥补人体雌激素的不足，达到预防骨质疏松症的作用。

（7）食物禁忌。少饮酒、咖啡、碳酸饮料等。酒可抑制钙和维生素 D 的摄取、代谢及维生素 D 的活化等，咖啡可阻止钙的吸收和促进钙排泄，碳酸饮料中的磷酸对钙有不利影响，从而使体内钙和维生素 D 缺乏，增加骨质疏松症发生的危险性。

（陈善喜）

 思考题

1. 高脂血症的概念是什么？如何诊断？
2. 高血压的概念和诊断标准是什么？药物治疗包括哪些？
3. 冠心病、心绞痛、急性心肌梗死的概念分别是什么？
4. 心绞痛、急性心肌梗死发作时如何急救？
5. 糖尿病典型症状和诊断标准是什么？常用药物有哪些？
6. 如何判断超重、肥胖症？
7. BMI 的正常值及意义是什么？
8. 病例：某学生，男，20 岁，身高 165 cm，体重 78 kg，欲保持适宜体重。请提出饮食建议。
9. 如何针对骨质疏松症进行钙和维生素 D 的强化补充及饮食补充？

参 考 文 献

[1] 陈孝平，汪建平．外科学［M］．第8版．北京：人民卫生出版社，2013.
[2] 黄万琪．临床营养学［M］．第2版．北京：高等教育出版社，2006.
[3] 杨绍基，李兰娟，任红．传染病学［M］．第8版．北京：人民卫生出版社，2013.
[4] 葛均波，徐永健．内科学［M］．第8版．北京：人民卫生出版社，2013.
[5] 雷少平．大学生健康教育教程［M］．沈阳：东北大学出版社，2008.
[6] 胡玉明，杜平生．大学生健康教育教材［M］．沈阳：东北大学出版社，2000.
[7] 苏宜香．营养学（一）［M］．北京：北京大学医学出版社，2006.
[8] 李淑媛．临床营养学［M］．北京：北京大学医学出版社，2006.
[9] 杨月欣．中国食物成分表［M］．北京：北京大学医学出版社，2002.
[10] 葛可佑．中国营养师培训教材［M］．北京：人民卫生出版社，2005.
[11] 漆邦林．大学健康教育［M］．北京：电子工业出版社，2016.
[12] 冯峻，李玉明．大学生健康教育［M］．成都：四川大学出版社，2015.
[13] 张晓燕，刘洋，陈碧华．大学生健康教育［M］．长沙：中南大学出版社，2016.
[14] 孙庆民．大学生健康教育［M］．成都：电子科技大学出版社，2009.
[15] 姜淑君，宋秀远，沈艳丽．常见急症的急救与护理［M］．重庆：重庆大学出版社，2013.
[16] 彦群，李鸣．实用肝胆外科学［M］．北京：人民军医出版社，2014.
[17] 黄焰，张保宁．乳腺肿瘤实用外科学［M］．北京：人民军医出版社，2015.
[18] 杨文浩．外科学［M］．南京：东南大学出版社，2012.
[19] 李迎新．实用传染病学［M］．天津：天津科学技术出版社，2010.
[20] 马骁．健康教育学［M］．第2版．北京：人民卫生出版社，2015.
[21] 李鲁，吴群红．社会医学［M］．第4版．北京：人民卫生出版社，2014.
[22] 孙长颢，凌文华，黄国伟．营养与食品卫生学［M］．第7版．北京：人民卫生出版社，2014.
[23] 陶芳标．健康教育学［M］．合肥：合肥工业大学出版社，2008.
[24] 李刚．传染病学［M］．北京：人民卫生出版社，2007.
[25] 李雍龙，诸欣平，苏川．人体寄生虫学［M］．第8版．北京：人民卫生出版社，2013.
[26] 张学军，陆洪光，高兴华．皮肤性病学［M］．第8版．北京：人民卫生出版社，2013.
[27] 刘雪勇，彭再如，黄定华．大学生健康教育［M］．长沙：湖南科学技术出版社，2007.
[28] 傅华．预防医学［M］．第6版．北京：人民卫生出版社，2013.
[29] 李凡，徐志凯．医学微生物学［M］．第8版．北京：人民卫生出版社，2013.
[30] 彭晓辉．性科学概论［M］．北京：科学出版社，2002.

[31] 江剑平．大学生性健康教育［M］．第2版．北京：科学出版社，2011．

[32] 胡珍．性爱·婚姻·家庭［M］．北京：科学出版社，2011．

[33] 胡珍．大学生性健康教育［M］．第3版．成都：四川科学技术出版社，2008．

[34] 陈瑜．体育与健康教育教程［M］．长春：吉林大学出版社，2010．

[35] 杨国庆．大学体育文化与运动教程［M］．北京：北京体育大学出版社，2009．

[36] 王瑞元．运动生理学［M］．北京：人民体育出版社，2009．

[37] 谢恩杰．学校拓展训练［M］．北京：中国科学技术出版社，2007．

[38] 包瑞江，陈洪年，王夫权．大学体育与健康［M］．北京：中国传媒大学出版社，2008．

[39] 陈和，李平媛．大学生综合素质拓展训练［M］．北京：北京交通大学出版社，2007．

[40] 樊明文．牙体牙髓病学［M］．第4版．北京：人民卫生出版社，2012．

[41] 郑成燚．专业化机械性牙齿清洁技术［M］．重庆：重庆出版社，2016．

[42] 顾长明，杨家瑞．口腔内科学［M］．北京：人民卫生出版社，2015．

[43] 张志愿．口腔颌面外科学［M］．第7版．北京：人民卫生出版社，2012．

[44] 李月，吕俊峰．口腔预防医学［M］．北京：人民卫生出版社，2014．

[45] 谢辛，苟文丽．妇产科学［M］．第8版．北京：人民卫生出版社，2013．

[46] 陈灏珠，林果为，王吉耀．实用内科学［M］．第14版．北京：人民卫生出版社，2013．

[47] 郑智，李树生．猝死防治学［M］．北京：中国医药科技出版社，2004．

[48] 郭俊生．现代营养与食品安全学［M］．上海：第二军医大学出版社，2006．